Michael H. Buchholz • Petra Kufner

Das Arbeitsbuch
zu den universellen Karten
für ein erfülltes Leben

Ergänzend zu und basierend auf dem Bestseller
„Alles was du willst" von Michael H. Buchholz

Die Deutsche Bibliothek – CIP Einheitsaufnahme

Buchholz, Michael H., Kufner, Petra:
• VAYA • – Das Arbeitsbuch
zu den universellen Karten für ein erfülltes Leben / Michael H. Buchholz. –
1. Aufl. – Sehnde: Aniris Verlag, 2003

zuammen mit:

• VAYA • – die universellen Karten für ein erfülltes Leben /
Michael H. Buchholz; Petra Kufner

84 farbige Karten
1. Aufl. – Sehnde: Aniris Verlag, 2003

1. Auflage Oktober 2003

© Copyright 2003 by ANIRIS Verlag, Wilbert Kronisch & Partner GbR
Sehnde

Titelbildentwurf und -gestaltung: Daniela Kufner
Satz und Layout: m/team, Hannover
Druck: IPOLY GÁGYOR HUNCÍK, Komárno

Alle Rechte der Verbreitung, auch durch Funk, Fernsehen, fotomechanische Wiedergabe, Internet, Tonträger jeder Art und auszugsweisen Nachdruck sind vorbehalten.

Autor und Verlag haben alle in diesem Buch verwendeten Hinweise sorgfältig geprüft. Eine Garantieübernahme des Verlages oder des Autors sowie Schadensersatzansprüche jeglicher Art sind jedoch ausgeschlossen.

ISBN 3-937281-01-0

Inhaltsverzeichnis

Vorwort 6

Einführung 9

Der Name Vaya
Leitfaden für Karten-Laien
Leitfaden für Karten- (z.B. Tarot-)Kundige
Das Legesystem „R = E² A L"
Das Legesystem „Im Kontext der Zeit"

Deutungsteil 19

Der dreifache Kreis der 36 Universellen Regelkarten
Der dreifache Kreis der 36 Ressourcen- oder Engpaßkarten
Der Kreis der 12 Wegekarten

Weitere Legesysteme 189

Die Brücke
Das Geheimnis des Regenbogentempels
Die einzelne Karte

Anhang 193

Die detaillierte Deutung der 25. Vayakarte
Die Herleitung der Realisierungsformel
Die Reise durch die Karten
Über die Illustratorin
Über den Autor
Kontaktadresse

Vorwort

*Liebe Leserin,
lieber Leser,*

mit diesem Buch möchte ich das völlig neu entwickelte intuitive Kartenset VAYA vorstellen.

Vor drei Jahren veröffentlichte ich *Alles was du willst*, ein Werk, das mittlerweile als Bestseller am Markt bestehen konnte und das zu meiner anhaltenden großen Freude zum guten „Freund" und Begleiter vieler Leserinnen und Leser auf ihrer persönlichen Lebensreise wurde.

Sowohl das vorliegende Kartenset als auch das dazugehörige Vaya-Buch verdanken beide ihre Existenz der eher beiläufigen Frage eines guten Freundes (Thomas, du weißt, wer gemeint ist).

Wir saßen damals zu mehreren in einem Brainstorming zur weiteren Vermarktung von *Alles was du willst*, als er fragte, ob ich die 36 Universellen Erwerbsregeln©, die ich dort beschrieben habe, nicht auch einmal in anderer Form, vielleicht als Kartenspiel, herausbringen wolle?

Nun – ich *wollte* schon. Der Gedanke hatte zweifellos etwas Verführerisches. Doch zu diesem Zeitpunkt hielt ich die praktische Umsetzung für unmöglich.

Viele Gründe sprachen dagegen.

Wenn die Regeln als Kartenspiel überhaupt entstehen sollten, dann wollte ich unbedingt *bebilderte* Karten haben. Auf keinen Fall durften es simple Textkarten werden.

Wenn schon Karten, so sagte ich mir, dann solche, die eine Erweiterung des vorhandenen Buches darstellten. Die ein anwendbares System ergaben, mit dem meine Leser über ihre Intuition arbeiten und zusätzliche Klarheit über ihre jeweilige Lebenssituation erlangen konnten.

Das aber setzte einen Zeichner oder eine Zeichnerin voraus; einen Menschen, der das, was in meinem Kopf diffus vorhanden war, auffangen und in ein Bild umsetzen konnte. Und die bloße Existenz solch eines Wunderwesens hielt ich für ausgeschlossen.

Und wenn es dieses Wesen gab, wie sollte ich es finden?

Ein weiterer Punkt war ein brauchbares Legesystem. Selbstverständlich kann und soll jede Karte auch für sich allein sprechen. Aber so richtig spannend wird es erst mit einem Legesystem. Und keineswegs wollte ich bei den Tarotkarten ein dort schon vorhandenes Legesystem „ausleihen". Wenn schon Karten, dann mit einem eigens für die Karten entwickelten Legesystem. Doch woher sollte das kommen?

Drittens schien mir die bloße Zahl möglicher Karten – eben nur 36 – zu wenig zu sein, um ein funktionierendes System zu ergeben. Wo, bitte, sollte ich weitere Karten herzaubern?

Viertens: Ich würde einen Verlag für das Projekt brauchen. Mein bisheriger Verlag hatte noch nie zuvor ein Kartenspiel herausgebracht, und es war zweifelhaft, ob man mir dort überhaupt zuhören würde.

Nun, tatsächlich hörte man mir später dort geduldig zu, wofür ich mich an dieser Stelle (für die gezeigte Nachsicht und das Eingehen auf die neueste „Verrücktheit" eines Autors) herzlich bedanken möchte, auch wenn es am Ende bei diesem Projekt dann doch nicht zu einer Zusammenarbeit kam. Immerhin: die in dieser Phase entwickelten Gedanken erwiesen sich später als überaus hilfreich, ja unverzichtbar.

Obwohl ich von dieser Entwicklung zu diesem frühen Zeitpunkt noch nichts ahnte, schrieb ich noch während jenes Brainstormings die Idee im Geiste als undurchführbar ab und erläuterte meine *guten Gründe* innerhalb des besagten Freundeskreises mit der geballten Macht meiner überzeugendsten Rhetorik. (Für die geneigte Leserin und den geneigten Leser: In einem Brainstorming ist das so ziemlich das absolut *Oberdümmste*, was man tun kann; ein Brainstorming ist ja gerade dazu da, auch ungewöhnliche Ideen hervorzubringen. Ob ich das nicht wüßte? Na klar doch. Aber Wissen schützt vor Torheit nicht ...)

Damit war die Sache für mich – glaubte ich – vom Tisch.

Aber ich hatte die Rechnung sozusagen ohne das Universum gemacht. Im Nachhinein will es mir erscheinen, als hätte das Universum selbst ein ernsthaftes Interesse daran, daß diese Karten das Licht der Welt erblickten.

Zunächst „schlugen" mir meine Freunde meine eigenen Regeln um die Ohren, indem sie auf die vielen Stellen in *Alles was du willst* hinwiesen, die ich gerade geflissentlich ignorierte.

Von „Du kannst im Leben alles erreichen was du willst" über „Sei immer ein Verwerter" bis hin zu „Das, worauf du deine Aufmerksamkeit richtest, wächst" ließen sie – mit Recht – nichts aus. Das hörte sich dann etwa so an:

Ich: „Ihr seid gut. Wer soll denn die Karten malen?"
Meine Freunde: „Es gibt immer eine Lösung."

Ich: „Witzig. Aber es gibt kein geeignetes Legesystem."
Meine Freunde: „Wende die Realisierungsformel an."
Ich: „Und woher nehme ich die ergänzenden Karten?"
Meine Freunde: „Folge deiner Intuition."
Ich (grinsend): „Na schön. Doch im Verlag werden sie *nein* sagen! Verlaßt euch drauf!"
Meine Freunde (noch breiter grinsend): „Das, was du erwartest, tritt ein."

Wir wußten längst alle, daß ich keine Chance mehr besaß. Und nie besessen hatte. Alle meine Argumente waren keine, jedenfalls keine, die ein Kenner der Universellen Erwerbsregeln© gelten lassen konnte. Meine Gründe waren bestenfalls Ausdruck meiner Furcht vor dem Arbeitsaufwand, den ich auf mich zukommen sah. Kurz: wenn ICH es wollte, würde es möglich werden. Die Regeln von *Alles was du willst* erwiesen sich – wieder einmal – stärker als ihr eigener Autor.

Also setzte ich mich hin und entwarf ein Konzept – ein erstes von vielen. Nichts davon taugte etwas. Doch da das, worauf man seine Aufmerksamkeit richtet, *immer* wächst, wuchs zunächst einmal meine Faszination der Idee an sich.

Ich begann anderen von dem Vorhaben zu erzählen. Überall stieß ich auf aufmunternde Worte. Und auf den Hinweis eines weiteren guten Freundes (Rüdiger, ich danke dir): „Frag doch Pezi."

Petra Kufner, eine Freizeitzeichnerin, die ich aus meinen frühen Science Fiction-Fan-Tagen her kannte, hatte für Rüdiger und mich vor langen Jahren etliche Schwarzweiß-Zeichnungen angefertigt. An Pezi hatte ich bisher überhaupt nicht gedacht.

Sie war eine der wenigen Zeichnerinnen, die ich kannte. Genaugenommen war sie die einzige, die ich kannte. Ganz genau genommen kannten wir einander nicht einmal besonders gut. Wir waren uns genau zweimal begegnet. Im Abstand von zehn Jahren. Und hatten dabei etwa zehn Sätze miteinander gewechselt.

Angesichts dieser idealen Ausgangslage nahm ich allen Mut zusammen und fragte sie vorsichtig, ob sie sich eventuell vorstellen könnte ...

Sie klang alles andere als interessiert. Für den Moment wußte ich nicht mal, ob sie wußte, wer ich war. Im Augenblick, hörte ich, sei es eher schlecht. Viel zu tun in der Firma. Demnächst Umzug. In den letzten Jahren habe sie immer weniger Zeit zum Zeichnen gefunden. Das Talent brach liegenlassen. Und überhaupt.

„Karten also. Hm. Schwarzweiß?" fragte sie.
„Nun, nicht direkt, eher mehr in ... Farbe."
„Wieviele?"
„Tja, eigentlich 36. Mit ein paar zusätzlichen ... nicht vielen, also insgesamt, nun, es werden wohl, äh, 84."
Schweigen am anderen Ende der Leitung.
„Du bist verrückt, das weißt du. Bis wann?"
„Nun, ich dachte so bis ... Februar?" Zu dem Zeitpunkt hatten wir gerade Juli.
„Okay," sagte sie. Einfach okay. Das ist Pezi.
Natürlich wußten weder sie noch ich, worauf wir uns da eingelassen hatten.

In Windeseile schickte ich ihr ein Exemplar von *Alles was du willst* und meine ersten Ideen. Sie schickte mir erste Versuche ... Nach ganz kurzer Zeit schon ging mir auf, daß ich in Petra Kufner genau *die* Künstlerin gefunden hatte, die fast telepathisch meine Gedanken wahrzunehmen in der Lage war – und sie ebenso einfach wie genial umzusetzen wußte.

Das Legesystem stellte sich fast genauso schnell ein.
„Wende die Realisierungsformel an" hatten mir meine Freunde geraten. Und genau das tat ich. Wortwörtlich. Denn diese Formel *ist* in sich schon das fertige, geeignete und funktionierende Legesystem. Ich mußte erst nur noch darauf kommen.

Die Idee selbst sprang mich an, als ich einen Leserbrief beantwortete, in dem ich auf das Kartenprojekt zu sprechen kam.

Dort schrieb ich von meiner Suche nach einem einfachen System. Es sollte mit möglichst wenig Karten auskommen, aber zugleich auch eine innere Logik haben. *So*, schrieb ich damals wörtlich, *wie in meiner Realisierungsformel $R = E^2 A L$*.

Da war es!
Es war schon die ganze Zeit über da gewesen und wartete nur darauf, von mir erkannt zu werden.
Inzwischen zeichnete und malte Pezi erste Farbentwürfe, die buchstäblich so exakt das waren, was ich mir in meinen Tagträumen vorgestellt hatte, daß ich

aus dem Staunen lange Zeit nicht mehr herausfand. Als ich die Entwürfe sah, war ich von einem Erfolg des Kartensetprojektes hundertprozentig überzeugt. Ich war absolut sicher, daß andere die Karten ebenso faszinierend finden würden wie ich – und genau so geschah es dann auch.

Alle meine ersten Geht-Nicht-Argumente hatten sich so förmlich in Nichts aufgelöst.

Heute bin ich aus tiefstem Herzen froh, allen Beteiligten Danke sagen zu können. Meinem Freundeskreis, allen voran Rüdiger und Thomas; meiner Frau Sabine, die mich unermüdlich unterstützt und die von Anfang an an die Karten geglaubt hat; und den vielen Leser/-innen und Seminarteilnehmer/-innen, die – als sie die ersten Entwürfe sahen – von den Karten schier begeistert waren. Ebenso geht ein Dank an Daniela Kufner, die beide Titelbilder gestaltet hat und in letzter Minute wertvolle Ideen einbrachte.

Ohne euch alle, und vor allem, ohne deinen atemberaubenden Pinselstrich sowie deine immer wieder einfließenden, unschätzbaren Ideen, liebe Pezi, gäbe es die wundervollen VAYA-Karten nicht.

Und das Universum hätte einen Grund weniger zu lächeln.

Michael H. Buchholz
Bothfeld, im Juli 2003

Die Du-Ansprache

Liebe Leserin,
lieber Leser,

wenn Bücher direkt zur Seele der Leser/-innen reden sollen, dann wirkt ein jedes „Sie" in der Ansprache überaus störend. Es fördert die Distanz, anstatt sie zu überbrücken. Aus diesem Grund sind alle meine Bücher, die unmittelbar zu Ihrer Seele sprechen *wollen*, in der Du-Ansprache gehalten.

Auch wenn wir uns nicht kennen – ich hoffe, die Vayakarten werden Ihnen in kurzer Zeit wie ein guter Freund ans Herz wachsen. Freunde sagen einfach „du" zueinander, und in diesem Sinn ist dieses Buch für *dich* geschrieben.

Für dein Verständnis bedanke ich mich hiermit sehr.

Ein anderer wichtiger Punkt ist der Verzicht auf die Zweigeschlechtlichkeit innerhalb des Textes.

Ich finde, die Lesbarkeit leidet furchtbar, wenn ich ständig Leser/-in oder Kartenleger/-innen schreiben müßte. Die deutsche Sprache ist nun mal männlich geprägt. Gleichwohl versichere ich dir: Wenn ich von *dem* Menschen spreche, ist SELBSTVERSTÄNDLICH immer auch *die* Menschin mit gemeint. Im Interesse einer gesteigerten Lesbarkeit bitte ich alle Leserinnen, die entsprechende weibliche Form jeweils als mit gedacht anzunehmen.

Vielen Dank.

Einführung

Der Name Vaya
Leitfaden für Karten-Laien
Leitfaden für Karten- (z.B. Tarot-)Kundige
Das Legesystem R = E² A L
Das Legesystem „Im Kontext der Zeit"

Der Name VAYA

Der Begriff *Vaya* entstammt der indoeuropäischen Sprachfamilie und bedeutet soviel wie „Kraft, Schnelligkeit". Im Spanischen hat sich der Ausdruck bis heute gehalten (z.B. in „vaya con dios") und bedeutet „gehe", ein Vorgang, zu dem ich eben Kraft brauche und bei dem ich zwangsläufig Schnelligkeit entwickle.

Auch unsere deutschen Worte *wach*, *wachsen*, aber auch *Weg* und alle Unterarten davon wie *bewegen*, *Bewegung* etc. gehen sprachhistorisch auf *vaya* zurück.

Falls du den wirklich sehr sehenswerten Film *Phenomenon* kennst – darin sagt John Travolta einen wunderschönen Satz, mit dem er zwei Kindern das Wesen des Universums erläutert: „Alles was ist, ist unentwegt irgendwohin unterwegs."

Es ist diese ursächliche Bewegung, die ich mit *Vaya* meine.

In den indischen Veden ist Vaya der Name eines Wind- und Eisgottes. Auch hier erkennst du unschwer den Bedeutungshintergrund von Kraft einerseits und sich bewegen anderseits. Was logisch ist: um sich zu bewegen, brauchst du eben Kraft und entwickelst dabei eine gewisse Geschwindigkeit. Wenn starker Wind (sich bewegende Luft) weht, kühlt dies schnell aus; so kommt es, daß der Name eines meist als bedrohlich angesehenen Gottes im fernen, zumeist warmen Indien im uns näheren England zu „wake" wurde. *Wake* bedeutet „wach sein, Luftstrom, erwachen, erwecken", je nach Sinnzusammenhang auch „Sog". Ein Sog ist ein Unterdruck, den wir z.B. beim *Einwecken* nutzen, ein Vorgang, um Lebensmittel frisch zu halten. Und so wird unser finsterer vedischer Gott Vaya zum Erhalter von Lebensenergie in unseren kühleren Breiten, in denen Frost als nicht so bedrohlich empfunden wird wie im größtenteils heißen Subkontinent.

Ich habe VAYA beim Schreiben von *Alles was du willst* als Begriff gewählt, um damit die *Vitalenergie* zu bezeichnen, die uns Menschen und alles Lebende durchströmt. Ohne diese Energie ist Leben nicht möglich. Sie ist das, was tote Materie von allem Lebendigen unterscheidet.

Vaya wird in östlichen Kulturen auch Ki und Chi genannt, im hawaiianischen Raum Mana, bei den Kelten gab es dafür den genau rückwärts zu lesen den Begriff Anam, in Indien heißt er Prana, die christliche Kirche kennt dafür den Begriff Licht. Mir persönlich ist Vaya als Wort sympathischer. Vielleicht liegt es an der Sanftheit des Klangs, der mich an Wasser ebenso erinnert wie an einen Atemhauch (was das keltische Anam ebenfalls mit beinhaltet).

Wozu diese Kraft in der Lage ist, stellen unter anderem die Mönche des Shaolin-Klosters immer wieder unter Beweis. Wer Reiki geben kann, bedient sich derselben Energie. Kinesiologen nutzen bei der Behandlung ihr Wissen um die Vitalenergieströme. Vaya ist also nichts Neues; neu ist, das ich den Begriff als Bezeichnung für diese ganz spezielle Energieform anwende.

So scheint es mir ein sehr treffender *indoeuropäischer* und damit kulturübergreifender Ausdruck zu sein, der nicht nur den Lebensenergie-Aspekt, sondern auch den des Wachseins, den der Aufmerksamkeit, den des spirituellen Erwachens und den des spirituellen Weges gleichermaßen umschließt.

Als ich einen Namen für das fertige Kartenspiel suchte, lag es nahe, hierfür VAYA zu wählen. Geht es im Spiel doch darum, Klarheit darüber zu erhalten, was *um* uns herum, aber auch *in* uns geschieht – du könntest auch sagen: was uns *bewegt*. Das Universum besteht aus nichts anderem als aus Energie und Information. Und egal, wohin du dich körperlich wie geistig bewegst, du brauchst dafür Energie. Manchmal wird deine Energie auch blockiert sein oder sich im Widerstreit mit anderen Energien (anderer) befinden. Manchmal wird sie einfach da sein.

VAYA sagt dir, wohin du gehen kannst und auch, auf welchem Weg du dich gerade befindest.

Auch im übertragenen Sinn ist jede Entwicklung, ist eine jede Entfaltung deiner Persönlichkeit ein Weg, den du gehst. Für deinen jeweiligen Weg brauchst du Ressourcen (Hilfsmittel), die dich unterstützen und die Kenntnis der Universellen Erwerbsregeln©, nach denen ein jedes Streben sich regelt.

Alles dies ist im Spiel VAYA enthalten.

Der Begriff Spiel gefällt mir, gleichwohl die Sammlung der 84 Karten nicht gespielt werden kann, um Spiele zu spielen wie z.B. Rommé oder Canasta. Aber sie spiegeln das Spiel des Lebens wieder; und dein spielerischer Umgang mit den Karten ist es, worauf es letzlich ankommt. Deshalb nenne ich die Vayakarten ein Spiel.

Anmerkung:
Da die Tarotkarten allgemein als *der Tarot* bezeichnet werden, scheint es mir nur gerecht, die Vayakarten im folgenden als *die Vaya* zu benennen.

Für Karten-Laien

Im Folgenden ein paar Gedanken zur Aussagekraft von Karten. Voran die wichtigste Frage:

Wieso können Karten überhaupt eine Auskunft auf eine Frage geben?

Darüber gibt es wahrscheinlich so viele Theorien wie es Kartenspiele gibt. Ich möchte dir hier nur die drei anbieten, die mir persönlich am einleuchtendsten sind.

1. Dein Unterbewußtsein. Nach THOR NØRRETRANDERS (*Spüre die Welt*) kannst du dir das Verhältnis von Bewußtsein zu Unterbewußtsein gut an einem Längenvergleich deutlich machen. Würde man deine bewußte Wahrnehmung und Informationsverarbeitung in eine Länge umrechnen, so ergäbe sich eine Länge von 1,5 cm für dein Bewußtsein. Im gleichen Maßstab ergäbe sich für deine unbewußte Wahrnehmung und Informationsverarbeitung eine Länge von *unglaublichen* 11 Kilometern für dein Unterbewußtsein. Mit anderen Worten: dein Unterbewußtsein nimmt die Welt 733.333 mal so schnell und facettenreicher wahr als dein dagegen recht lahmes Bewußtsein.
Dein Unterbewußtsein weiß mehr als dein bewußter Verstand, kann mehr und nimmt mehr wahr. Es läßt sich deshalb immer genau die passenden Karten ziehen, die zu deiner Frage die richtige Antwort darstellen. Es „spürt" sozusagen, welche Karten dir jetzt helfen. Das dabei die Karten verdeckt vor dir auf dem Tisch liegen, spielt überhaupt keine Rolle.

2. Die Quantenphysik. „Wer die Quantentheorie versteht, hat sie nicht verstanden," soll einmal WERNER HEISENBERG, einer ihrer Begründer, gesagt haben. Grundsätzlich sagen die Quantenphysiker, daß die subatomaren Teilchen, aus denen sich die Welt zusammensetzt, an sich gar keine Teilchen sind (jedenfalls nicht immer), sondern so etwas wie „geronnenes Licht" darstellen „mit einer gewissen Wahrscheinlichkeit zu existieren". Darüber hinaus seien sie miteinander verbunden und tauschen in Nullzeit Informationen aus, egal wie weit sie voneinander entfernt sind. Zudem stellten die Quantenforscher fest, daß *nichts* objektiv untersucht werden kann. Die bloße Anwesenheit eines Beobachters beeinflusst jedes Experiment durch dessen Gedanken, Vorstellungen, Gefühle und Erwartungshaltungen.
Mithin kannst du *niemals* aus einem Kartenstapel oder aus einem vor dir auf dem Tisch ausgebreiteten Kartenfächer willkürlich Karten ziehen. Jede Karte steht deshalb *immer* in irgendeinem Zusammenhang mit deinen augenblicklichen Gedanken, Vorstellungen, Gefühlen und Erwartungshaltungen.

3. Das holistische Erklärungsmodell oder „Indras Netz". Das holistische Erklärungsmodell unseres Universums geht auf einen Mann namens DAVID BOHM zurück. Danach verhält sich das gesamte Universum in allen seinen Teilen wie die Platte einer holografischen Fotografie. Eine solche Platte enthält die Informationen, wie das Bild auszusehen hat. Diese Informationen lassen sich mit einem Laser sichtbar machen, so daß es frei und dreidimensional im Raum zu schweben scheint.
Zerbricht man nun diese Glasplatte in mehrere Teile, so enthält *jedes* Teil die Information über das gesamte Bild (und nicht, wie man erwarten könnte, nur den dort gespeicherten Teil). Zwar ist das Bild, macht man es mit dem Laser wieder sichtbar, nicht mehr ganz so deutlich zu sehen, aber es ist in allen Teilen vollständig. Nun kannst du die Bruchstücke immer weiter verkleinern, das Bild bleibt stets vollständig, verliert nur an Schärfe und Detailreichtum.
Daraus kannst du schließen: jedes Bruchstück enthält die Information über das Ganze.
Ganz dasselbe Prinzip findest du im genetischen Kode der DNA. Jeder einzelne Zellkern enthält die vollständige Information über den Aufbau des gesamten Lebewesens. Also auch hier: jedes Bruchstück enthält die Information über das Ganze.
Das holistische Erklärungsmodell besagt nun: welches Teilstück des Universums du auch immer in die Hand nimmst (zum Beipiel eine Karte), es enthält die Information über den gesamten Rest (also auch über dich und deine Lebensumstände).
In der indischen Mythologie gibt es dazu passend die Geschichte von „Indras Netz". Indra ist eine Gottheit, die ein gewaltiges, die gesamte Schöpfung überziehendes Netz besitzt. Dabei enthält dieses Netz an jedem Knotenpunkt eine eingewobene, spiegelnde Perle. Und wenn man in eine Perle hineinsieht, so heißt es, spiegelt sich in einer jeden das Bild des gesamten Netzwerks wieder.

Eine jede Karte stellt einen solchen Knoten dar, wie auch du und ich und alles übrige einen Knoten samt

Perle darstellen. Schaust du in eine Perle (Karte) hinein, kannst du darin gespiegelt alle anderen Dinge sehen.

Wie dem auch immer sei: die Idee des „alles ist mit allem verbunden" ist einerseits uralt und andererseits jüngstes Forschungsgebiet der Wissenschaften unserer Tage.

Und weil alles dafür spricht, daß unser Universum um ein Vielfaches vielschichtiger aufgebaut ist, als wir es mit unseren beschränkten Sinnen wahrnehmen können, deswegen funktionieren Kartenspiele wie der Tarot oder die Vaya und andere Systeme (wie z. B. das chinesische I Ging oder die Runen) in uns immer wieder verblüffender Weise.

An die Vaya herantasten

Um dich zunächst mit den Karten vertraut zu machen, verzichte zunächst auf jedes *Legesystem*. Ein Legesystem umfaßt immer mehr als eine Karte; wir sprechen also im folgenden zunächst immer nur von **einer** Karte.

Deine Frage. Zunächst überlege dir eine Frage. Die Kunst, gute Antworten zu bekommen besteht darin, die richtigen Fragen zu stellen. Was willst du wissen? Was beschäftigt dich? Wohin willst du dich entwickeln?
Mache dir daher zuerst dein *Thema* klar. Worum geht es genau? Um deinen beruflichen Werdegang? Um eine persönliche Beziehung? Um deine individuelle Weiterentwicklung?
Mische die Karten sorgfältig und breite sie dann wie einen großen Fächer verdeckt vor dir aus. Ziehe möglichst immer nur mit der linken Hand. Sie ist „intuitiver" als deine rechte, da sie von der rechten, emotionalen Gehirnhälfte gesteuert wird.

Beispielfragen. Einige typische Frageformen mögen dir helfen, deine eigenen Fragen zu formulieren:

- Welches Kartenthema ist zur Zeit für mich wichtig?
- Welches Kartenthema ist heute für mich wichtig?
- Was sollte ich in meinem Leben verstärken?
- Was sollte ich in meinem Leben verringern?
- Welchem Aspekt schenke ich zur Zeit nicht genug Aufmerksamkeit?
- Welchem Aspekt schenke ich zur Zeit zuviel Aufmerksamkeit?
- Welchen Aspekt habe ich in dieser Angelegenheit noch nicht bedacht oder übersehen?

Stelle bitte niemals Entscheidungsfragen! Es ist sinnlos zu fragen: *Soll ich diese Arbeitsstelle annehmen?* oder *Soll ich mit diesem Mann Schluß machen?* Denn dies würde eine Ja/Nein-Antwort erfordern, und hierzu sind die Karten nicht in der Lage.
Erstens mußt ohnehin *du* diese Entscheidung treffen. Niemand anderes – auch die Karten nicht – kann dir diese Entscheidung abnehmen. Zweitens sprechen die Karten zu dir in der Sprache deines Unterbewußtseins. Es ist die Sprache der Bilder und der Assoziationen, also der Gedanken, die dir unwillkürlich kommen, wenn du ein bestimmtes Bild betrachtest. Alle Kartenbilder behandeln Themen. Achte daher darauf, wie du auf das jeweilige Thema reagierst. Und ob diese Reaktion einen Einfluß auf deine Entscheidung haben könnte.
Das gleiche gilt für Entweder/Oder-Fragen. Die Frage *Soll ich mit Jens zusammenziehen oder mit Klaus?* vermögen die Karten nicht zu beantworten. Befrage die Karten darum anders, in diesem Fall als zwei getrennt gestellte Fragen:

- Wenn ich mit JENS zusammenziehe, welches Kartenthema ist dann für mich wichtig?
- Wenn ich mit KLAUS zusammenziehe, welches Kartenthema ist dann für mich wichtig?

Zur ersten Frage ziehe eine Karte und denke über das Kartenthema nach. Dann erst ziehst du zu deiner zweiten Frage die zweite Karte und denkst über das neue Kartenthema nach.

Notizen. Am besten legst du dir ein eigenes Notizbuch für deine kommenden Befragungen an. Hier notierst du dir deine Fragen, das Datum und die gezogenen Karten. Aber auch deine Interpretationen und Assoziationen. Stichworte genügen meist. Nur so kannst du im Nachhinein die Stimmigkeit der gezogenen Kartenthemen prüfen. Auch ist es sehr aufschlußreich, wenn du bemerkst, daß du manche Karten immer wieder ziehst. Ohne Aufzeichnungen würdest du wahrscheinlich schnell den Überblick verlieren.
Auf den Seiten des Deutungsteils kannst du dir in

einer Spalte das Fragedatum notieren. So siehst du, wie oft du eine bestimmte Karte bekommst und kannst unter dem Datum in deinem Notizbuch nachschlagen, in welchem Zusammenhang das jeweils war.

Die drei Kartenfamilien

Alle Karten der Vaya sind fortlaufend nummeriert, um dir das Auffinden zu erleichtern. Die Nummern sagen nichts über die Wichtigkeit der Karten aus. Alle 84 Karten sind gleich bedeutsam. Es gibt im Spiel keine Trumpfkarten oder Große Arkana und Kleine Arkana wie beim Tarot. Unterschiede gibt es lediglich in der Zugehörigkeit der Karten zu einer der drei Familien oder Kreise.

Das Vaya-Kartendeck ist aufgeteilt in:
- 36 Regelkarten
- 36 Ressourcen- oder Engpaß-Karten und
- 12 Wegekarten.

Entsprechend ist der Deutungsteil des Buches aufgeteilt in diese drei Kartenkreise.

Die Regelkarten (1 bis 36)

Diese erste Kartenfamilie entspricht den 36 Universellen Erwerbsregeln© meines Buches *Alles was du willst*. Falls du es noch nicht kennst und du mehr über die Regeln erfahren möchtest – es ist wie der Folgeband *Tu was du willst* im Anhang mit allen Bestelldaten aufgeführt.

Für das Verständnis der Karten ist allerdings dessen Lektüre nicht erforderlich. Du kannst also mit den Karten arbeiten ohne *Alles was du willst* zu kennen. Die Regeln selbst bezeichne ich als universell, weil sie gelten, ob wir sie nun anerkennen oder nicht. Sie haben Naturgesetzcharakter. Wann immer du etwas in deinem Leben erwerben willst, sei es nun eine bessere Gesundheit, Wohlstand, innere Zufriedenheit oder das, was für dich Erfolg ist – du erwirbst es, wenn dein Verhalten diesen Regeln entspricht, und du verlierst es, wenn dein Verhalten diesen Regeln zuwiderläuft.

Frage dich also bei den Regelkarten, inwieweit du *mit* oder *gegen* die jeweils gezogene Regel lebst.

Die Ressourcen- oder Engpaßkarten (36 bis 72)

Diese zweite Kartenfamilie stellt die Hilfsmittel (Ressourcen) dar, die du auf deinem Weg einsetzen kannst. Du kannst sehr wohl schon über sie verfügen, setzt sie aber nicht oder noch nicht genug ein, oder sie fehlen dir ganz. Dann hast du beim Thema der entsprechenden Karte keine Ressource, sondern einen Engpaß. Und solange du diesen Engpaß hast, wirst du schwerer oder gar nicht voran kommen. Etwa so, als würde deinem Automotor das Benzin fehlen.
Es kann auch sein, daß du zuviel an einer Ressource hast. Jedes Zuviel ist genauso schädlich wie jedes Zuwenig. Trinke zuwenig Wasser, und du verdurstest. Trinke zuviel, und du ertrinkst.
Bei den Ressourcen- oder Engpaßkarten kommt es also darauf an, daß du dich fragst, ob du davon zuviel oder zuwenig hast oder einsetzt.

Die Wegekarten (73 bis 84)

Diese dritte Kartenfamilie beschreibt die grundsätzlichen Wege, auf denen du deinem Ziel näherzukommen trachtest. Es gibt keinen besseren und keinen schlechteren Weg. Alle führen sozusagen nach Rom. Doch mancher Weg mag für dich zum gegenwärtigen Zeitpunkt schlechter oder besser sein.
Prüfe dich also bei den Wegekarten, ob der beschriebene Weg deinem Realisierungs-Wunsch angemessen ist. Oder ob du ihn vielleicht sogar fürchtest oder aus einem anderen Grund nicht gehen magst.

Zum tieferen Kartenverständnis und warum sie gerade in dieser und keiner anderen Reihenfolge aufeinander folgen, findest du im Anhang das Kapitel **Die Reise durch die Vayakarten**.
Hier wird ihre innere Verknüpfung und ihre Geschichte sichtbar.

Wie du die Karten in einem Legesystem legst

Du gehst dabei folgendermaßen vor:

0. **Entscheide dich zuerst für ein Legesystem.** In diesem Arbeitsbuch findest du deren zwei: das Legesystem R = E² A L (blau) s. S. 15 und das Legesystem „Im Kontext der Zeit" (beige) s. S. 17.

1. **Stelle dir eine Frage**, die im Kern „Wie soll ich mich verhalten?" oder „Was ist mit ... los?" oder „Worum geht es bei ...?" lautet.

2. **Mische alle 84 Karten gründlich.** Danach breite sie wie einen großen Fächer *verdeckt* vor dir aus.

3. **Vermeide jede Anstrengung. Deshalb ist es überhaupt nicht nötig, dich weiter auf deine Frage zu konzentrieren.** Ziehe einfach mit deiner linken Hand (die von deiner emotionalen rechten Gehirnhälfte gesteuert wird) nacheinander so viele Karten, wie es das jeweilige Legesystem erfordert.
Diese Karten legst du nacheinander verdeckt übereinander.
Beim Ziehen kannst du so vorgehen, wie du möchtest. Du kannst dir Zeit lassen. Du kannst die Augen geschlossen oder geöffnet lassen. Du kannst deine Hand über den Karten schweben lassen, bis du ein Kribbeln verspürst. Du kannst sie spontan aus dem Fächer heraus ziehen oder die nehmen, die dir aus irgendeinem Grund attraktiver oder auch leuchtender erscheint.
Ziehe die Karten einfach in der Art, die dir am meisten zusagt.
Ich selbst bevorzuge die „Anziehungsmethode bei geschlossenen Augen". D.h. ich lasse meine Hand bei geschlossenen Augen dicht über dem Fächer hin und her gleiten, bis ich im Mittelfinger spüre, wie eine Karte meine Hand herunterziehen will. Dabei meine ich wahr zu nehmen, daß sich rechts und links der Zielkarte eine gewisser Widerstand bildet, so als läge die Karte in einer Mulde und die nebenan liegenden Karten lägen höher. Doch das ist meine Form. Die deine kann ganz anders sein. Jedes Vermögen kommt von mögen. Darum nimm bitte die Form, die du letztendlich am meisten magst.

4. **Decke deine gezogenen Karten jetzt auf.** Aber immer in der gezogenen Reihenfolge. Du beginnst also mit der *untersten* der Karten und legst sie nach dem von dir vorher bestimmten Legesystem aus. Das ist, ich wiederhole es noch einmal, entweder das R = E² A L - Legesystem, das System „Im Kontext der Zeit" oder auch eines der im Anhang vorgestellten Systeme.

5. **Nun schlägst du die Bedeutungen der Karten nach.** Jede Karte trägt ihre Nummer, so daß du sie leicht im Deutungsteil finden kannst. Um die Karten von ihrem Bedeutungskreis her zu unterscheiden, orientiere dich an den Farben des Textfeldes.
Wenn das Textfeld *grün* ist, so handelt es sich um eine Regelkarte.
Wenn das Textfeld *blau* ist, handelt es sich um eine Karte der Familie Ressource oder Engpaß.
Wenn das Textfeld *lehmfarben* ist (wie die Farbe der Wege), handelt es sich um eine Wegekarte.
Die jeweils linke Seite des Deutungsteils erläutert dir die Karte an sich und ihre grundsätzliche Bedeutung.
Auf der jeweils rechten Seite des Deutungsteils findest du die Deutungen in beiden Legesystemen. Liegt die Karte zum Beispiel auf dem Aktions-Platz, so gilt der dortige Abschnitt als *bestimmender* Aspekt vor dem Hintergrund der allgemeinen Kartenbedeutung.

6. **Nachdem du alle Deutungstexte nachgeschlagen hast, besteht dein nächster Schritt darin, diese zu einer Gesamtaussage zu vereinen.** Auch wenn du scheinbar Widersprüche erhalten hast, störe dich nicht daran, sondern versuche, deren tiefere Bedeutung zu ergründen.
Die Karten spiegln die tiefere Ebene deines Denkens und Fühlens wieder. Sie sind in diesem Sinne „knochenehrlich" und sagen dir stets, was ist (und nicht, was du vielleicht gern hören würdest).

7. **Bitte notiere dir deine Fragen ebenso wie die dazu gezogenen Karten.** So kannst du die Aussagen in einem Abstand von 2 bis 3 Wochen später noch einmal überprüfen.
Erst hierdurch – durch den Abgleich mit dem tatsächlich Erlebten – wird dir die „Sprache" der Karten zusehens vertrauter werden.
Vielleicht ziehst du einige Karten öfter als andere oder bekommst eine bestimmte immer wieder (eventuell über viele Jahre hinweg) im selben Themenumfeld. Dann läge darin eine tiefere, über deine augenblickliche Situation hinausgehende Botschaft verborgen. Diese Häufung würde dir aber ohne deine Notizen höchstwahrscheinlich entgehen. Darum notiere dir auch deine tatsächlichen Erfahrungen und Erlebnisse in der Zeit nach dem Kartenlegen, so daß du mit fortschreitender Übung einen immer besseren Verständnisgrad von Kartenbild und tatsächlichen Ereignissen entwickelst. Am einfachsten ist, du richtest dir ein spezielles Vaya-Tagebuch ein; so hast du alle Notizen immer beieinander.

8. **Bitte beachte:** Die Karten können sich immer nur an dem orientieren, was derzeit ist. Sie sind gegenwartsbezogen; sie können dir niemals deine Zukunft verraten. Aber sie können dir sagen, was derzeit in dir vorgeht und welche Auswirkungen das für dich hat. Sie können dir die Trends aufzeigen. Und sie können dir raten, was du tun solltest und wie du dich verhalten solltest vor dem Hintergrund deiner Frage. Sie geben dir immer eine Antwort auf dein derzeitiges *Wohin*.

Das Legesystem $R = E^2 A L$

Bei mehreren Karten, die der intuitiven Beschäftigung mit den Fragen dienen, die dich bewegen, benötigst du für eine klare Aussage ein Legesystem. Ein Legesystem legt die Reihenfolge der gezogenen Karten fest, nach der sie ausgelegt werden. Und es weist jedem Platz eine bestimmte Bedeutung zu.
Das vorliegende Arbeitsbuch bedient sich mit Absicht zweier ganz einfacher Legesysteme. Je komplizierter ein System ist, desto mehr Interpretationsmöglichkeiten tun sich auf. Je mehr Karten du ziehst, desto verwässerter wird die Deutung sein. Im Extrem könntest du zu einer Angelegenheit alle 84 Karten ziehen und dich fragen, was *das* bedeutet. Die Aussage der Karten wäre dann so allgemein, als hättest du keine gezogen.

Die Formel. Das eine Legesystem dieses Arbeitsbuches ist der Realisierungsformel $R = E^2 A L$ der 30. Regel meines Buches *Alles was du willst* entlehnt. Dort leite ich die Formel aus dem Ohm'schen Gesetz ab, einem physikalischen Gesetz, das vordergründig die energetischen Zustände in einem Stromkreis beschreibt. Doch ebenso gut läßt sich dieses Gesetz, wie ich dort zeige, auch auf den Menschen übertragen. Zum besseren Verständnis und für alle, die sich für diese mathematischen Zusammenhänge interessieren, zitiere ich diese Herleitung auf Seite 195.

Dabei bedeuten:

$R =$ die Realisierungswahrscheinlichkeit des Eintretens einer Sache oder eines Ereignisses, das Kerngegenstand deiner Frage ist

$E^2 =$ die Stärke deiner Erwartung daran. Diese Erwartung ist der ausschlaggebende Faktor, deswegen steht sie im Quadrat (nicht, weil ich es so will, sondern weil das Ohm'sche Gesetz es so verlangt)

$A =$ die Aktion oder Handlung, die nun ansteht, um die Realisierung oder Reaktion zu erhalten. Gemäß dem alten Grundsatz von *actio gleich reactio*.

$L =$ das Loslassen einer Sache oder eines Themas, das im Zusammenhang mit deiner Frage von Bedeutung ist.

Deine Frage. Alle deine Fragen sollten im Kern immer lauten: „Wie soll ich mich verhalten?" oder „Was ist mit ... los?" oder „Worum geht es bei ...?"
Also zum Beispiel: „Wie soll ich mich meinem Partner gegenüber verhalten?"
Oder: „Was kann ich tun, um etwas ganz Bestimmtes (einen neuen Partner, neuen Job, eine neue Wohnung) zu erreichen?"
Oder: „Wie gelingt es mir, dieses Problem zu lösen?"
Ebenso erlaubt sind Fragen nach dem Zustand einer Angelegenheit. Fragen also, die im Kern lauten „Wie steht es um mich (meinen Partner, das Geschäft, etc.)?"

Bitte beachte nochmals: Die Vaya kann dir keine Entscheidung abnehmen. Entscheidungen kannst immer nur du alleine treffen. Deshalb sollte deine Frage *nie* mit einem Ja oder Nein zu beantworten sein. Also nicht: „Werde ich jemals meinem Traummann begegnen?", sondern: „Was kann ich tun, um meinen Traummann zu finden?"

Für Fragen dieser Art benötigst du drei Karten: je eine für E^2, A und L. Oder, im Fall des zweiten Legesystems, je eine für die Vergangenheit, die Gegenwart und die Zukunft. Du weißt ja, worum es in deiner Frage geht.

Nur für den Fall, daß du wissen möchtest, was hinter dem Horizont deines Wissens verborgen liegt, ziehst du eine vierte Karte. Sie verrät dir, was du eigentlich, im tiefsten Herzen, realisieren möchtest. Bitte ziehe diese Karte immer nur dann, wenn du wortwörtlich keine Ahnung hast, wohin du eigentlich willst oder unterwegs bist.

Dann lautet deine grundsätzliche Frage: „Wo will ich im Grunde meines Herzens hin?" oder „Wohin bewege ich mich?"

Das Legesystem hat demnach *drei* oder *vier* Kartenpositionen, je nachdem, ob du weißt, was sich realisieren soll oder nicht.

In der Mehrzahl aller Fälle wirst du wissen, was dich bewegt, und du fragst nach dem WIE. In Ausnahmefällen ziehst du die vierte Karte mit der Frage nach dem WOHIN.

Die Kartenposition. Wie du die Karten vor dir auf dem Tisch anordnest, bleibt dir überlassen. Du kannst sie wie eine mathematische Formel nebeneinander legen, also etwa so (die Zahlen geben die Reihenfolge deines Ziehens und Legens vor):

$$(4)\ R\ =\ 1\ E^2\ \times\ 2\ A\ \times\ 3\ L$$

Zur Erinnerung – diese Formel bedeutet:
Die Realisierungswahrscheinlichkeit deiner Frage
= Erwartung² x Aktion x Loslassen

Du kannst die Karten auch in Form eines Kräfte-Dreiecks anordnen, eine Form, die ich persönlich vorziehe.

Dabei legst du die Karten stets im Uhrzeigersinn aus:

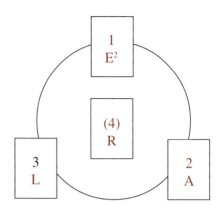

Bei jeder Befragung gibt es immer zwei Möglichkeiten.

1. Du kennst das Thema, um das es dir geht.
(In diesem Fall ziehst du stets drei Karten. Hierbei stehen dir beide Legesysteme frei zur Wahl.)

Wenn du dich also fragst: „Wie soll ich mich meinem Vorgesetzten gegenüber verhalten?", dann weißt du, worum es geht. Das Thema ist dein persönlicher Umgang mit diesem Menschen. Da du das Thema kennst, ziehst du DREI Karten.

2. Du kennst das Thema nicht.
(In diesem selteneren Fall ziehst du eine vierte Karte hinzu. Hierbei benutzt du bitte nur das Legesystem $R = E^2\ A\ L$)

Wenn du dich fragst: „Worin könnte meine Lebensaufgabe bestehen?" Oder: „Welches Thema ist für mich gerade wichtig?", dann weißt du vermutlich nicht, worum es geht. Also ziehe die vierte Karte. Diese vierte Karte gibt dir einen Hinweis auf das, was du eigentlich realisieren willst. Sie entspricht der einzelnen Karte, die wir unter **An die Vaya herantasten** besprochen haben. Sie entspricht dem Produkt aus den anderen drei Karten. Diese anderen drei Karten sagen dir dann in ihrer Gesamtheit etwas über die daran geknüpfte Realisierungs*wahrscheinlichkeit* des Themas deiner Frage aus.

Anschließend schlägst du im folgenden Deutungsteil die Bedeutung der einzelnen Karten und Plätze nach.

Kurzfassung der Kartenbefragung

1. Stelle dir deine Frage.

2. Mische alle Karten.

3. Vermeide alle Anstrengung. Ziehe drei Karten.

4. Lege sie nebeneinander verdeckt vor dich hin. Dann drehst du sie in der gezogenen Reihenfolge um.

5. Schlage die Bedeutungen im Deutungsteil nach.

Die Karte auf dem ERWARTUNG^2-Platz drückt deine Erwartungshaltung aus. Die Karte auf dem AKTION-Platz drückt deine Aktionen bzw. Reaktionen aus. Die Karte auf dem LOSLASSEN-Platz benennt den Bereich, in dem du oder von dem du loslassen solltest.

6. Kennst du dein Thema nicht, ziehe eine vierte Karte hilfsweise hinzu. Stelle einen Gesamtzusammenhang her.

7. Notiere deine Frage, die gezogenen Karten und das Datum.

8. Denke daran: Bei der Vaya handelt es sich um ein intuitives Selbsterkenntnis-Instrument. Alle Antworten werden dir nicht durch die Karten gegeben, sondern durch dein Unterbewußtsein, das dich diese und genau diese Karten ziehen läßt.

Das Legesystem „Im Kontext der Zeit"

Das ist ein zweites, sehr einfaches Legesystem, das ich diesem Buch mit beigebe. Es bringt deine Frage oder Angelegenheit in den Kontext von Vergangenheit, Gegenwart und Zukunft.

Das bedeutet, bei diesem System solltest du dein Thema kennen. Deshalb ziehst du stets nur drei Karten. Die Vorgehensweise ist dabei gleich:

1. Stelle dir deine Frage.

2. Mische alle Karten.

3. Ziehe drei Karten.

4. Lege sie verdeckt nebeneinander vor dich hin. Dann drehst du sie in der gezogenen Reihenfolge um.

5. Schlage im Deutungsteil nach, wofür die einzelnen Karten stehen. Von links nach rechts repräsentieren sie die **V**ergangenheit (darauf gründet es), die **G**egenwart (so ist es) und die **Z**ukunft (dahin entwickelt es sich).

6. Notiere deine Frage, die gezogenen Karten und das Datum.

7. Denke daran: Es ist dein Unterbewußtsein, das dich diese und genau diese Karten ziehen läßt.

**Alle Antworten
werden Dir**

nicht
durch die
Karten,
sondern

**durch
Dein**

**Unterbewußtsein
gegeben**,

das
Dich intuitiv diese
und genau diese
Karten
ziehen läßt.

Der Deutungsteil

Der dreifache Kreis der 36 Universellen Regelkarten
Der dreifache Kreis der 36 Ressourcen- oder Engpaßkarten
Der Kreis der 12 Wegekarten

1
Du kannst im Leben alles haben was du willst

Kartenart:
Universelle Erwerbsregel

Symbole:
- Kessel: für die unerschöpfliche Fülle
- Regenbogen: für unser Denken, das die Welt erschafft
- Sonne: für Licht (Energie)
- abgelegter Mantel: für nicht mehr benötigten Schutz

IM REGENBOGEN:
- Schwert, Stundenglas, Zitrone, rote Blume, Schlüssel, Stern, Truhe, Kelch, Kette mit Medaillon, Burg, Pfeil, Bogen, Schriftrolle, Kristall, Spirale, Herz und Blatt: *alle diese Symbole begegnen dir auf allen 84 Vayakarten immer wieder und werden dort jeweils einzeln erläutert*

Bild: Ein Mann lehnt entspannt an einem Kessel.*⁾ Er strahlt höchste Zufriedenheit aus, denn er ist höchst angetan von den Möglichkeiten, die ihm der Regenbogen offenbart.
Der Schatz am Ende des Regenbogens ist hier die Fülle dessen, was dem Mann möglich ist.
Er hat seinen Mantel abgelegt, denn er braucht ihn nicht länger. Der Mantel, ein Zeichen des Schutzes, ist nicht mehr erforderlich angesichts der Fülle.
Die Sonne steht golden am Horizont - ein Symbol der Wärme und des Lichtes und damit der Energie, die überall und unerschöpflich im Universum vorhanden ist.
Die Symbole im Innern des Regenbogens sind Aspekte der Fülle: sie sind hier sichtbar gewordener Ausdruck der Ereignisse, die dem Mann auf seiner Reise durch die Vayakarten begegnen.
Die Fülle der Möglichkeiten erschließen sich erst dem, der sie *mag*. Denn *Mög*lichkeit leitet sich von *mögen* ab.
Der Regenbogen steht für die Macht, die in unserem Denken verborgen liegt. Mit der Kraft unserer Gedanken kreieren wir die Welt um uns herum mit jedem Augenblick und in jedem Augenblick neu. Zum Entstehen eines Regenbogens braucht es Regenwolken und Sonnenschein: erst im Abgleich zwischen Gutem und Bösem, zwischen Vor- und Nachteil, zwischen hell und dunkel können wir unterscheiden und damit *entscheiden*.
So ist der Regenbogen die Nahtstelle, an der die Gegensätze zusammentreffen und zugleich das Symbol dafür, daß wir die Welt um uns herum aus einem positiven oder aus einem negativen Winkel heraus betrachten können.

Allgemeine Bedeutung: Wir können alles so sehen, wie wir es sehen wollen. Und alles, was wir wollen, können wir auch haben, wenn wir uns dafür entscheiden. Es gibt nur einen, der uns verhindern kann – und daß sind wir selbst.
Das Geheimnis des Könnens liegt im Wollen, lautet eine alte Weisheit. Die Karte fragt dich also: Was willst du? Dies schließt alles ein, was du *erreichen* willst: Ruhm, Ehre, Anerkennung, Erfolg, Gesundheit, Wohlstand, Glück.
Aber auch alles, was du *lernen* und *erfahren* willst: Aufregung, Abenteuer, Wissen, Weisheit.
Und das, was im tiefsten Kern deines Wesens zunächst *vor dir selbst verborgen* ruht: die Absicht, die du mit diesem Leben, mit dieser Inkarnation verfolgst. Was willst du?
Die Fülle der Möglichkeiten ist grenzenlos.
Diese erste der Vayakarten ist statisch. Der Mann ruht, und solange er dies tut, verbleibt alles im Feld der Möglichkeiten. Erst wenn er aufbricht, wenn er aktiv wird, kann er sich dem Feld selbst anvertrauen, und die Dinge um ihn herum geraten in Bewegung. Eine Bewegung, die wiederum nur eine Spiegelung seiner eigenen (geistigen und/oder körperlichen) Bewegung ist.

Im beruflichen Umfeld: Die Karte gleicht der Situation eines Berufseinstiegs oder beruflichen Neuanfangs. Alles ist möglich. Wenn dir diese Karte erscheint, will sie dich auf die Nochnicht-Entschiedenheit aufmerksam machen, die entweder in dir selbst ruht oder in dem noch völlig offenen, weil nicht festgeschriebenen Endergebnis. Sie symbolisiert das (als göttlich verstandene) Prinzip des freien Willens. Du kannst frei wählen, ohne dich einschränken zu müssen. Das Thema deiner Angelegenheit oder deiner Frage ist auf jeden Fall für dich erreichbar, auch wenn du den Weg dorthin noch nicht weißt.

In persönlichen Beziehungen: Die Frage „Was willst du?" vor dem Hintergrund deiner persönlichen Beziehungen meint: „Mit wem willst du dich umgeben?" Es liegt an dir, mit welcher Art von Menschen du zusammenleben, feiern, diskutieren oder schweigen willst. Doch bedenke die Weisheit des alten Satzes: „Sage mir mit wem du gehst, und ich sage dir, wer du bist."

Im Umgang mit dir selbst: Auf Lao Tse geht die Erkenntnis zurück: *Der Lehm formt den Krug; doch wo er nicht ist, liegt seine wahre Bedeutung.* Hier bedeutet dies: Dort, wo der Kessel nicht ist, liegt seine wahre Bedeutung. Zum gegenwärtigen Zeitpunkt bist du – geistig und körperlich – (noch) dort, wo auch der Kessel der Möglichkeiten steht. Erst wenn du dorthin unterwegs bist, wo er nicht ist, eröffnet sich dir seine wahre Bedeutung. Also erhebe dich und beginne deine Reise! Wann? Jetzt!

*) Das Motiv ist an das Titelbild meines Buches „Alles was du willst", Düsseldorf, 2000, angelehnt, in dem die Universellen Erwerbsregeln für ein erfülltes Leben ausführlich beschrieben sind. Das vorliegende Vaya-Begleitbuch basiert mit den ersten 36 Regelkarten auf diesem Werk.

Bedeutung im Legesystem $R = E^2 \, A \, L$

Auf dem Platz der ERWARTUNG^2: Dir sind keine Grenzen gesetzt, außer denen, die du dir selbst setzt. Erwarte die Fülle, und sie wird sich dir eröffnen.
Wenn du *willst*, ist alles *möglich*. Das meint: sind dein Wollen und dein Mögen deckungsgleich, öffnen sich dir alle Wege.
Doch beachte: was du befürchtest, erwartest du ebenfalls, nur unter negativem Vorzeichen. Je mehr du dich damit beschäftigst, desto stärker ziehst du es an.

Auf dem Platz der AKTION: Da die Karte selbst statisch ist, besteht die Botschaft auf diesem Platz darin, die Fülle in Ruhe zu betrachten. Es ist nicht nötig, jetzt irgendetwas zu tun, denn das in der Fülle ruhen reicht völlig aus. Nimm einfach wahr, was alles um dich herum in nie endenwollender Fülle existiert, und erfreue dich daran, ein Teil all dessen zu sein.

Auf dem Platz des LOSLASSENS: So schön es ist, in der Fülle der Möglichkeiten zu schwelgen, so kontraproduktiv kann es sein, wenn du dich nicht mehr aus der Faszination der Bilder befreien kannst. Es wird Zeit, deine Vorstellungen los- und dem Universum den Rest zu überlassen. Es wird aber erst auf dich reagieren, wenn du es nicht länger aufhältst. Schick deine Bestellung ab, indem du dich ab jetzt gedanklich nicht mehr darum kümmerst.

Bedeutung im Kontext der ZEIT

Vergangenheit / Darauf gründet es: Einst warst du dir deiner unbegrenzten Möglichkeiten sicher. So bist du aufgebrochen und bis hierhin und bis heute gekommen. Prüfe, ob du dir diese innere Fülle bewahrt oder sie unterwegs verloren hast. Da sie die Göttlichkeit in dir widerspiegelt, ist sie das höchste Gut, über das du verfügst. Schätze dich glücklich, wenn du sie dir erhalten hast. Hast du sie verloren, kehre um.

Gegenwart / So ist es: Genau jetzt und hier kannst du dich deiner inneren Fülle bedienen. Alles was du brauchst ist jetzt und hier bereits in dir. Diese Fülle anzunehmen – sie in dir zu akzeptieren und sie als gegeben aufzufassen – ist jetzt das Beste, was du tun kannst. Alles andere ergibt sich von selbst.

Zukunft / Dahin entwickelt es sich: Dieser Platz entspricht dem Kessel auf der Karte. Dorthinein mündet alles, dort findet sich in der realen Welt das, was als reine Vorstellungen begann.
Du wirst erreichen, was du erreichen willst, und erhalten, was du erhalten willst.

2
Du darfst im Leben alles haben was du willst

Kartenart:
Universelle Erwerbsregel

Symbole:
- Möwe Jonathan („Glaube an Grenzen, und sie gehören dir")
- Meer: für Sehnsucht und für den Aufbruch
- Land: für Festigkeit (auch des Denkens)
- Wellen: für Kraft
- Horizont: für den Denkhorizont
- Sechs Möwen: für die Entscheidung
- Siebte Möwe: für den Aufbruch
- Regenbogen-Band: für die unerschöpfliche Fülle und für unser Denken, das die Welt erschafft

Bild: Eine natürliche Grenze – eine Küste. Sechs Möwen gehen ihrem Möwenalltag nach. Sie sind mit sich und dem Erreichten zufrieden.
Eine siebente wagt sich aus dem bisherigen Umfeld zu lösen. Sie bricht zu neuen Ufern auf. In ihrem Schnabel trägt sie das Band des Regenbogens als ein Pfand des Universums, als Zeichen für seine unerschöpfliche Fülle. Sie hat, wie die Möwe Jonathan, erkannt, daß Grenzen nur so lange gültig sind, wie wir sie anerkennen: „Glaube an Grenzen, und sie gehören dir."
Es sind sechs Möwen, die zurückbleiben. Sechs ist die Zahl der Entscheidung, sieben ist die Zahl des Aufbruchs.
Auch das Meer ist ein Symbol des Aufbruchs. Es verlockt mit seiner Ferne und läßt in uns die ferne Erinnerung ahnen, einst von dort als Lebewesen aufgebrochen zu sein, um das Land als neuen Lebensraum zu gewinnen.

Allgemeine Bedeutung: Oft trauen wir uns nicht, nach neuen Ufern zu trachten, weil wir fälschlicherweise meinen, diese stünden uns nicht zu. Es ziemt sich für eine brave Möwe eben nicht, allein über den Ozean zu fliegen. Dabei vergessen wir zumeist, daß brav ja mit engl. *brave* verwandt ist, was „tapfer, unerschrocken" bedeutet.
Dein Geist kennt keine Grenzen, außer denen, die du dir selbst setzt.
Unsere Grenzen im Kopf sind unsere Glaubenssätze und Programme, die wir oft unbemerkt ablaufen lassen. Wenn du also Wünsche in dir trägst, beim Gedanken an ihre Erfüllung aber schon ein schlechtes Gewissen entwickelst, gehörst du zu den sechs Möwen, die ihren angestammten Programmen folgen und nicht ihren eigenen Träumen.
Die Karte fordert dich einerseits auf, dir der grenzenlosen Fülle wieder bewußt zu werden, die jenseits der eingefahrenen Denkgleise auf dich wartet. Andererseits soll sie dich an eine Erkenntnis erinnern: Da das Universum ein Interesse daran hatte, dich zu erschaffen, hat es dir zugleich die Erlaubnis mitgegeben, nach allem zu streben, was dich glücklich zu machen vermag. Es ist dein freier Wille, der dir alles ermöglicht. Auch wenn es – zunächst – unerreichbar erscheint.
Diese 2. Vayakarte hat die Stasis der ersten überwunden. Der Aufbruch findet statt, die Reise beginnt. Das Ziel bist du selbst in Form eines erfüllten Lebens.

Im beruflichen Umfeld: Der einzige, der dich verhindern kann, bist du selbst. Mittels deiner Gedanken und vor allem durch die Vorstellungen, die du dir von einer Sache oder einer Unternehmung machst. Daraus folgt: der einzige, der dich über jedes Hindernis hinwegtragen kann, bist ebenfalls du selbst. Mittels deiner Gedanken und vor allem durch deine Vorstellungen (vgl. die 17. Vayakarte S. 52).
Es gibt keine Stellung, kein Amt, keine Aufgabe, die dir verwehrt ist, wenn du dich dorthin entwickeln möchtest. Du kannst alles lernen, was du dafür benötigst. Es liegt allein an dir. Es liegt an dir, was du dir selbst erlaubst zu sein.

In persönlichen Beziehungen: Schluß mit Schüchternheit. Wer immer du zu sein beschließt, wirst du sein. Im Positiven wie im Negativen. Wenn du dich als klein und unscheinbar, wenig attraktiv und als nicht passend empfindest, wirst du dich *genau so* verhalten. Wenn du dich für wertvoll, anziehend und gewinnend betrachtest, wirst du dich ebenfalls *genau so* verhalten.

Wie du dich siehst, wirst du sein. Wie du bist, wirst du handeln. Du legst deine eigenen Grenzen fest, und du kannst sie immer neu festlegen, wo immer du meinst, daß es richtig sei.

Wenn du dir deines eigenen, absolut einmaligen Wertes bewußt bist, besteht kein Grund, warum du diese Frau oder diesen Mann nicht ansprechen und kennenlernen darfst. Also lächele und stelle dich vor.

Im Umgang mit dir selbst: Was immer du dir selbst versagst, macht dich zum Versager. Wenn du es dir nicht gönnst, mißgönnst du es dir. Wenn du es dir nicht gönnst, wer sollte es dann tun? Freue dich an deinen Wünschen. Du hättest sie nicht, wenn sie in deinem Leben keinen Sinn ergeben würden. Die Natur (das Universum) verschwendet nicht – nicht einmal Wünsche. Das Universum ist ein Ort der grenzenlosen Fülle.

Erfüllung findest du nur, wenn du danach strebst, was dich erfüllt.

Bedeutung im Legesystem R = E² A L

Auf dem Platz der ERWARTUNG²: Innere Erlauber und Verhinderer beeinflussen jede Erwartungshaltung. Die Karte auf diesem Platz erlaubt dir ausdrücklich danach zu streben, wonach immer du willst. Es ist o.k., das zu denken, was du denkst und so darüber zu denken, wie du darüber denkst.

Alle deine Wünsche sind dir gegeben; annehmen allerdings mußt du sie selbst.

Auf dem Platz der AKTION: Verändere deine inneren Grenzen. Erweitere sie. Schiebe sie an den Horizont und darüber hinaus. Denke groß in allen Bereichen deines Lebens, besonders aber im Bereich des Gegenstands deiner Frage.

Auf dem Platz des LOSLASSENS: Dies ist die Karte des inneren Aufbruchs. Brich auf. Laß dafür los, was dich festhält: deine inneren Verhinderer. Wer sagt, dieses oder jenes stehe dir nicht zu? Es sind die vergangenen Stimmen anderer, die dir *ihre* Ansichten vermittelten. Du hörst noch deren Echo, mehr nicht. Es ist nicht deine Stimme. Um ein neues Ufer zu erreichen, mußt du dich vom bisherigen lösen.

Bedeutung im Kontext der ZEIT

Vergangenheit / Darauf gründet es: Du hast einst deine Grenzen verändert und neu festgelegt: du hast sie erweitert oder verringert. Was heute ist, ist das Ergebnis dessen, was du gestern für möglich hieltest.

Gegenwart / So ist es: Es gibt keinen Zeitpunkt, an dem du deine Grenzen nicht verändern kannst. In jedem Augenblick entscheidest du neu über deinen Radius, darüber, wie weit dein Einfluß reicht. Es kommt nicht darauf an, was scheinbar möglich ist, sondern darauf, was du für möglich hältst.

Auf diesem Platz sagt dir die Karte: Sprenge deine inneren Grenzen des Denkens. Nicht morgen. Jetzt!

Zukunft / Dahin entwickelt es sich: Die äußeren Grenzen sind immer nur ein Abbild der inneren Grenzen. Die Welt folgt dem Denken. Was immer du dir erlaubt hast, kommt dir bereits entgegen, weil du dich ihm gedanklich näherst.

Bis du dort bist, genieße die Reise. Auch wenn das hiesige Ufer am Horizont allmählich versinkt.

3
Beherzige das 21-Tage-Phänomen

Kartenart:
Universelle Erwerbsregel

Symbole:
- Mit Lanze durchbohrter Drache: für ein Laster, das überwunden werden muß / wurde
- Schlange: für Versuchung
- Eichenlaub: für Beharrlichkeit und Kraft
- Schilfrohr: für Unentschlossenheit, Wankelmut, Schwäche
- Spirale: für stetige Erneuerung und Bewegung
- Ei: für die Zahl 1 (eine Sphäre für jeden Tag)
- Sphären: für die Gewohnheit

Bild: Einundzwanzig seltsame, eiförmige Sphären liegen zersprengt hinter einem darüber sichtlich erfreuten Mann.
Sie sind nummeriert, eine jede für einen Tag.
Ein anderer Mann hat seine Sphäre noch nicht verlassen; er steht noch am Anfang einer Entwicklung, wir sehen erst die Nummer 1 bei ihm. Seine Weste zeigt eine Schlange als Zeichen der Versuchung: er ist versucht, im Innern seiner Sphäre zu bleiben. Neben ihm wächst im Wind schwankendes Schilf, das für Wankelmut, Unentschlossenheit und Schwäche steht. Die Weste des sich Befreienden zeigt den mit einer Lanze durchbohrten Drachen als Zeichen für ein überwundenes Laster oder eine überwundene Angewohnheit. Neben seiner Sphäre liegt Eichenlaub – Symbol der Kraft und Beharrlichkeit dieses starken Baumes. Seine Ärmel zieren Spiralen zum Zeichen steter Erneuerung und Bewegung.

Allgemeine Bedeutung: Uns alle umgibt eine unsichtbare Sphäre – die sogenannte Komfortzone. Sie enthält alle unsere Gewohnheiten, unser Sicherheitsdenken, unsere Bequemlichkeiten und unsere Laster. Sie zu durchdringen fällt schwer, doch es gibt einen Weg: das 21-Tage-Phänomen.
Die Karte zeigt dir darum, wie du alte, nicht mehr zeitgemäße Programme, Gewohnheiten und Verhaltensweisen wieder loswirst. Wähle ein neues Verhalten und „überschreibe" das alte Programm durch die mindestens 21 Tage währenden Wiederholungen des neuen.
Wenn du ein neues Verhalten annehmen willst oder ein altes aufgeben und es durch ein neues ersetzen möchtest, braucht dein Unterbewußtsein einige Zeit, um zu erkennen, ob es dir mit deinem Vorhaben auch ernst genug ist. Deshalb mußt du dieses neue Verhalten einige Zeit beibehalten (und 21 Tage *sind* schaffbar, auch von dir!).
Erst nach minimal 21 Tagen – oft dauert es auch geringfügig länger, aber niemals kürzer – schwenkt dein Unterbewußtsein auf die neue Linie ein, und du wirst *automatisch* dein neues Verhalten zeigen, auch ohne dein bewußtes Zutun. Willst du z.B. deine Ernährung umstellen, wirst du erst nach minimal 21 Tagen beginnen, um gewisse Nahrungsmittel einen Bogen zu machen und plötzlich Appetit auf andere, gesündere Lebensmittel bekommen.
Deine Komfortzone – die 21fache Eihülle der Karte – schützt dich, gibt dir wie eine Burg Sicherheit, nährt dich, verschafft dir Wärme und Bequemlichkeit. Deshalb fällt es uns so schwer, altbekanntes mit neuem zu vertauschen. Denn beim Neuen wissen wir nicht, was uns erwartet. Darum hat deine Komfortzone eine *Beharrungszeit* – eben jene minimal 21 Tage, die es gilt, zu durchbrechen.
Im Verlauf aller anderen Vayakarten wird dir das Thema der Komfortzone immer wieder als *Burg der Bequemlichkeit und der Gewohnheiten* begegnen. Wenn du also auf einer Karte der Burg ansichtig wirst, erinnere dich stets des Phänomens der 21 Tage.

Im beruflichen Umfeld: Jedes neue Verfahren, jede neue Arbeitsweise braucht Zeit, um dir in Fleisch und Blut überzugehen – minimal 21 Tage. Gib dir selbst eine Chance und halte wenigstens diese 21 Tage zu dir und deinem Vorsatz. Gebrochene Versprechen sind gesprochene Verbrechen. Auch die dir selbst gegenüber gegebenen. Mit jedem Tag wird dir die neue

Handlung oder das neue Verfahren vertrauter werden. Schon in einem Monat wirst du nicht einmal mehr darüber nachdenken, sondern es einfach tun.

In persönlichen Beziehungen: Auch Menschen müssen sich erst aneinander gewöhnen. Erst nach mindestens 21 Tagen nimmt dein Unterbewußtsein bisher Fremde nicht mehr als fremd wahr. Und auch du wirst erst nach dieser Zeit als zugehörig angesehen. Darum halte wenigstens diese Drei-Wochen-Frist durch und wirf nicht das Handtuch fort, ehe du trocken bist.

Im Umgang mit dir selbst: Die Schlangen werden dich versuchen, zu deinem alten Verhalten zurückzukehren. Du wirst dich bei dem neuen Verhalten „fremd" fühlen, es wird dir unangenehm werden. Und die Versuchung ist riesig, doch einfach so weiter zu machen wie bisher. Dabei kämpft nur dein altes Programm, deine alte Gewohnheit ums Überleben und gibt dir diese negativen Gefühle ein. Doch sie hat nur Energie für genau 21 Tage. Danach ist der Tank leer, der innere Wind des Widerstandes legt sich, und das wankende Schilf wandelt sich zur starken Eiche.

Bedeutung im Legesystem R = E² A L

Auf dem Platz der ERWARTUNG²: Habe ein wenig Geduld. Manche Dinge brauchen ihre Zeit. Auch andere Menschen haben ihr 21-Tage-Phänomen.
Erwarte die Entwicklung in deiner Angelegenheit auch erst nach Ablauf dieser Frist. In der Zwischenzeit widme dich anderen Dingen; es ist unnötig, jeden Tag im Fahrplan nachzusehen, wenn du weißt, daß „der Zug" erst nach 21 Tagen kommt. Sollte er doch früher eintreffen, erfährst du es sowieso.

Auf dem Platz der AKTION: Beschließe, minimal 21 Tage bei dem, was du vor dem Hintergrund deiner Frage zu tun hast, zu bleiben.
Auch wenn dir die Aufgabe anfangs „nicht schmeckt" – warte die 21 Tage ab, ehe du dich entscheidest, sie eventuell wieder aufzugeben.
Die Karte erscheint auf diesem Platz, wenn es gilt, vorübergehend Ausdauer und Geduld zu wahren.

Auf dem Platz des LOSLASSENS: Auch wenn der Weg selbst lang erscheint, so ist jeder Schritt doch nur genau einen Schritt lang. Beachte nicht länger die gesamte Strecke, sondern konzentriere dich nur auf den einen Schritt, den du gerade jetzt und gerade heute machst.
Wenn du einen riesigen Platz fegen mußt, denke nicht über die Größe des Platzes nach, sondern konzentriere dich nur auf die eine Platte, die du gerade fegst.

Bedeutung im Kontext der ZEIT

Vergangenheit / Darauf gründet es: Alle deine Gewohnheiten hast du angenommen, weil bei jeder einzelnen das 21-Tage-Phänomen wirken konnte.
Folglich kannst du jede Gewohnheit durch eine andere, neuere ersetzen. Du *kannst* es, weil du ja auch deine übrigen Gewohnheiten seinerzeit hast annehmen können. Also kannst du es auch bei der Angelegenheit, die dich jetzt bewegt.

Gegenwart / So ist es: Wenn du etwas angefangen hast und jetzt aufgibst, verfallen alle vorherigen Schritte, auch wenn du dich schon am 19. oder 20. Tag befindest. Halte durch!
Wenn du heute beginnst, wird heute gewiß der schwerste Tag sein. Mit jedem Tag wirst du stärker, besser, erfahrener sein. Schon in drei Wochen wirst du über den heutigen Tag lächeln.

Zukunft / Dahin entwickelt es sich: „Zeige mir deine Gewohnheiten, und ich zeige dir deinen Charakter," lautet ein asiatisches Sprichwort. Du bist immer die Summe deiner Gewohnheiten.
So bist du immer das, was du mindestens 21 Tage lang in dir behaupten konntest. An positiven und negativen Eigenschaften.
Aber du bist auch das *nicht*, was du *nicht* mindestens 21 Tage lang in dir behaupten konntest.

4
Es kann immer nur einen Ersten geben

Kartenart:
Universelle Erwerbsregel

Symbole:
- Anker: für Beständigkeit
- Gekreuzte Ruder: für Ablehnung
- Steuerrad: für Pioniergeist und den natürlichen Ablauf der Dinge
- Kette (Im Kragenmuster): für Fesseln jeder Art
- Goldener Lorbeer: für Erfolg und Sieg
- Grün (Jacke): für Hoffnung
- Buchstabe A: für den Anfang
- Sechs Pläne: für Entscheidung
- Sonnenuntergang: für eine zu Ende gehende Ära

Bild: Ein von seinen Plänen überzeugter Seefahrer geht an Bord seines Schiffes. Es ist bereit zum Auslaufen nach Westen, bereit zum Entdecken einer neuen Welt.
Zurück läßt er drei Vertreter des Bisherigen: einen Kapitän seiner eigenen Zunft, einen hohen Beamten und einen Angehörigen des Klerus. Jeder von ihnen ist verhaftet in seiner eigenen althergebrachten Sichtweise: der Kapitän in der des unmöglich Machbaren; der Beamte in der des Bewahrens und Verbietens; der Kleriker in der des dogmatischen Glaubens. Der Tisch trägt daher das Zeichen der Beständigkeit, den Anker. Die Jacke des Beamten zeigt die Kette, mit der er an seine Bestimmungen gefesselt ist. An der Wand verwehren die gekreuzten Ruder den gedanklichen Eintritt in eine neue Welt des Denken. Die nach Westen weisende Wand trägt das 12-speichige Steuerrad, Symbol für das Entdeckertum und den kreisförmigen Ablauf aller natürlichen Prozesse: das Rad der Geschichte dreht sich ewig weiter. Sieben Artefakte trägt der Entdecker: sechs Pläne (die Zahl der Entscheidung) und als siebentes den Kompaß (die Zahl des Aufbruchs).

Allgemeine Bedeutung: Jeder Durchbruch, jede Entwicklung der Menschheit ging von Menschen aus, die mutig etwas zum ersten Mal taten. Nahezu immer wurden sie von ihren Zeitgenossen verlacht. Doch waren es stets genau jene Aussenseiter, die unsere Entwicklung vorantrieben. Ohne sie ist jede Evolution zum Scheitern verurteilt.
Die Evolution aber ist die treibende Urkraft des Universums. Mithin ist es die natürlichste Sache der Welt, „dorthin zu gehen, wo noch nie ein Mensch zuvor gewesen ist". Dabei wirst du immer beides erfahren, Unterstützung und Ablehnung. Wichtig ist, nach jeder Ablehnung weitere Unterstützung zu suchen, solange, bis du sie gefunden hast.
Findest du die Unterstützung nicht im Außen, suche sie im Innern. Alles, was du dafür brauchst, ist längst in dir. Deine Wünsche sind die Vorboten deiner Absichten. Deine Vision ist das Ergebnis deines ganz besonderen Blickwinkels, den niemand anders als du allein einnehmen kann.
Der Erste zu sein umgibt dich zudem mit einem ganz besonderen Glanz, der durch nichts sonst zu gewinnen ist. Wer erinnert sich noch an den Kapitän des *zehnten* Schiffes, das Amerika erreichte? Niemand. War mit der 2. Vayakarte der geistige Aufbruch gemeint, so ist – nach dem Durchbrechen der Bequemlichkeitssphäre der 3. Karte – mit dieser Karte der bevorstehende Aufbruch in Richtung deiner Unverwechselbarkeit gemeint.
Den idealen Zeitpunkt des physischen Aufbruchs nennt dir die 31. Vayakarte (vgl. S. 80).

Im beruflichen Umfeld: Der Erste im Dorf steht gesellschaftlich höher als der Zweite in der Stadt. Suche darum deine Einmaligkeit.
Hast du sie gefunden, hast du keine Konkurrenz mehr. Finde heraus, was du besser kannst als jeder andere, und dann tue es. Verknüpfe Dinge, die bisher unverknüpft sind.
Unikate sind wertvoller als Massenware. Wenn du tust, was alle anderen auch tun, wirst du vielleicht beliebt, aber mit Sicherheit beliebig. Wenn du etwas als erster beginnst, weißt du im Gegensatz zu allen anderen schon bald, wie es geht.

In persönlichen Beziehungen: Wenn du zu lange zögerst, kommt dir eine oder einer zuvor und macht mit anderen etwas, das du selbst gern gemacht hättest. Und der oder die andere macht es meistens gut. Warum? Weil jetzt sie die Ersten sind und es für die ersten keinen Vorhergehenden und damit keinen Vergleich gibt. Den Vergleich geben erst die Nachfolgenden ab. Und die müssen sich immer mit und an den ersten messen lassen.

Sei der Erste, der hilft. Der Erste, der die Hand reicht. Der Erste, der anfängt, mit Unnützem aufzuhören. Und der Erste, der beginnt, Nutzen zu stiften.

Im Umgang mit dir selbst: Die Karte fordert dich auf, ein Original zu sein, keine Kopie.

Sei nicht Teil des Waldes, sondern ein einzeln stehender Baum. Ahme andere nicht nach; setze deine eigenen Fußstapfen. Da du ohnehin absolut einmalig bist, hast du auch die Fähigkeit, etwas Einmaliges zu leisten.

Niemand kann die Welt so sehen wie du, und niemand kann sie auf genau diese Weise beeinflussen wie nur du es kannst. Und du wirst unwillkürlich der oder die erste werden, sobald du beginnst, ganz du selbst zu sein (vgl. die 33. Vayakarte S. 84).

Bedeutung im Legesystem R = E² A L

Auf dem Platz der ERWARTUNG²: Erwarte vor dem Hintergrund deiner Angelegenheit, der Erste (historisch oder dem Rang nach) zu sein.

Was andere glauben oder bewahren wollen, ist deren Angelegenheit. Nur was du glaubst, zählt.

Bedeutung im Kontext der ZEIT

Vergangenheit / Darauf gründet es: Alles wurde irgendwann zum ersten Mal gedacht, getan, gelassen. Auch von dir. Was du davon beibehalten hast, macht dich heute aus.

Vor dem Hintergrund deiner Frage frage dich, ob du noch führst oder nur noch geführt wirst.

Auf dem Platz der AKTION: Dies ist die Karte des physischen Aufbruchs. Bereite alles vor, und bereite es als erster vor.

Bist du bereit, so gehe los. Jetzt ist die Zeit dafür gekommen.

Gegenwart / So ist es: Du hast mit dem Erscheinen dieser Karte auf diesem Platz die Chance, etwas als Erster oder etwas zum ersten Mal zu tun.

Das kann auch die Einleitung der Wende sein, die aus der Krise führt. Vor dem Hintergrund deiner Angelegenheit ist jetzt der Augenblick gekommen, zu entscheiden, ob du zu einem Ersten werden willst.

Auf dem Platz des LOSLASSENS: Um ein Original zu sein und keine Kopie, mußt du jede Ich-mache-es-so-wie-die-anderen-Strategie fallen lassen.

Pioniere lassen die bisherige Heimat und damit ihre Bequemlichkeiten los. Die körperliche, die seelische und die geistige Heimat.

Doch dort, wohin sie gelangen, wohin ihr LOS (ihr Schicksal) sie führt, LASSEN sie sich als Erste nieder.

Zukunft / Dahin entwickelt es sich: An jeder Spitze ist nur Platz für einen. Um ein Erster zu werden, mußt du zuvor in deinem Denken ein Erster sein.

Die Karte an diesem Platz reserviert dir diesen ersten Platz, sofern du ab heute beschließt, an dich zu glauben.

5
Es gibt immer eine Lösung

Kartenart:
Universelle Erwerbsregel

Symbole:
- Schere: für die Möglichkeit des Lösens
- Bild: für die Lösung (des sprichwörtlichen gordischen Knotens)
- Band: für eine erzwungene oder freiwillige Bindung

IM MUSTER AN DER WAND:
- Laterne und Kristall: für geistige Klarheit
- Labyrinth: für das Leben mit Prüfungen und Schwierigkeiten
- Om-Schriftzeichen: für die „3 Vermögen" Erkennen, Wollen und Handeln
- Regenbogen: für das Denken, mit dem wir unsere Welt gestalten

Bild: Ein Mann ist mit einem Band an eine Öse in der Wand gebunden. Er zerrt mit aller Kraft an dem Band, um sich von der Wand zu befreien. Seine gesamte Aufmerksamkeit gilt dieser Fessel, und so achtet er nicht auf den ihn umgebenden Raum.
Törichterweise: Denn das Schmuckband neben ihm trägt Symbole, die davon künden, was der Mann am nötigsten braucht. Die Laterne wie auch der Kristall stehen für geistige Klarheit. Das Labyrinth ist ein Symbol für das Leben mit allen seinen Prüfungen und Schwierigkeiten; es will sagen: das, was du gerade erlebst, ist eine Prüfung. Es dient nicht dazu, dich zu verärgern, sondern gibt dir die Möglichkeit, dich zu entwickeln. Das Om-Schriftzeichen steht für die drei Vermögen: Erkennen, Wollen und Handeln. Und das „Regenbogen"-Band erinnert an unsere Fähigkeit, mit unseren Gedanken die Welt zu gestalten. Der Mann sieht auch nicht das Bildnis Alexanders des Großen, der mit seinem Schwert den berühmten gordischen Knoten durchtrennt. Es könnte ihm als Vorbild dienen. Doch seine Aufmerksamkeit ist ebenso gefesselt wie er selbst, und so beachtet oder erkennt er die Schere an der Wand nicht und mißachtet die in ihr liegende Möglichkeit des Lösens.

Allgemeine Bedeutung: Jedes Problem enthält in seinem Kern auch seine Lösung. Du könntest ein Problem nicht einmal *erkennen*, wenn du nicht zugleich auch die Lösung dafür wüßtest. Die Herausforderung liegt also nicht darin, eine Lösung zu finden – die gibt es immer, da Problem und Lösung untrennbare Dualitäten sind. Sondern sie liegt darin, zu erkennen, *woher* du die Hilfsmittel bekommst, die dir bei der Lösung helfen.

Eine moderne Metapher hierfür ist die TV-Serie *MacGyver*, deren jeweiliger Episodenclou darin besteht, in der unmittelbaren Umgebung des Helden die Lösungshilfsmittel zu entdecken. Das entspricht dem ersten der drei Vermögen: dem Erkennen. Das zweite Vermögen ist das Lösenwollen, aus dem das dritte Vermögen, die Kraft zum Handeln, erwächst.
Wie *Mikail Gorbatschow* sagte: „Ein jeder ist entweder Teil des Problems oder Teil der Lösung."
So ist der Mann Teil des Problems. Er ist so sehr mit seiner Fessel beschäftigt, daß er damit seine Aufmerksamkeit an die Fessel fesselt. Wie die nachfolgende 6. Vayakarte verrät (vgl. S. 30), macht jede Aufmerksamkeit den Gegenstand der Aufmerksamkeit stärker. Also wird das Band des Mannes ihn umso stärker halten, je mehr er sich darauf konzentriert. Denn dadurch sieht er nicht, was er sehen könnte, würde er aufhören, gegen das Problem zu kämpfen.
Die Lösung eines Problems liegt im Kern darin, nicht länger gegen das Problem zu kämpfen. Lösung als Wort kommt von Loslassen; wie deutlich zu sehen ist, hält der Mann im Grunde sich selber fest.

Im beruflichen Umfeld: Was du bekämpfst, machst du dadurch immer stärker. Eine Lehre, die bisher jede kriegerische Auseinandersetzung belegt (vgl. hierzu auch die entsprechende Stelle bei der 6. Vayakarte). Jedes Vermögen kommt von Mögen. Lerne darum, das Problem (*pro* bedeutet „für", im Sinne von „für dich") zu mögen. Je freundlicher du dich dem Problem zuwendest, desto leichter erkennst du, wo und wie du an die Hilfsmittel zum Lösen herankommen kannst. Wer sich an Problemen (auch mental) festhält, hat keine Hände mehr frei! Wer losläßt, schon.

In persönlichen Beziehungen: Beziehungen werden problematisch, wenn die Selbstwertgefühle anderer angegriffen oder verletzt werden. Folglich werden die Beziehungen verbessert, wenn die Selbstwertgefühle der anderen geschont oder gestärkt werden. Die Karte rät dir, die Lösung zu suchen und nicht, über das Problem zu jammern oder darüber, warum es so schwierig ist. Vielleicht stellt die Lösung auch die Auflösung der Beziehung dar. Nicht alle Menschen passen zu dir, und mit manchen teilst du nur eine gewisse Zeit den Weg. Ist der Zeitpunkt gekommen, euch zu trennen, ist ein Ende mit Schrecken besser als ein Schrecken ohne Ende. Besser als jeder Schrecken ist ein freundlicher Abschied ohne Groll. Vielleicht ist gar der Tod der Trennende. Dann denke daran: *dein* Leben geht weiter. Und wenn das Band, das dich festhält, mit dem anderen Ende an eine Gruft gebunden ist, verharrst du selbst nur einen Schritt vom Grab entfernt. Leben heißt Bewegung, und die ist nur möglich, wenn du dich von deiner Trauer löst.

Im Umgang mit dir selbst: Du wirst die Lösung nur finden, *wenn* du danach suchst. Solange du kämpfst, hast du keine Zeit dazu.

Bedeutung im Legesystem R = E² A L

Auf dem Platz der ERWARTUNG²: Erwarte eine Lösung, auch wenn du nicht die geringste Ahnung hast, wo sie liegen könnte. Auch wenn deine Angelegenheit mehr als verfahren erscheint – die Karte auf diesem Platz signalisiert dir das sichere Vorhandensein einer Lösung. Nimm ihre Existenz als gegeben an, und deine Fähigkeit, sie zu finden, ebenso.

Auf dem Platz der AKTION: Alle Lösungen sind meist einfach und ungewöhnlich zugleich. Wären sie gewöhnlich, würdest du nicht danach suchen. Darum besteht deine Aktion darin, gewöhnliche Dinge auf ungewöhnliche Weise miteinander zu verknüpfen. Oder ungewöhnliche Wege zu gehen, wo die gewöhnlichen sich als Sackgasse erweisen.

Auf dem Platz des LOSLASSENS: Laß das Problem (zumindest eine Zeit lang) los. Löse dich auch vom Ort des Problems. Mache einen Spaziergang, nimm dir einen Tag frei. Fahre ins Grüne, ans Meer, unternimm etwas, daß nichts mit deiner Angelegenheit zu tun hat. Bet*rachte* die gewöhnlichen Dinge, die dich *dort* umgeben, mit ungewöhnlicher Neugier und Faszination. Dies ist der angestammte Platz dieser Karte. Werte ihren Rat darum doppelt gewichtig.

Bedeutung im Kontext der ZEIT

Vergangenheit / Darauf gründet es: Du bist eine Bindung eingegangen – an eine oder mehrere Personen, an ein Objekt, an einen Ort, an eine Idee.
Damals mag das richtig gewesen sein, doch ist es das immer noch? Was hat sich verändert? Alles hat seine Zeit. Empfindest du deine aktuelle Angelegenheit jetzt als Prüfung, stehst du vor einem entscheidenden Punkt deiner Entwicklung. Du bestehst, indem du losläßt.

Gegenwart / So ist es: Sieh dich um. Genau hier und jetzt ist alles vorhanden, was du zu einer Lösung brauchst.

Zukunft / Dahin entwickelt es sich: Jede Entwicklung erfordert das beständige Ab-Lösen von Bindungen und Binden. (Vgl. dazu z.B. die Kartenbilder der Vayakarten 41 und 66). Dies betrifft auch ein Gebundensein an veraltete Vorstellungen.
Je mehr Lösungen deinen Weg begleiten, desto losgelöster und damit fröhlicher wirst du sein.
Jede fortfallende Bindung, woran immer sie bestand, macht dich ein Stück freier.

6

Das, worauf du deine Aufmerksamkeit richtest, wächst

Kartenart:
Universelle Erwerbsregel

Symbole:
- Pflanzen: für Wachstum oder Rückgang
- Hände: für Handeln
- Same: für Aufmerksamkeit („Auf, merke den Samen")
- Spiegel: für die Umwelt, als Spiegel des inneren Menschen
- Pendel: für potentielles Anwachsen der Schwingung
- 5 Linien: für die unvollständige 8 (drei Linien fehlen, um die 8 = Be-ACHT-ung zu ergeben)

Bild: Eine Frau richtet ihre liebevolle Aufmerksamkeit auf eine erblühende Pflanze: das Symbol des Wachsens.
Ihre Hände – als Zeichen des Handelns – geben Energie (wie dies z. B. bei *Reiki* der Fall ist).
Drei Samenkörner als Merkmale des Lebendigen liegen am Boden und warten darauf, bemerkt zu werden: *Auf, merke den Samen!*
Das Pendel wird schwingen, sobald sich Aufmerksamkeit darauf richtet.
Das Gewölbe, das die Frau beschützt und bed*acht,* wird von einer Säule getragen, die in den Regenbogenfarben schimmert – als Zeichen, daß das Ged*acht*e die Welt erschafft.
Die verdorrende Pflanze beweist, daß noch größere Aufmerksamkeit noch mehr Wachstum ermöglichen würde. So sitzt die Frau auch noch nicht auf *acht* zentralen Linien (*Acht*samkeit), sondern erst auf deren fünf. Der Spiegel zeigt im außen, was innen ist.

Allgemeine Bedeutung: Die Frau ist fast ganz im Hier und Jetzt. Sie weiß, sie kann durch ihre bloße Aufmerksamkeit wahre „Wunder" wirken. Die Welt, die sie umgibt, ist immer ein Spiegel ihres Inneren. Jedes Wachstum der äußeren Welt ist eine Folge des Maßes an Aufmerksamkeit, das wir darauf richten. Wenn du jemandem oder einer Sache keine Aufmerksamkeit widmest, fließt keine Energie mehr. Darum zeigt die Karte dir auch, was geschieht, wenn du einem Ding oder einem Wesen deine Aufmerksamkeit entziehst: es wird verdorren (oder kleiner werden) wie jene Pflanze links der Säule. Ein weiterer Aspekt ist die Wahl, die du in jedem Augenblick (worauf deine Augen blicken) hast. Du selbst entscheidest in jeder Sekunde deines Lebens, wohin und worauf du deine Aufmerksamkeit lenkst.
Die Karte will dir sagen: prüfe, womit du dich derzeit beschäftigst. Gibt es Bereiche deines Lebens, die sich nicht wie gewünscht entwickeln? Schenke ihnen mehr Aufmerksamkeit. Machst du dir vielleicht große Sorgen? Dann widmest du ihnen schon große Aufmerksamkeit, und sie werden weiter wachsen. Hast du Ängste und Befürchtungen, werden sie größer, je mehr du auf sie achtest. Möchtest du mehr Freude empfinden, so richte deine Aufmerksamkeit einfach auf erfreuliche Dinge und Menschen. Achte, und verachte nicht.

Im beruflichen Umfeld: Was du bekämpfst, machst du dadurch immer stärker, denn Kampf *ist* die volle Aufmerksamkeit auf etwas richten.
Die beste Kontrolle ist daher, anderen die Verantwortung zu übertragen. Führst du mit Druck (Unterdrückung), wird dir Gegendruck erwachsen. Liebevolle Aufmerksamkeit zu schenken ist etwas anderes als Kontrolle auszuüben. Sollen Menschen dir folgen, schenke ihnen deine volle Aufmerksamkeit – jetzt und hier. Zeige ihnen dein persönliches Interesse an ihnen: an ihren Fähigkeiten, an ihrem Dasein als Mensch, an ihnen als Person. Dann folgen die Zahlen von ganz allein. Achtest du dagegen nur auf Zahlen, verachtest du die Dinge und Wesen. Sie werden verdorren (oder dich vorher verlassen). Und Zahlen – die Kennziffern deiner Aufmerksamkeit – repräsentieren (rückvergegenwärtigen) die Dinge und Menschen nur. Sie sind nicht die Gegenwart. Zahlen dürfen daher niemals selbst das Ziel deiner Aufmerksamkeit sein. Sonst wirst du zu einer „Niete in Na-

delstreifen".

In persönlichen Beziehungen: Willst du geliebt werden, so liebe. Was ist Liebe anderes als liebevolle Aufmerksamkeit? Beachte deinen Partner für länger nicht, und die Liebe wird vergehen. Zeige dein liebevolles Interesse an jemandem, und er wird sich dir zuwenden. Doch verwechsele Liebe nie mit Besitz. Ein Tier, das du streichelst, wird dich lieben. Eines, das du ankettest, wird dich fürchten. Steckst du jemanden in einen goldenen Käfig? Je mehr du jemanden an dich bindest, umso mehr wird er seine Aufmerksamkeit auf seinen Wunsch nach Freiheit richten. Und der Wunsch nach Freiheit wird wachsen. Was du bekämpfst, machst du stärker.

Im Umgang mit dir selbst: Was immer dir fehlt (z.B. Wohlstand, Gesundheit, Glück, Erfolg), es fehlt dir, weil du diesem Thema zu wenig liebevolle Aufmerksamkeit geschenkt hast.
Was immer du zuviel hast (z.B. Schmerzen, Krankheit, Gewicht, Sorgen), du hast es, weil du diesem Thema zuviel Aufmerksamkeit gewidmet hast.
Es sind deine Augenblicke, die alles bewirken. In jedem Augenblick. Deine Aufmerksamkeit im Hier und Jetzt.

Bedeutung im Legesystem R = E² A L

Auf dem Platz der ERWARTUNG²: Sei aufmerksamer im Hinblick auf das, was du erwartest. Und erwarte von dir selbst, dem Vorgang deiner Aufmerksamkeit mehr Aufmerksamkeit zu schenken. Sie ist ein vortreffliches Instrument, jeden gewünschten Bereich deines Lebens zu verstärken. Solange du mit deiner Aufmerksamkeit aber mal hierhin, mal dorthin springst, wird das Wachstum nur gering und kaum zu bemerken sein.

Auf dem Platz der AKTION: Hier besteht die Aktion aus „Nichtstun" der besonderen Art – sei aufmerksam meint, beobachte nur. Sei einfach Zeuge dessen, was geschieht. Dabei steht es dir frei, auf wen oder was du deine Aufmerksamkeit richtest. Auch hier liegt in der Ruhe die Kraft: gib dir genug Zeit, um aufmerksam sein zu können. Mit deiner Wahl legst du fest, was wachsen soll. So wird das zurückgehen, worauf du keine Aufmerksamkeit richtest.

Auf dem Platz des LOSLASSENS: Hier verrät dir die Karte, daß du nun genug Aufmerksamkeit auf deine Angelegenheit oder das Thema deiner Frage gerichtet hast. Jedes Mehr wäre ein Zuviel.
Andere Dinge bedürfen jetzt deiner Aufmerksamkeit mehr.

Bedeutung im Kontext der ZEIT

Vergangenheit / Darauf gründet es: Du hast in der Vergangenheit deine Aufmerksamkeit dieser Angelegenheit gewidmet und stehst nun vor dem Ergebnis dessen, was auf diese Weise wachsen konnte.
Es kann auch sein, daß du dieser Angelegenheit keine oder zu wenig Aufmerksamkeit gewidmet hast; dann stehst du jetzt vor der „Mißernte", die so nicht wachsen konnte.

Gegenwart / So ist es: Nur hier und jetzt kannst du deine Aufmerksamkeit richten. So entscheidest du in jedem Moment neu, was wachsen wird. Sieh in den Spiegel der Welt, die dich umgibt, und du wirst erkennen, worauf es sich lohnt, deine Aufmerksamkeit zu richten.
Welche Bereiche entwickeln sich nicht? Frage dich, wohin du stattdessen schaust.

Zukunft / Dahin entwickelt es sich: Die Karte sagt dir hier: Du wirst morgen von dem umgeben sein, auf das du heute deine Aufmerksamkeit richtest. Und du wirst morgen von dem innerlich erfüllt sein, was du heute in dir aufmerksam erkennst und pflegst. Achte auf deine Schwächen, und du wirst schwächer werden. Achte auf deine Stärken, und du wirst mit ihnen stärker werden.
Wogegen du kämpfst, das wird wachsen.

7
Alles in der Natur ist sinnvoll geordnet

Kartenart:
Universelle Erwerbsregel

Symbole:
- Roter Faden: für den Lebensentwurf, den unsere Seelen vor der Verkörperung anfertigen
- Einzelner Pfeil: für Ordnung
- Hirse: für die natürliche Ordnung (chinesisch)
- Sterne (an Kragen und Ärmel) und Mond: für das Universum
- Löwe und Antilope: für die natürliche Nahrungskette
- 12 Blätterpaare: 2 x 12 Stunden
- 1 neues Blatt: steter Neubeginn, so auch der neue Tag

Bild: Ein Mann erlebt einen Moment der Besinnung. Für einen Augenblick ist der Alltag vergessen und er erkennt die natürliche Ordnung von allem was ihn umgibt. Und er erkennt sich selbst als Teil dieser Ordnung.

Der rote Faden, der unsichtbar sein Leben durchzieht, ist der Lebensentwurf, den sich seine Seele vor dem Eintritt in diesen Körper gemacht hat. Für den Moment verläuft sein Leben entlang dieses roten Fadens, er ist ganz nahe bei sich. Man könnte auch sagen, er erlebt ein *déjà vu*. Ruhe, für den Augenblick.

In China ist Hirse das Zeichen für die natürliche Ordnung, der Pfeil ist das entsprechende Symbol des Westens. Der Mond und die Sterne zeigen den steten Kreislauf der Himmelskörper und den Rhythmus des Universums.

Der Löwe und die Antilope sind ebenso Teil der natürlichen Nahrungsfolge wie die Pflanzen.

Das Wasser, die Erde, das Feuer (der Sterne) und die Luft – die vier metaphysischen Elemente durchdringen alles und ermöglichen die Ordnung, die wir als Natur oder Universum bezeichnen.

Allgemeine Bedeutung: Alles in der Natur ist in Kreisläufen angelegt, im ewigen Kreislauf von Geburt, Wachstum, Verfall und Tod.

Jedes noch so kleine Teil hat im Rahmen der gesamten Schöpfung seinen tiefen Sinn und seine Existenzberechtigung. Wenn etwas nicht sinnlos ist, ist es sinnvoll. Das aber heißt, daß dahinter eine Absicht die treibende Kraft sein muß. Die Natur verschwendet nicht. Damit kann auch deine Existenz nicht zufällig, sondern muß absichtsvoll sein.

Der rote Faden stellt eine solche Absicht (deiner Seele vor deiner Geburt) dar. Du bist hier, weil deine Existenz einen tieferen Sinn hat. Ihn zu entdecken, diesen tieferen Sinn wieder zu er-*innern* ist ein wesentlicher Teil deines Lebens. Finde den roten Faden, der den Idealverlauf deines Lebens darstellt, wieder. Lebst du entlang deines roten Fadens, empfindest du das als Glück; weichst du von deinem vorgezeichneten Kurs ab, hast du sofort ein ungutes Gefühl.

Was also ist der tiefere Sinn deiner Existenz? Welche Aufgabe wartet auf dich? Hast du sie schon gefunden und erfüllst sie oder ist sie dir im Alltagsgetümmel verlorengegangen? Oder hast du gar noch nie nach ihr gesucht?

Wenn es dich gibt – und das scheint so zu sein – dann steckt dahinter eine Absicht. Wenn du hier bist, dann hast du auch eine Lebensaufgabe, etwas, das nur du und niemand sonst so gut tun kann wie gerade du in deiner absoluten Einmaligkeit.

Im beruflichen Umfeld: Was immer du tust, achte darauf, daß es den natürlichen Abläufen so ähnlich wie möglich ist.

Eine Organisation und ein Organismus schreiben sich nicht nur ähnlich, sie verhalten sich auch ähnlich – nämlich nach den Gesetzen *organischer* Abläufe. Nichts – und erst recht nicht der Mensch – kann Abläufe perfekter anordnen als es die Natur vermag. Darum schaue ihr zu, wo du nur kannst, und lerne sie zu verstehen.

Gegen die Natur zu handeln (z.B. als Umweltsünder, ob nun aus Faulheit oder aus finanziellen Gründen) ist schlichtweg dumm: es kostet ein Vielfaches – dein Leben und das deiner Kinder. Vielleicht auf Raten, aber todsicher.

In persönlichen Beziehungen: Auch Beziehungen unterliegen dem Kreislauf von Geburt, Wachstum, Verfall und Tod.

Ein totes Pferd, sagen die Uramerikaner, kann man nicht mehr reiten. Es lohnt nicht, einer gestorbenen Beziehung „Hafer" hinzustellen. Es lohnt sich dagegen sehr, ihr Aufmerksamkeit zu schenken, solange sie noch lebt.

Es gibt für jeden Topf einen Deckel, sagt der Volksmund. Manchmal muß man schon ein wenig suchen, doch es gibt ihn. Deine Existenz wäre sinnlos, gäbe es nicht auch für dich ein Pendant.

Jeder Mensch, der dir begegnet, hat eine Botschaft für dich. Je häufiger du aufmerksam hinhörst, desto mehr gerätst du in den Fluß der natürlichen Ordnung.

Im Umgang mit dir selbst: Etwas kannst du besser als jeder andere Mensch. Finde heraus, was es ist, und widme dich dann dieser dir ureigensten Lebensaufgabe. Finde sie und erfülle sie. Alle anderen Wege, die du einschlägst, lassen dich unerfüllt zurück. Erfüllung findest du nur in der Erfüllung deiner Lebensaufgabe. Je mehr du dich von deinem roten Faden entfernst, desto unzufriedener wirst du sein.

Bedeutung im Legesystem $R = E^2 \, A \, L$

Auf dem Platz der ERWARTUNG[2]: Erwarte viel, wenn nicht alles von der natürlichen Ordnung, auch wenn sie dir als (scheinbares) Chaos entgegentritt. Gib dem naturnahen oder -ähnlichen immer den Vorzug vor dem künstlichen. Auch wenn du nicht verstehst, wie die Natur arbeitet, so kannst du dich darauf verlassen, daß sie (und ihr nachempfundene Modelle) immer perfekter als alles andere funktionieren.

Auf dem Platz der AKTION: Da auch deine Existenz einen Sinn haben muß, verlangt die Karte von dir auf diesem Platz, nach diesem tieferen Sinn deiner Existenz zu suchen. Warum bist du hier? Wo ist dein eigentlicher Platz in diesem Leben? Warum hast du gerade diese Gaben erhalten? Was könntest du damit erreichen, was außer dir niemand in dieser Weise vermag?

Auf dem Platz des LOSLASSENS: Hier fragt dich die Karte: Warum tust du nicht das mit deinen Gaben, was du dem tieferen Sinn deines Lebens zufolge tun könntest? Was hält dich fest?
Oder: Was läßt dich an künstlichen und damit unnatürlichen Systemen festhalten, wo es doch in der Natur so viel elegantere, einfachere, kostengünstigere, schonendere, bessere Systeme gibt, die du nur zu suchen und nachzuahmen bräuchtest?

Bedeutung im Kontext der ZEIT

Vergangenheit / Darauf gründet es: Du bist ein Teil eines höheren Ganzen, auch wenn du dieses Ganze selbst nicht überblicken kannst, vielleicht nicht einmal zu ahnen vermagst. Du bist damit Teil eines Plans, der ohne dich und deine Mitwirkung unvollständig erfüllt bleibt.

Nur zu arbeiten, um leben (essen, schlafen, sich fortpflanzen) zu können, oder nur zu leben, um zu arbeiten – beides ist zu wenig. Es liegt ein Sinn darin.

Gegenwart / So ist es: Mit der Karte auf diesem Platz bist du entweder jetzt dort angekommen, wo sich dir die Frage nach der Sinnhaftigkeit deines Lebens unmittelbar stellt.
Oder du stehst inmitten einer Angelegenheit, die den Wechsel von technischer Künstlichkeit zu naturnahem oder -ähnlichem Verhalten nahelegt.

Zukunft / Dahin entwickelt es sich: Jede Evolution folgt den natürlichen Entwicklungsgesetzen. Hinter jedem Detail (auch hinter dir) steht ein allumfassender Sinn. Wo immer gegen die Natur und damit gegen diesen Sinn gehandelt wird, folgen Zerstörung, Krankheit und Tod.
Wo immer im Einklang mit der Natur gehandelt wird, entsteht ein harmonischer Gleichklang, der frei ist von Dissonanzen.

8
Alles was du tust, machst du aus einem einzigen Grund

Kartenart:
Universelle Erwerbsregel

Symbole:
- Blätter am Boden: für Glück und Wohlstand (asiatisch)
- Vierblättriger Klee (im blauen Kleid): für Glück
- Rosen (im gelben Kleid): für Liebe
- Distel (Dornen) am Wegesrand: für Schmerz
- Regenwolke: für Tränen und trübe Zeiten
- Weg: für den „inneren Weg"
- Kelche (wie im Tarot): für das Gefühl

Bild: Zwei Frauen tanzen vor Freude und feiern. Die Kelche in ihren Händen sind erhoben zum Zeichen, daß das Gefühl hier über alles andere dominiert. Ihre Kleider weisen Kleeblätter und Rosen auf, die alten Symbole für Glück und Liebe. Über ihnen ist der Himmel frei und strahlend blau; der Boden zu ihren Füßen ist mit herabgefallenen Blättern „geschmückt", dem asiatischen Zeichen für Glück und Wohlstand, was meint, es steht sichtlich wohl um diese Seite des Weges.

Am anderen Ende dieses Weges wachsen harte Dornen, und Wolken schieben sich heran, die den Tag trübe werden lassen. Ein Mann erlebt hier seinen persönlichen Kummer; der Schmerz (ob nun äußerlich oder innerlich) hat ihm die Tränen ins Gesicht getrieben. Seine Jacke ist regengrau, und sein Gesicht ist von der Freude abgewandt. Sein Stand ist unsicher, seine Schultern sind gramgebeugt.

Ein mitfühlender (doch nicht mitleidender!) Mann weist ihm die Richtung hin zur Freude. Seine Kleidung ist aus den Farben der beiden Frauen zusammengesetzt, zum Zeichen, daß er eigentlich zu ihnen und zu ihrem Teil des Weges gehört. Er blickt in Richtung der Freude und steht sicher auf seinen Beinen; ihn wirft so schnell nichts um.

Allgemeine Bedeutung: Wir Menschen besitzen einen „inneren Weg", der vom tiefsten Schmerz hin zur höchsten Freude führt. Und alles was wir tun, dient entweder dazu, uns vom Schmerz fort oder uns auf die Freude hin zu bewegen.

Beide Motive sind im Grunde identisch: es ist beides Mal dieselbe Bewegung. Welcher Art der Schmerz ist, ist nicht wichtig. Ob wir uns nun am Herd die Hand verbrennen (oder uns an den sprichwörtlichen Dornen verletzen), oder ob wir seelischen Schmerz erleiden, wir werden immer den Weg suchen, der uns möglichst rasch vom Schmerz fortzubringen vermag. Unbehagen, Unwohlsein, Unbefriedigtsein, Nervosität, Einsamkeit, Frustration, Angst – alles dies sind Formen des Schmerzes.

Körperliche Lust, seelisches Glück, Gesundheit, Befriedigung, angenehmes Zusammensein mit anderen, Anregung, Anerkennung bis hin zum Ausdruck höchsten Seins, der Liebe – alles dies sind Formen der Freude.

Alle Menschen bewegen sich ununterbrochen auf diesem Weg, doch verlieren manche die Orientierung und wandern schnellen Schrittes dorthin, wohin sie gar nicht wollen.

Andere sind so weit zum negativen Pol gewandert, daß um sie herum alles dunkel geworden ist. Sie suchen fieberhaft nach der richtigen Richtung, verirren sich jedoch in der einen oder anderen Sucht (ein Wort, das sich von *Suchen* ableitet).

Wenn dir ein Mensch begegnet, der dir den Weg hin zur Freude weist, höre ihm zumindest zu. Und wenn du einen Suchenden triffst, hilf ihm und weise ihm deinerseits den Weg.

Im beruflichen Umfeld: Der schnellste Weg zum Erfolg ist, anderen dabei zu helfen, dem positiven Pol *Freude* näher zu kommen.

Kunden kaufen nur deshalb Waren, damit sie ihrem positiven Pol *Freude* näherkommen. Wenn du andere überzeugen willst – erzähle ihnen nie, wie gut du (oder deine Sache) ist. Erzähle ihnen dafür, wie sie mit dir als Person, mit deiner Ware oder Dienstleistung mehr Freude im Leben haben können, und sie werden dir folgen.

In persönlichen Beziehungen: Da sich alle Menschen hin zur Freude wenden, ist es leicht, persönliche Beziehungen aufzubauen und zu pflegen. Denn der Weg führt über die Freude, die du anderen bereitest. Doch um zu ernten, mußt du zuvor säen. Um Freude zu erleben, mußt du zunächst Freude verbreiten. Um Freunde zu gewinnen, mußt du zunächst ein Freund werden. Um geliebt zu werden, beginne ganz einfach zu lieben. Es ist das Prinzip des „Geben ist seliger denn Nehmen". Es meint: gib zuerst, und du wirst dann ein Vielfaches deiner Gabe davon zurück erhalten.

Im Umgang mit dir selbst: Sich den ganzen Tag über nur für andere aufzuopfern und todmüde einzuschlafen ist die Vorstufe zum *Entschlafen*. Denke auch und zuerst an dich. Was gibst du dir selbst? An Zeit, an Anerkennung, an Freude? Was tust du für dich, damit es dir gutgeht? Nur wenn es dir gutgeht, kannst du anderen Freude bereiten. Wenn du lächelst, *weil* du Freude empfindest.

Bedeutung im Legesystem R = E² A L

Auf dem Platz der ERWARTUNG²: Erwarte die Freude. Sie wartet unweigerlich und absolut verläßlich am Ende deines Weges, wenn du dich vom Leid fort hin zur Freude bewegst.
Erwarte darum das Fest am Ende deiner Angelegenheit. Sieh dich in deiner Vorstellung jetzt schon vor Freude tanzen.

Auf dem Platz der AKTION: Nähere dich bewußt in allem deinem Tun dem Pol Freude. Prüfe jede Aufgabe dahin, ob sie dich – oder andere – dem Pol Freude näherbringt. Tut sie das nicht, laß sie fallen.

Auf dem Platz des LOSLASSENS: Freude kann nur empfinden, wer die Gedanken an die Mühsal und den Kampf losläßt. Solange du zürnst, haderst oder jammerst, solange gehst du rückwärts – dem Pol des Schmerzes entgegen.

Bedeutung im Kontext der ZEIT

Vergangenheit / Darauf gründet es: Welche Weggabelung du auch immer bis hierher genommen hast – jeden deiner Schritte gingst du vom ersten Augenblick an mit der Absicht, vom Leid weg hin zur Freude zu gelangen. Dabei bist du manchmal auch in die Irre gegangen, weil du dachtest, die Freude stünde dir nicht zu. Und manchmal hast du zu lang gewartet, bis der Schmerz unerträglich wurde und bist darum zu spät aufgebrochen.

Gegenwart / So ist es: Die Karte auf diesem Platz rät dir, nicht länger zu warten. Wenn du wartest, wird der Schmerz nur immer größer werden, bis er unerträglich wird und du dann eines Tages doch in Richtung Freude aufbrichst. Warum und worauf wartest du?
Entscheide dich jetzt. Frage dich, wo die Freude dir am größten erscheint, und dann gehe ihr nach.

Zukunft / Dahin entwickelt es sich: Zu warten, bis der Druck der Ereignisse dich vorwärts treibt, macht dich zum Spielball. Du verlierst Macht und Einfluß.
Selbst nach der Freude Ausschau zu halten und auf sie zuzugehen (anstatt vor dem Schmerz davonzulaufen) gibt dir die Initiative des Machens zurück. So gewinnst du Macht. Macht ist nur ein anderer Ausdruck für Energie, was das engl. *power*, das beides bedeutet, verrät. Entscheidend ist, was du jetzt tust.

9
Sprich immer gut über andere

Kartenart:
Universelle Erwerbsregel

Symbole:
- Der emporgereckte Daumen: für das Positive
- Offener Raum/See: für die leichte Verbreitung einer Nachricht
- Kleidung des Mannes: für seine Zugehörigkeit zum Pol der Freude (siehe 8. Vayakarte)
- Freier und blauer Himmel: für eine heitere, freundliche Gesinnung

Bild: Eine Gesellschaft – ein zwangloses Gespräch auf einem Balkon über dem Meer.
Ein Mann (wir kennen ihn aus dem Bild der 8. Vayakarte) spricht über eine nicht am Gespräch teilnehmende dritte Person. Es sind angenehme oder zumindest keine unangenehmen Neuigkeiten, die er erzählt, wie man am Gesicht der zuhörenden Frau im goldenen Kleid ablesen kann. Vielleicht spricht er über die im Hintergrund stehende Frau. Auch wenn diese weiß, daß über sie gesprochen wird, so spürt sie doch die wohlmeinende Art des Mannes. So kann sie sich beruhigt anderen Dingen zuwenden.
Der offene Raum am Meer steht für die Leichtigkeit, mit der sich Gerüchte und Nachrichten verbreiten.

Allgemeine Bedeutung: Wann immer du über einen anderen Menschen redest, vermag dein Unterbewußtsein nicht zwischen euch beiden zu unterscheiden. Es meint immer, du sprichst ausschließlich über dich selbst.
Das liegt an seiner „Grundprogrammierung".
Nennst du einen anderen böse, so meint es, du selbst seiest dieser Böse, von dem du redest; nennst du einen anderen gut, dann meint es, du selbst seiest dieser Gute.
Die Folge ist jedesmal gleich – und wichtig vor allem für dich.
Rede einige Minuten schlecht über einen anderen, und *du* beginnst dich schlechter zu fühlen. Diese Reaktion hat dein Unterbewußtsein ausgelöst, weil es annimmt, du möchtest dich schlechter fühlen. Rede einige Minuten gut über einen Mitmenschen, und *du* beginnst dich umgekehrt, besser zu fühlen.
Es liegt also in deinem eigenen Interesse, möglichst nur gut über andere zu sprechen. Gedanken sind für dein Unterbewußtsein Anweisungen. Es nimmt an, du willst dich schlechter fühlen, wenn du negativ denkst (und das mußt du, um über einen anderen schlecht zu reden), und es verschafft dir die entsprechenden Gefühle. Es nimmt an, du willst dich besser fühlen, wenn du positiv denkst (und das tust du automatisch, wenn du gut über einen anderen sprichst), und es verschafft dir die entsprechenden Gefühle. Und wieder einmal: du erntest, was du gesät hast.
An jedem Gerücht (daher das Wort) hängt auch ein Geruch; sorge dafür, daß es in deinem Fall nur ein Duft ist und kein mit der Zeit unerträglich werdender Gestank.
Worte sind eine Form von äußerer Energie (vgl. die 73. Vayakarte S. 164). Indem du sie sprichst, lösen sie Reaktionen auf der Energieebene der Zellen deiner Zuhörer aus und als Spiegel dieser Reaktion auch bei dir.
Kinesiologen führen dir diesen Effekt mit dem sogenannten *Muskeltest* vor, der beweist, wie schnell ein ausgesprochenes Wort oder ein nur gedachtes dir Energie geben, aber auch entziehen kann. Binnen Nanosekunden (!) kann sich die gesamte Physiologie eines Menschen zum Guten oder Schlechten verändern. Und das nur durch ein einziges Wort.

Im beruflichen Umfeld: Wenn du kritisieren mußt, achte darauf, nur die Verhaltensweisen, aber *niemals* die Persönlichkeit deines Gegenübers zu kritisieren. Natürlich ist Verbesserung auch mit (kontruktiver) Kritik verbunden, aber es besteht ein Unterschied zwischen aufbauenden Gedanken und zerstörenden Bemerkungen. Sprich Lob und Anerkennung früh-

zeitig aus. Schon dann, wenn jemand etwas erst anfängt, richtig zu machen. So gibst du ihm die Zuversicht und Energie, um es richtig zu vollenden.
Je mehr du über Dinge, Umstände und andere Menschen schimpfst, desto mehr Macht verlierst du (vgl. die 65. Vayakarte S. 148).

In persönlichen Beziehungen: Schlechte Nachrichten verbreiten sich dreimal rascher und dreimal so häufig wie positive. Auch die Nachricht, von *wem* die Nachricht kommt. Wenn es wirklich nur Schlechtes zu sagen gibt, schweige lieber. Wenn es nur wenig Gutes zu sagen gibt, dann sei wenigstens du es, der davon kündet.

Im Umgang mit dir selbst: Sprich nur gut (in deinem inneren Gedankenmonolog) über dich selbst. Wem nützt es, wenn du dich innerlich selbst zerfleischst und dein Selbstwertgefühl zertrümmerst? Dir am allerwenigsten. Wenn du Fehler machst (und jeder macht Fehler), dann ärgere dich nicht darüber, sondern siehe sie als Chance für einen Lernerfolg. Und freue dich darüber, es beim nächsten Mal besser machen zu können.

Bedeutung im Legesystem R = E² A L

Auf dem Platz der ERWARTUNG²: Erwarte das Gute oder gar das Beste von jedem Menschen, mit dem du zu tun hast. Tust du das, so hast überhaupt (man könnte auch sagen: *über* deinem *Haupt* schwebt keine dunkle Wolke) keinen Grund, Schlechtes über andere zu reden. Sprichst du schlecht über andere, erwartest du, daß sie sich schlecht verhalten. Wundere dich dann nicht, wenn es eintritt.

Auf dem Platz der AKTION: Achte auf deine Worte, denn sie geben Aufschluß über deine Werte. Was du sagst, ist immer (zumindest ein Teil dessen), was du denkst, denn du kannst nicht Dinge sagen, ohne sie (in diesem Augenblick) zu denken.
Die Karte rät dir, deine Be- und Abwertungen durch „positive Unterstellungen" zu ersetzen.

Auf dem Platz des LOSLASSENS: Hier empfiehlt dir die Karte, deine Vorurteile und Vorbehalte, aber auch deine negativen Ansichten über andere loszulassen. Solange du sie aussprichst, hältst du an ihnen fest.
Wenn du absolut nichts Gutes über andere sprechen kannst, so sage wenigstens nichts Schlechtes über sie – hier ist Reden Silber, Schweigen dafür Gold.

Bedeutung im Kontext der ZEIT

Vergangenheit / Darauf gründet es: Alle Menschen machen dann und wann Fehler. Ist das ein Grund, schlecht über sie zu reden? Nein, denn einer jeden Verbesserung geht ein gemachter Fehler voraus, ohne den die Verbesserung nicht entdeckt worden wäre.
Die Karte auf diesem Platz fragt dich vor dem Hintergrund deiner Angelegenheit, wie das, was du gesagt und (auch schriftlich) verbreitet hast, zum gegenwärtigen Zustand beigetragen hat.

Gegenwart / So ist es: Jetzt ist *dein* Wort gewichtig. Du wirst vor dem Hintergrund deiner Angelegenheit wissen, wem du aufmunterndes, aufbauendes oder auftauendes zu sagen hast.
Vielleicht ist es auch wichtig, jetzt für jemanden Partei zu ergreifen, der sonst keinen Fürsprecher hat.

Zukunft / Dahin entwickelt es sich: Je mehr du Positives und Konstruktives verkündest, desto positiver und konstruktiver wird deine Welt, die du erlebst, für dich sein. Umgekehrt gilt das gleiche. Je mehr du Negatives und Destruktives verkündest, desto negativer und destruktiver wird deine Welt, die du erlebst, für dich sein.
Dein Wert verhält sich analog zu deinen Worten.

10
Wähle sorgfältig aus, was andere dir erzählen

Kartenart:
Universelle Erwerbsregel

Symbole:
- steinerne Bank: für Schwermut und „steinharte" Botschaften
- Die Wolken über den Frauen: für die beginnende Eintrübung
- Kleidung des Mannes: für seine Zugehörigkeit zum Pol der Freude (siehe Karte 8)
- Freier und blauer Himmel auf seiner Seite: für eine heitere, freundliche Gesinnung
- Das Regenbogenband (in der Lehne): für unser Denken, das die Welt erschafft

Bild: Die gleiche Gesellschaft – eine andere Situation.
Alle drei Personen kennen wir aus dem Bild der 9. Vayakarte. Was immer die Frau mit dem goldenen Kleid jetzt ihrer Zuhörerin berichtet, es sind unangenehme oder zumindest keine netten Neuigkeiten, die sie erzählt, wie jeder am Gesicht der Frau im violetten Kleid ablesen kann.
Vielleicht spricht sie über den im Hintergrund stehenden Mann. Ahnt dieser, daß über ihn gesprochen wird? Auf jeden Fall spürt er die negative Schwingung dieses Gesprächs. So wendet er sich ab. Doch seine Blickrichtung in den offenen, unbewölkten Himmel hinein läßt ahnen, daß er sich wieder dem Bereich der Freude der 8. Vayakarte zuwendet. Die von der anderen Seite heraufziehenden Wolken über den beiden Frauen stehen für die zunehmende Eintrübung ihrer Stimmung.
So wie sich die golden bekleidete Frau verhält, mag sie wohl Mitleid vorgeben mit ihrer Zuhörerin, doch hat sie deren Schwermut mit ihrer jammervollen Geschichte erst verursacht.
Die violett bekleidete Frau dagegen ist sowohl *ge-* als auch *be*troffen; zum Zeichen, daß sie in ihrem Gefühl verletzt ist, hebt sie die linke Hand, die mit dem emotionalen Zentrum in der rechten Gehirnhälfte verbunden ist. Sie sieht den geschwungenen „Regenbogen" (als Muster der Lehne) in ihrem Rücken nicht. Er hätte ihr – wie die regenbogenfarbene Säule in der 6. Vayakarte – verraten, daß sie selbst die Schöpferin ihrer Gedanken und damit auch ihrer Gefühle ist.
Das goldene Kleid deutet an: nicht alles, was golden schimmert, ist wertvoll.

Allgemeine Bedeutung: Es wird viel erzählt in dieser Welt, und am schnellsten und meisten verbreiten sich negative Nachrichten.
Jeden Tag sind unsere Nachrichtensendungen voll davon, und unsere Zeitungen stehen ihnen in nichts nach. Die allabendlichen „News" sind in Wahrheit zu 99 % „Bads" und gleichen darin Kloakenströmen, die zur Essenszeit mitten in unsere Wohnzimmer gekippt werden.
Im gesellschaftlichen und zwischenmenschlichen Bereich halten wir es inzwischen oft genauso. Politiker beschwören geradezu die Mißstände. Der Geschäftsmann, der nicht jammert, zählt als Ausnahme. Kranke überbieten sich untereinander mit den schlimmsten Krankengeschichten und wundern sich, daß es ihnen nicht besser geht.
Da dein Unterbewußtsein andere nicht von dir unterscheiden kann, nimmt es an, all diese Klagen, dieser Jammer, dieser Ärger der Anderen sei etwas, über das du selbst klagst, jammerst und dich ärgerst. Hast du dich schon einmal besser gefühlt, *nachdem* sich ein Mitmensch bei dir beschwert hat (womit er genaugenommen *dich* beschwert hat)? Nein, denn dein Unterbewußtsein verschafft dir sofort schlechtere Gefühle, weil es mit Recht annimmt, du wolltest sie haben. Schließlich hättest du ja auch *nein!* sagen können.

Im beruflichen Umfeld: Schlechte Nachrichten vergiften jedes Klima. Wenn du sie an dich heran läßt, ohne zu entscheiden, ob du sie überhaupt hören willst, vergiften sie dich. Die Rede ist hier nicht von Warnungen vor unmittelbar drohenden Gefahren. Die Rede ist von Tratsch, Klatsch, Flurgerüchten, übler

Nachrede, Nachrichtensendungen/-berichten jeglicher Art und allgemeinem Jammern über die Umstände. Willst du das Klima um dich herum rein halten, halte aus dem dir anvertrauten Bereich die negativen Botschaften weitestgehend fern.

In persönlichen Beziehungen: Keine Beziehung verkraftet auf Dauer einen steten Strom von Leidensgeschichten.
Was immer dir erzählt wird, du hast es in der Hand, was und ob und wieviel du davon hören willst. Biete Hilfe an, bringe den anderen auf bessere Gedanken.

Nur zuzuhören, um dem anderen ein Ventil zu bieten, vergiftet euch beide.

Im Umgang mit dir selbst: Verdorbene Nahrung raubt dir Energie. Wieso sollte es bei mentaler, also geistiger Nahrung anders sein?
Alles, was du *nah* an dich heran läßt, ist Nahrung (Bücher, Filme, Nachrichten, Zeitungsmeldungen). Verdorbene mentale Nahrung raubt dir deswegen Energie, weil jetzt aus deinen körpereigenen Reserven Energie gebraucht (entzogen) wird, um deine geistige Vergiftung zu heilen. Wähle aus, was du zuläßt.

Bedeutung im Legesystem $R = E^2 \ A \ L$

Auf dem Platz der ERWARTUNG^2: Wenn du dich negativen Informationen aussetzt, werden durch sie deine künftigen Gedanken und damit deine Erwartungen geprägt. Da du aber morgen das sein wirst, was du heute denkst und erwartest, ist deine Entscheidung darüber, was du dir und ob du es dir anhörst, von bestimmender Wichtigkeit für dein Leben. (Bedenke: „anhören" meint hier *jede* Form der Informationsaufnahme, auch lesen und fernsehen).

Auf dem Platz der AKTION: Zuhören geschieht als bewußter Akt, aber auch unbewußt, während du dich mit anderen Dingen beschäftigst. Prüfe darum, ob das, was im Hintergrund geredet, gespielt oder gesendet wird, in seinem Wesen geeignet ist, dir wohl zu tun. Andernfalls stelle es ab oder entferne dich, denn es tut dir übel.

Auf dem Platz des LOSLASSENS: Nicht alles, was gesagt wird, muß auch von dir gehört werden. Wer zwingt dich, dir Sendungen anzusehen oder anzuhören, in denen über schreckliche Dinge und Ereignisse berichtet wird? Zu deinem Überleben brauchst du solche Informationen nicht. Du kannst auch mit den Ohren loslassen. Du wirst überrascht feststellen, daß auch dieses Loslassen Kräfte in dir freizusetzen vermag.

Bedeutung im Kontext der ZEIT

Vergangenheit / Darauf gründet es: Du bist heute zu einem großen Teil, was du in der Vergangenheit über die Ohren in dich aufgenommen hast. Je häufiger du bestimmten Worten ausgesetzt warst (oder dich ihnen ausgesetzt hast), desto intensiver arbeiten sie heute in dir als Glaubensvorstellungen, Überzeugungen und Programme, die deine Verhaltensweisen steuern.

Gegenwart / So ist es: Du hast die Wahl, ob du wie ein geistiger Mülleimer, in den man Unrat kippt, oder wie ein geistiger Kristallkelch, in den man nur edle Dinge hineinfüllt, durchs Leben gehst. Du entscheidest, womit du gefüllt sein willst.
Wenn du entscheidest – und genau darum geht es jetzt. Triff deine Auswahl bewußt.

Zukunft / Dahin entwickelt es sich: Was du heute hörst (und damit denkst), wirst du morgen sein. Besonders *nachhaltig* wirkt auf dein Unterbewußtsein ein, was du in den 20 Minuten vor dem Einschlafen und in den 20 Minuten nach dem Aufwachen als Botschaften vernimmst. Gutes bewirkt hier Gutes. Im Streit mit Wut und Zorn ins Bett zu gehen ist somit ebenso töricht wie sich morgens durch die ersten schlimmen Nachrichten des Tages wecken zu lassen.

11
Nutze das Gesetz der großen Zahl

Kartenart:
Universelle Erwerbsregel

Symbole:
- Perlen (der Kette): für die aus Vielfalt zusammengesetzte Einheit; (der Muscheln): für Wohlstand und Luxus
- Fisch: für die Nahrung eines Tages
- Angel: für die Nahrung aller Tage
- Die Regenbogen-Platte: für die Tatsache, daß unser Denken die Welt erschafft
- Diagramm: für die große Zahl
- Saatgut in der Schale: für das wenige, das – richtig behandelt – vieles ergibt
- Axt: für das Prinzip von „teile und herrsche"

Bild: Eine Siedlung am Fluß. In vielen Bildern zeigt uns die Karte die Wirkungsweise der großen Zahl auf, wenn wir sie denn zu nutzen verstehen.
Auf der linken Bildseite schenkt ein Mann einem anderen *einen* Fisch. Dies ernährt einen Menschen für *einen* Tag. Ganz anders verfährt der Mann auf der rechten Bildseite. Er schenkt einer Gruppe von Männern *eine* Angel und lehrt sie ihre Herstellung und Gebrauch. Dies ernährt die Siedler und – so sie ihr Wissen (mit-)teilen – wiederum viele andere *ein Leben lang*. Aus der einen Hütte könnten so viele entstehen, aus der Ursiedlung würde eine Stadt erwachsen: der Nutzen, der in der großen Zahl liegt wie ein Keim, der nur darauf wartet, aufzugehen.
Die Frau im Vordergrund zeigt gleich mehrfach, wie aus wenigem vieles zu werden vermag. Sie hält eine Schale mit Saatgut. Nur wenige Gramm, verständig ausgesät, lassen ein ganzes Feld entstehen. So können aus wenigen Ähren am Ende ganze Völker sich ernähren. Zudem ist sie selbst als *einzelnes* weibliches Wesen in der Lage, *viele* Kinder zu gebären.
Vor der Frau zeigt uns ein Feldaltar zwei weitere Aspekte der Wirkung der großen Zahl. Das Bild auf dem Stein, das an ein Diagramm erinnert, veranschaulicht das Geheimnis der Potenzierung. Die Muscheln mit ihren Perlen darin stehen in einem Verhältnis von vier zu sechs auf dem Altar. Dies zum Zeichen, daß von *allen* Entscheidungen, die wir treffen, im Durchschnitt immer sechs richtig sind und vier sich als falsch erweisen. So leuchtet unter den „sechs Richtigen" der Marmor in den Regenbogenfarben als Symbol für das Denken, mit dem wir unsere Welt gestalten.
Der Holzstapel neben dem Baumstumpf zeigt einen weiteren Aspekt: er führt vor Augen, daß in jedem Ganzen – dem Baum – eine Vielzahl von kleineren Teilen verborgen sind, die, anders verteilt, anderen oder größeren Nutzen spenden können (als Haus).

Allgemeine Bedeutung: *Mitteilen* heißt *mit* anderen *teilen* – das ist die wahre Bedeutung des Satzes „teile und herrsche". So wird aus einem oder wenigem vieles. Am Ende führt es zu Arbeitsteilung und damit zur Potenzierung der eigenen Möglichkeiten. Da von allen Entscheidungen immer sechs richtig sind, ist es sinnvoll, möglichst viele Entscheidungen zu treffen, auch wenn sich etwa 40 Prozent als falsch erweisen werden. Auf längere Sicht gesehen kannst du nur gewinnen, wenn du Entscheidungen triffst, anstatt sie vor dir herzuschieben und entschieden handelst.
Die Karte macht dich aber vor allem auf die gewaltige Wirkung aufmerksam, die in der Potenzierung liegt. Wenn du jeden Tag einem Menschen einen Fisch schenkst, wird er mit diesen 365 Fischen satt. Zeige ihm stattdessen das Geheimnis der Angel, und er könnte zehn Fische täglich fangen; das sind außer ihm schon neun weitere Menschen, die so überleben würden.
Zeige ihm jetzt, wie er anderen zeigt, wie man angelt, so daß diese anderen wiederum anderen zeigen können, wie man angelt, so ist die Zahl der Fische ein abertausend Vielfaches der ursprünglichen 365.

Im beruflichen Umfeld: Etwas selbst zu tun ist gut und edel, bleibt aber in seiner Wirkung beschränkt. Jeden Monat zwei Personen dafür zu gewinnen, es für dich zu tun, wären schon 24. Gewinnst du allerdings jeden Monat zwei, die ihrerseits zwei im Monat gewinnen, so sind das nach einem Jahr schon 8.190 Menschen, die in deinem Sinne wirken. Du müßtest selbst 8.190 Jahre leben und arbeiten, um das gleiche Ergebnis zu erwirtschaften. Die Karte fragt dich also: wie kannst du dich potenzieren?

In persönlichen Beziehungen: Viele Menschen leben ohne Partner, weil sie zu scheu sind, andere Menschen anzusprechen. Sie fürchten sich also vor den vieren, die mit Sicherheit „Nein!" sagen werden. Und versäumen es so, die sechs anzusprechen, die mit ebensolcher Sicherheit „Ja!" sagen würden. Um in deinen persönlichen Beziehungen „sechs Richtige" zu bekommen, mußt du nur zehn Ansprachen wagen. Und die zehnte fällt dir schon viel leichter als die erste (Walt Disney hat über 630 Bankgespräche ergebnislos geführt, ehe eine seinen ersten Park finanzierte. Er *wußte*, eine würde „Ja!" sagen).

Im Umgang mit dir selbst: Mache aus großen Aufgaben viele kleine, so daß du jede einzelne spielend leicht bewältigen kannst. Denke groß im Kleinen und klein im Großen.

Bedeutung im Legesystem R = E² A L

Auf dem Platz der ERWARTUNG²: Denke in deiner Angelegenheit über die Möglichkeiten der Vervielfältigung nach. Warum eine Sache 100 mal wiederholen, wenn du sie ebensogut nur einmal tun kannst, aber gleich ein ganzes Hundert einen Nutzen davon hat? Erwarte schon am Anfang das jedem Beginn innewohnende Große.

Auf dem Platz der AKTION: In der Zeit, in der ein Jäger ein Wild aufspürt und erlegt, kann ein Bauer ein ganzes Feld besäen.
Laß darum deine Handlungen Ernten erbringen und keine Beute.

Auf dem Platz des LOSLASSENS: Hier rät dir die Karte im Umfeld deiner Angelegenheit, aufwendige Einmalaktionen zugunsten multiplizierender Mehrfachaktionen loszulassen, auch wenn dies bedeutet, sich von altehrwürdigen Traditionen zu verabschieden. Mit anderen teilen – und mitteilen – meint auch, bisher nur dir bekannte Geheimnisse und Rezepte nicht länger für dich zu behalten, sondern sie anderen zugänglich zu machen.

Bedeutung im Kontext der ZEIT

Vergangenheit / Darauf gründet es: Was du heute hast, ist das Ergebnis früherer Handlungen. Bist du heute nur „ein kleines Licht", so hast du bisher nur klein gehandelt. Da jede Handlung aber aus dem Denken, und dies wiederum aus den Überzeugungen und Glaubensvorstellungen erwächst, sind es deine Glaubensvorstellungen und Überzeugungen, die dich klein gehalten haben. In Wahrheit kommt es nur darauf an, was du glaubst, und nicht, was du tust.

Gegenwart / So ist es: Wenn du ein Geschäft gründest oder betreibst, tu es gleich so, daß daraus eine Kette gleicher Geschäfte entstehen kann. Prüfe jeden Handgriff, ob er sich leicht vervielfältigen und übertragen läßt. Halte alles so einfach und verständlich wie möglich – dann wird es von vielen verstanden. Finde Menschen, die dein Wissen weitergeben, und es wird sich schneller verbreiten als wenn du dies alleine tätest. Teile mit und „herrsche".

Zukunft / Dahin entwickelt es sich: *„Don't work hard – work smart!"* sagen die Amerikaner zu Recht. Der Erfolg, den du hast, ist exakt gleichverlaufend zu dem Nutzen, den du stiftest: er bemißt sich stets nach der Anzahl derer, die davon einen spürbaren eigenen Nutzen haben.

12
Sei immer ein Verwerter

Kartenart:
Universelle Erwerbsregel

Symbole:
- Zitrone: für Leben und Herz, aber auch: für eine schlechte Lage
- Limonaden-Krug: für das in jeder Situation enthaltene Potential
- Regen: für schlechte Zeiten
- Die Regenbogen-Zitruspresse: für unser Denken, das die Welt erschafft
- Zucker: für das Versüßen und mit Energie anreichern (beachte: als *Symbol*; zuviel tatsächlicher Zucker wirkt übersäuernd)
- Kelch: für das Gefühl
- 6 Ärmelknöpfe: die Zahl der Entscheidung

Bild: Ein zufrieden ins Leben blickender Mann steht mit dem Rücken zum Fenster und bereitet sich eine Limonade zu. Er beachtet das schlechte Wetter (als Zeichen für eine schlechte Zeit oder eine unangenehme Situation) hinter ihm genauso wenig wie die sprichwörtliche Sauerhaftigkeit der Zitronen. In seiner linken Hand (die mit dem emotionalen Zentrum in der rechten Gehirnhälfte verbunden ist) hält er eine Zitruspresse in der Farbe des Regenbogens. Der Regenbogen steht einmal mehr für den Hinweis, daß wir selbst die Schöpfer unserer Gedanken und damit auch unserer Gefühle sind.

Dem Mann hat das Leben eine, ja mehrere Zitronen gegeben; doch anstatt darüber selbst sauer zu werden, macht er sich heiteren Gemüts eine Limonade daraus.

Er ist wohl gekleidet. Trotz der äußerlichen erschwerten Umstände (angedeutet durch den Regen) läßt er sich nicht gehen, er pflegt sich und sein Haus. Der Tisch, an dem er arbeitet, ist sauber. Der Kelch (als Zeichen des Gefühls) zu seiner Linken ist noch leer. Er bestimmt, was hinein kommen wird. Und so wird er ihn bald füllen mit der Süße seiner Limonade und sich an ihr erfreuen.

Insgesamt sechs Knöpfe sind an den Ärmeln seiner Jacke und damit nahe an seinen Händen (dem Symbol der Handlung). Sechs ist die Zahl der Entscheidung – er hat sich entschieden, zu handeln. Er konzentriert sich voller Vorfreude ganz auf sein Tun, das darin besteht, auch aus dieser Situation das Beste zu machen.

Allgemeine Bedeutung: In Amerika gibt es genau dieses Sprichwort: „Wenn dir das Leben eine Zitrone gibt, dann kannst du darauf sauer reagieren – oder dir aus ihr eine Limonade machen." Es liegt an dir. Genauer: an deiner Einstellung zum Leben und allem damit Verbundenem. Und an deiner Einstellung zu dir.

Die Karte „Sei immer ein Verwerter" meint: jede noch so verfahrene Situation enthält genügend positives Potential. Du mußt nur danach suchen und zugreifen. (Die erfolgreiche TV-Serie „MacGyver" ist z.B. vollständig um diese Einstellung herum entwickelt worden).

Die beiden Worte „Krise" und „Chance" haben in China das gleiche Schriftzeichen; dies bringt gleichfalls zum Ausdruck, daß immer beides in jeder noch so schlechten Situation enthalten ist. (Wobei *crisis* im Griechischen eigentlich den Wendepunkt meint; das kann auch und wird häufig der Punkt sein, wo sich das Denken wenden sollte).

Im beruflichen Umfeld: *Ver*werter *sagen*, wie es gehen kann oder könnte. *Ent*werter *sagen*, warum es nicht und wie es nicht geht. (Beachte: Wort und Wert entstammen beide derselben Sprachwurzel). Oft suchen Entwerter auch nach Schuldigen. Verwerter suchen nach Lösungen, ohne jemanden zu beschuldigen. Sie wissen: ohne die Zitrone könnten sie jetzt gar keine Limonade zubereiten. Ohne die Krise gäbe es keine Chance auf Verbesserung. Nicht eine Entwicklung hätte das Licht der Welt erblickt, hätten sich die immer anwesenden Bedenkenträger durchgesetzt. Sei darum immer ein Verwerter.

In persönlichen Beziehungen: Auch in Beziehungen gibt es Wendepunkte. Wenn es „kriselt", ist dies ein Zeichen für einen notwendigen („die Not wendenden") neuen Gedanken oder eine neue Art zu denken.

Unser Kopf sei deshalb rund, heißt es in einem Sprichwort, damit wir ihn drehen können, sprich: einen anderen Standpunkt oder Blickwinkel annehmen können. Annehmen kommt von „etwas an nehmen", etwas an uns heran lassen. Und sei es nur die Meinung unseres Gegenübers.

So können auch unsere größten Feinde noch unsere Lehrmeister sein. Wir müssen nur hinhören, was sie zu sagen haben. Um wievieles leichter sollte dir das bei deiner Partnerin / deinem Partner fallen?

Im Umgang mit dir selbst: Wenn du sauer reagierst, übersäuerst du deinen Körper. Dein Chemiehaushalt und deine Atmung geraten ins Ungleichgewicht. Aus dem (wie es sein sollte) basischen Flüssigkeiten - und Gasgemisch – einer Lauge – wird ein saures Gemisch. Bist du sauer, fühlst du dich bald wie *ausgelaugt*: kein Wunder, ist doch deine Lauge aus (ausgewechselt mit der Säure). Darum reagiere stets so wie der Held dieser Karte. Es geht schließlich um deine Gesundheit.

Bedeutung im Legesystem R = E^2 A L

Auf dem Platz der ERWARTUNG^2: Was immer du jetzt vorfindest, es läßt sich positiv verwerten. Es sei denn, du erwartest ein Versagen. Erwarte besser, einen „Weg" zu finden. Wenn du erwartest, daß es das Universum gut mit dir meint, verfügst du bereits jetzt über alles, was du benötigst, um deine Situation nach deinen Wünschen zu verändern.

Auf dem Platz der AKTION: Verbinde das Bekannte in ungewohnter Weise oder verbinde das, was man üblicherweise nicht zusammenbringt, zu etwas Neuem. Sei zu deinen Problemen wie der gewiefte Händler, der seine Kunden mit den Worten begrüßt: „Willkommen! Sollte ich nicht haben, was Ihr sucht, so finde ich sicher jemanden, der es hat."

Auf dem Platz des LOSLASSENS: Wenn das Bekannte sich nicht verwerten läßt, laß es los und probiere es mit dem Unbekannten. Laß auch bisherige Namen und Bestimmungen los. Eine Schranktür ist niemals nur eine Schranktür. Du kannst damit paddeln oder dir ein Rad daraus schnitzen oder eine Tischplatte zimmern – sofern du sie loslöst vom Schrank und losläßt, was sie in deiner Vorstellung einst war.

Bedeutung im Kontext der ZEIT

Vergangenheit / Darauf gründet es: Jeder Mensch hat pro Jahr durchschnittlich *drei* 1-Million-Dollar-Ideen. Wenn du heute kein/e Millionär/in bist (oder das, was du dir wünschst, erträumst und ersehnst), hast du diese Ideen bisher nicht verwertet, sondern sie abgewertet als „Unfug" oder „es ist nicht möglich".
Wenn doch, weißt du, wie es geht.

Gegenwart / So ist es: Da das, was jetzt ist, alles ist, was du hast, ist es müßig, darüber zu jammern, was dir vielleicht fehlt.
Verwerte lieber das dir gegebene Vorhandene.

Zukunft / Dahin entwickelt es sich: Angenommen, es stimmt, und auch du bist zu Höherem berufen ... Doch du lebst nicht danach. Dann liegen deine Talente und Fähigkeiten brach, und damit entwertest du sie und dich selbst.
Lebst du sie aber aus, was heißt, daß du sie bejahst und akzeptierst, steigt dein Wert in gleichem Maße. Und andere werden dich wertschätzen.

13
Sei offenen Geistes

Symbole:
- Turm mit Gittertor: für den offenen/geschlossenen Geist
- Mauer: für die Grenzen des Denkens
- Schlüssel: für die Tatsache, daß unser Denken den Geist zu öffnen vermag
- Pferd und daneben liegender Reiter: für den getöteten Boten
- Turm-Wächter und Hund: für Wachheit und Er-wachsen-sein
- Gürtel des Tor-Wächters: für Bereitschaft (wie in „gegürtet")

Kartenart:
Universelle Erwerbsregel

Bild: Ein gegürteter (d. h. grundsätzlich bereiter) Tor-Wächter steht in einem halb geöffneten Tor. Seine Gestalt wird genau bis zur Mitte von dem noch geschlossenen Gitter bedeckt. Zur Hälfte wirkt der Mann wie in einer Zelle gefangen; er betrachtet die Welt mit halb verschlossenem und halb geöffnetem Geist.
Ein offenbar vor kurzem angekommener berittener Bote liegt leblos neben seinem Pferd. Brachte er eine unwillkommene Nachricht und ist deshalb – weil die Nachricht durch ihn kam – getötet worden?
Der Schlüssel zur Feste des Denkens hängt in Handreichweite des Torwächters. Doch die Körperhaltung des Wächters ist ablehnend. Wird er die Tür gleich verschließen und neue, unwillkommene Botschaften aus- (und sich selbst in seinem Denken einsperren)? Oder wird er beide Flügel öffnen?
Auf der Turmzinne weht ein achtstrahliges Banner. Unter diesem Zeichen der Achtsamkeit wacht ein aufmerksamer Wächter. Doch seine Aufmerksamkeit gilt nicht den zur Burg des Denkens heraufdringenden Nachrichten und Botschaftern. Er überzeugt sich vom Wachsein, vom Wachsen und vom Er-wachsen-sein. Denn kindliches (infantiles) Denken ist oft allem anderen gegenüber verschlossen und zugleich unentschlossen, wenn es darauf ankommt, zu handeln.

Allgemeine Bedeutung: Wer die Welt durch die Gitterstäbe seines verschlossenen Geistes betrachtet, kann nicht entschlossen handeln. Entschlossen heißt wörtlich „das Schließen ist zu Ende"; so, wie Entbindung das Ende der Bindung von Mutter und Kind bezeichnet.

Wer *ent*schlossen ist, ist frei für einen Weg. Wer entschlossen handeln will, oder wer den elfenbeinernen Turm seines Denkens verlassen will, braucht dazu weder Disziplin noch Willenskraft oder Anstrengung, sondern einen Schlüssel. Der Torwächter hat ihn noch nicht genommen - er ist somit noch nicht entschlossen, seinen Geist den Dingen vollständig zu öffnen. Schlüssel muß man drehen, damit sie funktionieren, genau wie man sein Denken, den eigenen Blickwinkel drehen muß, damit der Entschließ-Akt funktioniert.
*Ent*schließen ist deshalb ein Vorgang des Öffnens, ein Loslassen, ein Lösen. Sich entschließen heißt, sich selbst von dem Problem zu lösen, die mentalen Ketten abzustreifen und Neues zuzulassen. Das geht aber nur mit einem freien, unvoreingenommenen Geist.
Der getötete Bote hinter dem Torwächter zeigt, wie häufig Menschen *Botschafter* und ihre *Botschaften* miteinander „verheiraten", ein Kennzeichen des verschlossenen Geistes (Nach dem Motto: „Ich mag Klaus nicht, weil er mir *das* gesagt hat!"). Der Tyrann, der den Boten töten läßt, weil ihm seine Botschaft nicht gefällt, ist sprichwörtlich.

Im beruflichen Umfeld: Ein verschlossener Geist ist voreingenommen (gewissermaßen „vor der Schlacht eingenommen") und nicht wirklich dienlich. Ein offener Geist kann sich einerseits schnell entschließen. Andererseits kann ein offener Geist sehr gut zwischen Botschaft und Überbringer unterscheiden. Er kann den Boten mögen, obwohl ihm nicht gefällt, was dieser sagt. Er kann auch die Botschaft mögen, obwohl ihm der Überbringer nicht gefällt. Die Möglichkeiten sind mit offenem Geist um so vieles größer. Öffne dich ihnen.

In persönlichen Beziehungen: <u>S</u>ei <u>o</u>ffenen <u>G</u>eistes – die Anfangsbuchstaben ergeben das Wort SOG. Ein offener Geist wirkt anziehend. So entwickelst du eine Sog-Wirkung auf Lösungen und Menschen, die Lösungen bringen.

Müssen die Menschen dagegen fürchten, aufgrund ihres Kommens „erschlagen" zu werden, bleiben sie fern. Als offener Geist hast du Spaß an Neuem und Ungewohntem und heißt deren Überbringer daher stets willkommen.

Im Umgang mit dir selbst: Wenn du dich nur sicher fühlst hinter den Mauern und Gittern deiner Gewohnheiten, gleichst du einem Gefängniswärter, der auf sich selbst als Gefangener aufpaßt. Dann bleibst du, wo, was und wie du bist.

Fließen ist Leben; Festhalten führt zum allmählichen Tod. Darum lebe – mit offenem Geist.

Die Karte fordert dich auch *physisch* aus deinem Tor heraus, falls du zum Stubenhocker zu werden drohst. Das Leben findet draußen statt und zwar ohne dich, wenn du deine Couch für den Nabel der Welt hältst.

Bedeutung im Legesystem R = E² A L

Auf dem Platz der ERWARTUNG²: Erwarte nichts Bestimmtes – oder schlichtweg alles, auch das Unerwartete – zu diesem Zeitpunkt. Laß die Dinge so geschehen, wie sie geschehen.
Was auch immer geschieht!

Auf dem Platz der AKTION: Für dich wichtige Botschaften können auch durch ungewöhnliche Boten und zu ungewöhnlichen Gelegenheiten überbracht werden.
Sei offenen Geistes und höre ihnen zu, auch wenn du den oder die Boten nicht magst.

Auf dem Platz des LOSLASSENS: Wenn dich dein bisheriges Denken einsperrt in einem starren, „elfenbeinernen" Turm überkommener Ansichten, bist du es selbst, der dich in deiner Entwicklung festhält. Du gleichst einem Gefangenen, der sein eigener Wächter ist.
Loslassen meint hier das Öffnen deiner geistigen Pforten, auf daß dich die Botschaft überhaupt erreicht.

Bedeutung im Kontext der ZEIT

Vergangenheit / Darauf gründet es: So wie der Wächter auf dem Bild der Karte halb verschlossen und halb entschlossen ist, so verfügst du, *wofür* du dich entschlossen hast und dir fehlt, *wogegen* du dich verschlossen hast im Laufe deiner Jahre.
Alles ist also die Folge früherer offener und verschlossener Phasen deines Lebens.

Gegenwart / So ist es: Fließen ist Leben. Leben kannst du nur jetzt, in der Gegenwart. Sperrst du dich ein oder andere – auch deren Ansichten und Meinungen – aus, unterbrichst du den Fluß. Damit nimmst du dir selbst (in Raten) das Leben.

Zukunft / Dahin entwickelt es sich: Offenheit wärmt die Seele, wie ein *Ofen*, der keineswegs zufällig so heißt. Und der nur funktioniert, wenn er grundsätzlich *offen* ist: dem Holz, dem abziehenden Rauch, dem Benutzer gegenüber. Daraus folgt, daß Verschlossenheit Kälte erzeugt, mangels Nachschub an Luft, an Holz, an Kochgut. Da Kaltes immer härter ist als Warmes, bewirkt Verschlossenheit am Ende eiskalte Härte: sich selbst und anderen gegenüber.

14
Sei wachsam

Kartenart:
Universelle Erwerbsregel

Symbole:
- Acht Strahlen: für Achtsamkeit
- Mantel: für Schutz
- Augen im Mantelsaum: für Weitsicht und Wachsamkeit
- Hund: für die Treue und Verantwortung sich selbst gegenüber
- Regenbogen-Halsband und -Manschetten: für unser Denken, das die Welt erschafft
- Adler: für das Gute (Tolkien)
- Ringgeist: für das Böse (Tolkien)
- Sonne und Mond: Gegenwart und Vergangenheit

Bild: Nun erblicken wir den Turmwächter der Karte 13 von nahem. Er verfügt über viele Attribute der Achtung. So steht er auf dem achtstrahligen Zeichen der Achtsamkeit. Neben ihm ist sein Hund konzentrierte Aufmerksamkeit. Sein türkiser Mantel (die Farbe der Wachheit) bietet ihm Schutz, doch das Flattern des Mantels zeigt, im Hier und Jetzt ist die Bewegung, jetzt und hier geschieht alles, was zählt. Die Augen im Mantelsaum künden von Weitsicht und Wachsamkeit.

Der Wachende blickt über die Mauern seiner Gewohnheiten hinweg; er sieht das Neue herannahen, doch fürchtet er sich nicht, obwohl das Neue bereits jetzt schon eine große Staubwolke aufwirbelt. Es könnte ein feindliches oder befreundetes Reiterheer sein, ein Bote oder gar Reichtum in Form einer Handelskarawane. Er weiß, nur wenn er wach ist, kann er die Gunst des Augenblicks nutzen. Oder der Gefahr im rechten Moment begegnen. Er weiß aber auch, daß er nur in der Gegenwart leben, handeln und sie so verändern kann.

Daher steht der Mond hinter ihm für die Vergangenheit. Doch der Wachende läßt sich von der Vergangenheit nicht ablenken. Er blickt nach vorn. Er konzentriert sich auf das Hier und Jetzt und wendet sich der Zukunft – dem entfernt Herannahenden - erst dann zu, wenn es an der Zeit ist. Er kann die Zukunft nicht beeinflussen, nur im Hier und Jetzt das Richtige tun. Über ihm kreisen Gut und Böse: der Adler und ein tolkiensischer Ringgeist. Es ist ungewiß, wer heute siegen wird. Es gilt, wachsam zu bleiben.

Allgemeine Bedeutung: „Wach sein" ist sprachlich verwandt mit dem englischen *wake*, was „Sog, Frische" bedeutet. Beides leitet sich von der indogermanischen Sprachwurzel *vaya* ab, das Wort, das den Karten den Namen gab (siehe Seite 12) und soviel wie „Kraft, Schnelligkeit" bedeutet und hier als Inbegriff der Lebensenergie gebraucht wird. Auch unser „bewegen" leitet sich von *vaya* ab. Wir benutzen das Wort *wach* in vielen Bedeutungs-Zusammenhängen. Es begegnet uns in im Wachsein als Gegensatz zum Schlafen (Träumen). Als Grundvoraussetzung, um uns (geistig wie körperlich) zu bewegen.

Das Erwachsensein und das spirituelle Wachstum oder gar Erwachen, der Vorgang des Wachsens und das Wache halten, sie alle enthalten den Keim, den Samen der Vaya, der Lebensenergie. Das ist die Bedeutung von *wachsam* – der Same der Wachheit.

Wer träumt, ist nicht wach. Wer der Vergangenheit nachtrauert oder ihr grollt, träumt. Wer haßt, ist noch beim Streit von gestern und nicht in der Gegenwart. Wer auf irgendwann eintretende Ereignisse hofft, träumt von der Zukunft. Darum nochmals: wer träumt, ist nicht wach. Nur wenn du wach bist, hast du die Chance zu wachsen.

Im beruflichen Umfeld: Wenn deine Gedanken abgleiten und du nicht im Hier und Jetzt bist, fasziniert dich die Gegenwart nicht. Darum träumst du von anderen Orten und Zeiten. Das heißt, dein jetziger Job ist nicht „dein Traum", stellt nicht deinen Traumjob dar. Du träumst dich fort, weil du nur so die Situation aushalten kannst. Suche dir eine Tätigkeit, von der du dich nicht fortträumen mußt. Denn nur im Hier und Jetzt kannst du gestalten.

In persönlichen Beziehungen: Wenn du wach bist,

bist du dir deiner selbst bewußt. Je wacher du bist, das heißt, je mehr du im Hier und Jetzt lebst, anstatt von der Zukunft oder der Vergangenheit zu träumen, desto mehr Vaya (Lebensenergie) hast du.

Und desto mehr Anziehungskraft geht von dir aus. Je mehr Anziehungskraft von dir ausgeht, desto leichter kannst du persönliche Beziehungen herstellen. Und wertvoll gestalten.

Im Umgang mit dir selbst: Wenn du wachsen willst, dann kannst du dies auf drei Ebenen: Du kannst erwachsen werden, spirituell wachsen oder nur wollen, daß deine Fähigkeiten wachsen sollen – für dich heißt das immer, den Augenblick, das Hier und Jetzt zu akzeptieren.

Diesen Augenblick anzunehmen als das Einzige, das existiert und zählt. Nutze den Tag, genieße den Augenblick. Alles andere ist träumen.

Haß führt dich in die Vergangenheit, Liebe in die Gegenwart, Angst in die Zukunft.

Doch leben kannst du nur eben, in diesem Moment. Nimm das „L" von *Liebe* und dieses *eben*, und du erhältst das, worum es in Wahrheit geht: Leben. Liebe eben.

Bedeutung im Legesystem R = E² A L

Auf dem Platz der ERWARTUNG²: Gemäß dem Satz *Bedenke wohl, worum du bittest, es könnte dir gewährt werden* sei wachsam in Bezug auf das, was du im tiefsten Innern erwartest. Erinnere dich, daß auch Befürchtungen Erwartungen sind, nur mit negativem Vorzeichen.

Wenn du Wachheit in dein Leben ziehen willst, erwarte, daß es dir gelingt.

Auf dem Platz der AKTION: Aufmerksamkeit und Achtsamkeit sind das Kennzeichen dieser Karte. Achte auf das Gewöhnliche und sei dabei aufmerksam für das darin enthaltene Ungewöhnliche. Du kannst sagen: „Ah, da ist ein Schmetterling, wie nett." Oder du siehst ihn dir zum ersten Mal *wirklich* an und staunst über das bisher von dir Übersehene.

Auf dem Platz des LOSLASSENS: Verwechsele wachsam sein nie mit krampfhaftem Erwarten. Solange du auf das Eintreten eines Ereignisses wachsam wartest, hängst du der Überzeugung an, du müßtest noch warten. Also wirst du weiter warten müssen. Denn das ist es, was du eigentlich erwartest.

Sei wachsam meint auf diesem Platz, das (Fort-)Träumen loszulassen. *Vergegenwärtige* dir, was ist. Ohne es zu bewerten. Sei einfach im Hier und Jetzt.

Bedeutung im Kontext der ZEIT

Vergangenheit / Darauf gründet es: Wann immer du dir Sorgen machtest, warst du nicht wach, sondern träumtest von der Zukunft. Wann immer du Bitterkeit, Trauer oder Hass verspürtest, warst du nicht wach, sondern träumtest von der Vergangenheit.

Wann immer du so die Gegenwart – das Hier und Jetzt, das Wachsein - verließest, hast du nicht gelebt.

Nur wenn du wach warst, hast du das Leben erlebt.

Gegenwart / So ist es: Bei J.R.R.Tolkien bedeutet Vaya (in seiner erfundenen Elbensprache *Quenya*) „umhüllen, umschließen". Das ist es, Was Ist: wir sind umhüllt, umschlossen, durchdrungen von dem, was uns alle mit allem verbindet. Hierauf zu achten – auf das, *was* uns verbindet – und wachsam zu sein *für* das Verbindende ist die wahre Aufgabe eines jeden Augenblicks. Die Verbindung sehen heißt den Gedanken des Getrenntseins als Illusion erkennen.

Zukunft / Dahin entwickelt es sich: Wachheit führt zu Wachstum. Woraus folgt, daß Träume der Vergangenheit (Bitterkeit, Trauer, Hass) und Träume der Zukunft (Sorgen) zur Schrumpfung oder gar zur Auflösung führen. Bedingungslose Liebe ist nur in der Gegenwart möglich. Denn sobald sie an Vergangenheit oder Zukunft geknüpft wird, ist daraus bedingte Liebe geworden. Die aber führt immer zu Hass oder Täuschung.

15
Alles Geniale ist einfach

Kartenart:
Universelle Erwerbsregel

Symbole:
- Gürtel: für Bereitschaft (wie in „gegürtet"), aber auch Kraft und Macht und Weihe
- Kugel: für die einfache Form
- Aura: für die Anziehungskraft
- Sonne: für die Einfachheit der Natur (der Weg des geringsten Widerstandes)
- Regenbogen-Farbe des Gürtels: für unser Denken, das die Welt erschafft
- Hände: für das Handeln

Bild: Ein kaum erwachsener junger Mann läßt eine Kugel frei im Raum schweben. Was vielleicht wie der Trick eines Illusionisten aussieht, ist hier echt: allein durch die Kraft seines Geistes vollbringt er das scheinbar Unmögliche.
Die Kugel stellt die *einfachste Form* dar, die es gibt. Jeder Punkt der äußeren Schale ist gleichweit vom Zentrum entfernt. Es gibt keine Winkel, keine Kompliziertheit. Zugleich aber ist die Kugel die Form, die wir als die schönste von allen Denkbaren empfinden. Alles Geniale ist einfach.
Der „Regenbogen"-Gürtel verweist auf unsere Fähigkeit, die Welt wahrzunehmen als das, was wir über sie denken. Die hinter dem jungen Mann stehende Sonne zeigt uns die Kugelform des Makrokosmos und erinnert an den Satz des *Hermes Trimegistos*: „Wie oben, so unten".
Der junge Mann besitzt Macht, eben *weil* er vereinfacht. Es gibt kein Seil für die Kugel, kein Haltegestell, keine den Fall bremsende Reibung. Mit seiner Macht aber erhält er Anziehungskraft, was uns die strahlende Aura andeuten will.
Sein Gesichtausdruck ist konzentriert, aber nicht angespannt. Er strengt sich nicht an, er handelt einfach (in des Wortes doppeltem Sinn). Einfach zu handeln, ohne zu zweifeln – das ist die Weise des Kindes, auf die er, kaum erwachsen, noch Zugriff hat. Einfaches Handeln als Gegenteil des komplizierten Handelns ist die Sichtweise des Eingeweihten, der weiß, daß alle Genialität in der Vereinfachung liegt.

Allgemeine Bedeutung: Die Natur geht immer den Weg des geringsten Widerstandes, sie sucht immer die Einfachheit. So ist der Trend der Natur hin zur Kugel in den Gestirnen ebenso erkennbar wie im Mikrokosmos, in der Gestalt der Atome: sie sind *rund*. Alle Tropfen nehmen stets idealerweise (z.B. in der Schwerelosigkeit) die Kugelform an. Da wir Menschen zu über 70 % aus Wasser bestehen (unser Gehirn gar zu 90 %), sind wir im Grunde aus kleinen Kugeln an Flüssigkeiten und noch viel kleineren Kugeln auf der atomaren Ebene zusammengesetzt.
Ein *Ball* genügt, und wir erliegen seinem Reiz im Spiel. Es sind die Ballspiele, die Kindern wie Erwachsenen rund um den – runden – Planeten am meisten Spaß machen (selbst, wenn sie nur zuschauen).
Einfache Formen haben eine höhere Attraktivität als kompliziertere. Eine einzelne Blume wirkt stärker als ein Blumenfeld. Wenn etwas stärker wirkt, hat es mehr Energie. Energie ist Schwingung. Die Energie nimmt ab, je komplexer etwas wird. Ein einzelnes Atom (10^{15} Hz) schwingt höher als ein Molekül (10^9 Hz), dies wieder höher als ein Molekülverbund, z.B. eine Zelle (10^3 Hz), diese wiederum höher als ein Organ (10^2 Hz), dies höher als ein Organismus wie der Mensch (8 - 10 Hz). Das Prinzip ist universell und auf alles übertragbar. Nur wir Menschen meinen irrtümlich, wenn etwas komplizierter (schwerer) wird, würde es besser. Das Gegenteil ist wahr: darum vereinfache, wo und was du nur kannst.

Im beruflichen Umfeld: Wenn du Dinge und Verfahren vereinfachst, verminderst du Verluste an Reibungsenergie. Weniger Verluste bedeutet mehr Energie im System. Das gesamte System läuft schneller, verbraucht weniger Energie, hält länger und braucht weniger Wartung. Vereinfachen heißt weniger Anstrengung haben. Weniger Anstrengung heißt mehr Spaß haben. Mehr Spaß haben heißt mehr Lebensfreude spüren. Und das bedeutet auf lange Sicht: höheres Alter, bessere Gesundheit, größeres Wohlbefinden, mehr Miteinander. Vor allem aber: höhere Leistungsbereitschaft ohne Zwang. Darum trage zur Vereinfachung in deinen beruflichen Dingen bei.

In persönlichen Beziehungen: Vereinfache dein Leben. Wirf Ballast ab. Manchmal sind das auch Beziehungen zu Menschen, die uns belasten. Wenn etwas schwerer wird, brauchst du mehr Energie. Energie, die dir für anderes fehlt. Was du gern tust, gibt dir Kraft. Was du ungern tust, raubt sie dir. Tust du etwas ungern für einen anderen, belastet es die Beziehung.

Im Umgang mit dir selbst: Trenne dich von allem, über das du hinausgewachsen bist. Die vielen Dinge an Kram, die du um dich hortest. Wenn du etwas seit einem Jahr nicht mehr benutzt hast, wirst du es wahrscheinlich auch weiterhin nicht benutzen.
Frage dich nie: „Brauche ich das noch?"
Sondern stets: „Benutze ich das noch?"
Wenn nein, trenne dich.

Bedeutung im Legesystem R = E² A L

Auf dem Platz der ERWARTUNG²: Erwarte, daß es einfacher geht. Und du wirst einen Weg finden, Dinge und Beziehungen leichter, verständlicher, freundlicher, widerspruchs- und widerstandsfreier zu gestalten.

Auf dem Platz der AKTION: *„Alles sollte so einfach wie möglich gemacht werden. Nur nicht mehr."*
Dieser Satz Albert Einsteins enthält einen Hinweis, der zugleich Warnung ist. Der Hinweis zielt auf das Mögen in *möglich*. Die Einfachheit zu weit zu treiben hieße den höchsten Grad des Mögens wieder zu verlassen. Da aber jedes Vermögen von Mögen kommt, wächst so der Widerstand in Form von Ablehnung.

Auf dem Platz des LOSLASSENS: Laß los, was du nicht mehr benutzt. Nicht halbherzig, sondern ganz. Trenne dich davon, wirf fort, verschenke, entrümpele, entledige dich des Krams, der dich umgibt.
Kurz: vereinfache dein Leben.
Innere Klarheit erwächst aus äußerer Klarheit. Darum umgib dich nicht länger mit Unklarem, Verworrenem, Kompliziertem und Belastendem.

Bedeutung im Kontext der ZEIT

Vergangenheit / Darauf gründet es: Das Leben *ist* einfach. So einfach, daß viele es nicht glauben können. Was in sich ein Witz ist. Denn alles, was dir (und anderen) bisher widerfahren ist, erwuchs aus deinen (und deren) Glaubensvorstellungen und Überzeugungen. Sie sind der Kern, von dem *alles* ausgeht. Folglich kann jede Änderung nur und nur dann stattfinden, wenn die Glaubensvorstellungen und Überzeugungen geändert werden. So *einfach* ist das.

Gegenwart / So ist es: Wollte man alle Regeln vereinfachen, gäbe es nur eine Regel: Die Welt ist das, was du von ihr denkst. Und du denkst immer nur das, wovon du überzeugt bist und was und woran du glaubst.
Wenn du die Gegenwart wahrnimmst, ist das, was du wahrnimmst, das, was du *für wahr* nimmst. Es liegt aber an dir, welche Wahl du triffst, was du also wahrnehmen und somit für wahr nehmen willst.

Zukunft / Dahin entwickelt es sich: Es ist ganz einfach. Je einfacher du jetzt dein Leben gestaltest (in allen seinen Bereichen), desto mehr hast du davon. Denn je komplizierter etwas ist, desto mehr Reibungsverluste treten auf. Das nennt man auch Verschleiß. Reibungsverluste sind Energieverluste. Je weniger du davon verlierst, desto weniger mußt du durch vermehrte Anstrengung ersetzen. Kurz gesagt: Dein Leben hält länger, je einfacher du es gestaltest.

16
Alle Entwicklungen verlaufen kreisförmig

Kartenart:
Universelle Erwerbsregel

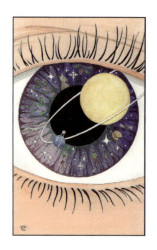

Symbole:
- 1. Kreislauf (in der Iris): für die Nahrungskette: Fliege, Libelle, Fisch, Vogel, Wolf
- 2. Kreislauf (in der Iris): für den Lebenszyklus: Pflaume, Kern, Sämling, Ast mit Blättern, Blüten
- Auge: für die Kreisförmigkeit
- Sonnensystem: für die Kreisförmigkeit des Makrokosmos sowie des Mikrokosmos (Atomkern und Elektron)
- Sterne: für das Universum

Bild: Das Auge eines Wesens, heißt es, sei zugleich das Auge, mit dem das Universum sich selbst sieht. Hier betrachen wir ein Auge, um das Universum zu sehen.
Da ist zunächst die Kreisförmigkeit des Auges selbst, mit der wir unsere Welt bet*racht*en. Ein gefalteter Kreis ist unser Zeichen für die Unendlichkeit, die liegende Acht (×). Kreisförmige, elliptische Bewegungen zeichnen den Makrokosmos aus, ebenso wie die Spiralformen und -Bewegungen, die einem sich nach oben schraubendem kreisförmigen Pfad entsprechen. Der Mikrokosmos ist die Kopie des Großen im Kleinsten.
Beides symbolisiert die Sonne, um die ein Planet kreist, der wiederum einen Mond als einen um ihn kreisenden Begleiter hat. Auf dem Planeten leben Wesen, deren Kreisläufe oder Zyklen für sie lebensbestimmend sind; zwei davon, die Nahrungskette und den sogenannten Lebenszyklus zeigt uns die Iris des Auges. Iris wiederum ist der Name der griechischen Göttin *Iris*. Deren Symbol ist der Regenbogen (eine Mischung aus Wasser und Licht: Der Wasserkreislauf und der zyklische Wechsel von hell und dunkel ermöglicht das Leben, wie wir es kennen). Seit alter Zeit symbolisiert der Regenbogen *das wahre Selbst* (Deswegen ist der wahre Schatz am Ende des Regenbogens immer das eigene Lebensglück, nie wirklich ein funkelnder Topf mit Gold).

Allgemeine Bedeutung: Kreisförmigkeit (ebenso wie Ellipsoidität oder ein Spiralverlauf) ist wesentlich für die Natur. Die Natur kennt keine Gerade. Sie scheint sie sogar aus irgendeinem Grund zu scheuen. Eine Gerade hat immer einen Anfang und ein Ende. Hätte sie beides nicht, wäre sie ein in sich selbst gebogenes Etwas – sie wäre ein Kreis. Eine Gerade trennt, sie macht Unterschiede. Es gibt ein links und ein rechts, ein oben und unten. Unbewußt wissen wir das seit langem. Unser Symbol für Negativität ist gar nicht zufällig eine Gerade: das Minuszeichen (–).
Jede Entwicklung durchläuft Phasen, um irgendwann an den Ausgangspunkt oder an einen zu sich selbstähnlichen Ausgangspunkt zurückzukehren (was eine Spiralbewegung darstellt: das Leben im Ei wächst zu einem Vogel heran, der wiederum ein Ei produziert, um das Leben weiterzutragen. Nebenbei: Auch ein Ei ist eine angepaßte Kugel und genial *EI*nfach (vgl. die 15. Vayakarte S. 48).

Im beruflichen Umfeld: Mache dir die Zyklen in deiner Arbeitsumgebung, in deinem Fachbereich bewußt. Alle geradlinigen Prozesse und Voraussagen stimmen nicht. Jeder Winkel, jede Gerade wirkt wie ein Pfeil, behauptet die chinesische Raumlehre des *Feng Shui* („Wasser und Wind"; beides Dinge, die in Strudeln daherkommen, also in Spiralbewegungen). Verzichte auf Geraden, wo du kannst. Bei der Organisationsform ebenso wie bei der Einrichtung. Bilde Prozesse, Projekte, Entwicklungen, Verfahren und Unternehmen immer kreisförmig ab, wenn du sie ihrer Natur nach verstehen willst. Geschwungene Wege (in Gärten wie in Verkaufsräumen) ziehen an und laden zum Verweilen ein, gerade stoßen ab. Begradigte Flußläufe zerstören die Umwelt und bescheren Überschwemmungen, natürlich geschwungene stärken die Landschaft und die, die dort leben. Die Gerade ist ein Fluch, der Kreis eine Offenbarung (offen beginnt übrigens mit einem ovalen O).

In persönlichen Beziehungen: Alles unterliegt dem ewigen Kreislauf von Geburt, Wachstum, Verfall und Tod. Auch Beziehungen. Manchmal drehen sie sich im Kreis, ordnen sich anders an. Und nichts dauert ewig. Das ist natürlich. Je strenger (= gradliniger) eine Beziehung ist, desto eher wird versucht, aus ihr auszubrechen. Darum sorge für Abwechslung, Beschwingtheit, Begeisterung, gib dem Ganzen immer wieder neuen Schwung. Schwingung ist Energie. Lebensenergie. Vaya.

Im Umgang mit dir selbst: Lerne deine eigenen Zyklen und Rhythmen kennen und sie anzunehmen. Die Biorythmiker verweisen auf deine Körper-, Seelen- und Geisteszyklen, deren Rhythmen dich leistungsfähiger oder -schwächer auftreten lassen.
Und b*ach*te: Die kreisförmigen Wellen, die du im übertragenen wie physikalischen Sinn verursachst, kehren immer reflektiert zu dir zurück. Was du (an Gedanken, Taten) aussendest, verhält sich wie die Wellen eines Teiches.
Deswegen überlege dir früh, *ob* du sie aussenden solltest. Vielleicht magst du das Echo nicht.

Bedeutung im Legesystem R = E² A L

Auf dem Platz der ERWARTUNG²: Die Karte auf diesem Platz fordert dich auf, dich auf so etwas wie einen den Dingen und Ereignissen eingewobenen „Fahrplan" zu verlassen. Was ausgesendet wird, kehrt wieder. Das ist das Gesetz der Resonanz.
Alles, was ist, unterliegt seinem eigenen Zyklus. Du kannst ihn weder beschleunigen noch aufhalten. Doch du kannst darauf vertrauen, daß jeder Zyklus sich an seinen inneren Fahrplan hält. Sei dessen gewiß.

Auf dem Platz der AKTION: Verstärke die Schwingung. Im direkten wie übertragenen Sinn. Direkt: Erhöhe den Impuls oder die Anzahl der Impulse, den oder die du einer Sache oder einer Person geben willst. Indirekt: Erschaffe geschwungene, gebogene Formen dort, wo bisher gerade Flächen oder Linien vorherrschen. Erweitere deine Kreise: Bekannten-, Kultur-, Wissenskreis und andere. Und suche nach Kreisen oder Zyklen in deiner Angelegenheit.

Auf dem Platz des LOSLASSENS: Laß ab von Geraden in jeder Art und Weise. Als Form, als Hierarchie, als Idee. Damit kehrst du von selbst zu natürlichen Vorbildern und in ihrer Nutzung zu naturgemäßem Verhalten zurück. *Alle* institutionalisierten religiösen, politischen, ökonomischen und gesellschaftlichen Organisationsformen, die auf einem Oben-Unten-Prinzip basieren, wirken zerstörerisch. Nur im Kreis sind alle gleich.

Bedeutung im Kontext der ZEIT

Vergangenheit / Darauf gründet es: Da unsere gesamte Welt, im Mikro- wie im Makrokosmos, aus Kreisen, Ovalen, Wellen und Zyklen besteht, muß dahinter ein im höchsten Maße sinnvolles Prinzip stehen. So sind wir stets im Einklang mit der Schöpfung, wenn wir diesem Prinzip entsprechen, und wir geraten in größte Schwierigkeiten (als einzelner Mensch ebenso wie als Menschheit auf diesem Planeten), wenn wir uns dem Prinzip versagen.

Gegenwart / So ist es: Die Karte auf diesem Platz lenkt deinen Blick zurück auf die allem Erschaffenen zugrunde liegende Kreisförmigkeit. So mag ein Zyklus dir endlos vorkommen (und doch schreitet er unaufhaltsam voran). Oder du hast vergessen, daß es kein wirkliches Ende gibt, sondern immer nur einen weiteren Kreis, den wir beschreiten.
Oder du hast einen für dich wichtigen Kreis ignoriert, und die Karte erinnert dich daran.

Zukunft / Dahin entwickelt es sich: Wie die 13. Karte des Tarot „Der Tod" sagt dir die Vayakarte auf diesem Platz, daß ein neuer Zyklus soeben beginnt und damit ein vorhergehender endet. Das ist vielleicht mit Abschiedsschmerz verbunden, vielleicht mit Erleichterung. Auf jeden Fall mit Erneuerung, die wirkt wie die Häutung einer Schlange. Alter Ballast wird abgestreift oder bleibt zurück, dies ist der natürliche Lauf der Dinge.

17
Aktion ist immer gleich Reaktion

Kartenart:
Universelle Erwerbsregel

Symbole:
- Wald: aus dem es zurückschallt, wie man hineinruft
- Bild: für die Vorstellung (was wir vor uns hin stellen)
- Burg: für die Aktion (des Vorstellens), in diesem Fall für die Burg unserer Gewohnheiten, dem Sitz unserer Bequemlichkeit
- materialisierende Burg: für die Reaktion
- Regenbogen-Staffelei: für das Denken, mit dem wir unsere Welt gestalten
- Taube: als Bote

Bild: Ein Mann sitzt an einer Staffelei. Er malt das Bild einer Burg. Er ist ganz auf seine Arbeit konzentriert, die darin besteht, sich wörtlich „ein Bild zu machen".
Hinter ihm erkennen wir ein durchscheinendes Abbild der Burg; fast sieht es aus, als wolle dort genau die Burg materialisieren, die der Mann auf seinem Bild gerade erst entstehen läßt.
Ein Wald im Hintergrund steht zum Zeichen des Echos: wie man hineinruft, schallt es zurück.
Eine Taube äugt neugierig auf das entstehende Bild herunter. Tauben sind Symbole des Friedens und dienen als Boten. Ihre Anwesenheit bedeutet zweierlei: Zum einen ist die Burg keine Wehrburg, sondern bietet einen völlig anders gearteten Schutz als den vor Waffengewalt. Sie kennzeichnet – wie auf allen anderen Karten der Vaya – die innere Burg der Gewohnheiten und Bequemlichkeiten, hinter der wir Schutz suchen vor Veränderungen. Zum anderen deutet die Taube auf die unmittelbar nachfolgende 18. Vayakarte: dort sind aus ersten, bloßen Vorstellungen klare Ziele geworden, und so kommt die Taube als Bote erst dann zum Einsatz. Auf diesem Bild symbolisiert sie die jeder Vorstellung innewohnende Tendenz, zu einem erstrebenswerten Ziel zu werden.

Allgemeine Bedeutung: Aktion ist immer gleich Reaktion – diese uralte Weisheit ist in unserer modernen Zeit ein wenig aus unserem Blickwinkel herausgewandert. Dennoch hat sie niemals ihre Gültigkeit verloren. In ihr kommt das Resonanzprinzip zum Ausdruck und damit die Erkenntnis, daß alles um uns herum letztlich einen Spiegel unseres Denkens darstellt. Was und wie ich in den Wald hineinrufe, so erschallt es zurück.
Im Rahmen unserer Vorstellungen erschaffen wir ununterbrochen das, was wir uns vorstellen. Wir erzeugen mit jeder Vorstellung ein inneres Bild, das wir vor uns hinstellen. Je klarer, je intensiver diese Vorstellung ist, desto mehr nimmt die Wahrscheinlichkeit zu, daß hieraus ein wirkliches, konkretes, materielles Etwas erwächst. Ganz so, wie die Burg des Bildes auf der Karte zur leibhaftigen Burg manifestiert.
Die Karte meint auch, daß auf jede Aktion immer eine Reaktion erfolgen *muß*. Es gibt keine Ursache ohne Wirkung. So ist ein jeder Gedanke eine Aktion (ein messbarer, elektrischer Vorgang), der irgendwo eine Reaktion auslösen *muß*. Ein Gedanke kehrt so stets in Form einer Reaktion zu seinem Schöpfer zurück. Was *du* aussendest, kehrt in einem Bogen *zu dir* zurück. Durch wen und was ist dabei unwichtig. „Was du säest, erntest du" ist eine andere Form dieser Überlegung. Ebenso die Umkehrung: „Du kannst nur das ernten, was du zuvor gesät hast".

Im beruflichen Umfeld: Oft vergessen Führungskräfte, daß sie jenseits aller Kompetenz zu allererst ein Vor*bild* sind. So werden deine Verhaltensweisen von deinen Mitarbeitern und Kollegen gespiegelt. Das Kundenverhalten spiegelt wieder, wie die Mitarbeiter vom Unternehmen behandelt werden. Bist du mißtrauisch, wirst du Mißtrauen ernten, indem man dir mit Mißtrauen begegnet. Bist du agressiv, erzeugst du Aggression. Hast du Armutsgedanken, wird dein Vermögen ärmer werden. Hilfst du anderen, wird man dir helfen. Was du erntest, hast du immer zuvor selbst ausgebracht. Darum wähle sorgfältig aus, was du für

Vorstellungen entwickelst – sie haben die Tendenz sich zu manifestieren.

In persönlichen Beziehungen: Was immer du über andere denkst, löst Reaktionen aus – entweder direkt bei den so von dir bedachten oder seitens dir fremder Menschen, die – ohne daß sie dies wissen – als deren Stellvertreter re-agieren. Die Karte fordert dich auf, alle deine (gedanklichen wie körperlichen) Aktionen vor dem Hintergrund des alten Sprichworts zu prüfen: „Was du nicht willst, das man dir tu, das füg' auch keinem anderen zu!"

Im Umgang mit dir selbst: Du bist heute das, was du gestern gedacht hast. Und du wirst morgen sein, was du heute gedacht hast. Die Karte fragt dich: welche Vorstellungen hast du von dir selbst? Was tust du dir selber an, wenn du anderen schadest? Was könntest du dir gutes tun, indem du anderen nutzt? Die Karte warnt dich auch, dich in deinen Gedanken zu sehr der sicheren Burg zu widmen, d.h. zu sehr an Sicherheit, Bequemlichkeit und Gewohnheiten zu denken, sonst wirst du am Ende ein vielleicht sicheres, aber mit Sicherheit ein eintöniges und im gewohnten Trott verhaftetes Leben führen.

Bedeutung im Legesystem $R = E^2 \ A \ L$

Auf dem Platz der ERWARTUNG^2: Deine Erwartung entspricht immer einer Bestellung beim Universum. Wir leben in einem bewußten, reagierenden Universum. Darum tritt auch ein, was du erwartest. Hast du Zweifel am Eintreten dessen, was du erwartest (bestellt hast), treten stattdessen die Zweifel ein – das sind die Umstände, die du stattdessen befürchtest.

Auf dem Platz der AKTION: Dies ist der angestammte Platz dieser Karte. Findest du sie hier, betont sie damit, wie wichtig es für dich ist, ihre Botschaft zu beachten und zu verstehen. Was immer du im Zusammenhang mit deiner Angelegenheit tun oder nicht tun wirst (oder schon getan oder gelassen hast), es *wird* eine Reaktion erfolgen. Und die Reaktion *wird* dich erreichen, da du der Punkt bist, von dem „die Wellen im Teich" ausgingen oder ausgehen.

Auf dem Platz des LOSLASSENS: Auf diesem Platz entspricht die Karte den Gedanken, die du *nicht* mehr denkst (z.B. nicht mehr ununterbrochen an den Gegenstand deiner Erwartung zu denken).
Viele denken, etwas nicht zu denken sei sehr schwer. Dabei ist es ganz leicht. Denke einfach an etwas anderes.

Bedeutung im Kontext der ZEIT

Vergangenheit / Darauf gründet es: Das, was dich umgibt, spiegelt wieder, was bisher in deinem Innern war. Deine Umwelt ist der Spiegel deiner Seele. Dies umfaßt alle Dinge, alle Personen mit ihrer Art, wie sie sind, alle Umstände und Begleiterscheinungen. Alle von dir erlebte Reaktion ist das Folgeergebnis deiner vorhergehenden Glaubensvorstellungen, Überzeugungen, Gedanken und Taten.

Gegenwart / So ist es: Du kannst *nicht* nicht wirken. Also bewirkst du immer etwas. Immerzu. Auch wenn du nur ganz still dasitzt. Da das so ist, trägst du auch die Verantwortung für die daraus erfolgenden Reaktionen. Die „anderen" haben demnach niemals Schuld an irgendetwas, das dich erreicht. Es kann dich nur erreichen, weil du zuvor die Saat dazu gelegt hast.

Zukunft / Dahin entwickelt es sich: Da du einen freien Willen bekommen hast, legst du hier und jetzt mit deinen Aktionen fest, was sein wird.
Was immer du heute tust oder läßt, es ist eine neue Welle, die du in den Teich des Lebens entsendest. Überlege, ob du möchtest, daß sie zu dir zurückkehrt.

18
Schreibe all deine Ziele auf

Kartenart:
Universelle Erwerbsregel

Symbole:
- Feder: für Schriftlichkeit, aber auch Leichtigkeit (des Erreichens)
- Wunderlampe: für das Licht (der Erkenntnis) und Wunscherfüllung
- Schriftrolle (mit Regenbogenband): für das Denken/Erschaffen
- Taube: für Friedfertigkeit/als Bote
- Burg: für die Burg unserer Gewohnheiten, dem Sitz unserer Bequemlichkeit
- Pfeile und Bogen: als Instrumente des Zielens (nicht als Waffen)
- Zielscheibe: für das Ziel (das nicht mit dem Pfeil, sondern nur mit der Feder erreicht wird

Bild: Ein Mann sitzt am Anfang einer Entwicklung (der winterkahle Baum hat noch keine Blätter). Er ist dabei, seine Ziele aufzuschreiben. Er ist im Zielen geübt: Pfeil und Bogen beherrscht er als die Instrumente des Zielens, wie der durchbohrte Apfel beweist. Deswegen wendet er sich jetzt dem Treffen, d.h. dem Erreichen seiner Ziele, zu. Als Waffen braucht er Pfeil und Bogen nicht. Seine Friedfertigkeit symbolisiert die Taube an seiner Seite. Sie besitzt (wörtlich) zugleich den Pfeil, d.h. ihre Funktion als Brieftaube macht es ihr möglich, als sein Bote seine Ziele und Vorstellungen in die Welt zu tragen. Die Schriftrollen sind vom Regenbogenband gehalten zum Zeichen, das es seine Gedanken sind, mit denen er sich seine Welt erschafft.

Der Mann sitzt ein wenig abseits des Weges, weil jedes neue Ziel uns abseits der bisher begangenen Wege führt. Es fordert uns immer aus unserer Komfortzone, aus der Burg unserer Gewohnheiten, heraus. Die Zugbrücke zur Burg ist von seiner Seite aus hochgeklappt: er könnte sie herablassen und in seine Bequemlichkeit zurückfliehen, doch er tut es nicht, weil dies ein Nicht-Erreichen seiner Ziele bedeuten würde. Bei ihm ruht eine merkwürdig (des Merkens würdige) vertraute Lampe.

Allgemeine Bedeutung: Aladins Wunderlampe erinnert uns an das Wort schreiben (schREIBEN), das eigentlich das *Reiben* mit einem Stift auf einer Oberfläche meint (so wie kritzeln von kratzen kommt). In Aladins Name – im Original Alla-ed-dîn – ist der Hinweis auf Allah verborgen, den moslemischen Namen des Schöpfers. Aladin kann zwei Geister beschwören. Er muß an einem Ring drehen und an der Lampe reiben, um sie zu rufen. Ring, Lampe und Allah: Das heißt nichts anders als *kreisförmiges Denken* (vgl. die 16. Vayakarte S. 52) und *Schreiben* von Zielen macht uns zum *Schöpfer* unseres eigenen Schicksals. Wenn du ein Ziel aufschreibst, zeigst du damit vor allem deinem Unterbewußtsein, wie ernsthaft es dir mit deinem Ziel ist. Es wird dich immer gemäß deiner Aufmerksamkeit unterstützen.

Wenn dir dein Ziel nicht einmal die (vergleichsweise geringe) Aufmerksamkeit des Aufschreibens wert ist, du also zu bequem dazu bist, wird dein Unterbewußtsein seine Schlüsse daraus ziehen. Es wird dich folgerichtig zurück in die Burg deiner Gewohnheiten leiten.

Die Botschaft dieser Karte ist eng verknüpft mit der der 31. Vayakarte (vgl. S. 80). Denn das Aufschreiben deiner Ziele kann sehr wohl jener erste Schritt sein, den zu tun dir die spätere Karte empfiehlt.

Im beruflichen Umfeld: Nur 0,03 Prozent der Bevölkerung traut sich, berufliche *und* private Ziele aufzuschreiben. Beides gehört zusammen, dient doch der Beruf dazu, *beide* Zielarten zu erreichen.

Unterschätze niemals die Dynamik, die du durch das Aufschreiben entfesselst. Allein durch die Linie auf dem Papier nimmt dein Ziel zum ersten Mal eine sichtbare Gestalt an. Das mag wenig sein, so eine Linie. Doch wenn du dir zu fein bist (oder auch zu feige; du könntest ja später auf den Zettel schauen und dich fragen, warum du noch nichts unternommen hast!), diesen kleinen ersten Schritt zu tun, wie willst du ernsthaft erwarten, daß aus deinen Wünschen jemals mehr werden soll als ein geseufztes „ach, wie wäre das schön?"

In persönlichen Beziehungen: Jede Vorstellung, die du dir von anderen Menschen machst (z.B. von deinem Wunschpartner), bleibt diffus, solange du sie nicht wenigstens einmal zu Papier bringst. Gedanken auf Papier klären sich und werden konkret. Das Universum schaut dir beim Schreiben deiner Ziele zu, ein Vorgang, der ja in Wahrheit eine Art von Bestellung ist. Danach kannst du dieses Ziel loslassen (und der Taube geben); die Botschaft ist mit der Linie auf dem Papier nun körperlich im Universum angekommen und wird sich manifestieren. Es sei denn, du erwartest das Gegenteil.

Im Umgang mit dir selbst: Jedes Ziel, das du aufschreibst, gibt eine *Form* vor, in das sich die späteren Ereignisse „ergießen" werden. Deshalb heißt es ZielFORMulierung.
Schreibe deine Ziele so auf, daß sie: 1. positiv formuliert sind (ohne Verneinungen), 2. so konkret wie möglich und 3. so, als ob du sie schon erreicht hast (Also nicht „ich werde eines Tages Erfolg haben", sondern „heute ist der 14. August und ich habe die Abschlußprüfung zum ... mit *summa cum laude* bestanden).
Das ist die optimale Form. Probiere es aus.

Bedeutung im Legesystem $R = E^2 \ A \ L$

Auf dem Platz der ERWARTUNG[2]: Auf diesem Platz fragt dich die Karte, was du grundsätzlich vom schriftlichen Denken hältst. Hältst du es für nötig und sinnvoll, überhaupt etwas von deinen Vorhaben und Plänen schriftlich niederzulegen? Oder meinst du, darauf verzichten zu können? Was immer du glaubst: Die Linie deines Stiftes auf dem Papier ist die erste Stufe der Realisierung deines Wunsches – er nimmt so eine erste Gestalt an in der Welt des Wirklichen.

Auf dem Platz der AKTION: Mit dem Aufschreiben bekräftigst du deine Erwartungshaltung. Mit dem Verzicht des Aufschreibens entkräftigst du sie.
Vor dem Hintergrund deiner Angelegenheit fordert dich die Karte an diesem Platz auf, zusätzlich zu deinen Zielen auch deine *Erwartungshaltung* in Bezug auf die Erreichbarkeit eben dieser Ziele aufzuschreiben.

Auf dem Platz des LOSLASSENS: Mit dem Aufschreiben ist es wie mit dem Abspeichern einer Datei eines Computers – du brauchst die entsprechenden Gedanken nun nicht mehr in deinem „Arbeitsspeicher" zu halten, sondern kannst den so freigewordenen Platz anderweitig nutzen. Das aber *ist* Loslassen von Gedanken. Kinder, die ihren „Wunschzettel" geschrieben haben, *wissen*, daß sie nun nichts weiter zu tun brauchen. Nimm dir ein Beispiel ...

Bedeutung im Kontext der ZEIT

Vergangenheit / Darauf gründet es: Alles, was du bisher erreicht hast, sind die Dinge, die zuvor besonders *klar* und *deutlich* in deinem Bewußtsein standen. Je komplexer Zusammenhänge sind, desto schwieriger ist es, den Überblick rein auf Gedankenebene zu wahren. Aufschreiben ist eine Möglichkeit, Dinge direkt vor dir entstehen zu lassen, bevor sie entstehen.

Gegenwart / So ist es: Wort und Wert haben dieselbe Sprachwurzel. Geschriebene Worte haben einen höheren Wert, weil sie nicht bloß „Schall und Rauch" (Ton und Atem) sind.
Gib deinen Gedanken und deinen Zielen im Hinblick auf deine Angelegenheit oder Frage *jetzt* einen höheren Wert. Das ist die Botschaft der Karte auf diesem Platz.

Zukunft / Dahin entwickelt es sich: Mit Worten läßt sich trefflich zeigen und verdeutlichen. Die Worte „zeigen" (und „zeugen") leiten sich von *Zeus*, dem griechischen Göttervater ab; der Begriff „deuten" entlehnt sich von lat. *deus*, Gott. Sich selbst etwas zu zeigen und zu verdeutlichen – wie dies der Vorgang des Aufschreibens unwillkürlich mit sich bringt – ist somit im doppelten Sinn mit stärkster Schöpferkraft ausgestattet.

19
Das, was du erwartest, tritt ein

Kartenart:
Universelle Erwerbsregel

Symbole:
- Tür: für den Akt des Eintretens
- Gläser: für das zweifelsfreie Erwarten
- Regenbogen-Lehne: für unser Denken, das die Welt erschafft
- Truhe: für das gegenständlich Erwartete
- Paradiesvögel: für die Leichtigkeit des Seins
- Offener Raum: für die Verbindung mit dem Universum
- 3 Kugeln: wie oben, so unten

Bild: Eine Frau sitzt entspannt auf einer Veranda und unterbricht ihr Lesen – sie weiß (ohne ihn sehen oder hören zu können, die Tür ist noch zu), daß der von ihr Erwartete gleich eintreten wird. Diese Gewißheit ist jenseits allen Zweifels; davon zeugen die gefüllten Weingläser, die zur Begrüßung bereit stehen. Die Lehne ihres Stuhls zeigt den Regenbogen, zum Zeichen, daß ihr Denken über die Welt die Welt erst erschafft. Die Paradiesvögel über ihr stehen für den paradiesischen Zustand der „gebratenen Tauben, die einem in den Mund fliegen" oder dem „Land, wo Milch und Honig fließen": Metaphern für die Leichtigkeit des Seins, mit der alle Ereignisse des Lebens im Paradies geschehen. Die Frau wird durch die Paradiesvögel daran erinnert, daß das Paradies (wörtlich „*über* dem *Dies*seits") immer über dem Diesseits vorhanden ist. Wir können jederzeit das Paradies auf Erden genießen, wenn wir uns nur der Kraft unserer Erwartungen erinnern.

Der Mann – der Eintretende, ist jemand, den sie *liebt*, wie das Bild an der Wand besagt. Er selbst steht für die erwarteten Ereignisse, die Truhe in seinem Arm steht für das noch Unbekannte (die Befürchtungen). Die Glaskugeln über dem Eingang zeigen die Entsprechung des Makrokosmos mit der Welt des Menschen und des Mikrokosmos: wie oben, so unten.

Allgemeine Bedeutung: Aristoteles sagte: „Was wir erwarten, werden wir finden". In heutiger Zeit bestätigen die Quantenphysiker diesen Effekt als eine *kennzeichnende* Verhaltensweise des Universums; manche sprechen inzwischen von einem reagierenden Universum. Worauf reagiert es? Auf unsere Gedanken, besonders aber auf unsere Erwartungen. Wenn etwas reagiert, muß ein Wahrnehmen (dieser Erwartungen) erfolgen. Forschungen über die Wirksamkeit von Gebeten haben gezeigt, daß immer eine signifikante Reaktion erfolgt. Unsere Erwartungen schaffen gewissermaßen ein Ereignisfeld, innerhalb dessen sich das manifestiert oder eintritt, was wir erwarten, so unglaublich dies auch für den nüchternen Verstand klingen mag.

Kurz: das Universum reagiert auf jede unserer Erwartungen bejahend. Es wägt nicht ab oder überlegt sich ethische und moralische Gründe, die dagegen sprechen. Es reagiert, wenn die Erwartung groß genug ist, d.h. zweifelsfrei im Denken eines Einzelnen vorliegt. Die Wahrscheinlichkeit des Eintretens ist abhängig von der Energie, mit der das Erwartungsfeld aufgebaut wird. Dabei gilt: Je mehr Personen ein bestimmtes Ereignis erwarten, desto sicherer tritt es ein. Und je intensiver ein Einzelner von dem Eintreten eines Ereignisses überzeugt ist, desto sicherer tritt es ein. Und: Je mehr ein Einzelner oder eine Gruppe das Erwartete mag (oder gar liebt), desto mehr ziehen sie es an. Darum heißt es: jedes Vermögen kommt von Mögen.

Ob du etwas glaubst oder nicht, spielt die *entscheidende* Rolle. In der Bibel heißt es: „Nach eurem Glauben wird euch geschehen!"

Und das hat überhaupt nichts mit Religion zu tun. Dafür alles mit den verblüffenden, bisher allgemein kaum beachteten Erkenntnissen der neueren Physik.

Im beruflichen Umfeld: Vermeide Unkenrufe (heutzutage auch Killerphrasen genannt), es sei denn, du möchtest, daß ein Ereignis nicht eintritt. Wodurch andererseits ja wiederum etwas eingetreten ist, das du erwartet hast. Jede Befürchtung ist eine Erwartung mit einem dicken Minuszeichen davor. Auch Befürchtungen lassen das Universum im Sinne der daran geknüpften Erwartung reagieren. Wie oft sagst du: „Das habe ich doch gewußt!"? Überlege einmal, wieviel du wohl mit diesem deinem Denken, mit deiner Erwartung zum Ergebnis beigetragen hast.

Die Karte rät dir, deine Erwartungen und Befürchtungen dringend ernst zu nehmen; nicht, weil du sie an sich erwartest, sondern weil du durch deine Erwartung (oder Befürchtung) selbst maßgeblich zu ihrem Eintreten beiträgst.

In persönlichen Beziehungen: „Bedenke wohl, worum du bittest – es könnte dir gewährt werden" *(keltisch)*. Wenn du mißtrauisch wirst, sorgst du mit deiner Erwartung erst für das Eintreten bestimmter Ereignisse innerhalb deiner Beziehungen. Wenn du vertraust, ebenso.

Im Umgang mit dir selbst: Es liegt an deinem Denken, welche Ereignisse du in dein Leben ziehst. Das, was du erwartest, tritt ein. Es sei denn, du bist vom Gegenteil überzeugt. Was wieder eine Erwartung ist.

Bedeutung im Legesystem R = E² A L

Auf dem Platz der ERWARTUNG²: Dies ist der angestammte Platz dieser Karte. Findest du sie hier, betont sie damit, wie wichtig es für dich ist, ihre Botschaft zu beachten und vollständig zu verstehen. Was ist es, was du *wirklich* im tiefsten Kern deines Denkens erwartest? Es ist das, was am Ende *wirken* wird. Erwarten ist unerschütterliches, zweifelfreies Vertrauen auf das Eintreten eines Ereignisses. Befürchten ist dasselbe, nur im ängstlichen, negativen Sinn.

Auf dem Platz der AKTION: Dir geschieht immer nach deiner Glaubensvorstellung und Überzeugung von einer Sache.
Finde darum in deiner Angelegenheit die Aspekte, die du glauben kannst, und konzentriere dich darauf.

Auf dem Platz des LOSLASSENS: Wovon du *überzeugt* bist, ist bereits erschaffen. Denn die ZEUGUNG – der Akt des göttliche *Zeus* – ist bereits vorÜBER, die Saat ist gelegt, die Ernte erfolgt unweigerlich. Du kannst – und solltest – die Saat in Ruhe reifen lassen und brauchst dich bis zur Ernte, also dem Eintreten des Ereignisses, nicht mehr darum zu kümmern. Dies verrät dir die Karte auf diesem Platz.

Bedeutung im Kontext der ZEIT

Vergangenheit / Darauf gründet es: Dein Heute ist die Addition dessen, was du bisher geglaubt, wovon du bisher überzeugt warst.
Was immer dir am Heute mißfällt, du warst davon überzeugt, daß es eintreten könnte, und damit hast du es erwartet, und es trat ein.

Gegenwart / So ist es: Fällt dir auf, daß im Wort *Gegenwart* und im Wort *Erwartung* das Kernwort „Wart" vorhanden ist? Wart bedeutet *Hüter*. Wenn du die Gegenwart nicht schätzt, bist du gedanklich *gegen deinen Hüter* eingestellt. Damit baust du eine Gegenkraft auf. Der sicherste – der behütetste – Weg zu erreichen, was du möchtest, ist, Das Was Ist, das Hier und Jetzt, dankbar anzunehmen (vgl. die 34. Vayakarte S. 86). Ge*danke* kommt von *danke!*

Zukunft / Dahin entwickelt es sich: Vor dem Hintergrund deiner Angelegenheit betrachte dir genau deine Glaubensvorstellungen und Überzeugungen. Sie zeigen dir exakt und unmißverständlich, was kommen wird.

20
Du kannst selbst dein Schicksal verändern

Kartenart:
Universelle Erwerbsregel

Symbole:
- Verfallendes Haus: für den Prozeß des Verfalls
- Mond (am Kleid der Frau): für Veränderung und Wandlung
- Regenbogen-Saum: für unser Denken, das die Welt gestaltet
- Mann: für den äußeren Aufbruch
- Frau: für den inneren Aufbruch
- Burg: für die Burg unserer Gewohnheiten, dem Sitz unserer Bequemlichkeit
- Regen: für schlechte Zeiten
- Bambus (Stab): in China für die Stufen geistiger Entwicklung/Glück

Bild: Ein verfallendes Haus zeigt den Zustand einer Krise, eines Wendepunktes an (*crisis* bedeutet Wendepunkt).
Die Frau im Inneren zeigt uns eine Möglichkeit auf, damit umzugehen: den *inneren* Aufbruch. Sie tilgt alte (Erziehungs-)Programme und Verhaltensweisen auf der Tafel ihres Unterbewußtseins. Ist die Tafel gesäubert, ist sie zugleich frei für andere, neue Programme und Verhaltensweisen. Der Mond auf ihrem Rücken steht für Veränderung und Wandlung. Veränderung und Wandlung können auch das Ende einer Beziehung (und den möglichen Neuanfang einer anderen) bedeuten. Darum trennen sich Mann und Frau auf dieser Karte.
Der Mann außerhalb des Hauses zeigt uns den *äußeren* Aufbruch: er verläßt die nicht mehr stimmende Situation. Auf der Schulter trägt er sein Bündel mit sich fort zum Zeichen, daß er sich (sein Denken, seine Programme) überall mit hin nimmt, solange er nicht – wie die Frau im Inneren – *seine* Tafel säubert und von Unzeitgemäßem klärt.
Der Bambusstab gilt in China als das Symbol für die Stufen der geistigen Entwicklung und ist glückbringend.
Der Mann wendet sich nicht dem naheliegenden Weg zur Burg der Gewohnheiten und Bequemlichkeiten zu (und flüchtet sich dorthin), sondern beschreitet einen neuen Weg. Gleichwohl es zu regnen beginnt und damit möglicherweise eine zeitweilige Verschlechterung seiner Lage eintritt. Doch nimmt er dies lächelnd in Kauf, weiß er doch um den Effekt einer „Erstverschlimmerung", die bei jeder Erkrankung erst einsetzen muß, um so den Weg für die Heilung vorzubereiten.

Der Saum seiner Jacke zeigt den Regenbogen; dies steht für die Macht seiner Gedanken, sein Schicksal selbst zu bestimmen und seine Welt als Spiegel seines Inneren zu kreieren.

Allgemeine Bedeutung: „Wenn etwas anders wird, heißt das nicht, daß es besser wird. Wenn etwas aber besser werden soll, muß es dafür vorher anders werden." Diese Worte Georg C. Lichtenbergs ermutigen ebenso wie die Abraham Lincolns, der sagte: „Wenn du nur das tust, was du schon immer getan hast, wirst du immer nur das bekommen, was du schon immer dafür bekommen hast."
Sie ermutigen zum Aufbruch, zum Wechsel, zum Selbstbestimmen. Die Kraft dazu liefern unsere Gedanken. Aus jedem Gedanken erwachsen Gefühle. Aus diesem Fühlen heraus folgt unser Tun. Das Tun wird zur Gewohnheit, wenn wir uns gut dabei fühlen. Gewohnheiten formen unseren Charakter, und dieser erzeugt unser Schicksal. Aber alles nimmt seinen Anfang bei den (etwa um die 60.000) Gedanken, die wir täglich denken.
Das Schicksal erscheint zunächst unveränderbar, doch Gedanken lassen sich leicht verändern, wenn wir unsere Aufmerksamkeit darauf richten. Damit verändern sich aber unsere Gefühle, unser Tun, unsere Gewohnheiten, unser Charakter und letztlich auch unser Schicksal. Deswegen *kannst* du selbst dein Schicksal verändern.

Im beruflichen Umfeld: Um (z.B.) ein Millionär zu werden, mußt du zunächst einmal in deinen Gedanken ein Millionär *SEIN*. Erst wenn du beginnst, wie ein Millionär zu denken und zu fühlen, wirst du wie einer handeln. Ändert sich dein *TUN*, bekommst du andere Ergebnisse als bisher. Am Ende wirst du die Million (oder was immer du an diese Stelle einsetzen möchtest) HABEN. Die Reihenfolge SEIN-TUN-HABEN ist der Rhythmus jedes Erfolges. Die meisten Menschen aber glauben fatalerweise, sie müßten zuerst etwas *haben*, um dann etwas *tun* zu können, worauf sie dann etwas *sind*. Haben-Tun-Sein ist der Irrweg. Er führt zurück in die Burg der bisherigen Gewohnheiten und in den Kerker des Versagens.

In persönlichen Beziehungen: Dasselbe gilt hier: du mußt erst in deinem Denken die Person *sein*, die Mann/Frau lieben kann. Dann – und erst dann! – erfolgt alles andere (*tun* und und *haben*) von ganz allein.

Willst du dein Denken verändern, dann umgebe dich mit Menschen, die schon so sind, wie du es gerne wärst. Schon bald wirst du so handeln wie sie.

Im Umgang mit dir selbst: Schicksal hat etwas mit *Geschick* und *schicken* zu tun. Du bist es, der dich schickt. Und du hast das Geschick, dich über dein Unterbewußtsein überall hin(ein) zu schicken.

Bedeutung im Legesystem R = E² A L

Auf dem Platz der ERWARTUNG²: Hier ruft dir die Karte schlicht zu: „Erwarte, daß es dir gelingt!" Nutze deinen freien Willen, das größte Geschenk des Universums. Ein Mantra Dale Carnegies mag dir dabei helfen: „Ich weiß, ich kann, ich weiß ich kann, ich kann, ich kann, ich will!".

Auf dem Platz der AKTION: Jeder äußere Aufbruch ist unvollständig ohne den inneren Aufbruch. Solange du deine Glaubensvorstellungen und Überzeugungen beibehältst, wirst du weiterhin dich ihnen entsprechend verhalten, egal, wo du dich körperlich aufhältst.
Also frage dich, welche Glaubensvorstellungen und Überzeugungen für dich nicht mehr *funktionieren*. Und welche besser passenden du an ihre Stelle setzt.

Auf dem Platz des LOSLASSENS: Der äußere Aufbruch kann und wird oft dem inneren Aufbruch vorangehen. Das ist gemeint, wenn es heißt: „Reisen bildet!" Das Reisen bildet den Charakter um, weil du, um zu reisen, das dir Vertraute und Gewohnte für einige Zeit loslassen mußt. Darum rät dir die Karte: wenn du den inneren Aufbruch *vorbereiten* willst, unternimm zunächst eine Reise. Du allein, und dorthin, wo du noch nie warst.

Bedeutung im Kontext der ZEIT

Vergangenheit / Darauf gründet es: Du bist zu lange am selben (geistigen und/oder räumlichen) Ort geblieben. Es ist längst Zeit für den Wandel. Es ist Zeit für neue Gedanken, neue Gefühle, neue Taten, neue Gewohnheiten, neue Charakterzüge. Zusammen werden sie dein Schicksal verändern.

Gegenwart / So ist es: Wichtig ist allein, wer und was du bist. Was deine innere Wahrheit ist. Das ist dein SEIN. Denn daraus erwächst dein TUN und hieraus erst dein HABEN.
Bist du mit deinem HABEN nicht einverstanden, so tust du Das-Was-Nicht-Funktioniert. Da du aber immer nur das tust, was dir deine innere Wahrheit, dein SEIN sagt, stimmt folglich etwas an deiner inneren Wahrheit nicht. Hier und jetzt kannst du sie ändern.

Zukunft / Dahin entwickelt es sich: Gehe – im realen wie übertragenen Sinn – wie der Mann auf dem Bild der Karte an der Burg deiner Gewohnheiten vorbei. Laß sie links liegen. Dafür achte auf und erfreue dich an *jedem* Schritt, den du ins Neue hinein gehst.
So erfährst du dich neu durch die Fahrt, die du unternimmst. Jeder vielleicht anstrengende Hügel dabei belohnt dich mit dem Anblick eines neuen Tals.

21

Das, was du am meisten magst, ist das, was du am besten vermagst

Kartenart:
Universelle Erwerbsregel

Symbole:
- Seepferdchen (Vase): für Glück und kosmische Kräfte
- Granatapfel (Schale): für Leben, Macht und Liebe
- Muschel: für Luxus/Wohlstand
- Perle: PERsönliche LEbensaufgabe
- Blatt: für Glück und Wohlstand
- „M" (Arbeitstisch): für Mögen
- Mosaikfenster: für Wohlstand, durch den Regenbogen (das Denken, das die Welt gestaltet)
- Korb (Briefe, Bestellungen): für den Zuspruch, gesicherte Existenz

Bild: Wohin du auch blickst – um den Mann dieser Karte steht alles wohl.
Ein teueres Mosaikfenster, Marmor, ein vergoldeter Tisch, goldgewirkte Kleidung, Auszeichnungen an der Wand ... hier ist jemand, der Wohlstand und Erfolge anzieht. Er steht im doppelten Sinne im Licht – im Licht der Erkenntnis, wer er ist und was er am besten kann, und im hellen freundlichen Licht eines unbeschwerten, ereignisreichen Tages.
Er ist vertieft in seine Arbeit, und davon hat er *reichlich*, wie der Korb mit den Briefen zeigt. Seine Aufgabe, der er sich ganz hingibt, seine persönliche Lebensaufgabe, ist das Erfreuen von anderen, indem er Blumen bindet. Seine Vasen zeigen die Symbole seines Seins: Das Seepferdchen (Glück im Verein mit kosmischen Kräften). Dazu Muscheln mit Perlen (Luxus und Hingabe an die PERsönliche LEbensaufgabe). Und konzentrische Kreise als Zeichen seiner Konzentration auf das Wesentliche: das, was sein Wesen ausmacht – die Liebe zu den Blumen.
Er mag, was er tut. Und die gesteigertste Form jedes Mögens ist Liebe.
Alles erblüht und wächst um ihn herum, so daß auch er wachsen kann: hineinwachsen in die immer tieferen Geheimnisse seiner Kunst, und herauswachsen aus der Beliebigkeit und Austauschbarkeit der Masse zahlloser anderer.

Allgemeine Bedeutung: Jedes Vermögen kommt von Mögen. Ob es das finanzielle Vermögen ist, oder das Vermögen einer Kunst, einer Fähigkeit oder Fertigkeit – immer bestimmt das Maß des Mögens die Höhe des Vermögens.
Wer eine Sache, eine Person oder eine Tätigkeit mag, schenkt ihr mehr Aufmerksamkeit. Und damit Energie. Wenn wir diese Dinge sehr mögen, vergessen wir oft sogar die Zeit darüber, und wir kämen nicht einmal auf die Idee, diese spezielle Beschäftigung etwa „Arbeit" oder gar „Pflicht" zu nennen.
Dinge, die wir gut können, sind immer auch zugleich Dinge, die wir mehr mögen als etwas anderes. Der Schüler, der ein „sehr gut" nach Hause bringt, findet in der Regel auch den Lehrer dieses Faches sehr sympathisch. Und umgekehrt verabscheut der „Fünferkandidat" in der Regel sowohl das Fach, mehr aber noch den Lehrer, der es unterrichtet.

Im beruflichen Umfeld: Die leichteste Art, ein Vermögen zu erwerben (ein finanzielles ebenso wie ein geistiges oder fähigkeitsbezogenes, z.B. ein sprachliches oder ein handwerkliches) ist daher, die Tätigkeit, die damit verbunden ist, zu *schätzen* (ein Wort, das sich von „Schatz" herleitet). Du wirst immer das mögen, was dir möglichst (!) viel Spaß bereitet. Das kann eine Tätigkeit sein, ein Spezialgebiet, ein besonderer Ort oder Personenkreis. Wichtig ist allein: je mehr Mögen du daran und darin findest, desto eher erwächst dir daraus dein Vermögen.

In persönlichen Beziehungen: Warum funktionieren Liebesbeziehungen immer besser als bloße Zweckgemeinschaften? Sie machen mehr Spaß, vermitteln mehr Freude, sind spannender (weil mehr Energie im Spiel ist: spannend kommt von „Spannung").
Jedes Vermögen – auch das, eine Beziehung einzugehen und zu pflegen – kommt von Mögen. In diesem Fall vom *Sich-Selbst-Mögen*. Wer geliebt wer-

den will, muß sich zunächst selbst lieben können. Wer Freunde haben möchte, muß zunächst selbst ein Freund sein. Wenn du zu dir selbst unfreundlich bist und dich selbst nicht ausstehen kannst, wie kannst du erwarten, daß andere dich nett finden und sich gar in dich verlieben ?

Im Umgang mit dir selbst: Wie kannst du lernen, dich selbst zu mögen? Ganz einfach: indem du anderen Gutes tust. Das ist so leicht, daß viele es als unter ihrer Würde empfinden. Und deswegen nicht tun. Sei du anders!

Deine Perle, deine PERsönliche LEbensaufgabe, ist das, was du besser vermagst als jeder andere Mensch. Denn du bist einmalig, und niemand wird jemals wieder so sein wie du. Lasse dich leiten von dem, was dir große Freude bereitet, und widme dich dieser Tätigkeit voll spielerischer Leichtigkeit.

Wohin du dich auch n*eig*st, weil eine Neigung in dir ist, es ist auch das, wofür du dich *eig*nest. Eignung und Neigung kommen von dem, was dir zutiefst *Eigen* ist. Man könnte auch sagen: was dir eigentümlich ist. Ist es nicht faszinierend, daß wir Vermögen auch *Eigentum* nennen? Deines wartet auf dich.

Bedeutung im Legesystem R = E² A L

Auf dem Platz der ERWARTUNG²: Wenn du etwas tust, das du magst, erwartest du immer ein besseres Ergebnis als wenn du Dinge tun mußt, die du ablehnst.
In deiner Angelegenheit ist Mögen nun der ausschlaggebende Faktor *im Vorfeld* aller Taten.

Auf dem Platz der AKTION: Hier sagt dir die Karte vor dem Hintergrund deiner Angelegenheit: Mögen ist nun der ausschlaggebende Faktor *während der Verrichtung* aller Taten.

Auf dem Platz des LOSLASSENS: Konzentriere dich auf die Stärken einer Sache oder einer Person (dich eingeschlossen). Und kümmere dich nicht – überhaupt nicht! – um die Schwächen dieser Sache oder der Person (dich eingeschlossen).
Mach' einfach *dein* Ding, wie es in Sportlerkreisen heißt.

Bedeutung im Kontext der ZEIT

Vergangenheit / Darauf gründet es: Dein ganz persönliches Mögen ist dir in einzigartiger Weise in die Wiege gelegt worden. Es ist dein innerer Kompaß, den sonst in dieser Form niemand hat, und der dich zu dem führen soll, wo du die höchste Erfüllung finden wirst. Jeder andere Weg ist gangbar, doch du wirst, je mehr du von dem Kurs, den dir dein Kompaß weist, abweichst, innerlich immer unzufriedener werden. Umkehren allerdings kannst du jetzt.

Gegenwart / So ist es: Tiefes inneres Mögen versetzt dich in den Zustand des „Flow", eines einzigartigen Glücksgefühls. Du vergißt Raum und Zeit und wirst wieder wie ein Kind, das selbstvergessen spielt und nichts anderes mehr wahrnimmt. Nur dein Mögen eröffnet dir diese Erfahrung, die eine Teilerfahrung der allumfassenden Liebe ist. Die Karte fragt dich: magst du wirklich, was du gerade (derzeit beruflich oder im privaten Umfeld) tust?

Zukunft / Dahin entwickelt es sich: Je mehr du dem Mögen folgst – dem inneren Kompaß – desto mehr näherst du dich dem Grund, warum du hier bist. Der Absicht, die mit deiner Existenz verknüpft ist.
Je weniger du dem Mögen folgst, desto mehr entfernst du dich von dem Grund, warum du hier bist. So wird die Absicht, die mit deiner Existenz verknüpft ist, vergessen, und die Chance, die dir gegeben wurde, vertan.

22
Folge deiner Intuition

Kartenart:
Universelle Erwerbsregel

Symbole:
- Monde (Wappen, Kragen des Kleides und Amulett): für das Weibliche und die Intuition, aber auch für Veränderung/Wandlung
- Sonne (Wappen an der Wand): für das Männliche und den Verstand
- 3 Kelche: für das Gefühl
- Zerlegter Kelch: für die Analyse
- Schwert: für den scharfen Verstand
- Kragen: für Schutz (des Egos)
- Regenbogen-Tuch: für unser Denken, das die Welt erschafft
- Tisch: für den Herrscheranspruch

Bild: Ein Saal, in dem sich die Macht der Sonne mit der des Mondes mißt. Das Wappen an der Wand zeigt den nach oben (zum Universum hin) offenen Mond oberhalb der Sonne; zum Zeichen, daß bisher immer der Mond „den Sieg" davongetragen hat.
Der Mond (das Weibliche) steht für die Intuition. Die Sonne (das Männliche) für den „strahlenden", oft aber auch versengenden (verletzenden) Verstand. Eine Frau, deren Augen verbunden sind, verläßt sich ganz auf ihre Intuition, um die richtige Entscheidung zu treffen. Die Frau steht gleich dreimal *unterhalb* des Mondes, was bedeuten will, sie ordnet sich seinen Kräften unter. So ist das Wappen *über* ihr, und sowohl das Kleid als auch das Mondamulett liegen *auf* ihrer Haut. Das Regenbogentuch über ihren Augen steht für unsere Fähigkeit, durch unsere Gedanken die Welt zu erschaffen und zu gestalten. Da sie daran glaubt, mit Hilfe ihrer Intuition den richtigen Kelch herauszufinden, kreiert sie so eine Welt, in der sie mit ihrer Intuition immer den richtigen Kelch erwählt. Ihr Lächeln zeigt, wie tief und fest diese innere Überzeugung in ihr ruht.
Kelche symbolisieren das Gefühl, so wie Schwerter für den scharfen Verstand stehen. Daher ist der Mann hinter ihr mit einem Schwert gegürtet.
Er trägt einen schützenden Kragen, in den die Buchstaben E, G und O verwoben sind: er hat sich der Stimme seines *Ego* untergeordnet. Mit der Schärfe seines Verstandes sitzt er an einem Tisch. Dieser steht mit seinen rechten Winkeln (4 Beine, 4 Kanten) für die verstandesmäßige Sicht der Welt und für unser Verlangen nach Stabilität, Sicherheit und Kontinuität. Der Mann zerlegt einen vierten Kelch. Er untersucht akribisch die Einzelteile von Fuß, Schaft und Schale, um so hinter das Geheimnis des Kelches (des Gefühls) zu kommen. Sein Blick ist verächtlich über seine linke Schulter auf die Frau gerichtet. Für ihren nicht beweisbaren „intuitiven Firlefanz" hat er nur ein höhnisches Grinsen übrig. Falls sie Erfolg haben sollte, so würde das, erklärt sich der Verstand, nicht mit *rechten* Dingen zugehen. Immerhin sieht sie ja schon aus wie eine Hexe, mit ihren roten Haaren ...

Allgemeine Bedeutung: Rot, die Farbe der Liebe und des Todes, erlebt der Verstand immer als Bedrohung. Deshalb blinken unsere Warnlampen ausnahmslos rot (in der Farbe des Blutes). Rotleuchtende Haare signalisieren sowohl sinnverwirrende Leidenschaft *als auch* körperlich/geistige Bedrohung, beides Angriffe auf den logischen Verstand. Genauer: darauf, den Verstand und die Kontrolle zu verlieren. Rothaarigkeit deutet auf intuitiv veranlagte magische Wesen hin, die man(n) aus dem einen wie dem anderen Grund fürchtet.
„Wer etwas zerbricht, um herauszufinden, was es ist, hat den Pfad der Weisheit verlassen" *(J.R.R.Tolkien)*. Dieser Satz des Zauberers Gandalf (der den *roten* Ring des Feuers trägt) aus dem „Herrn der Ringe" betont die richtige, die ganzheitliche, intuitive Sichtweise der Dinge.
Die Karte meint: Du *bist* nicht dein Verstand. Du *hast* einen, ein kleines, biologisches Instrument in der Art eines eingebauten Taschenrechners, der dir in bestimmten Situationen nützen wird, weil er schätzen, rechnen und vergleichen kann. Dein Unterbewußtsein aber ist etwa 733.333 mal größer und leistungsfähiger als dein Verstand. Die Intuition verbindet uns mit dem Vaya-Fluß des Universums, läßt uns direkt

teilhaben an der unsichtbaren Verbundenheit von allem mit allem. Intuition ist die *Sprache*, mit der dein mächtiges Unterbewußtsein mit dir kommuniziert. Darum höre zu.

Im beruflichen Umfeld: Alle erfolgreichen Menschen sind durch die Kraft ihres Unterbewußtseins und ihres Gespürs und nicht durch die Überlegenheit ihres Intellektes erfolgreich geworden. Was sagt dir das?
Statistisch hat jeder Mensch drei Ideen oder intuitive Eingebungen im Jahr, von denen jede einzelne eine Million Euro wert ist. Wieviele hast du schon ignoriert?

In persönlichen Beziehungen: Wann immer du eine innere Stimme hörst, die dir sagt, jetzt oder nie, dann, *um deinetwillen*, tue es! Trotz der Angst deines Egos.

Im Umgang mit dir selbst: Intuition („innen sehen") kommt aus *deinem* Inneren, ist somit ein Teil von dir und braucht nicht von deinem Ego erklärt zu werden, um zu funktionieren. Was deine Intuition aber braucht, ist dein blindes Vertrauen in sie.

Bedeutung im Legesystem R = E² A L

Auf dem Platz der ERWARTUNG²: Deine Intuition sagt dir immer, was kommt. Du hörst nur nicht immer auf ihre Stimme. Bei deiner jetzigen Angelegenheit rät dir die Karte auf diesem Platz, deiner Intuition mehr zu vertrauen als allem übrigen.

Auf dem Platz der AKTION: Hier sagt dir die Karte vor dem Hintergrund deiner Angelegenheit: Höre in dich hinein. Verlasse für den Moment alle Argumente. Erspüre die Wahrheit, die in dir ist. Menschen, die mit Tensoren umgehen können (oder Kinesiologen) wissen, daß „der Muskel immer Recht hat". Wenn du die Wahrheit in dir selbst nicht zu spüren vermagst, suche einen Tensorkundigen oder Kinesiologen auf und schildere ihr/ihm deine Frage.

Auf dem Platz des LOSLASSENS: Laß die Argumente und sogenannten „guten Gründe" los. Laß die Meinungen der anderen los. Tu oder entscheide dich für das, wobei du dich wohler fühlst, wenn du nur daran denkst. Und laß alle anderen Alternativen fahren, bei denen du dich unwohl fühlst, wenn du nur an sie denkst. Dein Gefühl ist dein innerer Sensor, dem du vollständig vertrauen kannst.

Bedeutung im Kontext der ZEIT

Vergangenheit / Darauf gründet es: Dein Ego hat dauernd furchtbare Angst, deine Intuition könne Recht haben. Deshalb hat dein Ego dir immer wieder Verstandes-Gründe geliefert, die gegen deine Intuition sprachen, weil die nachprüfbar sind. Weil die erklärbar sind. Auch daß du jetzt die Karten zu Rate ziehst, erwächst aus der momentanen Verzweiflung deines Egos. Würdest du deiner Intuition schon folgen, wärst du längst auf dem sicheren Pfad.

Gegenwart / So ist es: Gerade jetzt und hier hast du Zugang zu deiner Intuition, sonst hättest du nicht genau (intuitiv) diese Karte gezogen. Vertraue ihr weiterhin.

Zukunft / Dahin entwickelt es sich: Je mehr du deiner Intuition folgst – dem inneren Sensor – desto mehr näherst du dich dem Erleben der Verbundenheit, die alles mit allem im Universum verbindet.
Je weniger du deiner Intuition folgst, desto mehr entfernst du dich gedanklich von dieser Verbundenheit und nimmst dich zunehmend als getrennt von anderen und auch getrennt von deinem Schöpfer (wie immer du ihn nennen magst) wahr.

23
Du bist, was du ißt

Kartenart:
Universelle Erwerbsregel

Symbole:
- Kirschen: für die Selbstfindung
- Sonne, Mond und Sterne (in der Borte der Decke): für Verstand, Intuition, Licht der Erkenntnis
- Buch: für geistige Nahrung
- Apfel: für die Erkenntnis (nach der Bibel), rotgrün: handfest + geistig
- Fließendes Wasser: für Energie und den Vaya-Fluß des Universums
- Amulett (ohne Schrift): für das, was wesentlich ist
- Regenbogen-Ärmel: für unser Denken, das die Welt erschafft

Bild: Ein Mann macht eine Rast im Freien – nur draußen, außerhalb der von Menschen geschaffenen Räume, heißt es, kann man der Schöpfung wirklich nahe sein.

Der Mann hat Nahrung zu sich genommen, d.h. er hat Teile des Universums ganz *nahe* an sich heran gelassen: er hat sie in sich aufgenommen. Umgekehrt hat das Universum auch ihn in seine Mitte aufgenommen, was die Decke mit ihrer Borte aus Sonnen, Monden und Sternen andeuten will.

Ein kupferrotes Buch liegt aufgeschlagen neben ihm. Auf der Vorderseite zeigt es zwei Schlangen, die sich in ihre Schwänze beißen – ein Symbol des sich immer Wiederholenden (des sich immer wieder Holenden) und damit ein Zeichen der Unendlichkeit: es ist *Die unendliche Geschichte**). So wie sich der substantielle Körper immer wieder substantielle Nahrung holen muß, bedarf der Geist der geistigen Nahrung, um zu wachsen und zu gedeihen und vor allem – um gesund zu bleiben.

Da sich letztlich der gesamte Mensch nur aus dem zusammensetzen kann, was er jemals zuvor an Nahrung in sich aufgenommen hat, meint die Karte: „Du bist, womit du dich bisher ernährt hast". Kirschen, die von der Form wie kleinere Brüder des Apfels wirken, symbolisieren die Selbstfindung, der (rotgrüne!) Apfel selbst steht seit den Tagen der Bibel für die Erkenntnis.

Den Durst hat der Mann mit dem frischen Wasser des klaren Baches gelöscht, das auch für den Vaya-Fluß des Universums (den Fluß der Lebensenergie) steht. Er trinkt keinen Wein, noch ißt er Fleisch – er hat für sich erkannt, was für ihn schädlich ist, und handelt danach.

Die „Regenbogen"-Ärmel seiner Kleidung verweisen auf das Vermögen unseres Denkens, das die Welt erschafft. Doch auch das Denken kann nur sein, was es vorher an Informationen in sich aufgenommen hat. Der Mann ruht, denn in der Ruhe liegt die Kraft. Vom Geheimnis der Zufriedenheit heißt es: „Wenn ich gehe, so gehe ich; wenn ich esse, so esse ich; wenn ich ruhe, so ruhe ich." So ist sein Amulett noch unbeschriftet, die Zeit des Handelns ist noch nicht gekommen. Keine Wolke trübt daher diese Stunde; der Mann ist mit sich und dem Universum im Reinen.

Allgemeine Bedeutung: Wasser hat ein Gedächtnis; es bewahrt alle Informationen, materieller wie geistiger Art. Es trägt und gibt sie weiter, es ist *der* Energie- und Informationsträger überhaupt und wesentlich für das Maß unserer Gesundheit und der unseres nächsthöheren Körpers, der unseres Planeten. Unsere substantielle Nahrung (auch in „fester" Form) ist zu großen Teilen Wasser. Unser Körper besteht zu 70 Prozent, unser Gehirn sogar zu 90 Prozent aus Wasser. Nichts ist somit für unser Wohlbefinden so wichtig wie die *Qualität* des Wassers. Doch wie behandeln wir das Wasser? Und wie handelst du, um dir qualitativ hochwertiges Wasser als Trank und in „fester" Form als Nahrung zu verschaffen? Gedankenlos, wie die meisten?

Und wie hoch ist die Qualität der Gedanken, die du als geistige Nahrung zu dir nimmst? Je mehr Schreckensmeldungen (aus Nachrichten, aber auch aus Filmen, Büchern oder Erzählungen) du zu dir nimmst, desto schlechter wird dein Allgemeinzustand, weil es dir Energie entzieht und die Negativ-Informationen darüber hinaus im Gedächtnis deines Zellwassers haften bleiben (nicht nur im Wasser deines Gedächtnisses).

Im beruflichen Umfeld: Leistung braucht Energie. Schlechte Nahrung, zuviel Nahrung, zu schnelles Essen, Nebenbei-Essen, beim Essen über Probleme reden, mit den Gedanken woanders als beim Essen sein – das sind die normalen Energieaufnahmesituationen unseres Alltags. Sünden, die oft erst Jahre später ihre dann schwerwiegende Rechnung präsentieren (meist wiegst du zu schwer, manchmal erkrankst du schwer).

In persönlichen Beziehungen: Essen und Kommunizieren sind Träger der äußeren Energie (vgl. die 73. Vayakarte S. 164). Warum heißt es, Liebe gehe durch den Magen? Weil Wohlfühlen immer zum Teil körperlich, zum Teil geistig ist. Was du erzählst und erzählt bekommst ist dafür ebenso ausschlaggebend wie das, was du auf deinen Teller häufst.

Im Umgang mit dir selbst: Willst du, daß es dir gut geht, dann nimm nur Gutes (in jeder Form) in dich auf. Doch denke daran – ein Zuviel ist ebenso schädlich wie ein Zuwenig.

*) Michael Ende: Die unendliche Geschichte. Die in diesem Buch verwendeten Schriftfarben *rot* und *grün* stehen für reales Geschehen und geistiges/phantasiehaftes.

Bedeutung im Legesystem $R = E^2\ A\ L$

Auf dem Platz der ERWARTUNG^2: Erwarte, daß dein Unterbewußtsein dir eingibt, was gut für dich ist an geistiger und lebendiger Nahrung. Höre auf die Warnungen, die dir deine Intuition vermittelt.

Auf dem Platz der AKTION: Da Wasser ein Gedächtnis hat und deine lebendige Nahrung größtenteils aus Wasser besteht, achte darauf, deine Nahrung zu genießen. Nimm dir Zeit und wertschätze den Geschmack. Umso wertvoller wird deine Nahrung für dich sein.

Auf dem Platz des LOSLASSENS: Meide allen *Streit* bei der Zubereitung und während des Mahls, denn er verdirbt den Wert der Nahrung, weil das Wasser alle Informationen, auch „Zorn, Wut, Enttäuschung" speichert und an deine Zellen wieder abgibt. Streit entwertet den Energiegehalt. Das früher übliche Segnen der (und das Danken für die) Nahrung ist kein religiöser Firlefanz, sondern ist ein heute fast vergessenes Wissen um das Gedächtnis des Wassers.

Bedeutung im Kontext der ZEIT

Vergangenheit / Darauf gründet es: Nichts von dir ist mehr ursprünglich. Du bist buchstäblich die Summe der Dinge, die du seit deiner Geburt in dich hineingelassen hast. Der Dinge, die du genossen, aber auch der Dinge, die du in dich „hineingefressen" und *geistig* (auch beiläufig) konsumiert hast. Der Körper vergißt nicht.

Gegenwart / So ist es: Hier rät dir die Karte, allem, was du so nah an dich heranläßt, daß du es in dich aufnimmst – gegenüber aufmerksam zu sein und zu bleiben. Danke dem Wasser in allem. Warum wohl wachsen Blumen, wenn du wohlwollend mit ihnen sprichst? Die Karte kann dir hier auch mitteilen, daß du gegen deinen Körper handelst, weil du dir *dauerhaft* Dinge zuführst, die schädlich sind (z.B. Tabak, Alkohol, Fette; oder die falschen geistigen Impulse).

Zukunft / Dahin entwickelt es sich: Auf diesem Platz frage dich ernsthaft, wie gut es dir jetzt geht und wie wohl du dich in deiner Haut fühlst.
Geht es dir schlecht (und das ist der Fall, wenn es dir nicht wirklich gut geht), wird es dir schlechter gehen, wenn du deine Nahrungsgewohnheiten beibehältst. Geht es dir gut, wird es dir besser gehen, wenn du deine Nahrungsgewohnheiten beibehältst und deine Nahrung noch aufmerksamer auswählst.

24
Tu was du willst

Kartenart:
Universelle Erwerbsregel

Symbole:
- 4 Wege: für die Möglichkeiten zu jedem Augenblick
- Wegekreuz: für die Wahl zu jedem Augenblick
- Amulett (mit Schrift): für das, was wesentlich ist
- Regenbogen-Ärmel: für unser Denken, das die Welt erschafft
- 4 Jahreszeiten (wohin die Wege führen): für die Lebensabschnitte Kindheit und Jugend, Erwachsensein (Blüte der Kraft), Reife sowie Alter und Tod

Bild: Der Mann aus dem Bild der Karte 23 trägt jetzt das Amulett in seiner *Hand* – er ist zum Handeln bereit.

Unter seinen Füßen bilden die vier Wege ein großes Kreuz in der Landschaft seines Lebens, zum Zeichen, daß er jetzt (wie bei einer Wahl) seine Wahl treffen, sein Kreuz machen muß. Träfe er keine Wahl, würde er dort an dieser Stelle verbleiben und nirgendwohin gelangen.

Die vier Wege symbolisieren die vielen (und nicht die Zahl der) Möglichkeiten, die uns immer zur Wahl stehen: vier für die vier Himmelsrichtungen, die den Horizont beschreiben. Es gibt so viele Möglichkeiten wie es Richtungen gibt.

Zugleich stehen die Wege für die vier Hauptlebensabschnitte: Kindheit und Jugend, Erwachsensein, Reife und das Alter. Und sie zeigen die Jahresabschnitte an, den irdischen Kalender, zum Zeichen, daß wir auch immer wählen, *wann* wir etwas tun wollen.

Der Mann scheint aus Richtung des Frühlings zu kommen, der hinter ihm liegt. Er blickt in Richtung des Sommers, der Blüte seiner Jahre; doch sieht er schon den Herbst mit seinen fallenden Blättern herannahen und die schneeweißen Gipfel des Wintes dräuen wartend in der Ferne.

Das silberne Amulett mit dem Schlangenrand verkündet „Tu was du willst", die Botschaft der *unendlichen Geschichte*. Insofern stehen die vier Richtungen auch für die vier Worte: für dein *Tun*, für das, *was* du tun möchtest, für *dich* als Person und für dein *wollen*, dein Erstreben in diesem Leben.

Allgemeine Bedeutung: „Tu was du willst" meint: Lebe dein Leben. Am Ende – im Winter – wirst du mit deinen Taten (und deinen Unterlassungen) zufrieden sein müssen, weil keine Gelegenheit mehr dazu besteht, dieses Leben noch einmal leben zu können. Nimmst du die Verantwortung für dein Leben nicht an (triffst also deine Wahl nicht), wirst du – und zwar von anderen oder den Umständen – gelebt werden.

„Tu was du willst" meint auch: Finde deine Lebensaufgabe. Erfüllung findest du nur in der Erfüllung deiner Lebensaufgabe*). Dazu mußt du sie suchen, finden, erwählen (d.h. akzeptieren) und mit Leben füllen.

Im beruflichen Umfeld: Das Thema dieser Karte ist deine Entscheidung für dich. Für deine Neigungen, Vorlieben, Affinitäten und Wünsche in bezug auf Tätigkeiten, Orte, Personen oder bestimmte Dinge.

Wenn du beruflich mehrzeitlich das tust, was du gar nicht willst, dann hast du zwar einen Job, lebst aber deine *Berufung* in keinster Weise aus. Je weiter du dich von dem, was in dir nach Erfüllung *ruft* entfernst, desto unzufriedener wirst du sein.

Die größten Möglichkeiten in dir sind an die Tätigkeiten, Orte, Personen oder bestimmten Dinge gebunden, zu denen du das größte Mögen verspürst. Jedes Vermögen kommt von Mögen.

In persönlichen Beziehungen: Die Karte meint: „Tu was du willst" immer zum Wohle aller. Wenn du egoistisch handelst, wirst du andere schädigen, die wiederum dich schädigen werden (als Welle, die zu dir zurück kommt). Du würdest dich somit selbst schädigen. Wenn du zum Wohle aller handelst, schließt das dich mit ein, aber niemand wird benachteiligt. Der alte Satz „Behandele andere so, wie du selbst behandelt werden willst" ist die einzig richtig verstandene Bedeutung dieser Karte.

Im Umgang mit dir selbst: Was immer du willst – das Universum verschwendet nicht. Nicht einmal Wünsche. So sind auch deine Wünsche deshalb bei dir, weil gerade du sie dir am besten erfüllen kannst. Wenn du beginnst, deine Wünsche und das, wonach du streben möchtest, zu negieren, ist das so, als würdest du beginnen, dich selbst zu negieren.

Laß dein Mögen zu deinem Kompaß werden, und es wird dich zielsicher dorthin führen, wo du die meiste Zufriedenheit und den Zustand des „Flow", des zeitlosen Fließen des Glücks, genießen kannst.

Und: je zufriedener, glücklicher, gesünder, erfolgreicher und wohlhabender du bist, desto leichter vermagst du anderen zu helfen.

Doch allem voran steht deine Entscheidung: für das, was *du* tun willst. Auch du trägst dieses Amulett seit deiner Geburt bei dir.

*) vgl. dazu auch mein Buch „Tu was du willst", Aachen, 2002

Bedeutung im Legesystem R = E² A L

Auf dem Platz der ERWARTUNG²: Erwarte, daß dir das, was du tun willst, auch gelingt. Erwarte es mit allem Recht. Denn das, was du von Herzen gern tun willst, ist zugleich das, was du am besten vermagst (vgl. die 21. Vayakarte S. 60). Nichts anderes kann dir so leicht gelingen.

Auf dem Platz der AKTION: Es ist jetzt die Zeit, deine Vision vom Leben umzusetzen. Entscheide dich jetzt für den wahren Grund, warum du hier bist. Das heißt auch: Scheide dich jetzt von den Dingen, Umständen, Personen, Aufgaben und Orten, die dich daran hindern, zu tun, was du (zum Wohle aller) gern tun möchtest.

Auf dem Platz des LOSLASSENS: Solange du dich an den Dingen festhältst, die dich abhalten, das zu tun, was du wirklich willst, solange bist du von deiner Lebensaufgabe getrennt. Erst dadurch, daß du dich zu deiner Lebensaufgabe bekennst – sie akzeptierst – und sie zu erfüllen beginnst, läßt du all die Dinge los, die dich klein halten wollen und dich an deiner Erfüllung hindern.

Bedeutung im Kontext der ZEIT

Vergangenheit / Darauf gründet es: Du bist hierher gekommen, um dich zu verwirklichen. Es mögen viele Inkarnationen sein, die du schon gewählt hast. In *jeder* Inkarnation geht es jeweils nur um ein bestimmtes, großes Lebensthema, nach dem du *jedesmal* schon von Kindesbeinen an suchst. Solange du diese Suche ignorierst, wirst du vielleicht reich, vielleicht mächtig, vielleicht berühmt werden, aber du wirst bestimmt unglücklich bleiben.

Gegenwart / So ist es: Das göttlichste aller Geschenke ist das Geschenk des freien Willens. Da du jederzeit davon träumen, aber immer nur im Hier und Jetzt davon Gebrauch machen kannst, fragt dich die Karte auf diesem Platz ganz schlicht: „Worauf wartest du?"

Zukunft / Dahin entwickelt es sich: Da alles mit allem und jedes mit jedem verbunden ist, funktioniert „Tu was du willst" nur zum Wohle aller. Handelst du gegen andere, handelst du gegen dich selbst.

Dein Platz im Universum ist der, wo dein größtes Mögen ist. Hältst du dich woanders auf, fehlt deine Stimme im Chor der Erfüllung; Mißtöne erklingen, die dich unzufrieden machen und die das Ganze, die gesamte Schöpfung, unerfüllt zurücklassen.

25
Wenn du zuwenig Zeit hast, überprüfe deinen Raum

Kartenart:
Universelle Erwerbsregel

Symbole:
- 4 Regale(von oben nach unten): für gegenständliches Chaos, räumliche Umgebung, Beziehungen und der innere Raum (Gedanken)
- Pendeluhr: für die Zeit (7 ist die Symbol-Zahl der Zeit)
- Amulett (mit Schrift): für das, was wesentlich ist
- Regenbogen-Band: für unser Denken, das die Welt erschafft
- Formel (auf dem Fundament):

$$\textbf{Z}eitempfinden = \frac{\textbf{R}aumharmonie}{\textbf{E}nergie}$$

Bild: Ein vollgestopftes Regal in einem engen Raum. Die Uhr an der Wand ist stehengeblieben; das Pendel ruht, weil es keinen Platz mehr hat, sich frei zu bewegen. Die Zeiger zeigen genau genau 7 Uhr an: 7 ist die Zahl, die für die Ressourcen steht, die wir einsetzen können (und müssen), um voranzukommen. In diesem Fall fehlt es an der Ressource Zeit, nichts bewegt sich mehr aufgrund der Enge des Raumes, die diese Karte umgibt.
Über einer geheimnisvollen Formel auf dem Fundament sind vier Regale angebracht. Jedes Regal hat seine Bedeutung und steht für einen der Teilbereiche unseres Lebens, in denen wir Unordnung und damit Disharmonie erzeugen können – mit dem immer gleichen Ergebnis, zu wenig Zeit zu haben.
Das oberste Regal verweist auf unser gegenständliches Chaos.
Das zweite Regal bezieht sich auf unsere Umgebung, in der wir leben.
Das dritte Regal enthält jede Menge Puppen – sie symbolisieren unsere persönlichen Beziehungen.
Und das unterste – das Buchregal – steht für unseren inneren Raum, für unsere Gedanken*).

Allgemeine Bedeutung: Die Formel auf dem Fundament (das ist eine Zusammenziehung von *fundus* und *mental*, d.h. „auf dem Grund unseres Geistes") gibt uns den Hinweis, wie das Dilemma zu lösen ist. Unser ZEITEMPFINDEN ist immer gleich dem Quotienten aus RAUMHARMONIE und der ENERGIE, die wir einsetzen müssen (um noch etwas zu bewegen). Es kommt also darauf an, ob der Bruch groß oder klein ist. Je kleiner er ist, desto mehr Zeitnot empfinden wir. Daraus folgt: je mehr Raumharmonie du hast, desto größer ist der Bruch und damit dein Zeitempfinden, kurz - du hast Zeit. Je größer die Energie wird, die du einsetzen mußt, um etwas zu bewegen (z.B. deine Arbeit in den Griff zu bekommen), desto kleiner wird der Bruch und damit dein Zeitempfinden, kurz - du hast Zeitnot.
Gemäß den vier Ebenen (Regalen) hast du vier „Schrauben", an denen du drehen kannst, um den Bruch größer zu machen:
1. Bringe Harmonie in dein gegenständliches Chaos.
2. Bringe Harmonie in deine räumliche Umgebung.
3. Bringe Harmonie in deine Beziehungen.
4. Bringe Harmonie in deine Gedanken (in deinen inneren Raum).
Der 1. Schritt ist also das Aufräumen, das Vereinfachen, das Wegwerfen, das Entrümpeln des Alltags. Der viele Kram und Krempel um dich herum „klebt" dir die Zeit zusammen. (Kram und Kreme sind sich nicht nur vom Wort her sehr ähnlich). Schon dieser Schritt bringt dir unglaublich viel Zeit zurück.
Der 2. Schritt könnte dich bei einem Feng Shui -Berater vorbeiführen. Räume (Umgebungen) können dir Energie geben oder nehmen – je wohler du dich fühlst, desto weniger Energie mußt du einsetzen. Dies macht wiederum den Bruch der Formel größer.
Der 3. Schritt fordert dich auf, deine Beziehungen zu ordnen. Stiehlt dir jemand Zeit, empfindest du das nur so. In Wahrheit raubt er dir Energie, so daß du jetzt mehr Energie aufwenden mußt, um dasgleiche wie bisher zu erreichen. Auch Arbeits*plätze* (ein Raumbegriff!) kann man wechseln oder neu strukturieren.
Der 4. Schritt hat deine Gedanken zum Ziel. Je konfuser dein innerer Raum ist, desto weniger Harmo-

nie ist in dir. Damit wird der Bruch immer kleiner, und am Ende fühlst du dich gehetzt, nur weil du so denkst, wie du denkst. Darum nehme dich deines inneren Raumes ebenso an wie deiner äußeren. Einmal ist keinmal: halte ab heute beständig jeden deiner vier Räume geordnet.

Im beruflichen Umfeld: Du hast keine Zeit an deinem Arbeitsplatz, um dich um die vier Regale zu kümmern? Sieh an ... Wann bleibt deine Uhr stehen?

In persönlichen Beziehungen: Du würdest gern mehr Zeit mit deinen Freunden verbringen, aber da ist der Haushalt, der Garten, die Familie ... Oder kommst du nicht zum Haushalt (usw.), weil du soviel Zeit mit deinen Freunden verbringst? Jede Anstrengung ist immer ein Anzeichen von steigender Disharmonie, jede Erleichterung ein Anzeichen steigernder Harmonie.

Im Umgang mit dir selbst: Du hast zuwenig Zeit für dich selbst? Bringe Harmonie in deine vier Regale. Wenn du sie in Ordnung hältst, wirst du immer genug Zeit für die Dinge haben, die dir wichtig sind.

*) Im Anhang findest du eine vollständige Beschreibung und Deutung aller hier im Regal zu finden Gegenstände, falls du dich für die einzelnen Symbolgehalte interessierst. Sie hier alle aufzuführen würde den Raum dieser Seite sprengen.

Bedeutung im Legesystem R = E² A L

Auf dem Platz der ERWARTUNG²: Prüfe dich, auf welcher Ebene (in welchem der vier Regale) dir die Zeit davonläuft. Da du unbewußt sehr wohl weißt, wo bei dir das „Gerümpel" liegt, erwartest du unbewußt eben dort Zeitverluste und/oder Zeitengpässe. Kein Wunder, wenn sie dann eintreten.

Auf dem Platz der AKTION: Es ist jetzt die Zeit, deine vier Regale aufzuräumen. Sage nicht, du hättest keine Zeit dafür. Denn tust du es nicht, wirst du auch weiterhin keine Zeit haben für all die anderen Dinge, die du gern tun würdest. Nimm dir Regal für Regal vor. Jetzt.

Auf dem Platz des LOSLASSENS: Laß alles andere stehen und liegen und widme dich zuvorderst dem 1. Schritt. „Gut Ding will Weile haben," heißt es. Doch du wirst nie Weile haben, um gute Dinge zu erzeugen, solange du an deinem Krempel festhältst. Der Krempel um dich herum (auch der *in* deinen Schränken, in Keller und Boden) wird dir die Zeit zurückgeben, sobald er erst einmal entsorgt (!) ist.

Bedeutung im Kontext der ZEIT

Vergangenheit / Darauf gründet es: Raum und Zeit hängen ursächlich zusammen: „Raumzeit" nannte es Einstein. Massen haben die Eigenschaft, den Raum um sie herum zu krümmen und so die Zeit zu verändern, wobei es keine Rolle spielt, wie groß die Masse ist. Der Effekt ist immer vorhanden, auch im Kleinen. Wenn du heute unter Zeitnot leidest oder auch genug Zeit hast, so immer deshalb, weil die *Dinge* um dich herum dein Zeitempfinden verändern.

Gegenwart / So ist es: Wenn du sagst „Ich habe keine Zeit", dann deshalb, weil ein anderes Ding (auch über eine andere Person) dir Zeit abverlangt. Je mehr Dinge du hast, desto mehr Zeit mußt du ihnen widmen. Immer mehr Massen ballen sich bei dir zusammen (sie kleben aneinander, bilden Kram). Ihre virtuelle Gravitation wird so immer größer. Sie krümmt den Raum stärker, und die Zeit scheint dir davonzueilen, und loslassen fällt immer schwerer.

Zukunft / Dahin entwickelt es sich: Wenn du den Prozeß des Loslassens auf den vier Ebenen (Regalen) nicht einleitest, wird die virtuelle Raumkrümmung immer stärker, und du lebst in sich ständig vergrößernder Zeitknappheit, bis du lange vor deiner Zeit mit deiner Energie am Ende sein wirst (Versagen, Krankheit, Tod). Leitest du den Prozeß dagegen ein, entspannt sich die Lage, und dir fließt über die nachlassende virtuelle Raumkrümmung wieder Zeit zu.

26
Wenn du bedrückt bist, so tue etwas anderes

Kartenart:
Universelle Erwerbsregel

Symbole:
- Mond (Jackensaum): für Veränderung und Wandlung
- Spiralform (der Flöte): für Erneuerung und Bewegung
- Lasten (auf der Schulter): für das, was uns bedrückt
- Lasten (abgesetzt): für das, was wir an Bedrückendem losgelassen haben
- Weg: für den Lebensweg
- Blume (am Wegesrand): für das Heitere, Schöne, das uns begegnet, wenn wir danach suchen
- Flöte: für die Musik

Bild: Ein Jeder hat seine Last (sein Schicksal) zu tragen, heißt es. So sehen wir zwei Lastenträger einen Weg (den Lebensweg) entlangkommen. Der eine stöhnt förmlich unter seiner schweren Last. Sie drückt ihn nieder, sie bedrückt ihn. Dabei könnte er seinen wenig beneidenswerten Zustand jederzeit beenden, indem er die Last losläßt. Doch genau das tut er nicht. Er setzt weiter einen schleppenden Fuß vor den anderen, obwohl er sogar ein Beispiel vor Augen hat, wie „man" es anders halten könnte.

Der zweite Mann hat seine Last abgesetzt, hat sie wortwörtlich losgelassen. Er ist ein Stück vom breitgetretenen Weg vieler anderer beiseite gegangen. Gewissermaßen hat er den ersten Schritt eines eigenen Weg eingeschlagen. Nun tut er sichtlich etwas ganz anderes als noch vor wenigen Augenblicken. Er wendet sich der Schönheit zu. Diese unverhofften Blumen am Wegesrand übersehen wir nur allzu häufig, wenn wir nicht auf sie achten und bewußt nach ihnen suchen. Der Mann spielt eine Melodie auf einer spiralförmigen Flöte. Spiralen sind Symbole der Erneuerung und Bewegung; und so trägt er auch das Zeichen des Mondes auf seiner Jacke, dem Verkünder von Wandlung und Veränderung. Die Schönheit und Harmonie seiner Töne ist so groß, daß er fast zu tanzen anfängt: die Kraft der Musik gesellt sich zur Person und beflügelt ihren Schritt wie ihre Seele (*per sonare* heißt „durch den es tönt" oder freier, „den durch Töne Bewirkten wie Bewirkenden").

Allgemeine Bedeutung: Wenn uns etwas bedrückt, beschreiben wir damit unsere Einstellung zu einer Situation. So wie wir eingestellt sind, so verhalten wir uns. Verhalten und Einstellung entsprechen sich stets: veränderst du eines von beidem, wird wenig später das andere von deinem Unterbewußtsein angeglichen, ganz ohne dein bewußtes Zutun. Ver*halte* dich – z.B. indem du nur die kummervolle *Halt*ung eines Menschen annimmst, den etwas bedrückt – dann wird wenig später deine Einstellung (deine Stimmung) bedrückter geworden sein. Verhalte dich zum Vergleich wie ein vor Glück strahlender Mensch, und wenig später wird sich deine Geistes*haltung* dieser Verhaltensänderung anpassen. Umgekehrt funktioniert dieses einfache Wechselspiel ürigens genauso: verändere deine Einstellung (deinen Denkrahmen), und dein Verhalten folgt unweigerlich.

Wenn also deine Belastung dich niederdrückt und du bedrückt bist – wirf deine Lasten ab. Das machst du am schnellsten dadurch, indem du etwas ganz anderes zu tun beginnst. So veränderst du von diesem Moment an – über das körperliche Ändern – auch deine innere Einstellung. Mit dem Erfolg, daß sich die Wolken über deinem Haupt bald verziehen. Es funktioniert immer, bei jedem Menschen. Du mußt es nur tun. „Es geschieht nichts Gutes, außer man tut es" (Erich Kästner).

Im beruflichen Umfeld: Wenn etwas nicht klappen will (oder du bedrückt bist), verändere deine augenblickliche physiologische Situation. Steh auf, wenn du sitzt; gehe herum, wenn du stehst; setze dich, wenn du auf den Beinen bist. Gehe nach draußen, wenn es drinnen nicht klappen will oder herein, wenn du schon draußen bist. Verändere deine Physiologie, verändere dein Verhalten. Verändere es vor allem – jetzt!

In persönlichen Beziehungen: Gib Trauernden eine

Aufgabe, um die sie sich *kümmern* können, und der *Kummer* wird vergehen (zumindest für die Zeit des Tuns). Wenn andere bedrückt sind, beschweren sie sich bei dir (sie richten ihre Aufmerksamkeit auf ihre Lasten, die so noch weiter wachsen). Und sie machen dir das Leben schwer, denn sie laden dir gleichzeitig ihre Lasten mental auf. Du hilfst ihnen besser, wenn du sie anregst, *jetzt* etwas anderes zu tun als sich ihrem Kummer weiter hin zu geben. Zeige ihnen etwas Schönes (das gibt ihnen Energie). Setze sie Neuem aus (ein paar Schritte abseits der gewohnten Wege wirken Wunder).

Im Umgang mit dir selbst: So, wie das wächst, worauf du deine Aufmerksamkeit richtest, wird umgekehrt das kleiner, was du eine Weile nicht beachtest. Da es an dir liegt, wohin du blickst (und was du tust), belaste dich nicht selbst weiter, indem du bei dem bleibst, was dich belastet – sondern wende dich Schönerem zu (z.B. der Musik).

Musik verändert über seine Schwingungs-Frequenz deine eigene Schwingung. Höre Musik, die dich fröhlich macht; höre Musik, die dich beruhigt. Ein besonderes Geheimnis liegt über der Musik Vivaldis – vielleicht, weil er *viva* (das Leben) im Namen führt?

Bedeutung im Legesystem R = E² A L

Auf dem Platz der ERWARTUNG[2]: Erwarte eine Verbesserung durch das Verändern deines Tuns. Sie kommt so sicher wie der Mond die Flut mit sich bringt.

Auf dem Platz der AKTION: Verändere jetzt deine physiologische (körperliche) Situation, und sei es nur, indem du auf die andere Seite der Straße oder des Zimmers gehst. Oder verändere dein Wahrnehmen – nimm bewußt mit anderen Sinnen wahr: höre einmal, anstatt zu sehen, befühle einmal, anstatt zu hören, atme tief ein und schnuppere, anstatt zu schmecken. Verändere dein Verhalten: Mach einmal das, was *nicht* deinen Gewohnheiten entspricht.

Auf dem Platz des LOSLASSENS: Das Gewicht, das dich belastet und bedrückt, *kannst* du jederzeit absetzen, einfach *indem* du etwas anderes tust. Konzentriere dich vollständig auf das neue Tun, und dir wird kein Gedanke an das bisherige kommen. Da du immer nur einen Gedanken zur Zeit im Kopf haben kannst, verdrängt das neue Tun die alten Gedanken.

Bedeutung im Kontext der ZEIT

Vergangenheit / Darauf gründet es: Was du bisher getan und gedacht hast, hast ganz allein DU getan und gedacht. Folglich ist alles Bedrückt- oder Belastetsein nicht von außen über dich gekommen, sondern von innen in dir entstanden. Da das so ist, hast du auch die Kraft, jederzeit innerlich die Last von deinen Schultern wieder abzustreifen.

Gegenwart / So ist es: Wenn du dich ganz auf die Gegenwart, auf das Hier und Jetzt einläßt, verflüchtigen sich alle Gedanken an die Vergangenheit und die Zukunft. Alle Sorgen, aller Kummer und alle Bedrücktheit aber erwachsen erst und nur aus dem Stoff deiner (Alb-)Träume von der Vergangenheit und der Zukunft. Sie erwachsen, weil du mit deiner Aufmerksamkeit in der Vergangenheit oder der Zukunft bist. Sei hier und jetzt und das ganz und gar.

Zukunft / Dahin entwickelt es sich: Innere Lasten bedrücken in derselben Weise wie äußere Lasten. Beides schlägt dir aufs Kreuz, was heißt: Dein Rücken wird unter der jeweiligen Last zu schmerzen beginnen.
Sich von inneren Lasten zu befreien nimmt auch die körperlichen Beschwerden, weil du nicht mehr beschwert bist. Die zugrunde liegende Weisheit ist so alt wie die Welt selbst: Lachen ist die beste Medizin.

27
Du kannst kein Ziel erreichen, wenn du es erreichen mußt

Kartenart:
Universelle Erwerbsregel

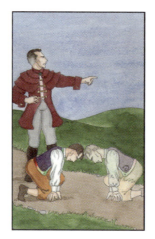

Symbole:
- Spirale (Weste): für Erneuerung und Bewegung
- Zerbrochene Spirale (Weste): keine Erneuerung und Bewegung mehr
- Vorgesehene Laufrichtung (fort vom bisherigen Weg): für Ziele (die grundsätzlich immer außerhalb des Gewohnten liegen)
- Stehender (befehlender) Mann: für das Erreichen-Müssen
- Weg: für den gewohnten Weg
- Regenbogen-Saum: für unser Denken, das die Welt gestaltet

Bild: Derselbe Weg wie auf der 26. Vayakarte – an anderer Stelle.
Ein Mann befiehlt einem anderen, ein bestimmtes Ziel zu erreichen. Das Ziel (obwohl wir es nicht sehen können, es befindet sich jenseits der Karte) liegt deutlich außerhalb des gewohnten Weges; wenn der Läufer der gezeigten Richtung folgt, werden ihn seine Schritte abseits in unbekannte Gefilde führen. Denn alle Ziele sind stets weit außerhalb unserer gewohnten Umstände gelegen, denn täten sie das nicht, hätten wir sie ja schon erreicht.
Der Läufer kniet zunächst vor dem Mächtigen (er unterwirft sich dessen Befehl), zum anderen spannt er seine Muskeln an, was auch bedeutet, wie sehr er unter Anspannung steht. Diese Anspannung hat nichts mit dem Ziel an sich zu tun, sondern mit dem „Du mußt!" in seiner erhaltenen Zielanweisung. Die unerbittliche Härte im Gesicht seines Auftraggebers läßt Konsequenzen ahnen für den Fall des Nicht-Erreichens.
Was beide nicht sehen – nicht sehen *können!* – ist die durchscheinende dritte Gestalt in dieser Szene. Ein Schatten-Ich des Läufers ist ebenfalls in die Startposition gegangen und hat seine Muskeln angespannt. Er gleicht dem eigentlichen Läufer in Größe, Kraft und Durchhaltevermögen in allen Einzelheiten wie ein eineiiger Zwilling. Das Schatten-Ich symbolisiert die gleich große Gegenkraft, die immer und überall im Universum auftritt, sobald eine auch noch so kleine erste Kraft zu wirken beginnt: „Zu jeder Kraft existiert eine exakt gleich große Gegenkraft". Dies deuten auch die beiden Spiralsymbole auf den Westen von Ich und Schatten-Ich an. Die Spirale des Läufers steht für Erneuerung und Bewegung, die *zerbrochene* Spirale des Schattens steht für deren Aufhebung.

Allgemeine Bedeutung: Wer ein Ziel um jeden Preis erreichen muß, zahlt für dieses „Müssen" einen ebenso hohen Preis. Das ganze Unternehmen steht unter dem Bewußtsein der Konsequenzen eines eventuellen Scheiterns. Dieses Wissen – eine Form der Angst – kostet Kraft und damit einen großen Teil der Energie, die zur eigentlichen Durchführung der Aufgabe benötigt wird. Dieses Manko an Energie muß durch zusätzliche Spannung ersetzt werden: das ist die Anspannung, unter der der Läufer im Bild der Karte steht. Die sich jedem Läufer – auch dir – entgegenstemmende gleich große Gegenkraft erlebst du als deinen Widerwillen, für andere deinen Kopf hinzuhalten. Ziele, die nicht aus dir selbst kommen, erzeugen immer einen Widerwillen, genauer: einen Widerstand oder Konflikt in dir. Je stärker dieser Zwang ist, der auf dich ausgeübt wird, desto mehr Widerstand entsteht in dir: dein Schatten-Ich hält immer Schritt. Je größer dein Widerstand, desto weniger Vaya (Vitalenergie) fließt in dir. Mit anderen Worten: dieses Ziel raubt dir Energie! (Vgl. hierzu die Karte 30).

Im beruflichen Umfeld: Wenn du zu etwas *ja!* sagen mußt, aber *nein!* meinst, erlebst du nach einiger Zeit ungeheuren Streß. Dasgleiche gilt für Ziele, die nicht die deinen sind. Da du dich bei jedem Erreichen-Müssen unweigerlich stark auf die Konsequenzen des Scheiterns konzentrierst, machst du so *das* stärker (wahrscheinlicher), worauf du deine Aufmerksamkeit richtest – eben dieses befürchtete Scheitern.

Dorthin ist die dir entzogene Energie geflossen. Am Ende hast du nichts erreicht, aber viel Energie hineingepumpt. Kurz: Ziele, die nicht die deinen sind, kosten dich wertvolle Lebensenergie. Frage dich, ob es das ist, was du willst.

In persönlichen Beziehungen: Jede Unfreiheit kostet Kraft. Deine Kraft. Oder die des anderen. In partnerschaftlichen Beziehungen gibt es kein Müssen, sondern stets ein gemeinsames Wollen. Gleicht einer der Partner dem Rotgekleideten (der Farbe der Macht) auf dem Bild dieser Karte, gibt es also ein „ich verlange von dir!" gegen den Wunsch und Willen des anderen, beginnt die Gegenkraft im anderen sofort zu wachsen.

Im Umgang mit dir selbst: Verlangst du von dir selbst etwas, das du im Prinzip ablehnst, dann handelst du aus Unverstand. Oder vielleicht, weil du damit einem anderen (vielleicht sogar einem längst Verstorbenen) etwas beweisen willst. Wo liegt da der Sinn? Wirst du mehr geliebt, wenn du dich (vor dir) selbst verleugnest? Jedes „es muß sein" wirkt als Zwang. Damit machst du dich unfrei zu entscheiden.

Bedeutung im Legesystem $R = E^2 \ A \ L$

Auf dem Platz der ERWARTUNG^2: Jedes Müssen trägt in sich die Idee der negativen Konsequenz, wenn es nicht geschieht. So sehen wir bei jedem Müssen das vor Augen, was andernfalls passiert. Folglich erwarten wir, wenn wir Ziele erreichen müssen, deren Nicht-Erreichung, indem wir uns mittels der mentalen Innenschau erfolgreich auf das Nicht-Erreichen programmieren. Die Angst vor dem Scheitern ist es, die letzten Endes das Scheitern erst eintreten läßt.

Auf dem Platz der AKTION: Setze dir Ziele, die du *nicht* erreichen *mußt*. Ideal sind Ziele, die du magst und gern erreichen möchtest.
Laß dein Motto lauten: „So – oder besser." Damit bist du frei für Wegemöglichkeiten, die du andernfalls, mit deiner Fixierung auf das Müssen, nicht einmal erkennen würdest.

Auf dem Platz des LOSLASSENS: Wer muß, ist nicht frei. Frei ist, wer losgelöst ist. Darum befreie dich von Zielen, die dir nicht liegen.
Bei Dingen, die unumgänglich sind: befreie dich von dem Gedanken an die Konsequenzen im Falle deines Scheiterns. Ergründe, was schlimmstenfalls geschehen kann, und dann konzentriere dich mit aller Kraft allein darauf, dieses Schlimmste, soweit es dir möglich ist, abzuwenden. Mehr kannst du nicht tun.

Bedeutung im Kontext der ZEIT

Vergangenheit / Darauf gründet es: Wenn du bisher ein Ziel verfolgt hast, daß du um jeden Preis erreichen mußt, zahlst du eben jeden Preis – den höchsten – dafür: deinen Seelenfrieden. Nicht wer die Wahl hat, hat die wahre Qual, sondern wer keine Wahl mehr hat.
Hast du dir stets genug Optionen offengelassen, so bestätigt dich die Karte auf diesem Platz.

Gegenwart / So ist es: Wer muß, steht unter Stress. Stress ist die Begleiterscheinung der Angst vor dem Scheitern und entsteht, wenn du *ja!* sagst, aber *nein!* meinst. Wer nicht muß, der kann, aber er muß nicht. Somit ist Können eng verknüpft mit der Freiheit des Wollens.
Bekommst du die Karte auf diesem Platz, so zeigt sie dir in der Regel den Stress auf, unter dem du stehst. Und sie rät dir, deine Energien besser einzusetzen.

Zukunft / Dahin entwickelt es sich: Diese Karte ist die Gegenkarte zur 1. Vayakarte (vgl. S. 20). Da dort die Fülle ist, herrscht hier die Kargheit vor und wird stärker, je länger das Müssen andauert.
Die dich verhindernde Gegenkraft löst sich in dem Moment auf, in dem das Müssen sich für dich in ein Wollen wandelt. Oder dann, wenn du endlich deinem inneren *Nein!* ein klares äußeres *Nein!* folgen läßt.

28
Du kannst ein Ziel erst erreichen, wenn du bereits dort bist, bevor du losgehst

Kartenart:
Universelle Erwerbsregel

2.5.2004

Symbole:
- Spirale (Weste): für Erneuerung und Bewegung
- Kind: für die Gegenwart
- Dessen gezeigte Fröhlichkeit: für das Mögen, aus dem jedes Vermögen erwächst
- Erwachsener: für die Vorstellung der Zukunft
- Weg: für den zu gehenden Weg
- Regenbogen-Saum: für unser Denken, das die Welt gestaltet

Bild: Der Läufer der 27. Vayakarte begegnet uns hier wieder.
Doch ist er deutlich jünger. Er hüpft und springt und tanzt seinen Weg entlang wie das Kind, das er noch ist. Hüpfen, springen, tanzen – dies sind Zeichen der Lebensfreude und Fröhlichkeit, die ihn umgeben. Vor seinem geistigen Auge erscheint eine Vorstellung, etwas, das er „vor sich hinstellt": er sieht sich als Erwachsenen, der völlig entspannt an seinem Ziel angekommen ist.
Die heile Spirale auf seiner Weste steht für die Erneuerung und die Bewegung, die das Ereichen seines Zieles für ihn bedeuten. Der „Regenbogen"-Saum kennzeichnet die Kraft seines Denkens, mit der er seine Welt gestaltet.
Der Himmel ist klar und strahlend in beiden Welten: im Hier und Jetzt ebenso wie im Dann-sein. Es gibt weder Wolken noch widrige Winde, nur Leichtigkeit, Entspanntheit und Heiterkeit.
Der Junge sieht das Bild klar vor sich, in Farbe und gestochen scharf, und er hegt keinen Zweifel daran, es auch erreichen zu können. Er sieht sich selbst am Ziel, ist also Teil seiner Vorstellung, ein wichtiger Punkt: denn nur wer selbst Teil seiner Vorstellung ist, kann diese über sein Unterbewußtsein auch erreichen.

Allgemeine Bedeutung: Eine Vorstellung nennen wir auch *Vision*. Eine Vision ist ein *vis*uelles *Ion*. Da ein Ion immer ein Energieträger ist, können wir auch von visueller Energie sprechen. Unsere Vorstellungen enthalten also im wahrsten Sinne des Wortes eine Kraft.
Wo eine Kraft ist, muß allerdings immer auch eine Wirkung erfolgen, muß eine Richtung sein, in die sich die Kraft entlädt. Das bedeutet: eine Vorstellung ist eben *nicht* ein bedeutungsloses Nichts, sondern ein überaus kraftvolles Etwas. Ein Etwas, das sich sogar messen läßt (im Kernspintomographen) und eine Wirkung erzielt.
Diese Wirkung erfolgt über das Unterbewußtsein. Dein Unterbewußtsein kann Schein und Sein nicht voneinander trennen. Es hält jedes ihm gezeigte Bild für real – und wenn nicht für real, so doch für realisierbar. Wenn du dir eine Situation vorstellen kannst, ist es auch machbar. Das zumindest meint dein Unterbewußtsein.
Da es aber jedes Bild als einen Auftrag versteht, dir das Vorgestellte zu beschaffen, macht es sich an die Arbeit. Umso stärker ist diese Wirkung, wenn du Teil der Vorstellung bist. Damit weist du dein Unterbewußtsein an, dieses Bild materielle Wirklichkeit werden zu lassen. Und genau das wird es tun.
Je schöner du deine Vorstellung findest, je mehr Freude du bei deiner Vision empfindest, umso besser.
Kinder gehen ganz in ihrer Vorstellung auf. Wenn sie im Spiel eine Rolle spielen, *werden* sie für die Dauer des Spiels diese Rolle. Sie sind bereits dort, wo sie einmal sein möchten. „Nur die kommen ins Himmelreich, die wie die Kinder werden" heißt es im Neuen Testament. Ersetze Himmel*reich* durch Er*reich*en der Ziele, wird dieser alte Satz klarer. „Nur die erreichen ihre Ziele, die wie die Kinder sind, indem sie sich vorstellen, schon dort zu sein, wo sie hinwollen, bevor sie losgehen."

Im beruflichen Umfeld: Mentales Training ist im Sport inzwischen der ausschlaggebende Unterschied zwischen dem Champion und den anderen. Wer geistig, in seiner Vorstellung das zu Erreichende vorwegzunehmen in der Lage ist, hat die Nase vorn. Und was für den Leistungssport gilt und funktioniert, gilt und funktioniert in allen anderen Leistungsbereichen ebenso.

Die Kraft deines Unterbewußtseins ist 733.333 mal stärker als die deines Verstandes. Nutze sie, indem du vor dem Losgehen auf ein Ziel mental trainierst[*)].

In persönlichen Beziehungen: Dasselbe gilt für den Aufbau von Beziehungen und für deren Pflege. Auch dies sind Ziele, die du mit mentalem Training um vieles leichter erreichen kannst als auf jedem anderen Weg. Die Karte empfiehlt dir, dich mit anderen schon dort (vor deinem inneren Auge) zu sehen, wo du mit ihnen hingelangen möchtest.

Im Umgang mit dir selbst: Wenn du die Person werden willst, von der du glaubst, genau so müßtest du sein, dann ist dein erster Schritt, eben genau so zu sein. Zuerst kommt das *Sein*, dann das *Tun* und endlich das *Haben*. Um zum *Sein* zu kommen, ist richtiges Mentaltraining der kürzeste, schnellste und einfachste Weg.

[*)] Im Anhang findest du meine Kontaktadresse. Wenn du dich für mentales Training interessierst, verraten wir dir – und trainieren mit dir – gern, wie es geht.

Bedeutung im Legesystem R = E² A L

Auf dem Platz der ERWARTUNG²: Bereits dort zu sein, bevor du losgegangen bist, ist das Geheimnis der Erwartung. Denn wenn du (in Gedanken) schon dort bist, brauchst du nicht mehr darauf zu warten, „hinzugehen" – damit kann die Sicherheit, mit der du deine Angelegenheit erwartest, gar nicht größer sein.

Auf dem Platz der AKTION: Gezielte Tagträume sind keine Träume, sondern aktives Visualisieren. Du nimmst dein Ziel ins Visier, holst es dir wie mit einem Fernglas nah heran und näherst dich ihm damit auf der mentalen Ebene. Wenn dir am Erreichen deiner Angelegenheit etwas liegt, so nimm dir die Zeit, deine Visionen (die deine *visuellen Ionen* sind) für dich arbeiten zu lassen. Plane die Zeit für diese Übungen fest mit ein und führe sie so oft es geht durch.

Auf dem Platz des LOSLASSENS: Da du nur einen Gedanken zur Zeit haben kannst, sind Visualisierungen vorweggenommene Gegenwartserlebnisse. Denn du siehst deine inneren Bilder *jetzt* und hast *jetzt* die dazugehörenden Gefühle. So ersetzen diese gezielten Tagträume von deinem Ziel deine vielleicht vorhandenen unbefriedigenden Gegenwartseindrücke. Damit aber läßt du diese negativen Emotionen los – *die* Voraussetzung, um dein Ziel zu erreichen.

Bedeutung im Kontext der ZEIT

Vergangenheit / Darauf gründet es: Wenn du dich nicht selbst in deinem Zielszenario sehen kannst, bist du nicht Teil deines Ziels. Alle Ziele, die du bisher nicht erreichtest, waren solche, in denen du nicht Teil deiner Vorstellung warst. Alle Ziele, die du bisher erreicht hast, waren solche, in denen du wichtiger oder gar beherrschender Teil deiner Vorstellung warst.

Gegenwart / So ist es: Dein Unterbewußtsein kann Sein und Schein nicht voneinander unterscheiden. Das, was es sieht, ist. Das gilt für reale Bilder wie für innere Vorstellungen, die ja nur Bilder sind, die wir *vor* unser inneres Auge *stellen*. Bilder sind die „Sprache", die dein Unterbewußtsein spricht.
Also zeige ihm so viele und so deutliche Bilder wie möglich von dem, was Gegenwart sein soll. Und zeige sie so, als *wäre* es die augenblickliche Gegenwart.

Zukunft / Dahin entwickelt es sich: Diese Karte ist die Schwesterkarte zur 19. Vayakarte (vgl. S. 56). Wenn du nie die Kraft deiner Vorstellungen nutzt, wirst du im Alter traurig jene(n) grüßen, die/der du hättest sein können.
Nutzt du dagegen die visuellen Ionen, so wirst du im Alter jene(r) sein, die/der freudig sich selbst willkommen heißt.

29
Es gibt keinen Zufall

Kartenart:
Universelle Erwerbsregel

Symbole:
- Krähe: für das Schicksal (*Schicksalskrähe*)
- Edelweiß: für die Gegenwart
- Erdspalt: für den Irrweg
- Abgrund: für das Scheitern
- Steinschlag: für das, was uns zufällt
- Weg: für den derzeitigen Weg
- Regenbogen-Saum: für unser Denken, das die Welt gestaltet

Bild: Ein schmaler Pfad hoch in den Bergen. Der Mann, der auf der 20. Vayakarte sein Haus verließ, um sein Schicksal selbst in die Hand zu nehmen (vgl. S. 58), begegnet uns hier in einer schicksalhaften Situation wieder.
Eine Krähe fliegt – durch das Herannahen des Wanderers verstört – erschrocken auf. Dadurch löst sie einen Steinschlag aus, der den Wanderer aus der Lektüre seines Buches reißt, während er ihm vor die Füße fällt.
Zum Glück, möchte man sagen; denn wäre er weiter gegangen, hätte ihn sein nächster Schritt den Bergabhang hinunterstürzen lassen. Oder, falls er der Krümmung noch unbewußt gefolgt wäre, hätte ihn sein übernächster Schritt in die klaffende Spalte geführt, die seinen bisherigen Weg als Irrweg offenbart.
Der Wanderer ist gleichfalls erschrocken. Als Mensch, der an Zufälle glaubt, würde er wohl über die „Schicksalskrähe" schimpfen, deren Aufflattern ihm fast das Leben gekostet hätte. Als Mann, der weiß, daß Zufälle *Ereignisse* sind, *die uns zufallen*, erkennt er hinter dem Steinschlag mehr: einen Wink des Schicksals, der göttlichen Vorsehung, eine Fügung. So vermag er unversehrt umkehren und der Krähe dankbar zu sein.
Vielleicht erblickt er auch zuvor noch das Edelweiß, das *genau dort* wächst, wo der Weg nicht mehr weitergeht und *genau dann* erblüht, als der Wanderer des Weges kommt. Da ein Edelweiß nur sehr kurze Zeit blüht, hätte der Steinschlag den Wanderer gleich doppelt auf genau diese Stelle verwiesen: Halte *hier* an, und halte *jetzt* an. Du bist genau richtig in Raum und Zeit – um zu erkennen, daß deine Umkehr hier und jetzt erfolgen muß. Jedes Zögern brächte Unheil.

Allgemeine Bedeutung: Nach dem Kausalitätsprinzip hat jede Wirkung im Universum eine Ursache, und jede Ursache erzeugt eine Wirkung. Das, was wir dann Zufall nennen, ist immer nur das Ergebnis einer sehr, sehr langen Ursache-Wirkungskette. Da diese Kette so lang ist, überblicken wir ihren Verlauf in der Regel nicht. Und sind erstaunt, oft sogar im Nachhinein erschrocken, wenn unvermutet Ereignisse eintreten, deren Wichtigkeit sich uns unmittelbar (oft aber auch erst viel später) offenbaren.
Die Wissenschaftler entdecken immer mehr Dinge, für deren *Herstellung durch puren Zufall* das Universum nicht genug Zeit gehabt hätte. Von Albert Einstein stammt der Ausspruch: „Gott würfelt nicht!"
Ein Beispiel hierfür ist das lebenswichtige (also für das Leben wichtige) Enzym Cytochrom. Es besteht aus 104 Aminosäuren. Um es zufällig entstehen zu lassen, hätte das Universum 10^{130} mal „würfeln" müssen. Das Universum selbst exsistiert aber erst seit 10^{17} Sekunden – eine deutlich kleinere Zahl!
Zufälle fallen uns zu, weil wir auf das eintretende Ereignis eine genügend große Anziehungskraft ausüben in Form der Gedanken, mit denen wir das Universum um uns herum reagieren lassen. (Das ist keine esoterische Annahme mehr, sondern vielfach diskutierte Realität in der Quantenphysik.) Das Gegenteil von Zufall ist Gerechtigkeit. Du tust etwas, und etwas geschieht. Das ist das Ursache-Wirkungs-Gesetz. Du hast deinen freien Willen, um deine Absichten auszuführen. Mithin ist das Prinzip der Absicht als Teil in der Konstruktion dieses Universums enthalten. Absicht aber geschieht absichtlich.

Im beruflichen Umfeld: Wenn deine Existenz nicht zufällig, sondern – aus höherer Sicht – absichtlich geschehen ist, dann verbindet sich mit deinem Hiersein auch ein Lebenssinn: eine Absicht dessen, was du tun solltest. Diese Absicht zu finden und zu erfüllen hieße, dich deiner Lebensaufgabe zu widmen. Viele Menschen tun stattdessen *irgendetwas* (und sind darum auch mehr oder weniger unzufrieden mit dem, was das Leben für sie bereit hält). Die Karte weist dich auf die Bedeutung der aktuellen Angelegenheit hin (*auch* im Hinblick darauf, ob du dich deiner Lebensaufgabe näherst oder dich von ihr entfernst).

In persönlichen Beziehungen: Die Karte sagt dir, diese Person ist *wichtig*. Und damit auch der Augenblick des Zusammentreffens, der – wie das Edelweiß – nur kurze Zeit währen kann. Laß die Person nicht unachtsam vorübergehen. Du erlebst gerade eine Fügung (vgl. die 64. Vayakarte S. 146).

Im Umgang mit dir selbst: Wenn dir Gespräche, Ideen, Bücher, Zeitungsartikel, Bilder oder andere Gegenstände immer wieder *zum gleichen Thema passend* „zufallen", fange an zu ergründen, wohin dich diese Ereignisse lenken wollen. Folge ihnen.

Bedeutung im Legesystem R = E² A L

Auf dem Platz der ERWARTUNG²: Wenn du in jeder Begegnung eine Fügung und einen ihr innewohnenden Hinweis vermutest, erwartest du, Fügungen zu erfahren. Da du sie erwartest, treten sie auch ein.
Hältst du das allerdings für kompletten Schwachsinn, weil es deiner Ansicht nach den Zufall sehr wohl gibt, so wirst du lauter Zufälligkeiten erleben, die keinen Sinn ergeben und auch keine Fügungen beinhalten.

Auf dem Platz der AKTION: Geh dem „Zufall" auf den Grund, indem du jenen, denen du in deiner Angelegenheit (oft mehr als einmal) begegnest, unterstellst, Träger einer Fügung und damit Übermittler einer für dich wichtigen Botschaft zu sein. Erwidere ihren Blick, komm mit ihnen ins Gespräch, stelle ihnen die Fragen, die dich derzeit bewegen. Und du wirst verblüfft sein, wie sehr plötzlich auftauchende Unbekannte mit dir und deiner Frage zu tun haben.

Auf dem Platz des LOSLASSENS: Um Fügungen zu erleben, gib die Vorstellung auf, daß der Zufall als Prinzip existiert. Ist dir das gelungen, hast du automatisch die Vorstellung entwickelt, daß es keine Zufälle gibt. Da die Welt ist, was du von ihr denkst, werden von nun an Fügungen (Synchronizitäten) Teil deines Lebens sein.

Bedeutung im Kontext der ZEIT

Vergangenheit / Darauf gründet es: Alles ist Folge der *einen* Ursache. Von jenem Moment (gemeinhin Urknall genannt) an breiteten sich alle Ursache-Wirkungsketten durch die Zeiten bis zum heutigen Tag hin aus. Alles, was heute ist, ist das Ergebnis der Gesamtzahl aller weitverzweigten Ketten. Auch deine Angelegenheit. Es ist Absicht, daß du sie erlebst, denn nur so kannst du daraus deine Weiterentwicklung voranbringen.

Gegenwart / So ist es: Was immer gerade du erlebst – der flüchtige Blick eines Vorübergehenden, den Blick, den du (wie du glaubst) „zufällig" in eine Zeitung wirfst, das Lied, das dir durch den Sinn geht und wenig später im Radio erklingt – alle diese kleinen und kleinsten Dinge sind das Echo des großen einen Tons, der alles durchdringt. Und du kannst ihn hören, wenn du darauf achtest, denn du *bist* eine *Person*, und *per sonare* heißt durchklingen oder - tönen.

Zukunft / Dahin entwickelt es sich: Du bekommst am laufenden Band Botschaften, von denen du 99,99% nicht mitbekommst oder sie ignorierst. Aber selbst die 0,01% der Botschaften, die du sehr wohl wahrnimmst, würden dich wie mit Siebenmeilenstiefeln in deiner Entwicklung weitertragen, wenn du dich ihrer annehmen und auf sie *hören* würdest. Die Karte hier fordert dich auf: spiel nicht länger Vogel Strauß und nimm endlich den Kopf aus dem Sand.

30
Wende die Realisierungsformel an

Kartenart:
Universelle Erwerbsregel

Symbole:
- Herz (Kette der Frau): für Liebe
- Pilze (unten links): für langes Leben
- Bänder (an den Blumen): für die Kraft zu binden (und zu lösen), aber auch freiwillig Bindungen einzugehen
- Mais (neben Füllhorn): für Wohlstand und Glück
- Ähren (neben Füllhorn): für Fruchtbarkeit
- Regenbogen-Segel: für das Denken, das die Welt gestaltet
- 3 (zusammengelegte) Finger: für die Macht, etwas geschehen zu lassen

Bild: Fülle und Überfluß pur. Ein selbstbewußter Mann steht in der Mitte seines Reiches – in der Mitte all dessen, was er erreicht, was er realisiert hat.
Das Füllhorn quillt über und symbolisiert den nie versiegenden Zustrom aller Dinge. Die Ähren zeigen seine Fruchtbarkeit (was er berührt, das wächst) im übertragenen Sinn. Seine Kinder beweisen seine Fruchtbarkeit als Mensch. Liebe umgibt ihn: die seiner Kinder und die vertrauensvolle Zuneigung seiner Frau, wie das Herz an ihrer Kette und ihr rotes Kleid verraten. Ein langes Leben liegt vor ihm und ihnen; dafür stehen die heilenden Pilze, die bei ihnen wachsen.
Die „Regenbogen"-Segel des Schiffes zeigen, daß dieses nicht nur reale Reichtümer bringt, sondern auch das Gedankenschiff ist, mit dem er die Weltmeere befährt und so seine Welt gestaltet. Gold an den Kleidungstücken verweist auf Wohlstand: es steht um ihn und die Seinen wohl. Die Bänder an den Blumen künden von seiner Kraft, (an sich) zu binden und (sich) zu lösen. Doch es sind freiwillige Bindungen, die er sucht.
Ganz am Horizont ist die Burg seiner Gewohnheiten zu sehen. Sie erstrahlt im goldenen Sonnenuntergang (der für das Ende eines erfolgreichen vollbrachten Tagewerks steht) – zum Zeichen seiner reichtumsfördernden, nützlichen Gewohnheiten, die er entwickelt hat. Wir können die beiden „Geheimnisse" des Mannes klar erkennen: die Realisierungsformel in seinem Rücken und die zusammengelegten Finger seiner rechten Hand.
Diese Karte liegt dem blauen Legesystem zugrunde.

Allgemeine Bedeutung: Diese Karte fordert dich auf, über das, was REAL ist, nachzudenken. RE ist der Name des ägyptischen Sonnengottes und ist mit *göttlich* gleichzusetzen, und AL bedeutet soviel wie *vom Geist durchdrungen* und begegnet dir z.B. auch in der *AL*chimie (die ja bekanntlich nach dem Stein der Weisen sucht). REALität ist also „vom göttlichen Geist durchdrungen". Da du zweifelsohne auch zur Realität gehörst, bist auch du vom göttlichen Geist durchdrungen. Daraus folgt, auch du hast die Macht zu erschaffen und zu gestalten. Die Welt ist das, was du denkst.
Die Realisierungsformel[*)] konzentriert sich auf drei Aspekte. Auf deine ERWARTUNGEN (E^2), auf deine AKTIONEN (A) und auf deine FÄHIGKEIT DES LOSLASSEN (L). Diese drei Faktoren bestimmen zusammen deine Chance, etwas zu realisieren. R steht für den Grad deiner REALISIERUNGSWAHRSCHEINLICHKEIT.
Also $\underline{R}$ealisierung(-sgrad) = $\underline{E}$rwartung^2 x $\underline{A}$ktion x $\underline{L}$oslassen = E^2 x A x L = R = E^2AL.
Das bedeutet: *Je stärker du etwas erwartest, entsprechende Aktionen auslöst und umso mehr du Zweifel an der Verwirklichung des Ereignisses losläßt, desto größer ist die Wahrscheinlichkeit des Eintretens dieses Ereignisses.* Verstärkt wird deine Realisierungswahrscheinlichkeit durch das Zusammenlegen deines Zeigefingers, des Mittelfingers und des Daumens. Dies ist eine uralte, vor allem im Mittelmeerraum bewahrte Geste, die deine Energien zu bündeln in der Lage ist. (Nicht zufällig schwören wir mit diesen drei Fingern, kreuzen sie, wenn wir es unehrlich meinen und legen die Finger wie beschrieben zusammen, wenn wir etwas mit Nachdruck aussprechen. Unbewußt wissen wir also noch von dieser bündelnden Kraft unserer Hände. *Reiki* funktioniert aus dem-

selben Grund.)

Im beruflichen Umfeld: Wer es nicht ausprobiert, kann's nicht erfahren. Darum prüfe bei deinen nächsten Vorhaben die Stärke deiner Erwartung, ob deine Aktionen dieser Erwartung entsprechen und inwieweit du noch Restzweifel an der Verwirklichung in dir trägst. Und wenn du möchtest, daß etwas *sofort* geschieht, lege die drei Finger zusammen (muß ja nicht jeder sehen), während du in Gedanken deinen Wunsch formulierst. Wenn du diesen „Quatsch" bezweifelst, klappt's übrigens nicht. Logisch, oder? Was hast du erwartet?

In persönlichen Beziehungen: Erwarte das Gute. Handele zum Wohle aller. Laß los, wenn du klammerst.

Im Umgang mit dir selbst: Die Karte fordert dich auf, die Formel anzuwenden. Die Welt verhält sich so, wie du von ihr denkst. Es ist das Gesetz von Aktion = Reaktion. Dein Denken (als Teil der Formel) ist das, was du aussendest und damit das, was du erhältst.

*) Im Anhang findest du die exakte Herleitung dieser Formel, was hier den Deutungsrahmen sprengen würde

Bedeutung im Legesystem $R = E^2 \, A \, L$

Auf dem Platz der ERWARTUNG^2: Die Karte ist auf diesem Platz ebenso zuhause wie auf den beiden anderen Plätzen.
Hier verrät sie dir, daß der Schlüssel zu deiner Angelegenheit in deiner innersten Erwartungshaltung liegt.
So kann sie dich einerseits bestätigen – oder dich andererseits auffordern, dir das, was du wirklich erwartest, noch einmal genauer anzusehen.

Auf dem Platz der AKTION: Die Karte ist auf diesem Platz ebenso zuhause wie auf den beiden anderen Plätzen. Hier fordert sie dich auf, mit dem Tun (oder dem Lassen) einer Sache vor dem Hintergrund deiner Frage zu beginnen.
Welche Sache das ist, wirst du am besten wissen. Oft sind es gerade die Taten, die wir nicht wagen. Wie Seneca sagte: *Nicht weil es schwer ist, wagen wir es nicht, sondern weil wir es nicht wagen, ist es schwer.*

Auf dem Platz des LOSLASSENS: Die Karte ist auf diesem Platz ebenso zuhause wie auf den beiden anderen Plätzen. Hier rät sie dir, die Zweifel an der Verwirklichung im Rahmen deiner Angelegenheit loszulassen. Und mit Recht: um deinen Zeigefinger, deinen Mittelfinger und deinen Daumen zur *mudra* des Gelingens (wie im Bild der Karte) bündeln zu können, mußt du vorher das, was diese Hand hielt, loslassen, oder?

Bedeutung im Kontext der ZEIT

Vergangenheit / Darauf gründet es: Alles, was ist, ist immer zugleich eine Bündelung, eine Verdichtung von Energie. Materie ist nach Einstein verdichtetes, extrem gebündeltes Licht. Damit etwas sich realisieren oder manifestieren kann, muß die Bündelung einsetzen. In Gedanken wie in der Tat, im Verhalten (z.B. in der Finger-Geste der Karte) wie in der Erwartungshaltung. Das Universum reagiert, auf Verdichtung (Konzentration) ebenso wie auf deren Abwesenheit.

Gegenwart / So ist es: Die Formel ist direkt aus einem Energiegesetz, dem Ohm'schen Gesetz, und der physikalischen Formel für Leistung abgeleitet (s. Anhang). Da alles letzten Endes Energie in seinen diversen Erscheinungsformen darstellt, ist auch das, was dich im Moment im Rahmen deiner Angelegenheit bewegt, dem Energiegesetz unterworfen und vor dem Hintergrund der Formel $R = E^2AL$ zu verstehen. Ziehe nochmal Karten nach dem blauen System.

Zukunft / Dahin entwickelt es sich: Die Situation der Karte zeigt dir, wie sich deine Angelegenheit entwickelt, wenn du die beiden Geheimnisse des Mannes kontinuierlich anwendest.
Daraus folgt, daß andere Dinge eintreten, wenn du das Beispiel des Mannes als Blödsinn verwirfst und stattdessen weitere und schwierigere Wege gehst. Vielleicht führen sie auch zum Ziel, doch ihr Aufwand ist immens höher, und sie dauern länger.

31
Mache deinen ersten Schritt innerhalb von 72 Stunden

Kartenart:
Universelle Erwerbsregel

Symbole:
- Gürtel: für Kraft, Macht und Bereitschaft („gegürtet sein")
- Schwert: für Kraft und Entscheidung, auch für den scharfen Verstand
- Drei Sonnen: für die 72 Stunden (3 Tage)
- Regenbogen-Rüstung: für das Denken, das die Welt gestaltet

AUF DER SCHWERTSCHEIDE:
- Eichel: für Beharrlichkeit
- Mond: für Veränderung
- Mars-Zeichen: für Kraft, Mut und Auseinandersetzung

Bild: Ein Mann rüstet sich – zum Aufbruch.
Vier vollständige Fenster können wir vom Inneren seines Gemaches aus sehen: ein jedes steht für einen Tag. So zeigen die drei Sonnen an, daß nunmehr fast 72 Stunden verstrichen sind, seitdem der Mann die Entscheidung zum Aufbruch getroffen hat. Jeden Tag – in jedem Fenster – steht die Sonne ein wenig niedriger zum Zeichen, daß die Frist abläuft: bald ist es zu spät.
Der Himmel ist in ein aufwühlendes Abendrot getaucht; ein Vorbote kommender Veränderungen. Das vierte Fenster (der 4. Tag) ganz rechts im Bild zeigt heraufquellende dunkle Wolken, die tief über dem Land dahinstreichen und den Blick auf den weiteren Weg verwehren – sie sind das Zeichen des Vergessens, des Nicht-mehr-Sehens und Nicht-Tuns jenseits der 72-Stunden-Grenze.
Der Weg führt vom Gemach des Mannes aus zu einer nahen Schlucht, über die eine Brücke führt. Die Zugketten befinden sich auf dieser Seite. Der Ritter muß also zuvor etwas *tun*, er muß seine Bequemlichkeit aufgeben, ehe er seinen Weg fortsetzen kann. Die Schlucht ist das Sinnbild unserer inneren Verhinderer, die uns in der Bequemlichkeit zurückhalten wollen. Die jenseits aufragende Burg, der zweite Punkt der Reise, ist ein Trugbild: sie verlockt den gerade erst Aufbrechenden mit ihren sicheren Mauern zur Einkehr und damit zur Wiederaufnahme, noch ehe der dritte Tag vorüber ist und noch ehe die Reise richtig begonnen hat. Die Einkehr würde damit zu einer Rückkehr, die Reise fände nicht statt.
Das Schwert trägt der Mann an seiner rechten Körperseite, die von seinem Verstand (der linken Gehirnhälfte) gesteuert wird. Der Helm zeigt uns die linke Seite, also den Ort, an dem der Verstand nach Sicherheit ruft. Der Gürtel hingegen berührt beruhigend den Bauch. Dies zeigt, daß seine Entscheidung wohl aus dem Verstand heraus getroffen wurde; doch erst das richtige Bauchgefühl läßt ihn seinen Entschluß erst ausführen. So wie das Schwert am Gürtel hängt, hängt der Verstand am guten oder schlechten (Bauch)-Gefühl, das uns vor jedem Aufbruch ins Ungewisse beschleicht. Die regenbogenfarbenen Harnischteile besagen, der Mann weiß um die Macht der Gedanken, die unsere Welt gestalten.

Allgemeine Bedeutung: Mögen wir zum Zeitpunkt eines Entschlusses auch noch so begeistert sein – dies sagt noch nichts darüber aus, ob wir auch tatsächlich „losgehen". Machen wir unseren ersten Schritt in einer Angelegenheit nicht binnen 72 Stunden (also drei Tagen), dann gerät der Entschluß in den Strudel unserer Alltagsaktivitäten. Erst kommt dieses dazwischen, dann paßt jenes nicht, und ehe wir uns versehen, haben wir den Entschluß vergessen – und nichts in der Angelegenheit geschieht. Psychologisch haben wir unserem Unterbewußtsein mit dem Nicht-Losgehen binnen der 72 Stunden signalisiert, unser ursprünglicher Entschluß sei wohl doch nicht *so* wichtig; und so korrigiert unser Unterbewußtsein die Prioritätsstufe selbsttätig nach unten. Andere Dinge geraten plötzlich in den Vordergrund, und die Sache bleibt liegen wie der Helm auf dem Tisch. Der erste Schritt unterbleibt.
Oft ist es nur unsere tiefverwurzelte Angst um unsere Sicherheit, um den Verlust der Bequemlichkeit und die Furcht vor dem Neuen, die uns tatenlos verharren und zusehen läßt, wie die dritte Sonne blutrot am

Horizont versinkt.

Im beruflichen Umfeld: Die besten Entscheidungen taugen nichts, wenn sie tatenlos bleiben. Mache nicht nur in *deinen* Aufgaben den ersten Schritt stets innerhalb von 72 Stunden, sondern setze auch für *andere* ein deutliches Zeichen des Aufbruchs (laß die Ketten der Zugbrücke laut erklirren). Die besten Ideen geraten unter die Wolken des 4. Tages, wenn ihnen niemand folgt. Doch hüte dich vor der Verlockung des Althergebrachten (der Burg der Bequemlichkeit).

In persönlichen Beziehungen: Sagst du in deinen Beziehungen öfter „man müßte mal ...", und dann kommt es doch nicht dazu? Weil so viele andere Dinge wichtiger sind? Die rechte Zeit kommt nie, es sei denn, du nimmst sie dir. So jung werdet ihr nie wieder die Gelegenheit haben, das Vorgehabte zu tun.

Im Umgang mit dir selbst: Auch die längste Reise beginnt mit dem ersten Schritt, und selbst die kürzeste endet mit diesem ersten, der nie getan wurde. Höre mehr auf deinen Bauch als auf deinen nach Sicherheit flehenden Verstand. Wenn dein Bauch dir sagt, es ist richtig, dann *bist* du gleichsam „gegürtet" – bereit, das Neue zu wagen. Worauf wartest du?

Bedeutung im Legesystem R = E² A L

Auf dem Platz der ERWARTUNG²: Die Karte hat zweierlei Botschaft. Zum einen solltest du deinen ersten Schritt möglichst gar nicht mehr abwarten können, sondern darauf brennen, loszugehen. Zum anderen ist dein Aufbruch binnen der 72 Stunden ein Zeichen dafür, inwieweit du an das Erreichen deines Vorhabens tatsächlich glaubst. Wenn du innerhalb der Frist losgehst, erwartest du es. Wenn du zauderst, glaubst du im Grunde nicht an eine Realisierung.

Auf dem Platz der AKTION: Lege wie der Ritter der Karte zuerst deine Ausrüstung *zurecht*, worin immer sie auch bestehen mag. Dies stellt einen Mikroschritt (MS) dar, der den zweiten MS, das *Anlegen* der Ausrüstung, erleichtert. Beide zusammen erleichtern den dritten MS, nun nach unten *bis vor die Tür zu gehen*. Jetzt aber bist du schon auf dem Weg! Nun noch umzukehren hieße, die ersten 3 MS vergeblich gemacht zu haben, und das läßt dein Ego nicht zu.

Auf dem Platz des LOSLASSENS: Aufbrechen ohne das Loslassen des Bisherigen ist ein Widerspruch in sich. Das neue Vorhaben deiner Angelegenheit ist eine Herausforderung, die dich aus der sicheren Mauer deiner Burg der Bequemlichkeit *heraus* fordert – logisch, sonst hieße es ja *Hinein*forderung. So legt dir die Karte auf diesem Platz nahe, dich auf das vor dir liegende Neue zu freuen. Gehe ihm lächelnd entgegen. Du bist bestens gewappnet.

Bedeutung im Kontext der ZEIT

Vergangenheit / Darauf gründet es: Alle Errungenschaften der Menschheit sind eine Folge derer, die zu ihren Zeiten binnen 72 Stunden nach ihrem Entschluß (ein Entscheid, der besagt, daß das Ein*schliessen* zu *Ende* ist) losgingen. Was immer du erreicht hast bisher, du hast es erreicht, *weil* du dazu deinen ersten Schritt tatest. Wohl schützt der erste Schritt vor Fehltritten nicht, doch ohne ihn kannst du nicht einmal das: fehlgehen – ein anderes Wort für Lernen.

Gegenwart / So ist es: Da Leben Bewegung ist, und jede Bewegung mit dem ersten Schritt beginnt, lebst du auf, wenn du binnen der 72 Stunden aufstehst und aufbrichst.
Wann ist der beste der drei Tage? Der erste (deswegen steht in der Karte dort die Sonne am höchsten). Schon am dritten Tag ist deine Energie (deine Begeisterung, dein Beflügeltsein) nur noch ein Drittel so hoch wie am ersten Tag. Welcher Tag ist heute?

Zukunft / Dahin entwickelt es sich: Da Leben Bewegung ist, und jede Bewegung mit dem ersten Schritt beginnt, bringt jeder erste Schritt somit Leben in deine jeweilige Angelegenheit. Er belebt und beflügelt (vgl. die 2. Vayakarte S. 22).
Jeder *nicht* gegangene erste Schritt bringt folglich *kein* Leben. Kein Leben aber ist gleich bedeutend mit Tod. Darum ist dies der sichere Tod deiner Angelegenheit.

32
Bewege deinen Körper

Kartenart:
Universelle Erwerbsregel

Symbole:
- Klee (an den Zöpfen): für die Lebenskraft
- Fische (Brosche): für das Leben
- Wellen (Muster des Kleides): für Bewegung und Lebhaftigkeit
- Krebs: für das Fernbleiben von Krankheit
- Delphin: für gutes Gelingen
- Regenbogen-Himmel: für unser Denken, das die Welt gestaltet
- Muscheln: für das Weibliche und Männliche
- 2 Möwen: für die Leichtigkeit

Bild: Eine Frau bewegt ihren Körper. Fast sieht es aus, als tanze sie voller Leichtigkeit dahin. Oder vollführt sie gar eine Bewegung des Qi Gong?
Sie bewegt sich voller Grazie und Harmonie, ihr Fuß berührt dabei kaum den Boden, und doch ist sie (mit sich und der Umwelt) im vollendeten Gleichgewicht. Doch nicht nur sie bewegt sich. Überall um sie herum ist Bewegung.
Die Sonne – Spenderin der Lebensenergie – nähert sich dem Horizont. Die Wellen des Meeres (der Ursprung des Lebens) umspülen leise den Strand. Der lachende Delphin, der für gutes Gelingen steht, tanzt voller Freude. Die Möwen zeigen, mit welcher Leichtigkeit sie fliegen können. Und ein Krebs krabbelt im Rücken (der die Vergangenheit darstellt) der Frau davon. Er symbolisiert die Krankheit, die sich von ihr entfernt, je mehr sie sich der Bewegung ihres Körpers hingibt.
Die Karte zeigt uns die Szene unter einem „Regenbogen"-Himmel, der uns an unser Denken erinnert, mit dem wir die Welt jederzeit gestalten können.
Die sich bewegende Frau wirkt seltsam alterslos. Jugendlich wirkt sie in ihrer Figur und mit ihrer Anmut, erwachsen und erfahren im Ausdruck ihrer Augen, und weise beinahe im Angesicht ihrer schlohweißen Haare, die ein Zeichen hohen Alters sind.
Ihre Hände formen *Mudras* („Fingersiegel": rituelle Gesten, mit denen Heilung und Beschlüsse besiegelt werden). Ihre Ringfinger kreuzen Mittel- und Zeigefinger, während Daumen und kleiner Finger frei sind. Das deutet an, daß ihre Mudras die Themen Muskulatur, Lunge, Knochen und Kreislauf sowie Selbstbewußtsein, Sinnlichkeit, Schönheitsempfinden und Abwehrkraft umfassen.

Die beiden Muscheln am Strand sind weiblich und männlich gestaltet: die Karte fordert *beide* Geschlechter auf, der Bewegung des eigenen Körpers fortan und weiterhin genügend Aufmerksamkeit zu widmen.

Allgemeine Bedeutung: Die Unbestimmbarkeit des wahren Alters der Frau verweist auf die Unwichtigkeit des Alters, wenn es um das Bewegen des eigenen Körpers geht. Es ist immer möglich und sollte auch dir regelmäßig möglich sein.
Darum ist es das Anliegen dieser Karte, dich daran zu erinnern, daß auch du gesund und attaktiv bis ins hohe Alter durch Bewegung bleiben kannst. So fordert sie dich auf, zur täglichen Bewegung zu finden. Welche Bewegung du dir nun gönnst, ist gleich. Ob es nun Tanzen, Laufen, Schwimmen oder jede andere Form der körperlichen Bewegung ist – wichtig sind die Regelmäßigkeit und die Leichtigkeit, mit der du sie betreibst. Jede Anstrengung verleidet sie dir.

Im beruflichen Umfeld: Unsere moderne Welt zwingt uns dazu, viele Stunden lang nahezu bewegungslos (z.B. vor Bildschirmen, aber auch in der Schule) zu sitzen. Ohne einen Ausgleich gerät dein Körper in ein Ungleichgewicht. Um im Bild der Karte zu bleiben: wenn du bewegungslos am Strand verharrst, wird der Krebs (der für jede Form von Krankheit steht) sich dir neugierig nähern. Und er wird beginnen, dich aufzufressen – schließlich meint er ja, du seiest schon tot. Verschaffe dir Bewegung, wo immer es geht: im Treppenhaus (anstatt Fahrstuhl), steige eine Station vorher aus und gehe die restliche Strecke zu Fuß etc. Verordne dir ein regelmäßiges Bewegungsprogramm. Merke: nicht können heißt nicht wollen. Warum? Weil das Geheimnis des Könnens allein im Wollen liegt.

In persönlichen Beziehungen: Es muß ja nicht gleich der Waschbrettbauch sein (oder andere Fetische des heutigen Schönheitswahns). Aber eines ist sicher: je wohler und gesünder du dich in deinem Körper fühlst und je leichter du dich in ihm bewegen kannst, desto mehr Anziehungskraft geht von dir aus. Je freier die Energien deines Körpers fließen können, desto stärker wirkt dein „Magnetfeld" auf andere.

Im Umgang mit dir selbst: Wenn dir selbst etwas an dir liegt, dann konsultiere jeden Tag die beiden besten Ärzte auf der Welt: dein rechtes und dein linkes Bein. Bewege sie und damit dich.
Eine Viertelstunde pro Tag ist immer „drin". Strammes Spazierengehen kannst du überall praktizieren (hierfür brauchst du nicht einmal eine besondere Bekleidung). Besser ist natürlich leichtes und lockeres Laufen (bei dem du dich noch unterhalten könntest), Tai Chi, Qi Gong, Rebounding (d.i. „Hüpfen" auf dem Minitrampolin) sowie jeder andere Sport, sofern du die Bewegungen genießt.

Bedeutung im Legesystem R = E² A L

Auf dem Platz der ERWARTUNG²: Je mehr Beweglichkeit in dir ist, desto mehr an Fähigkeit zur Beweglichkeit und Bewegung erwartest du in dir. So wirkt sich eine stete Bewegung deines Körpers auf deine körperliche wie geistige Beweglichkeit aus.
Auf diesem Platz sagt dir die Karte, daß du bereits zu lange auf eine Gelegenheit wartest, dich zu bewegen.

Auf dem Platz der AKTION: Zu den Bewegungsfaulen sagt die Karte: bewege dich ab jetzt regelmäßig, leicht und locker. So werden deine Energien natürlich im Körper verteilt. Treibst du schon regelmäßiges Bewegungstraining, so meint die Karte mit „Bewege deinen Körper" eher ein Verändern deiner jetzigen *Position*. Vielleicht ist eine Reise, ein Ortswechsel bei deiner Angelegenheit hilfreich, oder ein Verändern deiner hauptsächlichen Aufenthaltsposition.

Auf dem Platz des LOSLASSENS: Bewegst du deinen Körper nicht regelmäßig, so wird er dich eher früher als später zwingen, *ihn* loszulassen, ob du dann willst oder nicht. Laß darum lieber deine Argumente los, die dir als bisherige Rechtfertigung dien(t)en, deinen Körper nicht zu bewegen. Keine Zeit heißt, etwas anderes ist dir wichtiger. Was aber kann wichtiger sein als der Stoff, den du in diesem Leben als deinen Körper nutzt, um dich bewegen zu können?

Bedeutung im Kontext der ZEIT

Vergangenheit / Darauf gründet es: Alles im Universum ist in Bewegung. Bewegung ist Leben. Daraus folgt, daß alles, was sich bewegt, Leben darstellt. Auch die schwingenden Atomteilchen, die sich drehenden und hüpfenden Bausteine im Kern der Materie sind Zeichen der Lebendigkeit.
Gibst du deine Beweglichkeit auf, so opferst du auf deiner Daseinsebene deine Lebendigkeit.

Gegenwart / So ist es: Vaya bedeutet Lebensenergie, im spanischen auch „gehe". Beweglichkeit, das auf dem Weg sein, ist das Wesen der Vaya. In der Bewegung allein spürst du das Leben. Würde sich nichts bewegen, würdest du nicht das Geringste spüren. Im Hier und Jetzt sein heißt daher auch, aufmerksam zu gehen. Es erneuert dich, indem du jeden Schritt bewußt ausführst, den Boden, die Erde dabei spürst und damit den Körper, von dem du zugleich ein Teil bist und *auf dem* du wandelst.

Zukunft / Dahin entwickelt es sich: Da Leben Bewegung ist, bringt jede Bewegungsform Leben in deinen Körper zurück. Solange du dich dabei nicht anstrengst, sondern leicht und locker, fast wie im Tanz schwebend dich bewegst.
Jede Reduktion der Bewegung muß somit zum gegenteiligen Ergebnis führen. *Wer rastet, der rostet*, sagt der Volksmund. Oder *Stillstand bedeutet Rückschritt*. Das Gegenteil von Leben ist nun mal Tod.

33
Sei du selbst

Kartenart:
Universelle Erwerbsregel

Symbole:
- Maske (zerbrochen): für die abgestreifte Uniformität
- Kloster: für ein starres, nach strengen Regeln geführtes Leben
- Herz (Gürtel und Brosche): für die gelebte Selbstverantwortung („fasse dir ein Herz")
- Regenbogen-Rock: für unser Denken, das die Welt gestaltet
- Blumen (im Gras): für den beginnenden ureigenen Weg
- Fensterläden: für die Geisteshaltung

Bild: Der Innenhof eines klösterlichen Gebäudes. Drei in die Tracht des Ordens gekleidete Frauen sehen einer vierten Frau nach, die sich soeben anschickt, das Konvent zu verlassen.
Sie hat die Maske der gleichmachenden Uniformität abgestreift und zerbrochen. Entsetzen, Neid und Furcht malen sich auf den Gesichtern der Zurückbleibenden. Zufriedenheit und Zuversicht zeigt sich auf dem Gesicht der aus der Starrheit „ausbrechenden" und damit zu sich selbst findenden Frau.
Im Hintergrund sind vier Fenster zu sehen, von denen drei ihre Läden vorgeschlagen haben und das Licht sowie das Leben aussperren. Das vierte ist weit geöffnet: es zeigt Gardinen, die ebenso im Winde tanzen wie das Kleid der ihren Weg beginnenden Frau. Der Schatten im Zimmer erinnert an ein Herz, und das Herz ist auch der Schmuck, den die Frau am Kleid ebenso stolz wie anmutig trägt, zum Zeichen, daß sie sich ein Herz gefaßt hat. So hat sie nicht nur das Fenster ihrer Kammer aufgestoßen, sondern beschlossen, fortan ihren eigenen Weg zu suchen und zu gehen.
Unter ihren Füßen grünt der Boden, während dort, wo die Ordensschwestern stehen, nichts mehr wachsen will. Die Blumen rechts und links der Herzträgerin deuten ihr einen Weg an, der noch nie begangen wurde. Doch die Farben der blühenden Blumen verraten ihr, daß es sich um ihren Weg handelt, denn Blumen wie auch ihre Kleidung weisen die gleichen Farben auf. Ihr „Regenbogen"-Rock zeigt ihre Fähigkeit, mit ihrem Denken ihre Welt zu gestalten.

Allgemeine Bedeutung: „Wenn du merkst, daß du zur Mehrheit gehörst, ist es an der Zeit, deine Meinung zu revidieren", hat einmal Mark Twain gesagt. Die Karte fordert dich auf, dich auf dich selbst zu besinnen, auf das, was dich einmalig macht und absolut wertvoll: deine eigenen Stärken, deine Art zu sein, deine ganz besonderen Fähigkeiten und Talente auszuspielen. Sich selbst verwirklichen meint, das was als Anlagen in dir vorhanden ist, Wirklichkeit werden zu lassen. Die Botschaft der Karte *Sei du selbst* ist der Weg, den Glanz deiner Einmaligkeit gleichsam zu polieren. Wer bist du? Was willst du? Wohin gehst du?
Der Mensch mag vor allem die Menschen, die authentisch sind, die *sie selbst* sind, ohne sich zu verstellen. Glaubwürdigkeit erwächst aus der Würde, mit der wir an uns selbst glauben.
Wenn du statt dessen versuchst, so zu sein, wie andere dich haben wollen, büßt du neben deinem Lebensglück auch deine Glaubwürdigkeit ein.

Im beruflichen Umfeld: Deine wahren Werte sind deine Anlagen, die in dir schlummern.
Wieder einmal wird hier das Thema deiner Lebensaufgabe berührt. Nur du vermagst sie auszuführen, nur du hast genau diese Einmaligkeit, die dafür nötig ist. Die Karte erinnert dich an deine innere Bestimmung und warnt dich zugleich vor dem Verlust all dessen, was dich auszeichnet.
Je mehr du anderen folgst, desto mehr verlierst du dich aus den Augen. Sei du selbst meint: sage ja zu dir. Und sage nicht ja zu Dingen, wenn du in deinem Inneren *eigentlich* (was deinem „ich eigen" ist) nein dazu meinst.

In persönlichen Beziehungen: Je authentischer du

bist, als umso echter wirst du von anderen Menschen (und Tieren, ja sogar Pflanzen) wahrgenommen. Was echt ist, ist keine Fälschung. Jedes Original ist wertvoller als die Kopie. Jedes Unikat ist wertvoller als ein Massenprodukt. Somit erhöhst du deinen Stellenwert, ragst aus der Masse der anderen empor und wirst leichter wahrgenommen.

Sei du selbst ist immer zugleich auch die Wahrheit: über dich, zu dir selbst und dem Universum gegenüber. Alles andere ist das Leben mit einer Lüge. Wer sich ver*stellt*, *stellt* sich an den falschen Platz im Leben.

Im Umgang mit dir selbst: *Sei du selbst* ist Selbsterkenntnis. Wenn du dich immer mehr und besser selbst erkennst (wer du bist, was du willst, wohin du willst), richtest du zwangsläufig bei diesem Vorgang Aufmerksamkeit auf dich.

Dadurch aber wächst du (vgl. hierzu die 6. Vayakarte S. 30), da immer das wächst, worauf du deine Aufmerksamkeit richtest. Woraus folgt, daß jedes Zuwiderhandeln gegen die Botschaft der vorliegenden Karte zum Verlust von Lebensenergie und Größe führen muß. Und jedes Fortschreiten auf diesem Weg zum Zuwachs von Lebensenergie und Größe führt.

Bedeutung im Legesystem $R = E^2 \; A \; L$

Auf dem Platz der ERWARTUNG[2]: Um den Rahmen des Gewöhnlichen zu verlassen, muß die Erwartung in dir reifen, jenseits der Mauern der Normalität das Außergewöhnliche zu finden.
Die Karte rät dir hier, dich zu deiner Außergewöhnlichkeit, zu deiner absoluten Einmaligkeit zu bekennen. Beginne, nach dir selbst zu suchen.

Auf dem Platz der AKTION: Jetzt ist der Zeitpunkt gekommen, buchstäblich „Farbe zu bekennen" wie die Frau auf dem Bild der Karte. Niemand sonst kann die oder der sein, die oder der du bist. Darum handele in deiner *Angelegenheit* so, wie es in dir *angelegt* ist und wie es für dich richtig klingt.

Auf dem Platz des LOSLASSENS: Da die meisten Menschen nach Sicherheit trachten, wollen sie, daß du ihnen gleich bist. Denn bist du das, bist du wie sie, denken sie, und damit ungefährlich. So halten sie dich fest und damit klein, denn so kannst du ihnen nicht entwachsen. Hilf ihnen nicht noch, indem du dich deinerseits an ihren Normen und Geboten festklammerst. Sondern verlasse den geebneten Weg und setze deine eigenen Spuren in diese Welt.

Bedeutung im Kontext der ZEIT

Vergangenheit / Darauf gründet es: Alle Errungenschaften der Menschheit gründen sich nicht nur auf das Losgehen binnen der 72 Stunden, sondern auch darauf, daß jeweils einzelne das Bisherige in Frage zu stellen wagten und ihre Lesart, ihre Vision, ihren Weg für den richtigeren hielten. Die Weiterentwicklung vieler ist nur möglich durch das Abweichen einzelner von dem, was diese vielen als „normal" ansehen. Was trägst du zur dieser Weiterentwicklung bei?

Gegenwart / So ist es: Jetzt ist deine Gelegenheit da, in deiner Angelegenheit zu zeigen, woran dir gelegen ist.
Es mag sein, daß du gerade eine Chance erhältst. Es kann auch sein, daß du mitten in einer Krise steckst. Der Anlaß ist unwichtig, wichtig ist allein, den noch unbegangenen Weg zu deinen Füßen zu sehen und zu wissen, daß es *dein* Weg ist, der hier beginnt.

Zukunft / Dahin entwickelt es sich: Wenn du den Rahmen des Gewöhnlichen verläßt, wirst du ungewöhnliches erleben und damit selbst außergewöhnlich sein. Am Anfang wird dein Weg kaum sichtbar sein (für die anderen), und ihr Unverständnis wird dir nachhallen. Doch bleibst du bei dir selbst, wird dein Weg klarer und deutlicher zu Tage treten, und am Ende werden dich die Menschen staunend und bewundernd fragen, wie nur es dir möglich war, bis hierhin zu gelangen.

34
Lerne zu akzeptieren: Sage ja

Kartenart:
Universelle Erwerbsregel

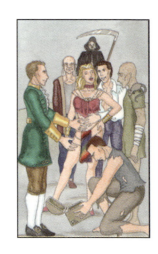

Symbole:
- die bringenden „Personen" (v.l.n.r.): Alter, Liebe, Tod, Armut (knieend), Leidenschaft und Krankheit
- Eheringe (an der Kette der Frau und am Saum des Erhaltenden): für die freiwillige Bindung
- Ratte und Verband: für Krankheit und Unfall
- Leere Truhe: für Armutsdenken
- Regenbogen-Hüftschal: für unser Denken, das die Welt gestaltet
- Sense: für den am Ende wartenden Tod

Bild: Ein würdevoller Mann empfängt die, die zu ihm gekommen sind. Er begrüßt alle freundlich und heißt sie willkommen. Seine Arme sind geöffnet, er weist niemanden ab.
Der Empfangende weiß aber auch, ein Abwenden hätte wenig Sinn, denn die Angekommenen sind nun einmal da. Und so hört er ihnen freundlich zu, um zu erfahren, welche Botschaften sie für ihn haben:
Vor ihm kniet ein hoffnungsloser, abgerissener Mann mit leerer Kasse: die Armut steht mit ihm sinnbildlich vor der Tür. Der Pestkranke steht für die Krankheit (oder auch den Unfall). An den goldenen Eheringen (die sich im Saum der grünen Jacke ebenso finden wie an der Kette der Frau) erkennen wir, daß sie mit dem Empfangenden verheiratet ist. Und doch heißt er auch den jungen Mann willkommen, der ganz offensichtlich zu ihr zärtlich ist. In der Mitte des Bildes wartet das Alter, um allmählich zu dem Empfangenden zu kommen, und ganz am Ende der Schlange sehen wir den Tod. Er hat Zeit, doch nicht endlos.

Allgemeine Bedeutung: „Akzeptieren" ist aufgrund seiner lateinischen Wurzel ein Wort, das die intensivste Form des Verstehens überhaupt beschreibt. Akzeptieren ist also kein bloßes *nur Dulden*, sondern ein echtes, ehrliches Verstehen der Zusammenhänge, gepaart mit dem Wunsch nach Anerkennung der Situation (beachte, daß wir statt Anerkennung auch Lob sagen: unser Held lobt die Eintretenden für ihr Kommen).
Wenn du etwas akzeptierst, heißt das, du erkennst an, daß etwas oder jemand so ist, wie er oder es ist. Du kämpfst also *nicht* länger dagegen an.
Ein *Nicht*-Akzeptieren ist dagegen immer ein Dagegen-an-kämpfen. Durch das Kämpfen aber machst du immer nur das stärker, was du bekämpfst. Es wird wachsen, weil du es bekämpfst. Darum höre lieber auf die Botschaft.
ARMUT sagt dir, deine Strategie im Umgang mit deinen Finanzen war falsch. Doch wenn du eine falsche Strategie anwenden konntest, kannst du auch eine richtige finden.
KRANKHEIT sagt dir, deine Energien sind nicht bei dir, sondern fließen in andere Kanäle. Krankheit ist immer Energiearmut. Wenn du sie falsch fließen lassen konntest, kannst du sie ab jetzt auch richtig fließen lassen.
Selbst die LEIDENSCHAFT deiner Partnerin zu einem anderen (und natürlich umgekehrt: deines Partners zu einer anderen) kannst du willkommen heißen, wenn du deine Frau/deinen Mann wirklich liebst. Denn wenn deine *Liebe* echt ist, möchtest du doch, daß es deiner „besseren Hälfte" gut geht, oder? Wenn dazu einmal eine andere Hand gehört, die sie oder ihn streichelt und ihm oder ihr wohltut, so freue dich für ihn oder sie und akzeptiere es: sage ja.
Das geht nicht? Reden wir von Liebe oder von Besitz? Eifersucht ist das Denken an ein Verlieren und damit an einen Mangel. Die Welt ist das, was du von ihr denkst. Und was du bekämpfst, machst du stärker. Deshalb kannst du durch Kämpfen nur erreichen, daß die Tendenz deines Partners oder deiner Partnerin, Leidenschaft mit anderen zu suchen, noch stärker wird. Darum heißt es: „Eifersucht ist eine Leidenschaft, die mit Eifer sucht, was Leiden schafft!"
ALTER und TOD sind gleichfalls Teile des Lebens. Sie willkommen zu heißen ist die Erkenntnis der Botschaft, daß alles endlich ist. Und daß es darum geht,

jetzt zu leben und zu genießen anstatt sich in Hader und Streit zu zerfleischen. Beide zu bekämpfen läßt Alter wie Tod überlebensgroß anwachsen und dich immer ärmer und ärmer werden.

Im beruflichen Umfeld: Solange du Verlustängste in dir trägst, ganz gleich auf welchem Gebiet, solange bist du dir deiner Selbst und deiner Fähigkeiten zu *Erwerben* nicht sicher. Akzeptieren ist Stärke, ist Größe. Verweigern ist Zurückweisen: die Weisheit geht zurück. Die Fähigkeit des Annehmens aber ist die Voraussetzung zum Erwerben aller Dinge – sei es nun Gesundheit, Wohlstand, Glück oder Erfolg.

In persönlichen Beziehungen: Großzügigkeit ist großes, in großen Zügen angelegtes Denken. Partner sind kein Besitz, sondern Menschen, die wir erfreuen (was auch immer dazu gehört), damit wir uns an ihnen erfreuen. Die Bedürfnisse des anderen zu akzeptieren ist Liebe.

Im Umgang mit dir selbst: Je *groß*zügiger du (auch zu dir) bist, desto *groß*artiger wird dein Leben sein. Akzeptiere dich selbst so, wie du bist. Sage ja zu dir.

Bedeutung im Legesystem R = E² A L

Auf dem Platz der ERWARTUNG²: Hier rät dir die Karte, das, was ist, egal, was es ist, willkommen zu heißen. Denn ursächlich hast du zu seinem Kommen oder Gelingen mit deiner Erwartung oder Befürchtung ja maßgeblich mit beigetragen. Ohnehin kannst du es nicht mehr rückgängig machen; erwarte einfach, es werde sich für dich zum Guten oder Besseren wenden.

Auf dem Platz der AKTION: Wenn du jetzt dagegen anzukämpfen beginnst, was da gekommen ist, so machst du es nur noch stärker. Es zu bejahen – auch wenn es negativ ist – ist der einzige Schritt, konstruktiv mit den Unbilden des Lebens umzugehen. Es zu negieren hieße, dem Umstand deiner Angelegenheit nur noch mehr destruktive Energie zukommen zu lassen. Und es würde eine weitere negative Erwartung (sprich: Befürchtung) darstellen.

Auf dem Platz des LOSLASSENS: Etwas Unangenehmes willkommen zu heißen bedeutet, die nicht eingetretenen Alternativen im selben Augenblick geistig loszulassen. Solange du den neuen Umstand nicht willkommen heißen kannst, hängst du krampfhaft weiterhin an den Alternativen fest, obwohl sie gar nicht mehr eintreten können.

Das, was ist, ist das, was ist. Alles andere lasse los.

Bedeutung im Kontext der ZEIT

Vergangenheit / Darauf gründet es: Wir brauchen die unangenehmen Dinge, um die angenehmen überhaupt erkennen und sie schätzen zu können. Denke daran: was immer dich erreicht, es kann dich nur erreichen, weil in dir eine entsprechende Anziehungskraft darauf vorhanden ist. Darum ist alles Beklagen sinnlos. Denn du hast erhalten, worum du – vielleicht unbewußt und unabsichtlich – zuvor gebeten hast.

Gegenwart / So ist es: Lösungen kann nur der finden, der *ja!* zu seinen Problemen sagt.
Ja!-Sagen meint: Ja, ich nehme dich gern an, denn ich weiß, daß in dir das Saatkorn liegt, meine Zukunft besser zu gestalten als ich dies ohne dich könnte.
Akzeptieren – *accipere* – bedeutet nach dem Verständnis der alten Römer die höchste Form des Verstehens. Und die ist nur zu erreichen, wenn du die Wendung akzeptierst statt dich grollend abzuwenden.

Zukunft / Dahin entwickelt es sich: Du wirst morgen das sein, was du heute denkst. Wenn du heute klagst und jammerst, wirst du morgen beklagenswert und bejammernswert sein.
Da du nur ernten kannst, was du zuvor gesät hast, wirst du Akzeptanz ernten, wenn du Akzeptieren gelernt hast.

35
Achte auf die Schönheit

Kartenart:
Universelle Erwerbsregel

Symbole:
- Früchte und Blüte am Baum: für natürliche Nahrung bzw. Schönheit als höchste Energieträger
- Blätter am Boden: für Glück und Wohlstand (asiatisch)
- Wasserfall: für Fluß des Lebens
- Regenbogen-Band: für unser Denken, das die Welt gestaltet
- Burg: für die Burg unserer Gewohnheiten
- Pfau: für die Wahrnehmung der Schönheit durch Betrachten (die Augen im Federschmuck)

Bild: Ein Regenbogen teilt die Welt: in die eine Hälfte, in der noch Regenwolken sind, in die andere, in der die Sonne scheint.
So entsteht das Zeichen der Göttin *Iris* – der Regenbogen. Iris nennen wir zudem auch den zentralen Punkt unseres Auges, durch das wir erst die Schönheiten zu sehen vermögen.
Das Paar wendet sich der Lichtseite des Lebens zu – es achtet auf die Schönheit und nicht auf die Wolken.
Die Frau streckt ihren Arm nach einem Ast aus, an dem eine Blüte und Früchte zu gleicher Zeit wachsen. Sie zeigt uns die Früchte als lebendige, natürliche Nahrung, die höchsten Energieträger des Materiellen; die Blüte als etwas mit Schönheit Behaftetes ist ein Energieträger des Immateriellen.
Jedes fließende Wasser reichert die Luft mit gesunden Ionen an: darum wirkt ein harmonisch fließendes Gewässer, besonders in Form von Wasserfällen, auf uns so überaus anziehend.
Blätter am Boden sind (in Asien) ein Zeichen von Glück und Wohlstand.
Das „Regenbogen"-Band in der Hand der Frau weist auf unsere Ver*bind*ung mit allem hin, weswegen wir mit unserem Denken unsere Welt gestalten.
Der Pfau ist der Vogel, der Schönheit in die Welt bringt und uns gleichzeitig durch die vielen Augen auf seinem Federschmuck daran erinnert, womit wir die Schönheit wahrnehmen.
Die deutliche Entfernung zur Burg der Gewohnheiten zeigt, daß das Achten auf die Schönheit immer etwas Besonderes und Absichtsvolles ist und niemals ein Verhalten, das wir zur Gewohnheit degradieren können. Hinter dem Ast schimmert die tiefe Unendlichkeit des Alls zum Zeichen, wie sehr *all*es mit *al-*

lem verbunden ist. Auch Schönheit ist nicht zufällig. Sie ist eine universelle Quelle der Energie: Eine Tochter des Lichts*).

Allgemeine Bedeutung: So wie Licht nicht nur den Pflanzen, sondern auch dem Menschen als Nahrung dient (und nachweislich verstoffwechselt wird – das Fehlen von Licht löst z.B. die sogenannte Winterdepression aus), so ist die Schönheit, die wir sehen, gewissermaßen höherwertiges Licht und gibt uns Kraft, wenn wir uns auf sie einlassen. Wenn wir etwas als schön erkennen, fühlen wir uns bei seinem Bet*rach*ten wohler. Jedes Wohlerfühlen ist ein Zunehmen von Kraft und damit ein Energieanstieg. Die Redensart „Sie lebten von nichts als Luft und Liebe" erinnert noch daran, wie sehr uns Schönheit (hier in Gestalt der Attraktivität der/des Erwählten) Kraft zu geben vermag. Schönheit wahrzunehmen ist wie „Licht essen". [A propos *essen*: mit Liebe und schön angerichtete Speisen bekommen uns besser als lieblos zubereitete Mahlzeiten. Das Auge ißt mit, wie das Sprichwort verrät. Und das Wasser in den Speisen behält die Erinnerung an seine Behandlung und gibt sie als Energie an dich weiter. *Häßliche Worte* in der Küche oder bei Tisch verderben sogar die Nahrung: das Energiemuster des Wassers in den Speisen kollabiert, und das, was du dann ißt, hat sich vom *Lebens*mittel in ein *Totes*mittel verwandelt. (Das in vielen Teilen der Welt übliche *Segnen* der Speisen ist viel klüger als manche ahnen ...)].
Schönheit ist vielfältig: das kann eine Blume am Wegesrand sein, ein Wasserfall, ein Regenbogen, das Gesicht deines Gegenübers, ein Bild, ein Stein oder ein Bachlauf im Wald.

Im beruflichen Umfeld: In schönen Umgebungen arbeitet es sich leichter als in häßlichen. Ein hoher Lärmpegel ist häßlich, häßliche Worte sowieso. Farben geben Energie, Eintönigkeit raubt sie dir. Willst du viel leisten, sorge dafür, daß dir Energie zufließt anstatt daß du sie durch Fehlen von Schönheit verlierst.

In persönlichen Beziehungen: Achte auch auf die innere Schönheit, die im Wesen liegen kann. Jeder Mensch hat etwas, daß ihn schön macht. Es zu finden macht dich ebenso glücklich wie dein Gegenüber.

Im Umgang mit dir selbst: Willst du Energie tanken, achte auf die Schönheit und *stelle dir vor,* wie du die darin liegende Kraft *einatmest*. Schönheit erkennst du an ihrem „Leuchten": schöne Dinge, Orte, Pflanzen, Tiere und Menschen scheinen irgendwie aus ihrem Inneren heraus zu schimmern. Nimm dieses Leuchten wahr, und du spürst sofort, wie es dir besser geht.

*) Auch wenn hier häufig vom „Sehen" die Rede ist: Licht ist ein Teil der Strahlung, genau wie dies auch der Schall ist (nur mit entsprechend tieferer Frequenz). Darum kannst du Schönheit natürlich auch hören. So ist aller Lärm häßlich und nimmt dir Energie (macht dich krank), eine harmonische Melodie oder das Säuseln eines Baches gibt dir dagegen Kraft.

Bedeutung im Legesystem $R = E^2 \ A \ L$

Auf dem Platz der ERWARTUNG^2: Die Schönheit liegt im Auge des Betrachters. Deshalb wirst du sie gewahren, wenn du danach Ausschau hältst. „Was wir suchen, werden wir finden," verhieß Aristoteles.
Nach etwas Ausschau halten ist erwartendes Tun; es wäre sinnlos, nach etwas Ausschau zu halten, würdest du es nicht erwarten.

Auf dem Platz der AKTION: Konzentriere dich auf das Wahrnehmen von Schönheit, investiere die Zeit, sie in dich aufzunehmen. Du wirst belohnt mit Momenten der Ruhe und damit einhergehend mit einem Anwachsen deiner Energie.
Entferne auch das, was im Zusammenhang mit deiner Angelegenheit dir unschön erscheint, denn es entzieht dir Energie, wenn du es beläßt.

Auf dem Platz des LOSLASSENS: Sich auf das Schöne einzulassen heißt das Häßliche aus den Augen zu lassen.
Im Hinblick auf deine Angelegenheit fokussiere dich auf die schönen Aspekte, denn du kannst nicht gleichzeitig schönes wahrnehmen und schlechtes denken.

Bedeutung im Kontext der ZEIT

Vergangenheit / Darauf gründet es: Es werde Licht! Mit diesem Gedanken begann das Universum zu sein, und in diesem Gedanken ist alle Energie enthalten, die dir über die Schönheit als Medium zufließen kann.
Dunkelheit ist die Abwesenheit von Licht, doch schon das winzigste Licht erhellt sie. So wirkt das Schöne auch im häßlichsten Umfeld, denn es ist von derselben Art. Wo du in deinem bisherigen Leben nur Dunkelheit sahest, da warfst du dir selbst den Schatten.

Gegenwart / So ist es: Früher sagte man zu Leib auch *Lich*; und Einstein nannte jede Art von Körper „geronnenes Licht". Auch in dir ist davon reichlich, sagt dir die Karte hier; darum bist du es wert, daß man dich sieht.
Licht nährt dich viel mehr, als du ahnst. Darum gehe *hinaus* ins Licht, wann immer es geht, und trinke von dieser Quelle. So kannst du die Schönheit sehen, und selbst gesehen werden als das, was du bist.

Zukunft / Dahin entwickelt es sich: Andere um deren Energie zu bringen heißt *gewaltsam ihre Aufmerksamkeit an dich zu fesseln* (mittels Einschüchterung, Schüren von Versagensängsten, Unnahbarkeit und Wehklagen). Wenn du Schönheit als Quelle deiner Kraft erwählst, mußt du nicht länger mit anderen darum kämpfen. Niemand muß sich länger vor dir hüten oder sich gar gegen dich zur Wehr setzen. Das Achten auf die Schönheit bewirkt daher Frieden.

36
Alles ist eins

Kartenart:
Universelle Erwerbsregel

Symbole:
- Das Weltall: für das all-umfassende
- Der Spiegel im Spiegel: für die Entsprechung und die Verbindung von Mikro- und Makrokosmos
- Regenbogen mit Goldtopf: für den Bezug zur 1. Vayakarte und für das Denken, mit dem wir unsere Welt gestalten
- Schlangenspiegelrahmen: für das dualistische Prinzip

Bild: Ein ovaler Spiegel schwebt im All. Er zeigt ein Bild, daß sich gewiß nicht dem Spiegel gegenüber, sondern daß sich am „anderen Ende" des Weltalls befinden könnte – und sich tatsächlich am anderen Ende der 36 Regelkarten befindet: auf der 1. Vayakarte*).

Damit schließt die Karte den Kreis der 36 Universellen Erwerbsregeln, die den ersten 36 Vayakarten zugrunde liegen. Der Anfang ist zugleich das Ende, wie dies auch in der 16. Vayakarte (vgl. S. 50) zum Ausdruck kommt.

Der Rahmen jedes der ovalen Spiegel stellt zwei Schlangen dar, die sich gegenseitig in den Schwanz beißen – ein Motiv, das auf der 23. und 24. Vayakarte wiederholt wird (vgl. S. 64 und 68). Dieses Motiv stellt in vielen Kulturen die grundlegende Dualität unseres Universums dar.

Das Oval selbst (dieses Wort leitet sich von lat. *ovum* – „Ei" – ab) ist eines der Ursymbole für die Zahl Eins, wie wir noch in engl. *one* erkennen können.

Der Spiegel im Spiegel des Spiegels deutet die Unendlichkeit an, aber auch die grundsätzliche Entsprechung von allem zueinander.

Allgemeine Bedeutung: In dieser Karte findet sich der holistische Gedanke zur Struktur unseres Universums wieder. Alles ist mit allem verbunden, jede Trennung ist eine Illusion unserer begrenzten Sinne. Hier findet sich auch der Gedanke von Indras Netz wieder. Indra ist eine Gottheit, die ein gewaltiges, die gesamte Schöpfung überziehendes Netz besitzt. Dabei enthält dieses Netz an jedem Knotenpunkt eine eingewobene, spiegelnde Perle. Und wenn man in eine Perle hineinsieht, so heißt es, spiegelt sich in einer jeden das Bild aller übrigen Perlen wieder.

Damit stellt diese Karte auch die „Legitimation" der Vayakarten dar, als Orakel oder intuitives Erkenntnisinstrument verwendbar zu sein. Wenn nach dem holistischen Gedanken jedes Staubkorn die Information über das gesamte Universum enthält, dann enthalten auch die Vayakarten (wie alle anderen Orakelsysteme) die Information über alles, was du zu wissen begehrst.

Wenn alles mit allem verbunden ist, dann heißt das aber auch: du hast jederzeit Zugriff auf alle Ressourcen, die du brauchst. Du benötigst dazu nicht mehr als deine Erwartung und dein Vertrauen (was ein anderes Wort für Loslassen ist).

Aristoteles sagte: „Was wir erwarten, werden wir finden". Ein Grundsatz, der sich der Verbundenheit aller Dinge zutiefst bewußt ist.

Dein Zugriff auf alle Ressourcen beginnt mit der nächsten, der 37. Vayakarte, der ersten der 36 Ressourcen- oder Engpaßkarten.

Im beruflichen Umfeld: Diese Karte macht dir deutlich, daß deine Verantwortung umfassend(er) ist. Der Urwald, der in Südamerika oder Kanada gerodet wird, macht auch dich ärmer, obwohl es dir vielleicht nicht bewußt ist. Was du täglich veranlaßt, trägt zum Wohl oder Wehe vieler bei.

Auch wenn du nur ein kleines „Rädchen" bist – gleichsam *von oben*, aus universeller Sicht betrachtet, bist du unverzichtbar, denn ohne dich wäre das Universum eben nicht das, was es ist.

Erfolg auf dem Schaden von anderen (auch dem der Umwelt) aufzubauen macht dich vielleicht reich, er befriedigt dich aber nicht und läßt dich darum auch deinen inneren Frieden nicht finden.

In persönlichen Beziehungen: *Uni versum* bedeutet: alles ist eins. Somit sind alle anderen mit dir verbunden, und wenn du in andere Augen blickst, blickst du eigentlich in deine eigenen. Jeder Streit ist ein Streit mit dir selbst (mit Stoff von deinem Stoff) und damit sinnlos. Jede Liebe zu anderen ist Liebe zu dir selbst. Je mehr du andere schätzt, desto größer wird dein eigener Schatz im Herzen und in deinem „Kessel" am Ende des Regenbogens (deines Denkens, mit dem du die Welt gestaltest) sein.

Im Umgang mit dir selbst: Das Universum selbst stellt deinen wahren Spiegel dar. Wo du auch bist, du kannst immer nur ins Universum hineinblicken: in den Spiegel aller Spiegel sozusagen. Alle deine Erwartungen sind so jedem Teil des Universums bekannt, und zwar in dem Moment, da du sie hast, weil du hinter dem Sichtbaren mit allem verbunden bist. Deshalb reagiert das Universum auf dich. Und da du zweifelsfrei ein Teil des Universums bist, reagiert es im Kern nur auf sich selbst.

*) zugleich ist es dem Titelbild meines Buches „Alles was du willst", Düsseldorf, 2000, nachempfunden, in dem die Universellen Erwerbsregeln für ein erfülltes Leben ausführlich beschrieben sind

Bedeutung im Legesystem R = E² A L

Auf dem Platz der ERWARTUNG²: Wenn du von der Verbundenheit aller Dinge und Wesen miteinander überzeugt bist, handelst du anders und nimmst anders wahr. So sind deine realisierten Erwartungen immer Ausdruck deiner empfundenen Verbundenheit. Empfinden heißt *empathisch finden*. Erwarten funktioniert nicht mit dem Verstand (etwas haben wollen erzeugt immer ein Nicht-Haben), sondern mit dem Gefühl zu erspüren, das *etwas* richtig für dich ist.

Auf dem Platz der AKTION: Sei dir bei allem, was du tust (oder läßt) der Verbundenheit mit dem Ganzen bewußt. Die Idee, du seist von allem anderen und der Schöpfung einschließlich des Schöpfers getrennt existent, ist eine Illusion. Du bist vielmehr ein Teil der Schöpfung wie des Schöpfers, denn das Universum *ist* die Schöpfung *und* der Schöpfer zugleich. Ahnst du, was *du* daher bist und vollbringen kannst, wenn du dich verbunden fühlst anstatt getrennt?

Auf dem Platz des LOSLASSENS: Hier geht es allein darum, den Gedanken des Getrenntseins aufzugeben zugunsten des Gedankens der allumfassenden Verbundenheit.
Alle deine Probleme stammen daher, daß du dich als getrennt von allem betrachtest. Getrennt von Geld, Macht, Liebe, Nahrung und dem ganzen Rest. Dabei ist das Universum ein Ort der Fülle, und du bist ein Teil davon. Was dich trennt, ist deine *Idee* von dir.

Bedeutung im Kontext der ZEIT

Vergangenheit / Darauf gründet es: Mit deinen Augen blickt das Universum auf sich selbst. Du bist hier als Teil der Schöpfung und darum, deinen Teil zur Schöpfung beizutragen. Alle Bewegung ist Leben, und alles Leben ist Ausdruck der Existenz des Einen. Darum ist es so sinnlos, Streit zu haben, denn alle Dinge und Wesen sind miteinander verbunden wie die Finger einer Hand eben über diese Hand verbunden sind. Du bist ebenso Eine(r) wie viele.

Gegenwart / So ist es: Mit Gegenwart bezeichnen wir nicht nur die Zeit, die wir gerade erleben, sondern auch die Anwesenheit von anderen und anderem in unserer Gegenwart.
So ist der Moment der Gegenwart immer auch der Moment der Anwesenheit unserer selbst. Unser Wesen muß „an" sein, damit wir anwesend sein können. Und nur wenn wir „an" sind, uns eingeschaltet haben in das Hier und Jetzt, leben wir tatsächlich.

Zukunft / Dahin entwickelt es sich: Nur wenn wir erkennen, daß unsere Konzepte davon, wie das Zusammenleben auf diesem Planeten zu sein hat, nicht funktionieren, weil sie auf *nicht funktionierenden* Glaubensvorstellungen und Überzeugungen beruhen über Gott, das Leben und das Universum, nur dann haben wir als Spezies eine Überlebens-Chance. Solange wir irrigerweise glauben, durch *irgendetwas* voneinander getrennt zu sein (und uns *deshalb* bekämpfen und umbringen müssen), haben wir keine.

37
Mut / Feigheit

Kartenart:
Ressourcen / Engpaß-Karte

Ressource = das was du hast
(und einsetzen solltest)
Engpaß = das was dir fehlt

Symbole:
- Schrift auf dem Schwert: *fortes fortuna adjuvat* für „Dem Mutigen hilft das Glück"
- Löwe und Löwenzahn: für Mut
- Sonne(-nstrahlen an der Klinge): für Ruhm und Sieg
- Herz (am Gürtel): für Beherztheit
- Hase (an Stiefeln/Armschutz): für Feigheit
- Sporen: für Mut
- Schwerter: für scharfen Verstand
- Drache: für die Gefühle (Furcht/Angst)

Bild: Ein Drache verbreitet Furcht und Schrecken. Er stellt sich hohen Zielen (wie die Berge verraten) in den Weg. Zwei Männer reagieren auf diese Gefahr sehr unterschiedlich und auf ihre Weise.
Der eine verbirgt sich und krümmt sich zusammen. Sein Schwert (seinen Verstand) hat er von sich geworfen. Dessen Spitze ist noch auf den Drachen gerichtet zum Zeichen, wie er dem Schrecken begegnen wollte. Er zeigt das Zeichen des Hasen, der in vielen Kulturen als feige gilt, auf seinen Stiefeln und auf dem Armschutz.
Der andere Mann trägt das Zeichen des Löwen, dessen Mut sprichwörtlich ist, auf seinem Umhang und den Beinschienen. Neben ihm blüht ein Löwenzahn; beide, Blume und Tier, symbolisieren den persönlichen Mut.
Der Mutige hat sein Schwert und damit sein Urteilsvermögen bei sich behalten. Doch allein auf seinen Verstand vertrauend würde der ihm sagen: Die Gefahr ist zu groß. Der Verstand muß ihm – dafür ist er da – das Risiko klarmachen und zu dem Schluß kommen, daß dieser Kampf nicht zu gewinnen ist. Das Ergebnis wäre die Feigheit. So ist es dem Zusammengekrümmten unter der Brücke ergangen. Der hier gezeigte Mutige „kämpft" mit ganz anderen Mitteln. Er läßt sich erst gar nicht auf einen Kampf ein (wie sein abgewandtes Schwert gleichermaßen andeutet). Er weiß, in dem Maße, wie er den Drachen bekämpft, macht er ihn nur stärker. Darum wendet er dem Drachen den Griff seines Schwertes zu.
Mit dem Verstand ist dem Schrecken nicht beizukommen; und so zeigt er dem Drachen, daß er ihm ebenfalls mit einem *Gefühl* entgegentritt. Der Drache wie auch der Schwertknauf weisen dieselbe violette Farbe auf, zum Zeichen, daß beide Kräfte, die hier einander gegenüberstehen an sich identisch sind. Damit zeigt der Mutige, daß er teilweise über dieselben Fähigkeiten wie der Drache verfügt, doch in weitaus verdichteterer und geschliffenerer Form.
Die Beherztheit des Mutigen zeigt sich in dem Herz an seinem Gürtel, der für seine Bereitschaft (er ist „gegürtet") steht, der Gefahr ins Auge zu blicken.
Die *Hasenfüßigkeit* des anderen hat völlig übersehen, daß Drachen manchmal nur so tun, als ob sie gefährlich seien: dieser hier speit weder Feuer noch Rauch, ist vielleicht sogar nur eine vermeintliche Gefahr, die ganz allein im Kopf des Feigen besteht.

Allgemeine Bedeutung: Mut und Feigheit sind zwei sich gegenüberliegende Pole desselben Gefühls. Es ist wie bei einem Gefäß: leer steht es für Feigheit, je mehr es gefüllt ist, desto mehr Mut ist vorhanden. Der Karte geht es thematisch darum, dich zu fragen, inwieweit und womit dein „Gefäß" gefüllt / zuwenig gefüllt ist.
Mut ist mit engl. *mood* („Stimmung") verwandt; es bezeichnet also die Art, in der wir gestimmt sind. Unser Begriff Person leitet sich von lat. *per sonare* („den durch Töne Bewirkten wie Bewirkenden") ab. Damit ist das Gefühl der Feigheit ein Fehlen dieser Gestimmtheit – es kennzeichnet eine Mißstimmung, eine Disharmonie. Und das Gefühl des Mutes zeigt, ob wir richtig gestimmt sind und in Harmonie mit uns und unseren Fähigkeiten leben. Beachte auch: Verkürzt man *arm an Mut*, so wird daraus „Armut". Daraus läßt sich ableiten: jeder Mangel an Geld ist in seinem Kern immer ein Mangel an Mut, die richtigen Entscheidungen zu treffen.

Im beruflichen Umfeld: Nicht immer ist der Verstand (der meistens kämpfen will) der beste Ratgeber, gerade wenn sich dir ein ihm unüberwindlich scheinender Schrecken oder Gegner in den Weg stellt. Nutze deinen Verstand (anstatt zu kämpfen) dafür, das jetzt not*wendige* Gefühl der Zuversicht in dir auszulösen. Denke – oder sprich – Gedanken des Mutes, und du wirst Mut dazugewinnen. *Jedes* Gefühl entsteht aus deinen Gedanken, jede Tat erhält ihre Energie aus deinem Gefühl.

In persönlichen Beziehungen: Die Angst zu versagen ist in persönlichen Beziehungen oft die Angst, etwas zu sagen (oder zu fragen). Darum sage und frage. Die anderen werden vielleicht mit „ja" antworten. Wenn du es nicht tust, ist es genauso, als hätten sie mit „nein" geantwortet. Wenn du stumm bleibst, bist du es, der sich selbst das „ja" versagt.

Im Umgang mit dir selbst: Wenn dir der Mut zu etwas fehlt, verhalte dich so, als ob du mutig bist. Gelingt das nicht, verhalte dich wie jemand, von dem du überzeugt bist, daß er (oder sie) mutig ist. Verhalte dich so, wie diese Person sich verhalten würde.

Bedeutung im Legesystem R = E² A L

Auf dem Platz der ERWARTUNG²: Im Zusammenhang mit deiner Angelegenheit kommt es jetzt darauf an, Mut zu zeigen.
Doch mutig kannst du nur sein, wenn du an ein *Gelingen* glaubst. Dieser Glaube nährt deine Erwartungshaltung. Glaubst du an ein *Mißlingen*, wird dir dein Verstand allen Mut nehmen, so daß nur Feigheit übrig bleibt.

Auf dem Platz der AKTION: Verwechsele Mut nicht mit Übermut (der bekanntlich selten gut tut).
Mutig ist man nicht, weil man keine Angst hat, sondern wenn man trotz seiner Angst zum Handeln bereit ist, weil man an ein Gelingen glaubt. Dennoch gilt es jetzt, Mut in deiner Angelegenheit zu zeigen, und sei es „nur" der, dem Übermut zu entsagen. Fehlt dir der Mut, so frage dich, ob es Gründe geben könnte, warum du es schaffen könntest. Findest du auch nur einen, so schaffst du es.

Auf dem Platz des LOSLASSENS: Nie macht eine Situation dir Angst und läßt dich feige sein, sondern deine *Vorstellungen* von dem, was passieren könnte, lassen dich mutlos werden.
So lasse darum deine Vorstellungen des Scheiterns los und ersetze sie durch Vorstellungen des Gelingens.

Bedeutung im Kontext der ZEIT

Vergangenheit / Darauf gründet es: Wenn du diese Karte hier bekommst, deutet dies entweder auf einen Rückgang an deiner Ressource Mut hin oder auf einen zu großen Anstieg weit über das Maß hinaus. Rückgängig wird der Mut, wenn du Vorstellungen vom Mißlingen in dir nährst.
Zuviel (und darum nur scheinbarer) Mut erwächst, wenn du dich selbst überschätzt.
Prüfe dich, was zutreffend ist.

Gegenwart / So ist es: Auf diesem Platz kommt es nicht auf den Verstand an (denn der will zumeist kämpfen), sondern darauf, das jetzt in dir vorherrschende Gefühl zu beachten und wertzuschätzen.
Es kann mutig sein, zu einem Wahnsinn *nein!* zu sagen; das ist nicht feige, egal, was die anderen denken und sagen. Es kann ebenso feige sein, zu einem Wahnsinn *ja!* zu sagen; das ist nicht mutig, egal, was die anderen denken und sagen.

Zukunft / Dahin entwickelt es sich: Wählst du den mutigen Weg, sagt hier die Karte, wirst du obsiegen. Aber du wirst auch dem Drachen (dem Hindernis) begegnen und ihm gegenüberstehen! Es ist nicht das Schwert (der Verstand), der den Drachen besiegt, sondern der Mut selbst, vor dem er kapituliert. Wählst du den feigen Weg, sagt die Karte, wirst du verlieren. Denn der Drache wird dich auch unter der Brücke finden, ganz gleich, wie klein du dich machst.

38
Entschlossenheit / Zweifel

Kartenart:
Ressourcen / Engpaß-Karte

Ressource = das was du hast
(und einsetzen solltest)
Engpaß = das was dir fehlt

Symbole:
- Schilfrohr (Weste): für Wankelmut, Unentschlossenheit und Schwäche
- Om-Schriftzeichen (Weste): für Handeln, Erkennen und Wollen
- Gürtel: für Kraft, Macht und Bereitschaft („gegürtet" sein)
- Regenbogenfarbe des Gürtels: für das Denken, mit dem wir unsere Welt gestalten
- Eisschollen: für zwei Fälle (Zweifel)
- Schlüssel: für Entschlossenheit

Bild: Zwei Eisschollen treiben im eisigen Meer. Die Eisschollen symbolisieren die sich ergebenden Möglichkeiten, sie treiben im grauen Meer der Ungewißheit.

Mit je einem Arm und einem Bein ist ein Mann an eine linke sowie eine rechte Eisscholle gekettet. Wenn Entbindung bedeutet, die Bindung (von Mutter und Kind) ist vorbei, so bedeutet ein Sichentschließen, das Schließen ist vorbei – in diesem Sinn ist der Angekette noch unentschlossen.

Mit je einem Bein steht er inmitten zweier Fälle. Die zwei Fälle (daher kommt das Wort *Zweifel*) eröffnen ihm zwei Möglichkeiten: er könnte sich auf die Eisscholle zu seiner Rechten *oder* auf die zu seiner Linken retten, wenn er sich nur zu entschließen vermag. Doch noch zögert er, und jedes weitere Zögern kostet ihn unnötige Kraft; kostbare Lebensenergie, die er zum Sprung oder für seinen weiteren Weg dringend bräuchte. Je länger er mit seinem Entschluß wartet, desto weiter werden die Eissschollen auseinander treiben, und am Ende wird er ins eisige Wasser stürzen. Genau dorthin, wohin er gewiß nicht gelangen will. Sein Zeichen ist das des schwankenden Schilfrohrs, das für Wankelmut, Unentschlossenheit und Schwäche steht.

Der andere Mann hat seine (mentalen) Ketten abgestreift – er hat sich *ent*schlossen und eine der Eisschollen, also eine der Möglichkeiten, gewählt. Er hat sich entschieden, was bedeutet, die in seinem Kopf befindliche Scheidung der Möglichkeiten ist zu Ende, da er eine Einigung mit sich selbst erreicht hat.

Die Sonne – als Sinnbild der Energie – steht über ihm und spiegelt sich in der Farbe seines Hemdes.

Das *Om*-Schriftzeichen auf seiner Weste steht für die 3 Vermögen *Erkennen*, *Wollen* und *Handeln (vgl. die 5. Vayakarte S. 28).* Die „Regenbogen"-Farbe des Gürtels verweist auf sein Denken, mit dem er seine Welt gestaltet. Der Gürtel selbst beschreibt seine Bereitschaft, so wie der fehlende Gürtel des anderen dessen fehlende Bereitschaft aufzeigt.

Allgemeine Bedeutung: Entschlossenheit und Zweifel sind die zwei sich gegenüberliegenden Pole derselben inneren Haltung. Es ist wie bei einem Gefäß: leer steht es für Zweifel, je mehr es gefüllt ist, desto mehr Entschlossenheit ist vorhanden. Der Karte geht es thematisch darum, dich zu fragen, inwieweit und womit dein „Gefäß" gefüllt / zuwenig gefüllt ist.

Wenn du dich nicht entscheiden kannst, stehst du auf der Stelle. Du bist dann wie mit unsichtbaren Ketten festgeschmiedet. Nichts bewegt sich. Hast du Zweifel als Ressource, wird Entschlossenheit zu deinem Engpaß. „Zeige mir einen Mann, der sich schnell entscheiden kann, und ich zeige dir immer einen erfolgreichen Mann", sagte einst Henry Ford.

Der Kern des Wortes EntschEIDung ist ein *Eid*, den du dir selbst schwörst: den, bei deinem einmal gefaßten Entschluß zu bleiben.

Im beruflichen Umfeld: Triff schnelle Entscheidungen! Du verfügst niemals über alle Informationen, die du für die absolute Sicherheit brauchst. Und bleibe bei deiner Entscheidung, halte dich an deinen „Eid" und schwanke nicht. Sollte sie sich später als falsch erweisen, ist das immer noch besser als wenn du dich gar nicht entschieden (und damit die Chance des Lernens vertan hättest): du kannst *jetzt* eine neue Entscheidung treffen *und* aus der aus heutiger Sicht falsch getroffenen etwas lernen.

In persönlichen Beziehungen: Jede Entscheidung beendet den Zweifel. Je deutlicher du der Welt erklärst, wo du hinwillst, desto bereitwilliger steht sie auf, läßt dich vorüber und an dein Ziel gelangen. Dazu mußt du dich aber nicht nur erklären, sondern vor allem aufstehen und losgehen. In diesem Fall auf andere Menschen zu – oder von ihnen fort.

Im Umgang mit dir selbst: Nimm dein Mögen zu Hilfe. Das, was du auch nur ein kleines bißchen mehr magst als die Alternative, magst du ja nicht zufällig mehr. Es gibt etwas in dir, das in Resonanz zur für dich besseren Lösung treten kann. Mache darum dieses Mögen zum Schlüssel für deinen Entschluß. Wirken alle Möglichkeiten gleich gut oder gleich schlecht auf dich, spielt es keine Rolle, wofür du dich entscheidest. Doch die Zeit spielt eine. Jedes Zögern raubt dir Energie (im Bild durch die Ketten symbolisiert, die an deinen Armen zerren).
Nimm dir darum *irgendein* Stück vom Kuchen, ehe der ganze Kuchen verdorben ist.

Bedeutung im Legesystem R = E² A L

Auf dem Platz der ERWARTUNG²: Hier fordert dich die Karte auf, dich zu entschließen. Was dich hindert, deine Zweifel aufzugeben, ist deine negative Erwartung (= deine Befürchtung) in Bezug auf alle deine Alternativen. Somit sind es deine Vorstellungen und Ängste von dem, was kommen wird, die dich verhindern, deine Angelegenheit weiter zu entwickeln.

Auf dem Platz der AKTION: Der Vorgang des Entschließens ist ein Vorgang der Befreiung – du befreist dich von dem Zustand des Nicht-Wissens-wohin.
Befreie dich, indem du dich jetzt entscheidest. Wofür? Für die Möglichkeit, die ein kleines bißchen mehr *Mögen* enthält als die anderen.

Auf dem Platz des LOSLASSENS: Entscheidung meint, die Scheidung ist zu Ende. Durch deinen Entscheid bist du nun gleichsam neu vermählt mit der Wahl, die du getroffen hast. Um deinen Treue-Eid zu dieser Wahl einhalten zu können, mußt du die abgelehnten Alternativen loslassen. Denn sonst hast du nur so getan, als hättest du dich entschieden – in Wahrheit bleibst du weiter an deine „Eisschollen" gekettet.

Bedeutung im Kontext der ZEIT

Vergangenheit / Darauf gründet es: Entschlossenheit ist die Kraft, sich an verändernde Gegebenheiten anzupassen. Noch fehlt dir die Kraft. Wenn du dich in deiner Angelegenheit bisher nicht entschließen konntest, dann war deine Angst, etwas Falsches zu tun, größer als deine Kenntnis darüber, was funktioniert. Anstatt also Zeit mit Vorstellungen über das, was falsch sein könnte, zu verbringen, *vergrößere* lieber deine Kenntnis darüber, was funktioniert.

Gegenwart / So ist es: Wenn du dich nicht entschließt, bist du allen Alternativen gegenüber verschlossen. Die Wahl des geringeren Übels ist immer noch besser als keine Wahl zu treffen.
Jetzt, sagt dir die Karte auf diesem Platz, jetzt ist der Zeitpunkt da, dich entschlossen der Alternative zuzuwenden, die für dich das stärkere Mögen enthält.

Zukunft / Dahin entwickelt es sich: Ganz gleich, wofür du dich entschließt, du gewinnst auf jeden Fall Zeit, und die Dinge geraten in Bewegung. Bewegung ist Leben und ist darum jeder Erstarrung gegenüber vorzuziehen. Bleibst du unentschlossen, bist du gleichsam selbst erstarrt und gleichst darin den Eisschollen auf der Karte. Am Ende wird dich der Zweifel zermalmen.

39
Gespräch / Schweigen

Kartenart:
Ressourcen / Engpaß-Karte

Ressource = das was du hast
(und einsetzen solltest)
Engpaß = das was dir fehlt

Symbole:
- Glocke (Kette) und Schelle (am Kleid): als Zeichen des Hinhörens
- Merkur-Symbol (am Ärmel): für die Sprache
- Wald (im Hintergrund): für das „Schweigen im Walde"
- Mauer: für „die Mauer des Schweigens"
- Regenbogen-Gebetbuch (und die Bordüre des Kleides): für unser Denken, das die Welt gestaltet
- Fließendes Wasser: für Gefühl und den dahinplätschernden Redefluß

Bild: Eine Frau und ein Mann führen ein anregendes Gespräch. Es plätschert dahin wie der kleine Wasserlauf neben ihnen.
Sie trägt mit den Schellen am Kleid und der Glocke an ihrer Halskette die Sinnbilder des (Zu-)Hörens, er trägt Merkurs Zeichen als das der Sprache. Sie unterhalten sich zwanglos, beide sind so frei in ihren Ansichten wie die Möwe über ihren Häuptern.
Zwei weitere Menschen nehmen nicht teil an diesem Gespräch. Beide schweigen, doch aus unterschiedlichen Beweggründen.
Der wie zaghaft Bittende in seiner unauffälligen grauen Tracht ist vom Gespräch unfreiwillig ausgeschlossen; er muß schweigen, denn niemand hört ihm zu.
Der Mönch dagegen sucht freiwillig das Schweigen. Er trägt das Wissen darüber mit sich (in Form seines „Regenbogen"-Buches), wie unser Denken die Welt erschafft: die Welt ist immer das, was wir über sie denken (auch wenn wir es nicht laut sagen).
Wenn das miteinander sprechende Paar für die äußere Kommunikation steht, sucht der Mönch das innere Gespräch, das der Einsamkeit bedarf.
Doch hinter dem Mönch droht auch die Mauer des Schweigens, die manchen Orden (oder manche Organisation) von der Gemeinschaft anderer Menschen ausgrenzt. Das Schweigen des Waldes in der Ferne ist das der natürlichen Stille, die wohltut und einer Andacht nahe kommt, wenn wir ihr lauschen. Mit und in der Stille spricht das Universum zu uns, und der Mönch besitzt den Schlüssel zu den Toren, die uns dorthin gelangen lassen. Zugleich ist der Schlüssel das Zeichen seines Entschlusses, im Schweigen dem großen Einen nahe zu sein.
Der Mond über dem schweigenden Mönch zeigt die Wandlung und Veränderung an, die bewußtes Schweigen mit sich bringt.

Allgemeine Bedeutung: Gespräch und Schweigen sind die zwei sich gegenüberliegenden Pole desselben Tuns – des Kommunizierens. Es ist wie bei einem Gefäß: leer steht es für Schweigen, je mehr es gefüllt ist, desto mehr Gespräch ist vorhanden. Der Karte geht es thematisch darum, dich zu fragen, inwieweit und womit dein „Gefäß" gefüllt / zuwenig gefüllt ist.
Du weißt es selbst am besten, ob du zuwenig redest oder zuviel. Ist Schweigen deine Ressource oder dein Engpaß? Engpaß heißt, du tust davon zu wenig, Ressource meint, davon könntest und solltest du mehr einsetzen. Kannst du deine Kommunikation verbessern? Gibst du dir Zeit für deine nach innengerichtete, mentale Kommunikation mit dir selbst? Sprichst du genug mit anderen? Redest du gar soviel, daß du andere ausgrenzt und nicht zu Wort kommen läßt?
Die Karte kann dir nur das Thema nennen, das für dich augenblicklich wichtig ist. Deine Aufgabe liegt jetzt darin herauszufinden, worin eine positive Änderung bestehen könnte. Im wenigeren, aber intensiveren Gesprächen? Indem du andere mehr in das Gespräch mit einbeziehst? Indem du auch mal das Schweigen des Waldes aufsuchst und deine Verbindung mit dem Universum neu entdeckst? Indem du lernst, wieder mehr auf dich selbst zu hören anstatt nur auf andere? Oder indem du die Mauer des Schweigens um dich herum aufbrichst und verkündest, was die Welt wissen sollte?
Wer von den Vieren bist du? Der freiwillig schweigende „Mönch" auf der Suche nach der Wahrheit?

Die gut Zuhörende? Der der Sprache Mächtige (und mit Macht Sprechende)? Der Ausgegrenzte? Was kannst und was solltest du an deinem Gesprächsverhalten ändern?

Im beruflichen Umfeld: *Jetzt* ist das Gespräch wichtig, wenn vorher Schweigen war; und Schweigen (und dafür Handeln), wenn bis eben nur geredet wurde.

In persönlichen Beziehungen: Auch das Gespräch ist ein Energieträger. Tröstende Worte spenden Kraft. Verbittertes Schweigen raubt dem anderen Energie.

Andere mit dem eigenen, fortgesetzten Jammern zu „erschlagen" tötet jede Beziehung, während Schweigen über das Gehörte ein Beweis des Vertrauens darstellt. Raubst du oder gibst du Energie?

Im Umgang mit dir selbst: Sprich mit dir selbst. Laut vor dem Spiegel oder in der Stille der Meditation. Wann hast du dich z.B. das letzte Mal bei den unzähligen Zellen deines Körpers – jede einzelne ist ein *eigenes* Lebewesen, das nur für *dich* lebt – dafür bedankt, daß sie dich so phantastisch am Leben erhalten? Es tut so gut. Gedanke kommt von Dank.

Bedeutung im Legesystem R = E² A L

Auf dem Platz der ERWARTUNG²: Was du von einem Gespräch erwartest, wird durch deine Einstellung bestimmt, mit der du hineingehst. Durch deine Einstellung in Bezug auf die Person und den von dir vermuteteten Beweggründen dieser Person. Dabei spielt es für die Qualität des Gespräches keine Rolle, ob deine Vermutungen *stimmen*. Was allein zählt, ist, daß *du* diese Einstellung *hast*. Und so wird sich die Person deiner Erwartungshaltung gemäß verhalten.

Auf dem Platz der AKTION: Die Worte, die du wählst, sind nicht so wichtig. Die anderen erleben deine innere Beteiligung und deine Authentizität, also dein „tatsächliches so sein", viel stärker. *Wie* du etwas sagt ist somit wichtiger als alles, *was* du sagst.
Es gibt Zeiten, in denen Schweigen das beste Gespräch darstellt, und Zeiten, in denen Schweigen unangebracht ist. Welche der Alternativen in deiner Angelegenheit jetzt zutrifft, verrät dir dein Gefühl.

Auf dem Platz des LOSLASSENS: Die Karte steht auch für die Verbesserung deiner Kommunikation. Verbessern bedeutet hier, Dinge, die nicht so gut funktionieren, aufzugeben zugunsten von Dingen, die besser funktionieren. Wenn du merkst, daß z.B. Scherze von dir nicht ankommen, macht es wenig Sinn, sie weiter zu verbreiten. Es kann auch nötig sein, deine Distanz zu Gesprächspartner aufzugeben oder zumindest zu verringern.

Bedeutung im Kontext der ZEIT

Vergangenheit / Darauf gründet es: Geraten Gespräche ins Stocken, dann deswegen, weil zuwenig *oder* zuviel gesprochen wurde. Es geht also auf diesem Platz darum, die richtige Form des Gespräches mit den beteiligten Menschen vor dem Hintergrund deiner Angelegenheit wieder zu finden. Richtig ist, was funktioniert. Um das herauszufinden, nimm gedanklich die Position des anderen ein und frage dich, wie du an seiner Stelle auf *DICH* reagieren würdest.

Gegenwart / So ist es: Reden ist nicht Silber, und Schweigen ist nicht Gold. Miteinander reden können ist unbezahlbar, und miteinander schweigen können ist tiefer Erfüllung sehr nahe.
Willst du dein Gespräch jetzt verbessern, so höre dem anderen zu. Stelle ihm Fragen, und gib ihm Zeit zum antworten. Nenne ihn beim Namen, und lächele dabei. Und wenn du etwas sagst, so sage viel mit wenig Worten. Alles andere ergibt sich von selbst.

Zukunft / Dahin entwickelt es sich: Je besser und intensiver du dich mitteilst, desto mehr Teilnahme am Leben wird dir zuteil. Das gilt allgemein, doch besonders hier vor dem Hintergrund deiner Angelegenheit. Je zurückgezogener und unnahbarer du dich verhältst, desto enger wird dein Blickwinkel, und du verlernst, die Dinge aus der Perspektive anderer zu sehen. Das Leben geht an dir vorbei, und Teilnahmslosigkeit wird dich umgeben und in dir sein.

40
Einsicht / Streit

Kartenart:
Ressourcen / Engpaß-Karte

Ressource = das was du hast
(und einsetzen solltest)
Engpaß = das was dir fehlt

Symbole:
- Distel (Dornen) am Wegesrand: für Schmerz und Leid
- Lilie (an Kleid und Ärmel: für die Eintracht
- Steine am Boden: für harte, schmerzende Worte
- Regenbogen-Gürtel: für unser Denken, das die Welt gestaltet
- Blätter am Boden: für Glück und Wohlstand (asiatisch)
- Regenwolke: für Tränen und trübe Zeiten
- Weg: für den „inneren Weg"

Bild: Auf dem Weg des Lebens (der immer auch den inneren Weg wiederspiegelt) streitet sich ein wütendes Paar.
Die Haare stehen ihnen zu Berge: ein Zeichen für die ungeheure Spannung, die zwischen ihnen besteht. Über ihren Häuptern droht eine sturmverkündende Wolke. Das Kleid der zürnenden Frau weist die gleichen Disteln auf, die mit ihren Dornen auch am Wegesrand stehen, während sie selbst mit ihrem Finger wie mit einem Stachel auf ihn einsticht; das flammend rote Gewand des wütenden Mannes wie auch die Blitze an seinen Stiefeln spiegeln sein inneres Brodeln. Die Steine zu beider Füßen symbolisieren die harten, schmerzhaften Worte, die sich beide schon an den Kopf geworfen haben. Es sieht nicht so aus, als würden sie mit dem gegenseitigen Bewerfen von Anschuldigungen aufhören wollen.
Ein Stück weiter des Weges sind die Wolken längst dabei, sich aufzulösen. Vielleicht haben sie sich auch gar nicht erst zu einer Gewitterfront zusammengeballt. Hier herrscht Einsicht vor – der Streit unterbleibt oder hat sich, ohne Schaden anzurichten, schnell verzogen.
Davon künden die Blätter am Boden, das alte asiatische Zeichen für Glück und Wohlstand. Um dieses Paar steht es wohl, sagen sie uns, und Glücklichsein ist ihnen am Ende bestimmt. Sie trägt den „Regenbogen"-Gürtel zum Zeichen ihrer Bereitschaft, Einsicht zu zeigen; er spiegelt dies in den Farben seiner Bordüren (eigtl. *border*, „Grenze", d.h. seine Grenzen sind offen, er ist offenen Geistes). Dieses Paar verbindet zudem das Zeichen der Lilie, das sie auf ihrem Kleid, er an seinen Ärmeln trägt. Die Lilie ist seit dem Altertum das Sinnbild der Hoffnung, später (im Christentum) das der Unschuld – beide haben keine Schuld auf sich geladen, in ihnen ist die Hoffnung erhalten geblieben und damit die Erwartung einer vor ihnen liegenden, schönen Zeit.

Allgemeine Bedeutung: Einsicht und Streit sind die zwei sich gegenüberliegenden Pole derselben Reaktion – des Denkens über den anderen. Es ist wie bei einem Gefäß: leer steht es für Streit, je mehr es gefüllt ist, desto mehr Einsicht ist vorhanden. Der Karte geht es thematisch darum, dich zu fragen, inwieweit und womit dein „Gefäß" gefüllt / zuwenig gefüllt ist.
Jede Ein•Sicht stellt eine Erkenntnis dar, die dir *ein*geht und die an dir *sicht*bar ist. Denn die Welt ist immer ein Spiegel deines Inneren. So ziehst du – nach dem Resonanzgesetz – Personen und Situationen an, mit denen du dieselbe Schwingung teilst. Insofern wird jede Einsicht, für die du dich öffnest, an dir sichtbar. Sobald du etwas einsiehst, kehrst du wieder zu *ein*er *Sicht*weise zurück. Wo vorher zwei Fälle (Zwei•fel; vgl. die 38. Vayakarte S. 94) herrschten, ist jetzt das Denken wieder vereint. Wenn sich das Denken von Menschen wieder vereint, herrscht unter ihnen Eintracht. Sie tragen nicht nur *ein*e *Tracht* (in diesem Fall das Zeichen der Lilie und das des Regenbogens), sondern *tracht*en auch nach *Ein*heit. Streit dagegen entzieht beiden die wertvolle Vaya. Und wenn diese Energie verloren geht, spüren wir das immer daran, wie „mies" wir uns dann fühlen. Es ist kein Zufall, daß das Anagramm[*)] für Streit das Wort *Triste* ergibt: Traurig-, Trübseligkeit. Triste ist ein anderes Wort für *Feime*, das wir aus ab*ge*feimt kennen. Feimen aber heißt schäumen, und der oft

genannte Schaum vor dem Mund beim Streit ist ein Zeichen der totalen Energiearmut: des drohenden körperlichen Zusammenbruchs.

Im beruflichen Umfeld: Jeder Streit ist ein Verlustgeschäft, denn immer verlierst du, neben der Beherrschung, die kostbarste Essenz des Universums: Vaya, deine Lebensenergie. Jede ehrliche Einsicht führt zu Eintracht und diese zu ihrer Schwester, der Einträglichkeit. Glaube keinem, der sagt, Konflikte seien etwas Positives, und Gewitter reinigten die Luft. Das tun sie zwar, doch zerstören sie tief unter sich immer mehr als sie bereinigen. Und besser als das Be*reinigen* ist das *Einigen*, das ohne den oft wütend geschwungenen Besen auskommt.

In persönlichen Beziehungen: Dasselbe gilt exakt auch für deinen Umgang mit deinen Mitmenschen.

Im Umgang mit dir selbst: „Einsicht ist der erste Schritt zur Besserung," sagt der Volksmund zu Recht. Je mehr (Bereitschaft zur) Einsicht in dir vorhanden ist, desto mehr erkennst du dich selbst und deine *Ein*gebundenheit in das große Netz der Schöpfung.

*) Anagramm = die anders zusammengestellten Buchstaben eines Wortes. Sehr oft enthüllen die Anagramme den wahren Kern des Ursprungswortes oder vertiefen seine Bedeutung. Ein gutes Beispiel dafür ist „Regal" – die Buchstaben ergeben auch „Lager". Welche Anagramme enthält eigentlich dein eigener Name? Du wirst staunen ...

Bedeutung im Legesystem R = E² A L

Auf dem Platz der ERWARTUNG²: Einsicht ist nur denen möglich, die erwarten, daß eine gemeinsame Sichtweise möglich ist und eintreten kann.
Hier fragt dich die Karte, ob du lieber an Vaya (= Lebensenergie) zugewinnen oder sie im Streit verlieren möchtest. Verfahre dementsprechend in deiner Angelegenheit.

Auf dem Platz der AKTION: Einsicht erfordert Annäherung, und zwar eine so nahe, daß beide – gewissermaßen Kopf an Kopf lehnend – in dieselbe Richtung sehen können.
Nur wenn wir vom nahezu gleichen Punkt aus blicken, *haben* wir den gleichen Blickwinkel.
So legt dir die Karte hier nahe, dich bestimmten Personen im Rahmen deiner Angelegenheit anzunähern: physisch und mental. Verringere die Distanz.

Auf dem Platz des LOSLASSENS: Dornen sind das Symbol für Schmerz und Leid. Sie stehen für etwas, in dem wir uns verfangen können. Sich von den Dornen zu lösen kann Schmerzen bereiten, doch ist das schon Teil der Heilung. Welcher Dorn auch immer vor dem Hintergrund deiner Angelegenheit noch in deinem Fleisch sitzt – du treibst ihn nur immer tiefer hinein, wenn du dich nicht davon löst.
Ist kein Stachel mehr da, dann bedanke dich dafür.

Bedeutung im Kontext der ZEIT

Vergangenheit / Darauf gründet es: Alter, tiefsitzender Schmerz stammt von „Wunden", in denen der „Stachel" noch immer steckt. Wenn er nie entfernt wurde, d.h. wenn du dich nie davon gelöst hast, wird auch heute immer weiterer Streit, aber nie Einsicht die Folge sein. Und deine Angelegenheit wird ebenso darunter leiden wie du selbst. Erlebst du stattdessen Einsicht und Einsichtigkeit, dann deswegen, *weil* es dir gelungen ist, dich von allen Dornen zu lösen.

Gegenwart / So ist es: Einsicht ist ein Teil des Denkens in Verbundenheit (vgl. die 36. Vayakarte S. 90). Streit ist die Folge des Denkens in Getrenntheit.
Auf diesem Platz meint die Karte: Du kannst einen Streit nicht gewinnen, weil du bestenfalls *siegen* kannst. Damit aber *verlieren* andere - die Besiegten. Doch infolge der Verbundenheit hast *du* damit genauso verloren. Beginne du damit, die Einsicht zu *zeigen*. Nur so kannst du den Streit beilegen.

Zukunft / Dahin entwickelt es sich: Was unterscheidet Einsamkeit von Gemeinsamkeit? Buchstäblich nur die Vorsilbe GEM. Die Weisheit der Sprache: Ein *Gem* (oder eine *Gemme*) ist ein geschliffener Kristall, in dessen Facetten sich einzelnes tausendfach spiegelt. Der Schliff *veredelt* den St•EIN zur EIN•sicht, so wie das *Gem* die Einsamkeit zur Gemeinsamkeit, zur Gemeinschaft, veredelt. Streit ist der Hammer, der die GEM•EIN•Schaft in tausend Splitter teilt, die dann wie Dornen wirken ...

41
Entwicklung / Stillstand

Kartenart:
Ressourcen / Engpaß-Karte

Ressource = das was du hast
(und einsetzen solltest)
Engpaß = das was dir fehlt

Symbole:
- Lotosblüte (Kleid): für die Gesamtheit der noch nicht entwickelten Möglichkeiten (asiatisch)
- Eiförmiger Anhänger: für den Ur-Anfang und Fruchtbarkeit
- Im Geäst: die Entwicklung einer Raupe zum Schmetterling
- Sicherheitsnadel: für Sicherheit
- Regenbogen-Band: für das Denken, das die Welt gestaltet
- Aufgehender Mandelsame: für das Aufgehen des Geistigen hinter dem im Äußerlichen Verborgenen

Bild: Auf den ERSTEN Blick entwickelt eine Frau eine Mumie. Wie die Regenbogen-Innenseite des Bandes verrät, ist dieser Vorgang des Entwickelns ein Akt des Denkens, wodurch ein Jeder seine Welt gestaltet. Hier ist viel Band abzuwickeln, also viel Denkarbeit zu leisten, um zu dem *eigen*tlichen (was dem *ich eigen* ist) Kern im Innern vorzustoßen – zu dem, was schon immer vorhanden war.

Die Mumie hat die Größe und Form der Frau. Es ist „ihre" Mumie, etwas, das mit ihr persönlich zu tun hat. Es geht um ihre persönliche Entwicklung. Die Lotosblüten auf ihrem Kleid verweisen symbolhaft auf die Gesamtheit der noch nicht entwickelten Möglichkeiten, auf das Potential, das in jedem verborgen liegt.

Im Geäst sehen wir die Entwicklung einer Raupe zum Schmetterling. Wie die Raupe ihre alte Form aufgeben muß, um zu einer neuen, schöneren, leichteren Existenz zu finden, müssen auch wir uns entwickeln, um „weiter" zu kommen: um zu wachsen, um uns zu finden, aber auch um überflüssigen Ballast aus der Vergangenheit abzustreifen, der uns am Fortkommen hindert wie ein um uns geschlungenes Band. Die Farbe des Schmetterlings entspricht der des Kleides, um zu zeigen, daß Mensch wie Schmetterling der Notwendigkeit der Entwicklung (um die *Not* zu *wenden*) unterliegen. Zu Füßen der Mumie geht ein Mandel-Same auf. Die Mandel ist das Sinnbild für das Geistige hinter dem im Äußerlichen Verborgenen. Geht dieser Same auf, erkennen wir – falls wir darauf achten – gleichsam dieses Geistige, blicken tiefer als nur auf das Offensichtliche. *Falls* wir darauf achten; aber genau das tut diese Frau nicht. Sie blickt verträumt umher, achtet weder auf den Mandelsamen noch auf ihr gegenwärtiges Tun. Sie ist nicht im Hier und Jetzt.

Und so erkennen wir auf den ZWEITEN Blick den Stillstand, der immer zugleich auch ein Rückschritt ist. Die zweite Mumie ist mit einer Sicherheitsnadel gegen das Entwickeln gesichert. Sie steht hinter der Frau; was in unserem Rücken liegt, gehört der Vergangenheit an, steht für das Gestern. Heute wickelt sie wieder an einer Mumie – aber wickelt sie sie nun aus oder wieder ein?

Ist sie vielleicht sogar so sehr in ihrem oberflächlichen Denken *ver*wickelt, daß sie Lage um Lage ihres wahren Kerns immer weiter mit Alltagsgedanken *zu*deckt, anstatt zu *ent*decken, was in ihr ist? Die Karte zeigt uns eine Momentaufnahme: wir wissen nicht, ob die Frau sich nun gerade entwickelt, oder ob sie sich – aus lauter Streben nach Sicherheit, aus Angst, sich zu entwickeln – in ihrem Dasein verwickelt hat. *Angst* kommt von *Enge*, und das enganliegende Band unserer eigenen Gedanken kann uns bis zur Bewegungslosigkeit fesseln.

Allgemeine Bedeutung: Entwicklung und Stillstand sind die zwei sich gegenüberliegenden Pole derselben inneren Haltung. Es ist wie bei einem Gefäß: leer steht es für Stillstand, je mehr es gefüllt ist, desto mehr Entwicklung ist vorhanden. Der Karte geht es thematisch darum, dich zu fragen, inwieweit und womit dein „Gefäß" gefüllt / zuwenig gefüllt ist. Die äußere *Ent*wicklung setzt immer eine innere voraus. Eine innere *Ver*wicklung zieht eine äußere Verwicklung nach sich. Wieder gilt: das was dich umgibt ist immer ein Spiegel deines Inneren. Dabei ist das Entwickeln dessen, was in uns ist, an sich so leicht wie das Lösen einer Sicherheitsnadel. Die Frage ist, ob du es wagst, diesen Entschluß (womit das *Schließen* zu *Ende* wäre) zu fassen.

Im beruflichen Umfeld: Das Entwickeln (z.B. von Systemen) ist eine Kernkompetenz. Entwickeln (und Entdecken) aber braucht Zeit und Energie. Die Karte fordert dich auf, zu prüfen, ob du dabei bist, dich (oder deine Sache, deinen Bereich, dein Unternehmen) zu entwickeln. Oder ob du so im Alltag verwickelt bist, daß du buchstäblich „zu nichts kommst" (alles, was du bekommst, ist dann nicht mehr als die-ses *nichts*).

In persönlichen Beziehungen: Entwickelt sich deine Beziehung, oder fühlst du die zunehmende Enge des Bandes? Wenn sich nur einer entwickelt, der andere aber nicht, verwickelt sich jede Beziehung in Konflikte.

Im Umgang mit dir selbst: Wickelst du deine Mumie (dich selbst) ein, oder entwickelst du dich? Es sind allein deine Gedanken, die aus Stillstand Entwicklung machen.

Bedeutung im Legesystem R = E² A L

Auf dem Platz der ERWARTUNG²: Entwickeln als Vorgang deckt das auf, was innen ist. Wenn du Angst vor dem hast, was im Kern zum Vorschein kommen könnte, wirst du „gute" Gründe finden, deine eigene Weiterentwicklung zu hintertreiben. So ist ein persönliches Entwickeln nur dem möglich, der das, was er finden wird, nicht fürchtet. Entwickeln als technische/konzeptionelle Innovation ist parallel dazu nur dem möglich, der Veränderungen positiv erwartet/bejaht.

Auf dem Platz der AKTION: *Der Weg ist das Ziel*, lautet eine alte asiatische Weisheit. Dies trifft in besonderem Maße auf jede Entwicklung zu. Die Frau auf der Karte achtet nicht darauf, was sie tut; sie träumt vor sich hin und verpaßt dabei den Prozeß der Entwicklung.
Darum rät die Karte dir, ganz und gar im Hier und Jetzt dabei zu sein (lat. *inter esse*), während die Entwicklung deiner Angelegenheit stattfindet.

Auf dem Platz des LOSLASSENS: Das Band, das abgewickelt wird, schützte seinen Inhalt bis eben; doch nun wird es nicht mehr gebraucht, es ist ebenso abgewickelt wie abgenutzt. Es hat seine Aufgabe erfüllt. Warum solltest du es noch länger in der Hand behalten? Es steht für das Bisherige, das nun von dem zum Vorschein kommenden ersetzt wird. Solange du aber das Band festhältst, hast du keine Hände frei, dich mit dem Neuen zu beschäftigen.

Bedeutung im Kontext der ZEIT

Vergangenheit / Darauf gründet es: Wie „entdecken" (eigentlich ent*deckeln*, „den Deckel heben") ist auch „entwickeln" das Wiederfinden von etwas, das längst vorhanden ist.
Also ist alles, was du bei deiner Entwicklung findest (gerade im persönlichen Bereich) längst in dir oder deiner Angelegenheit *angelegt* (!). Begrüße es wie einen alten, lange nicht gesehenen Freund.

Gegenwart / So ist es: Mache eine Momentaufnahme von dir und deiner Angelegenheit und frage dich, wo du – im Vergleich zu der Frau auf dem Bild der Karte – stehst. Entwickelst du dich gerade, oder ob verwickelst du dich – aus lauter Streben nach Sicherheit, aus Angst, dich zu entwickeln – in deinem Dasein? Ist das Band, das du in Händen hältst, das Band deiner Entwicklung, oder ist es die Fessel, die dich zum Stillstand zwingt?

Zukunft / Dahin entwickelt es sich: Dies ist der angestammte Platz dieser Karte; ihre Botschaft wirkt hier doppelt gewichtig. Hier rät sie dir, deine eigene Entwicklung wichtiger zu nehmen als all die äußeren Entwicklungen, an denen du beteiligt bist. Denn die äußeren Angelegenheiten sind nur Spiegelbilder deines inneren Seins. Setzt du das Außen höher an als das Innen, *ver*wickelst du dich; es ist keine Frage des *ob*, sondern nur eine der Zeit, wann du still stehst.

42
Atmung / Ersticken

Kartenart:
Ressourcen / Engpaß-Karte

Ressource = das was du hast
(und einsetzen solltest)
Engpaß = das was dir fehlt

Symbole:
- Blauer Kreis : für die Luft (in der Magie, genannt „vayu", d.i. die sich Bewegende, Kraft Gebende)
- Wolken (an Kragen und Ärmel): für die Luft
- dunkler Kessel: als Gegenentwurf zum goldenen Kessel am Ende des Regenbogens
- Gebogene Kaminmauer: als Gegenentwurf zum Regenbogen
- Regenbogenfarbe unter dem Fenster: für das Denken, mit dem wir unsere Welt gestalten

Bild: Ein Mann steht am offenen Fenster und atmet herrlich frische Luft.
Sein Gewand ist mit Wolken bestickt, die für die sich bewegende Luft stehen. Unterhalb des Fensters ist das magische Zeichen für Luft zu erkennen – der blaue Kreis. Er wird *vayu* genannt. Ein anderer Mann droht vor einem Kamin an dem Qualm/Dampf zu ersticken, der dem dort hängenden dunklen Kessel entweicht.
Der Regenbogen mit dem goldenen Kessel an seinem Ende (vgl. Karte 1) ist das vereinende Symbol der Universellen Erwerbsregeln© für ein erfülltes Leben. Er steht damit für die Gesamtheit aller Karten und die an sie geknüpften Gedanken. Der hier sichtbare *dunkle* Kessel unter einem steinernen (Kamin-)Bogen ist sein negatives Gegenstück. Er enthält keinen symbolischen Schatz, sondern ein undefinierbares Etwas, das giftige Dämpfe abgibt und die Lebenskraft Vaya zum Versiegen bringt. Der dunkle Kessel tritt mit seinen Dämpfen (den negativ wirkenden Kräften) immer dann hervor, wenn wir uns gegen die positiven Hinweise der Vaya-Karten und der Universellen Erwerbsregeln© verhalten.

Allgemeine Bedeutung: Atmung und Ersticken sind die zwei sich gegenüberliegenden Pole desselben biologischen Prozesses. Es ist wie bei einem Gefäß: leer steht es für Ersticken, je mehr es gefüllt ist, desto mehr Atmung ist vorhanden. Der Karte geht es thematisch darum, dich zu fragen, inwieweit und womit dein „Gefäß" gefüllt / zuwenig gefüllt ist.
Das Wort Atem stammt aus dem indogermanischen Sprachraum. *Atman* - „Hauch, Seele" nannten ihn die alten Inder und drückten damit aus, wie sehr unsere Seele auf Erden an dieses stete Fließen von frischer Luft gebunden ist. Gleichzeitig wiesen sie darauf hin, daß unsere Seele ein göttlicher Hauch ist, mit dem wir mit der Schöpferkraft des Universums in Verbindung stehen, ja in gewisser Weise ein Teil dieser Schöpferkraft sind. Das richtige Atmen wird gerade in unserem westlichen Kulturkreis kaum beachtet. Wir bewegen uns zu wenig, atmen darum viel zu flach, und ein wenig von den „grünen" Dämpfen (alte, abgestandene Luft) bleibt in unseren Lungen zurück. Die Karte erinnert dich daran, wieder tief durchzuatmen – nicht nur einmal, sondern möglichst stetig und wo immer du kannst. Je tiefer du atmest, desto langsamer atmest du. Der Mensch ist von der Natur für etwa 200 000 000 Atemzyklen[*)] „gebaut"; atmest du flacher, mußt du viel öfter atmen; je öfter du atmest, desto eher sind deine Atemzyklen verbraucht und damit deine Vaya-"Vorräte" dahin. Die betreffenden Organe geben nach Ablauf der besagten Zyklen einfach ihre Funktion auf. Bist du also jemand, der gehetzt und kurzatmig durchs Leben eilt, solltest du jetzt sehr nachdenklich werden. Darüber hinaus regelt dein Atem auch deine Herzfrequenz und deine Hirnfrequenz. Je schneller du atmest, desto heftiger schlägt dein Herz und umso heftiger „toben" deine Gedanken. Willst du deine Gedanken beruhigen, genügt es also, einfach deinen Atem ruhiger und tiefer werden zu lassen.

Im beruflichen Umfeld: Atme tief durch: vor Entscheidungen, schwierigen Gesprächen, vor und bei öffentlichen Reden. Nutze Pausen, um (möglichst im Freien) deine Lunge zu reinigen. Tiefes Atmen sorgt für den Austausch des sauren Gases in deiner Lunge.

Bleibt dieser saure, verbrauchte Luftanteil – wie der grüne Dampf im Bild der Karte – in dir, wirst du tatsächlich *sauer* werden und sauer reagieren.

In persönlichen Beziehungen: Manche Beziehung nimmt uns die Luft zum Atmen. In der Gesellschaft anderer Menschen können wir regelrecht befreit auf- und durchatmen. Kannst du kaum atmen, empfindest du Enge, die Vorstufe der Angst. Warte nicht, bis dieser „grüne Brodem" dich in die Knie zwingt. Suche dir darum die Menschen, mit denen du dich umgibst, danach aus, wie sehr sie dich frei atmen lassen.

Kannst du jemanden „nicht riechen", wie die Redensart sagt, ist das ein Hinweis auf eine mögliche Gefahr, die dein Unterbewußtsein spürt und dir so signalisiert.

Im Umgang mit dir selbst: Wenn dir die Luft zum Atmen fehlt – direkt oder im übertragenen Sinn – handele sofort. Jedes Zögern läßt den „grünen Qualm" stärker entweichen, solange, bis alles in der Nähe erstickt. Umgekehrt gilt: wo die Luft rein und urtümlich ist (z.B am Meer), da tankst du Energie auf.

*) nach Dr. Inge Hofmann, „Lebe faul, lebe länger, München, 2002

Bedeutung im Legesystem R = E^2 A L

Auf dem Platz der ERWARTUNG[2]: Erwartest du schlimme Dinge, fängt deshalb dein Herz an zu rasen, und dein Atem beschleunigt sich, weil Gehirn, Herz und Atem aneinander gekoppelt sind. Beruhigst du bewußt deinen Atem (atmest langsamer), so wirkt sich dies wiederum positiv auf deine Erwartung aus. Konzentriere dich einfach auf die Momente, in denen du ganz ausgeatmet hast – genau dann kannst du nämlich keine Angst verspüren.

Auf dem Platz der AKTION: Eine der einfachsten und ältesten Methoden, wieder zur Ruhe zu kommen, ist, sich völlig auf denn eigenen Atem zu konzentrieren. Sage dir in Gedanken beim Einatmen „*ruhig ...*", beim Ausatmen „*... und entspannt*". Beobachte (ohne einzugreifen) dabei, wie „es" dich atmet. Und alle Hektik fällt mit jedem Atemzug mehr von dir ab. Die Karte rät dir hier, wieder zu Atem zu kommen, was nichts anderes heißt als zur Ruhe zurückzufinden.

Auf dem Platz des LOSLASSENS: Atmen ist ein lebenswichtiger Vorgang, der selbst zur Hälfte aus Loslassen, aus dem Entlassen der verbrauchten Luft, besteht. Willst du Loslassen lernen, so hilft dir Atmen dabei.
Sage dir (in Abwandlung der unter AKTION genannten Übung) in Gedanken beim Einatmen „*ich bin ruhig ...*", beim Ausatmen „ *... und lasse los*". Wiederhole dies, bis du dich wie von einer Last befreit fühlst.

Bedeutung im Kontext der ZEIT

Vergangenheit / Darauf gründet es: Deine Atmung nutzt die knappste Ressource deines Körpers. Du kannst wochenlang ohne Essen und immerhin Tage ohne Flüssigkeit, aber nur Minuten ohne Atem sein.
Die richtige Atmung ist der Kern des richtigen Lebens, wie der Yoga und andere Lehren betonen. Bist du öfter knapp bei Atem, steht es um deine Gesundheit schlecht, auch wenn du dich sonst gesund fühlst. Die Karte rät hier: Sieh deine Atmung als Signal an.

Gegenwart / So ist es: Manche Ereignisse schnüren uns gleichsam die Brust zu – und nehmen uns damit indirekt die Luft zum Atmen. So hältst du unwillkürlich deinen Atem an, wenn du erschrickst; und wenn du Sorgen hast, wird dir dein Kragen zu eng.
Auf diesem Platz bedeutet die Karte: laß jetzt in deiner Angelegenheit alles stehen und liegen und finde zunächst deinen (Atem-)Rhythmus wieder. Egal wie lange du dafür brauchst – nimm dir die Zeit!

Zukunft / Dahin entwickelt es sich: Atmung ist *die* Bewegung, die Leben und Lebendigkeit an sich symbolisiert.
Atmest du falsch, kommt dies einer Funktionsstörung gleich. Dein Körper übersäuert, und du wirst *sauer* vom Verhalten her sein. Atmest du langsam und gleichmäßg und tief, gleicht dies einem Funktionieren, und du entfernst so die „grünen Dämpfe" – und dämpfst damit deine Reaktionen.

43
Konzentration / Verpuffung

Kartenart:
Ressourcen / Engpaß-Karte

Ressource = das was du hast
(und einsetzen solltest)
Engpaß = das was dir fehlt

Symbole:
- Konzentrische Kreise: für die Konzentration
- Sulfur-Symbol (am Ärmel): für das sich Verflüchtigende
- Kugel: für das Manifestieren
- Regenbogen-Halsband: für das Denken, mit dem wir unsere Welt gestalten
- 8 Linien: für das Be-ACHT-en, die ACHT-samkeit, das BetrACHT-en und die W-ACH(T)-samkeit

Bild: Ein Mann zeigt, was er mit Hilfe seiner Konzentration vermag: Eine Kugel manifestiert sich im Zentrum von acht zusammenlaufenden Linien, offenbar nur durch den Geist des sich Konzentrierenden „gerufen".
Dieser Mann trägt das „Regenbogen"-Halsband als Zeichen der Gedanken, mit denen er seine Welt gestaltet. Die 8 Linien vereinen in sich die *Acht*samkeit, die W*acht*samkeit, die Bet*racht*ung, die (Hoch)-*Acht*ung, die Achse (die ja einen zentrierten Drehpunkt braucht); ebenso die Acht (die Ächtung), das Verachten und die Achtung (im Sinne von Vorsicht). Der zweite Mann trägt das *Sulfur*-Symbol an seinem Ärmen als Zeichen des sich Verflüchtigenden. Seine Aufmerksamkeit ist eine nur lose; was ihn ablenkt, wissen wir nicht, doch das Ergebnis seiner Bemühungen ist deutlich sichtbar – seine Manifestation verpufft.

Allgemeine Bedeutung: Konzentration und Verpuffung sind die zwei sich gegenüberliegenden Pole desselben magischen Prozesses. Es ist wie bei einem Gefäß: leer steht es für Verpuffung, je mehr es gefüllt ist, desto mehr Konzentration ist vorhanden. Der Karte geht es thematisch darum, dich zu fragen, inwieweit und womit dein „Gefäß" gefüllt / zuwenig gefüllt ist.
Das Wort MAGIE ist ein Anagramm; wenn du nur einen Buchstaben, das I, aus dem Gefüge löst und an die Spitze des Wortes stellst, erhältst du das Wort IMAGE (Bild). Bildhafte Vorstellung ist das, was der „Magier" beherrscht. Je klarer, deutlicher und zweifelsfreier seine Vorstellung ist, desto leichter manifestiert sich das von ihm gewünschte Ergebnis (Interessanterweise ist der Buchstabe I geformt wie ein senkrecht in die Erde gesteckter Stab. Unser Wort Zentrum, aus dem die Konzentration erwachsen ist, stammt von griech. *kentron* – „Stachelstab" – und bezeichnet einen Stab, den man in die Mitte eines Kreises gesteckt hat). Es geht also um die konzentrierte bildhafte Vorstellung, die in der Lage ist, dem Universum zu zeigen, wie es reagieren soll. Je besser du diese Kunst beherrschst, desto leichter bekommst du all die Dinge, die du glaubst zum Leben brauchen zu müssen.
Dies wirkt auf andere oft wie Zauberei, ist aber nichts anderes als eine seit Urzeiten bekannte Verhaltensweise des Universums. Nämlich die, auf unsere Erwartungen zu reagieren[*)]. Es manifestiert sich immer das, was die meiste Energie hat. Konzentrierte Gedanken sind gebündelte Energie. Beachte bitte, der Manifestierende strengt sich *nicht* an. Er ist hochkonzentriert *und* entspannt dabei. Er weiß, die Welt ist das, was er über sie denkt. Und er ist im Hier und Jetzt, während der andere sich ablenken läßt.
Diese Karte ist einerseits die Vorstufe zur 58. Vayakarte (vgl. S. 134), stellt andererseits aber auch eine(n) eigenständige(n) Ressource oder Engpaß dar.

Im beruflichen Umfeld: Konzentriere dich auf das, was du tust. Fällt dir das schwer, konzentriere dich wieder auf das wirk*lich* (das, was in dir wirkt) *Wesen*tliche. Das ist das, was deinem *eigen*tlichen Wesen (deinem Ich) entspricht. Je mehr du dich dagegen auf dir Wesensfremdes einläßt, desto mehr mußt du dich anstrengen, um es zu erreichen. Auch hier gilt: jedes Vermögen kommt von Mögen.
Die Kraft deiner bildhaften Vorstellung (besonders

im entspannten Zustand) er*mög*licht es dir – zusammen mit deiner Erwartungshaltung – alles, was du willst, zu manifestieren.

In persönlichen Beziehungen: Die Richtung deiner Aufmerksamkeit ist die Richtung, in die Energie fließt. Konzentriere dich auf das Gesicht deines Gegenübers, und es wird ihm leichter fallen, seine Gedanken zu entwickeln. Wenn du mit anderen zusammen bist, widme deine Aufmerksamkeit ihnen. Sei im Hier und Jetzt, sei ganz bei ihnen, höre ihnen wirklich zu. Konzentriere dich auf das Verbindende und nicht auf die Unterschiede, und deine persönlichen Beziehungen werden aufblühen.

Im Umgang mit dir selbst: Sich auf sich selbst zu konzentrieren heißt, sich selbst wichtig nehmen, sich selbst hoch zu achten. Dazu fehlt vielen der Mut. Dabei ist eines gewiß: Konzentriere dich auf dich selbst, und du *wirst* wachsen. Aber mache es richtig: Wenn du dich auf deine Schwächen konzentrierst, werden deine Stärken verpuffen; wenn du dich auf deine Stärken konzentrierst, lösen sich deine Schwächen in Nichts auf.

*) Amit Goswami, „Das bewußte Universum", Freiburg im Br., 1997

Bedeutung im Legesystem R = E² A L

Auf dem Platz der ERWARTUNG²: Würde der Magier bei dem, was er manifestieren will, nicht erwarten, daß es ihm gelingt, hätte er niemals Erfolg. Die Stärke deiner Konzentration und damit die Klarheit deiner bildhaften Vorstellung ist direkt abhängig von dem Maß deiner Erwartung.
Erwarte also ein Gelingen, und die Konzentration stellt sich unwillkürlich ein.

Auf dem Platz der AKTION: Die Karte ist eng verwandt mit der 58. Vayakarte (S. 134); dort wird das Ergebnis der Manifestation beschrieben, hier die Vorgehensweise. Wie die 6. Vayakarte (S.30) verrät, wächst alles mit Aufmerksamkeit bedachte. Konzentration ist *verdichtete* Aufmerksamkeit. Um dich zu konzentrieren, zwinge dich nicht und strenge dich auch nicht an. Komme einfach mit deinen Gedanken immer wieder lächelnd und entspannt auf deine Angelegenheit zurück.

Auf dem Platz des LOSLASSENS: Konzentration ist ein „in die Mitte blicken". Wenn dein Blick aber umherirrt, ist er nicht auf die Mitte gerichtet. Darum richte deinen Blick auf einen Punkt (eine Blume, eine Kerze). Beobachte dann einfach alle Gedanken, die kommen, und sieh ihnen teilnahmslos zu, wie sie wieder entschwinden. So läßt du die Gedanken los, statt sie abzuwehren und damit festzuhalten. Je weniger du dich anstrengst, umso leichter ist es.

Bedeutung im Kontext der ZEIT

Vergangenheit / Darauf gründet es: Alles entsteht, wenn sich dazu etwas konzentriert. Die Himmelskörper sind konzentrierte Massen; Licht ist konzentrierte Energie; du selbst bist konzentriertes Licht.
Also sind die bildhaften Vorstellungen, die du dir machst, dir selbst zutiefst wesensverwandt: sie sind gedanklich konzentriertes (erinnertes) Licht. Es ist die reinste Methode, etwas Neues entstehen zu lassen.

Gegenwart / So ist es: Allein das gedanklich ganz im Hier-und-Jetzt-Sein ist Konzentration – die Konzentration auf den Augenblick und damit auf das Leben. Auf diesem Platz will dir die Karte genau dieses anraten: nimm wieder den Augenblick wahr, den unwiederbringlichen Moment der Gegenwart. Spüre den Wind, bemerke den Duft des Grases, lausche dem Wasser und dem Summen der Insekten oder nur dem Säuseln der Blätter. Fühle dein Herz, wie es in all dem schlägt. Sei wieder du.

Zukunft / Dahin entwickelt es sich: Jede Konzentration erzeugt eine Anziehungskraft (analog der Schwerkraft, die wächst, wenn sich Massen konzentrieren).
Jede Dezentration läßt diese Kraft verpuffen.

44
Achtsamkeit / Träumerei

Kartenart:
Ressourcen / Engpaß-Karte

Ressource = das was du hast
(und einsetzen solltest)
Engpaß = das was dir fehlt

Symbole:
- Schürze: für Ordnungsliebe und Achtsamkeit
- Kastanien (auf dem Krug): für weise Voraussicht
- Seil: für die Achtsamkeit, die an „den Nagel gehängt" wurde
- 8 Linien: für das Be-ACHT-en, die ACHT-samkeit, das BetrACHT-en und die W-ACH(T)-samkeit
- Regenbogen-Schürzenband: für das Denken, mit dem wir unsere Welt gestalten
- Forke: für das Ordnungsprinzip

Bild: Eine Frau beachtet und versorgt eine Katze; eine andere Frau träumt vor sich hin.
Die 8 Linien verraten die Verwandtschaft dieser Karte mit der vorherigen 43. Vayakarte. Sie vereinen in sich die *Acht*samkeit, die W*acht*samkeit, die Bet*racht*ung, die (Hoch-)*Acht*ung, die Achse (die ja einen zentrierten Drehpunkt braucht); aber auch die Acht (die Ächtung), das Verachten und die Achtung (im Sinne von Vorsicht).
Das, was die kniende Frau gerade tut, steht im Mittelpunkt ihrer Achtsamkeit. Die Kastanien auf dem Krug bedeuten „weise Voraussicht". So ist ihr am Wohlergehen ihrer Katze ebenso gelegen wie am frühzeitigen Erkennen und Verhindern einer eventuellen Gefahr: die Forke hängt sicher an ihrem Platz und kann so niemandem schaden. Ihre Schürze symbolisiert ihre Ordnungsliebe und die damit einhergehende Achtsamkeit: sie achtet auf die Dinge ebenso wie auf sich selbst. Ihr Zopf ist wohlgeflochten, ihr Äußeres sauber und gepflegt. Die Regenbogenfarben verraten, daß auch sie weiß, inwieweit ihr Denken ihre Welt gestaltet.
Das Seil in Form einer Acht steht für die Achtsamkeit, die jemand buchstäblich „an den Nagel gehängt", also aufgegeben hat. Dies meint die im Freien liegende Frau, die schon über ihr ungepflegtes Äußeres zu verstehen gibt, wie wenig sich auf sich selber achtet.
Der durch herabgerollte Steine umgestürzte Napf ihrer Katze zeigt, daß die Frau auch auf ihre Umwelt nicht mehr achtet und auf jene, die sie (wer weiß, wie lange noch?) lieben. Die Katze hat kein Futter, derweil ihre Besitzerin in den Tag hinein träumt. Sie verachtet gleichsam die Liebe ihres Tieres, weil sie sich nicht länger um dessen Wohlergehen kümmert. Selbst Gefahren beachtet sie nicht: ein weiterer loser Felsen droht auf ihren Kopf zu fallen. Der Skorpion steht für den (Tag-)Traum, der zum Albtraum wird, wenn er an die Stelle des wirklichen Lebens tritt.

Allgemeine Bedeutung: Achtsamkeit und Träumerei sind die zwei sich gegenüberliegenden Pole derselben Lebensweise. Es ist wie bei einem Gefäß: leer steht es für Träumerei, je mehr es gefüllt ist, desto mehr Achtsamkeit ist vorhanden. Der Karte geht es thematisch darum, dich zu fragen, inwieweit und womit dein „Gefäß" gefüllt / zuwenig gefüllt ist.
Wer nicht mehr auf andere achtet, verachtet sie. Wer nicht mehr auf sich selbst achtet, hat die Achtung vor sich selbst verloren. Wer seine Selbstachtung verloren hat, wird bald von der Gesellschaft geächtet.
So schön wie (Tag-)Träumen an sich ist, so gefährlich wird es, sich dieser Träumerei anstelle des eigentlichen Lebens hinzugeben. Verwahrlosung und der Verlust der „Achse", um die sich das bisherige Leben drehte, sind die Folge. Dabei spielt es keine Rolle, ob die Träumerei aus Angst vor dem wahren Leben oder aufgrund von chemischen Substanzen stattfindet.
Acht•Sam•keit enthält den *Samen* der *Acht*. Die liegende Acht ∞ ist unser Zeichen für die Unendlichkeit. Achtsamkeit stellt also deine Form der Verbindung mit dem Universum dar, enthält den Keim des Schöpferischen in dir. Achtsamkeit ist gesteigerte Aufmerksamkeit und erzeugt qualitatives Wachstum exakt dort, worauf du achtest.

Im beruflichen Umfeld: Je mehr du auf dich achtest (Kleidung, Äußeres und Inneres, z.B. mentales Training), desto mehr Achtung wird dir entgegengebracht. Doch ein bißchen (Tag-)Träumen ist erlaubt und wirkt wie Salz in der Suppe – hieraus speisen sich deine Visionen, ohne die es keine Innovationen gibt.

In persönlichen Beziehungen: Je mehr du auf dich, deine Umwelt und deine Mitmenschen achtgibst, desto mehr wird man dich beachten. Achtgeben heißt die Verantwortung übernehmen; verwechsele es niemals mit Kontrolle. „Nur die wahrhaft Großen achten das Kleine; die aber nur groß zu sein scheinen, zerbrechen es" *(Gertrud Maasen)*.

Im Umgang mit dir selbst: Der Alltag ist wie ein rauher Mühlstein: er bringt Träume zum Platzen. Darum achte beizeiten darauf, deine Träume zu realisieren. Dies geht aber nur durch Aufwachen und gelebte Achtsamkeit. Achte auf dich und deine wahren Wünsche. „Wer sich selbst nicht respektiert, kann nicht erwarten, daß andere ihn achten" *(Liv Ullmann)*. Du kannst alles erschaffen, wenn du den Samen der Acht gezielt pflanzt und hegst.

Bedeutung im Legesystem R = E² A L

Auf dem Platz der ERWARTUNG²: (Auf etwas) achten stellt das Wahrnehmen eines Wertes dar. Ob du nun auf dich, auf Dinge oder andere Menschen achtest, immer erhöhst du den Wert des Beachteten. Gleichzeitig erwartest du, seinen Wert dadurch zu erhöhen, *indem* du darauf achtest; sonst würdest du es nicht tun. Getreu dem Satz *bedenke wohl, worum du bittest, es könnte dir gewährt werden* sei dir des tatsächlichen Wertes des von dir Erwarteten bewußt.

Auf dem Platz der AKTION: Achten stellt das Beachtete in den Mittelpunkt dessen und erhöht die dich umgebende Qualität. Wen oder was hast du im Kontext deiner Angelegenheit längere Zeit nicht beachtet? Worauf hast du eine zeitlang nicht geachtet? Ändere dies, indem du neue Achtsamkeit hierin walten läßt. Selbst einfaches Beachten (das signalisierte Wahrnehmen der Gegenwart des anderen) erhöht dich und den anderen in eurer beider Lebensqualität.

Auf dem Platz des LOSLASSENS: Träumereien halten den Träumenden ebenso gefangen wie feste Mauern und Stahl. Achtsamkeit kann nur leben, wer seine Träume nicht mit der Wirklichkeit verwechselt und sie an deren Stelle setzt.
Rüttle dich wach – Wachsamkeit ist die Bedingung zur Achtsamkeit – und überlasse deine Träume für jetzt den Traumgefilden. Nur so kannst du mit dir und anderen achtsam umgehen.

Bedeutung im Kontext der ZEIT

Vergangenheit / Darauf gründet es: Das, worauf geachtet wird, stellt den Dreh- und Angelpunkt (die *Achse*) des jeweiligen Geschehens dar.
Was immer im Zusammenhang mit deiner Angelegenheit heute nicht stimmt, rührt daher, daß du oder andere zuwenig darauf geachtet haben.
Umgekehrt gilt: das, was heute wohl steht, rührt daher, daß du oder andere genug und rechtzeitig darauf geachtet haben.

Gegenwart / So ist es: Nachlassendes Achten, nachlassende Achtsamkeit läßt die Träume von der Zukunft (was wird sein, deine Sorgen und Ängste) oder der Vergangenheit (Spekulationen über „was wäre, wenn damals …", sowie deine Hassgefühle und Verletzungen) neu entstehen und verringert den Wert der Gegenwart. Deine zunehmende Achtsamkeit, dein zunehmendes Achten erhöht deine Gegenwart und damit auch die Achtung, die dir entgegengeb*rach*t wird.

Zukunft / Dahin entwickelt es sich: Träume halten dich vom Leben fern.
Achtsamkeit bringt dich in den Mittelpunkt (dort, wo die acht Linien zusammenlaufen) deines Seins.

45
Erwartungen /
Befürchtungen

Kartenart:
Ressourcen / Engpaß-Karte

Ressource = das was du hast
 (und einsetzen solltest)
Engpaß = das was dir fehlt

Symbole:
- Lotosblüte (Deckel der Schatulle): für die Gesamtheit der noch nicht entwickelten Möglichkeiten
- Fackel: für Licht und Erleuchtung
- Leiter: für den Weg nach oben
- Luke: für den offenen Geist
- Öffnen der Schatulle: für das Bejahen der Dinge und Ereignisse
- Regenbogen-Farbe der Schatulle: für das Denken, mit dem wir unsere Welt gestalten
- Offenes Schloß: für den Entschluß, etwas Bestimmtes zu erwarten

Bild: Das Innere eines Hauses.
Eine Frau kommt aus ihrem *dunklen* Gemach. Voller Entsetzen sieht sie ihren Mann eine Schatulle öffnen – sie *befürchtet* offenbar das Schlimmste. Was auch immer die Schatulle enthalten mag, es kann nur schlecht sein ...
Der Mann hingegen steht im Licht, und dies gleich doppelt: die Fackel beleuchtet den Raum, in dem er sich aufhält, und die geöffnete Luke (die seinen offenen Geist versinnbildlicht) erhellt zusätzlich die Szene. Das offene Schloß zeigt seinen Entschluß, etwas Bestimmtes zu *erwarten*; und sein Gesichtsausdruck zeugt von Neugier und beginnender Freude.
Die Regenbogenfarbe der Schatulle verrät, daß beide Recht haben. Es ist unser Denken, mit dem wir die Welt gestalten. Was wir erwarten, tritt ein. Eine Befürchtung ist ebenfalls eine Erwartung, doch eine mit einem dicken Minuszeichen davor. Würde sie anstelle ihres Mannes die Schatulle öffnen, *würde* etwas Schlimmes daraus erwachsen, eben *weil* sie es befürchtet.
Die dunkle Kammer der Frau verweist auf ihre dunklen Gedanken, die ihr und dem Haus, in dem beide wohnen, bisher jeden Wohlstand versagt haben. Dies bezeugen die rohen Wände. Der Balken, der über dem Haupt der Frau „schwebt", bedrückt sie buchstäblich.
Die Leiter zeigt an, daß auf des Mannes Seite (auf seiner Seite der Sicht) das Licht ist und der „Weg nach oben" führt. Er erwartet etwas Positives, auf das es sich zu freuen lohnt. Und so *wird* etwas Angenehmes daraus erwachsen, eben *weil* er es erwartet. Sein Gürtel zeigt, daß er bereit ist (er ist „gegürtet").

Allgemeine Bedeutung: Erwartungen und Befürchtungen sind die zwei sich gegenüberliegenden Pole derselben Sichtweise. Es ist wie bei einem Gefäß: leer steht es für Befürchtungen, je mehr es gefüllt ist, desto mehr Erwartungen sind vorhanden. Der Karte geht es thematisch darum, dich zu fragen, inwieweit und womit dein „Gefäß" gefüllt / zuwenig gefüllt ist.
„Was wir erwarten, werden wir finden," sagte Aristoteles. Erwartungen bestimmen nach der Realisierungsformel ($R = E^2AL$) *im Quadrat* die Wahrscheinlichkeit der Realisierung aller unserer Taten und des Eintretens aller Ereignisse, die uns betreffen.
„Denn was ich gefürchtet habe, ist über mich gekommen, und wovor mir graute, hat mich getroffen." Diese Aussage aus dem Buch Hiob 3,25 zeigt eindeutig: es ist dem Universum völlig gleichgültig (in gleicher Weise gültig), *ob* du etwas *und* was du erwartest oder befürchtest. Worauf du deine Aufmerksamkeit richtest, das wächst. Punkt. Ob es gut oder schlecht ist, interessiert den Schöpfergeist des reagierenden Universums nicht.
Du hast deinen freien Willen bekommen, um damit zu tun, was du tun willst. Wenn du dich fürchtest, nun, dann ziehst du das herbei, wovon du befürchtest, das es eintritt. Wenn du auf etwas wartest (ohne Zweifel an seinem Eintritt), dann ziehst du das herbei, wovon du erwartest, das es eintritt. Hättest du Zweifel, würdest du ja befürchten, es könnte eventuell doch nicht eintreten. Und genau *das* tritt dann auch ein. Es manifestiert sich immer das, was die meiste Energie hat. Erwartungen wie Befürchtungen sind *mit Emotionen aufgeladene Energiefelder*, die – solcherart verstärkt – räumlich unbegrenzt und ohne Zeitverlust (alles be-)wirken.

Im beruflichen Umfeld: Ängste sind die Schwestern der Befürchtung. Wenn du befürchtest, daß man dich auslachen, nicht befördern, versetzen oder gar entlassen wird, dann trägst du mittels des so generierten Energiefeldes erheblich dazu bei. Dasselbe gilt umgekehrt für deine Erwartungen. Man hat herausgefunden, daß Kriminalisten, die erwarten, den Täter zu überführen, die entsprechenden Hinweise auch finden. Während jene, die befürchten, der Täter könne ihnen durch die „Lappen" gehen, die entscheidenden Hinweise übersehen. Der Erfolgsfaktor liegt also einzig und allein bei allen deinen Geschäften in deiner Erwartungshaltung begründet.

In persönlichen Beziehungen: Wenn du erwartest (befürchtest), jemand wolle sich (nicht) mit dir verabreden, hast du Recht. Denn dein Energiefeld sorgt dafür. Es wirkt in Nullzeit und absolut verläßlich.

Im Umgang mit dir selbst: Erwarte einfach nur das Beste. Dann laß los und überlaß dem Universum den Rest.

Bedeutung im Legesystem R = E² A L

Auf dem Platz der ERWARTUNG²: Hier ist der angestammte Platz dieser Karte; ihre Bedeutung wirkt darum doppelt gewichtig.
Was du erhältst, ist *niemals* das, was sich im Innern der Schatulle auf dem Kartenbild wirklich befindet; sondern *immer* das, was du meinst, das es für dich bedeutet.

Auf dem Platz der AKTION: Der physische oder auch geistige *Ort*, von dem aus du etwas erwartest, ist entscheidend für die Hell-/Dunkel-Qualität deines geistigen Blickwinkels. Was dich umgibt, prägt deine Wahrnehmung und damit auch deine Erwartungshaltung. Kommst du aus dem Dunkel, siehst du selbst das sanfte Helle als grell und gefährlich an.
Darum stelle dich zuerst ins Licht und gib dann deine Erwartung „dem Universum als Bestellung" hin.

Auf dem Platz des LOSLASSENS: Das Loslassen entspricht bei dieser Karte dem Öffnen der Schatulle. Bedenke, daß du ihren Inhalt als „Paket" selbst beim Universum bestellt hast. Gefällt dir nun nicht, was du erhalten hast, so laß es ohne Groll und Bitterkeit einfach fahren; der Weg hinaus (über die Leiter der Karte) ist immer offen. Bist du stattdessen zufrieden, so laß einen GeDANken los – bedanke dich in der dir richtig erscheinenden Art und Weise.

Bedeutung im Kontext der ZEIT

Vergangenheit / Darauf gründet es: Alles im Universum ist vom Schöpfergeist durchdrungen – auch du trägst ihn in dir. So erschaffst du unentwegt deine Realität. Kraft des dir gegebenen freien Willens (der ein Teil der Schöpfungskraft ist) vermagst du alles zu tun und *tust* es auch unabläßig, wenn auch meistens unbewußt. So ist alle Klage Selbstanklage, denn du hast es bewirkt; und aller Frohsinn ist Freude an dir selbst, denn du hast es gleichfalls bewirkt.

Gegenwart / So ist es: Jeder Augenblick deines Lebens ist (wie) eine Zauber-Schatulle, die du öffnest. Der mächtige Zauber liegt darin, daß du – während du den Deckel anhebst – mit deinen Gedanken bestimmst, was sich in der Schatulle befindet. Wie häufig, fragt dich die Karte auf diesem Platz, warst du in Gedanken ganz woanders, während du den Deckel anhobst? Und wie häufig hast du dich gewundert, nichts oder sogar Schlechtes darin vorzufinden?

Zukunft / Dahin entwickelt es sich: Dein Leben jetzt ist die Summe deiner bisherigen Erwartungen und Befürchtungen.
Es wird sich auch weiterhin dahin entwickeln, daß es stets der Qualität deiner Erwartungen und Befürchtungen entspricht.
„Das, was du erwartest, tritt ein." Das bestätigt dir zum Vergleich auch die 19. Vayakarte (S. 56), die Schwesterkarte der vorliegenden.

46
Gedanke / Auflösung

Kartenart:
Ressourcen / Engpaß-Karte

Ressource = das was du hast
(und einsetzen solltest)
Engpaß = das was dir fehlt

Symbole:
- Bambusstab: für die Stufen geistiger Entwicklung, auch glückbringend
- Gedankenwolke: für das Sein („ich denke, also bin ich")
- Mantel: für Schutz
- Blüte (vom Ast des Baums der Schönheit, vgl. Karte 35): für die Schönheit als höchster Energieträger
- Inhalt der Gedankenwolke: für das Vaya-Land, in dem alles möglich ist für den, der da denkt und glaubt

Bild: Wir erkennen zwei Bilder: das der äußeren und das der inneren Welt.
Im Äußeren sehen wir einen Mann einen Berg hinansteigen. Während er geht, gehen ihm Gedanken durch den Kopf – wie außen, so innen.
Da der Wanderer denkt, ist er. Und er ist, was er denkt. Denn die Welt ist, was wir von ihr denken, und da der Wanderer ein Teil der Welt ist, erschafft er sich durch seine Gedanken gewissermaßen ununterbrochen selbst. Sein Stab aus Bambus steht in China als Zeichen der geistigen Entwicklung und auch als Glückbringer. Sein Mantel bietet ihm Schutz.
Der Berg der Erkenntnis, den er besteigt, ist (noch) kahl, denn noch sind seine Gedanken nicht gerichtet, noch nicht aufmerksam auf etwas konzentriert.
Die innere Welt des Wandernden zeigt uns einen Ausschnitt des Vaya-Landes. Wir sehen vielerlei Gedanken, vertreten durch einige der Symbole, die uns die übrigen Karten näher erschließen: das sind die Möwe („Jonathan") als Ausdruck des freien Willens; die Burg der Gewohnheiten; das Schiff des Entdeckers (der Neugierde); die Krone des Wachturms; der Schlüssel des Entschließens; die Kette der Entschlußlosigkeit, die uns hindert, der zu sein, der wir wollen; die Nahrung und die Blüte der Schönheit als Energieträger; der gefüllte Schatzkessel als Zeichen dessen, was uns nach dem Entschluß erwartet; das Schwert des Verstandes, das so häufig trennt anstatt zu verbinden; die Kristalle der Manifestation; die Kugeln der Konzentration; das Regenbogenband wie auch der Regenbogen selbst; das liebende Paar als Zeichen des höchsten Mögens; der Wasserfall mit dem Wasser als Urquell des Lebens ...
Die durchscheinende Gestalt am Fuße des Berges bewegt sich dagegen nicht und wendet dem Berg der Erkenntnis zudem den Rücken zu. Sie beginnt sich aufzulösen. Es sind keine Gedanken mehr vorhanden, darum ist auch eine äußere Bewegung nicht mehr möglich. Wo keine Gedanken sind, löst sich jede Existenz – auch auf der körperlichen Ebene – auf. Wer immer weniger (vor allem immer weniger Neues) denkt, dessen Gehirn löst sich infolge der Inaktivität und der damit verbundenen Unterforderung allmählich regelrecht auf. Das Gedächtnis läßt nach, frei nach dem englischen Motto: „if you don't use it, you loose it" (wenn du es nicht gebrauchst, verlierst du es). Mit dem Gedächtnis aber verlierst du dich selbst.

Allgemeine Bedeutung: Gedanke und Auflösung sind die zwei sich gegenüberliegenden Pole der Existenz. Es ist wie bei einem Gefäß: leer steht es für die Auflösung, je mehr es gefüllt ist, desto mehr Gedanken sind vorhanden. Der Karte geht es thematisch darum, dich zu fragen, inwieweit und womit dein „Gefäß" gefüllt / zuwenig gefüllt ist.
Die Karte fordert dich auf, dir deiner Gedanken wieder bewußt zu werden. Du denkst etwa 60 000 Gedanken täglich. Doch wieviel sind davon nahezu diegleichen wie gestern? Weil du fast dieselben Gespräche mit denselben Menschen führst? Wieviel davon sind Gedanken des Mangels, der Armut, der Eifersucht? Wieviel davon sind Gedanken, die deiner Selbstachtung zuträglich sind?

Im beruflichen Umfeld: Jeder Mensch hat statistisch gesehen pro Jahr etwa drei Gedanken, von denen jeder einzelne rund eine Million Euro wert ist. Innerhalb deines Arbeitslebens, also zwischen dem 20. und dem 60. Lebensjahr, macht das satte 120 Millionen Euro, die du – – höchstwahrscheinlich nicht hast. Weil du deine Gedanken nicht wichtig nimmst, nicht achtsam genug bist, dich selbst nicht wichtig genug nimmst. Weil du nicht auf deine Intuition hörst, sondern stattdessen dem täglich nahezu gleichen Geplapper deines Verstandes folgst. Die gute Nachricht ist: du kannst es ändern. Jetzt. Gleich. „Es geschieht nichts gutes, außer man tut es" (Erich Kästner).

In persönlichen Beziehungen: Die Karte legt dir die hohe Bedeutung deiner Gedanken für deine Beziehungen nahe. So *wie* du über andere denkst, so wirst du dich ihnen gegenüber verhalten. Mißfallen dir deren Reaktionen, so liegt es an *dir*, es zu ändern.

Im Umgang mit dir selbst: Beschäftige dich *regelmäßig* einmal in der Woche für mindestens 15 Minuten mit einem Thema, das dir vollkommen fremd ist. Das sind 780 *Goldene-Kessel*-Minuten im Jahr, mit und in denen du dein Gehirn trainierst und so deine Denkfähigkeit bis ins hohe Alter in Form hältst. *Ich denke, also bin ich*, hat Descartes festgestellt. Für dich heißt das: Du bist, wenn, was und wie du denkst.

Bedeutung im Legesystem R = E² A L

Auf dem Platz der ERWARTUNG²: Erwartungen *sind* zweifelsohne Gedanken. Willst du, daß deine Erwartungen für dich arbeiten? Dann denke deine GeDANKEn so, daß sie im Kern schon jetzt das DANKE enthalten für das, was du erst eintreten lassen möchtest.
Sei dir gewärtig – morgen wirst du das sein, was du heute denkst.

Auf dem Platz der AKTION: Gedanken sind flüchtig, heißt es - ein großer, folgenschwerer Irrtum. Einmal gedacht, sind sie vorhanden und wirken weiterhin, auch wenn sie dein Bewußtsein längst verlassen haben. Auf deinem Weg *bewirken* deine Gedanken, was dir begegnet und widerfährt. Viele wissen das; doch die meisten tun nicht, was sie wissen. Sie denken so, als sei das, was sie denken, nicht wichtig. Und du? Die Welt *ist* das, was du von ihr denkst.

Auf dem Platz des LOSLASSENS: Manche Gedanken sind wertvoll, andere sind zerstörerisch. Da du immer nur einen Gedanken gleichzeitig denken kannst, bist du es, der auswählen kann, was du denkst (vgl. 26. Vayakarte S. 70). So kannst du alle zerstörerischen Gedanken loslassen, indem du etwas anderes *tust*. Sei der Denker deiner Gedanken und nicht der Gedacht-Werdende.

Bedeutung im Kontext der ZEIT

Vergangenheit / Darauf gründet es: Da die Welt ist, was du von ihr denkst, kreierst du (erschaffst du) dich und deine Lebensumstände sekündlich neu.
Im Zusammanhang mit deiner Angelegenheit ist alles so gekommen, wie du es durch deine Gedanken kreiert hast. Gedanken sind mächtig – und werden durch Wiederholung nicht stumpfer, sondern kräftiger.

Gegenwart / So ist es: Frage dich: *Wer bist du?* Und frage dich das eine Viertelstunde lang in Abständen von 30 Sekunden immer wieder (besser, du läßt dich von einem vorbereiteten Band mit deiner Stimme fragen): *Wer bist du?*
Nimm deine spontanen Antworten auf einem zweiten Band auf oder notiere sie, und du wirst nach dieser Viertelstunde wissen, was du über dich derzeit *tatsächlich* denkst. Es wird dich überraschen ...

Zukunft / Dahin entwickelt es sich: Denkst du groß, wird sich alles um dich (dich eingeschlossen) groß entwickeln.
Denkst du klein, wird sich alles um dich (dich eingeschlossen) klein entwickeln.
Denkst du von Mal zu Mal klciner, wird sich alles um dich (dich eingeschlossen) nach einiger Zeit auflösen.

47
Lebenslust / Lebensschmerz

Kartenart:
Ressourcen / Engpaß-Karte

Ressource = das was du hast
(und einsetzen solltest)
Engpaß = das was dir fehlt

Symbole:
- Saturnsymbol (an Ärmel und Saum): für Melancholie und Trauer
- Blüte der Schönheit: für Schönheit als höchsten Energieträger
- Mantel: für Schutz
- Das Zerbrochene: für das zerbrochene Lebensglück
- Kolibri: für die Leichtigkeit des Seins
- Regenbogen-Federkleid des Kolibri: für das Denken, mit dem wir unsere Welt gestalten

Bild: Auf grauem Fels kauert zusammengesunken ein Mann, dessen „Welt" zusammengebrochen ist. Was immer es war, es liegt nun in Scherben vor ihm. Wolken schweben über seinem Haupt. Sein Leben hat damit für ihn allen Glanz verloren, um ihn herum erscheint ihm alles grau in grau. Er sieht die Blumen nicht, die direkt vor seinen Augen blühen, er blickt nicht nach oben, wo über ihm die Blüten der Schönheit den Kolibri locken.
Schönheit ist der höchste Energieträger, und gerade hier würde der den Lebensschmerz Erduldende neue Kraft gewinnen können. Denn alle Kraft hat ihn verlassen – die zusammengesunkene Gestalt des Mannes zeugt von seinem Mangel an Energie. Er hat sie verloren, weil er seine Aufmerksamkeit etwas längst Dahingegangenem schenkt. Doch was zerbrochen ist, kann nicht mehr wachsen; es ist tot. Auf etwas Totes die Aufmerksamkeit zu richten gleicht dem Versuch, ein totes Pferd zu reiten – es ist sinnlos und kostet Lebenskraft. Der Kolibri, ein Meister der Leichtigkeit, kündet zudem mit seinem regenbogenfarbenen Federkleid von der Macht, mit dem Denken die Welt zu gestalten. Der im Lebensschmerz Versunkene achtet auch seiner nicht. Und so sinkt er immer tiefer. Seine Jacke ist mit dem Symbol des Saturn bestickt, dem Planeten der Melancholie und der Trauer.
Ganz anders ergeht es dem Lebenslustigen. Wie die Frau der Karte 35 achtet er auf die Schönheit. Er kann so seine Lebensenergie auf einem hohen Stand halten. Er erfreut sich an den kleinen Dingen ebenso wie an dem großen Ganzen, denn er hat die Lektionen des Kolibri verstanden: „Es liegt in deiner Hand, das Leben leicht zu nehmen. Denn mit deinem Denken gestaltest du deine Welt". Seine Kleidung verrät, wie wohl es um ihn steht. Dies ist kein Wunder, die äußere Welt ist stets ein Spiegel der inneren.

Allgemeine Bedeutung: Lebenslust und Lebensschmerz sind die zwei sich gegenüberliegenden Pole der inneren Erfahrung. Es ist wie bei einem Gefäß: leer steht es für den Lebensschmerz, je mehr es gefüllt ist, desto mehr Lebenslust ist vorhanden. Der Karte geht es thematisch darum, dich zu fragen, inwieweit und womit dein „Gefäß" gefüllt / zuwenig gefüllt ist.
Die Leichtigkeit des Kolibri und sein sich Ernähren von der Blüte der Schönheit enthält noch eine weitere, nicht auf den ersten Blick sichtbare Botschaft. Der Vogel ist leicht, die Blüten sind schön durch das Licht, das sie reflektieren. *Leicht* und *Licht* sind sprachlich äußerst eng verwandt, wie uns das englische *light* deutlich zeigt. Dies verrät uns einmal mehr, daß in der Wahrnehmung der Schönheit (über das Licht) die Kraft liegt, das Leben leicht zu nehmen. Licht ist ein Teil der Strahlung, genau, wie dies auch der Schall ist (nur mit entsprechend tieferer Frequenz). Darum kannst du Schönheit natürlich auch hören. So ist aller Lärm häßlich und nimmt dir Energie (macht dich krank), eine harmonische Melodie oder das Säuseln eines Baches gibt dir dagegen Kraft.

Im beruflichen Umfeld: Alle wirklich Großen in der Wirtschaft betrachten ihr Geschäft als Spiel, als etwas, das ihnen Freude macht. Die Einstellung von *Thomas Alva Edison* verrät diese Lebenslust, der, als seine Fabrik bis auf die Grundmauern abgebrannt war, nur lächelte und sagte: „Jetzt haben wir die Chance, die Fabrik so wieder neu aufzubauen, wie sie uns wirklich gefällt". Frage dich (wenn die Welt mal wieder über dir zusammenbricht) wie der *Herr der Ringe*-Regisseur *Peter Jackson* (der als einziger Regisseur der Welt drei Filme gleichzeitig drehte): „Ist das, was ich gerade tue, exakt das, was ich im Moment wirklich tun will?" Kannst du mit „Ja" antworten, wirst du spüren, wie die Leichtigkeit und die Lebenslust sofort zurückkehren.

In persönlichen Beziehungen: Risse in Beziehungen sind wie Risse in Vasen – du kannst sie vorübergehend kitten, aber die schadhaften Stellen bleiben erhalten. Sie sind die Vorboten des Bruchs. Beziehungen gehen (nicht immer, aber eben auch manchmal) zu Ende. Ist das der Fall, nutzt alles Starren auf die Scherben nichts. Denn du siehst nur Grau, wo um dich doch Leuchten ist. Neue Beziehungen folgen – wenn du es willst. Je mehr du am Leben Freude hast, desto *freund*licher ist das Leben zu dir.

Im Umgang mit dir selbst: Lebenslust kehrt zurück, wenn du am Leben Lust verspürst. Dazu sei – hier und jetzt – im Leben lustig. Habe Freude, lache, lerne, liebe.

Bedeutung im Legesystem R = E² A L

Auf dem Platz der ERWARTUNG²: Was siehst du, wenn dir ein Mißgeschick passiert? Peinlichkeit? Die Chance, zu lernen? Oder lachst du über dich? So, wie du die Ereignisse siehst, die gerade sind, so ist auch deine Erwartung auf künftige Ereignisse. Dein Sehen entspricht deiner Einstellung. Empfindest du das Leben als lustvoll, so erwartest du Lustvolles. Empfindest du das Leben als schmerzhaft, so erwartest du Schmerzhaftes.

Auf dem Platz der AKTION: Achte bewußt auf die Dinge, die einen Aspekt von Lebenslust für dich ausstrahlen. Wie das Tao-Zeichen ☯ zeigt, hat jedes Licht im Kern einen Schatten, und jeder Schatten trägt einen Kern aus Licht in sich. So kannst du selbst im tiefsten Dunkel noch Aspekte des Freudigen erkennen, wenn du danach suchst. Darum suche danach – das ist hier die Botschaft dieser Karte.

Auf dem Platz des LOSLASSENS: Scherben sind Scherben. Dem nachzutrauern, was sie vorher waren, bringt die „vergossene Milch" nicht zurück. Was immer zerbrochen ist, es geschah, um Platz für etwas Neues entstehen zu lassen.
Dieses Neue zu sehen heißt, das Vergangene loszulassen. Trauer heißt, es festzuhalten.

Bedeutung im Kontext der ZEIT

Vergangenheit / Darauf gründet es: Dies ist die Schwesterkarte der 8. Vayakarte (S. 34). Du kannst warten, bis der Lebensschmerz so groß ist, daß du ihn nicht mehr erträgst und dich deshalb davon entfernst. Du kannst aber auch gleich der Lebenslust entgegengehen. Es ist in beiden Fällen derselbe Weg. Der eine macht nur mehr Spaß und Freude.
Was sagt dir das in Bezug auf deine Angelegenheit?

Gegenwart / So ist es: Es sind wieder diese zwei, drei Sekunden, die du als Gegenwart empfindest, in denen wirklich *alles* geschieht. Jetzt und hier triffst du die Entscheidung, ob du einen Grund zur Freude oder einen Grund zum Ärgern oder gar Leiden hast.
Die Wahl liegt bei dir.

Zukunft / Dahin entwickelt es sich: „Was wir suchen, werden wir finden" *(Aristoteles)*. Suche den Schmerz, die Krankheit, die Angst, und du wirst all dies finden. Suche die Lust, die Freude und das Mögen und die Liebe, und du wirst auch hier fündig werden.

48
Energie (Vaya) /
Nichtexistenz

Kartenart:
Ressourcen / Engpaß-Karte

Ressource = das was du hast
 (und einsetzen solltest)
Engpaß = das was dir fehlt

Symbole:
- Energieblitz: die Strahlen formen das Wort VAYA
- Sonne: die Energiespenderin
- Blumen: für durch Vaya ermöglichtes Leben
- Hände: für die Energieübertragung (z.B. beim *Reiki* geben)
- Wolken: für den Wasser- und Luftkreislauf, der Energie verbreitet (s. a. Feng Shui – „Wind Wasser")
- Regenbogen-Gürtel: für das Denken, mit dem wir unsere Welt gestalten

Bild: Eine Frau - die gestaltgewordene Vaya – läßt das Land ergrünen und erblühen.
Sie trägt ein Kleid aus den Farben der Sonne, was ihre Verwandtschaft mit dieser natürlichen Energiespenderin bezeugt. Ihre Hände geben Lebensenergie – das Wort VAYA zuckt als Blitz zwischen ihnen auf. Die Vaya trägt den „Regenbogen"-Gürtel, denn gerade im Licht ist sie vorhanden, ganz besonders in allem, was uns über unsere Augen als schön erscheint. So ist unsere schöpferische Macht, mit unserem Denken unsere Welt zu gestalten, ein Nebeneffekt des Vayaflusses.
Das graue Land daneben löst sich nicht etwa auf – es existiert nicht einmal, nur als bloße Möglichkeit. Erst wenn auch dort die Lebensenergie fließt, kann dort etwas sein.
Alles was ist, ist von Vaya erfüllt. Jeder Stein, jeder Wassertropfen, jede Pflanze und erst recht jedes Wesen. Materie ist die niederste Stufe (Schwingung) des Geistes, und Geist ist die höchste Stufe (Schwingung) der Materie.
Wo Vaya – die Lebensenergie – fließt, ist Sein und mitten darin auch Leben. Wo sie nicht fließt, existiert nichts außer der Möglichkeit des Existierens.

Allgemeine Bedeutung: Energie (Vaya) und Nichtexistenz sind die zwei sich gegenüberliegenden Pole des Seins. Es ist wie bei einem Gefäß: leer steht es für die Nichtexistenz, je mehr es gefüllt ist, desto mehr Energie (Vaya) ist vorhanden. Der Karte geht es thematisch darum, dich zu fragen, inwieweit und womit dein „Gefäß" gefüllt / zuwenig gefüllt ist.
Ob du diese Kraft nun Ki, Chi, Mana, Anam, Prana, Licht oder Vaya nennst oder schlicht Lebensenergie – ihrem Vorhandensein verdankt alles im Universum seine Existenz.
Je mehr Vaya du in dir ansammelst, desto besser fühlst du dich. Du bist kerngesund und vibrierst förmlich vor Energie, kannst dich federleicht und wie be*schwingt* bewegen – eine Folge der hohen Schwingung in dir. Genau das verrät die Bedeutung der alten indoeuropäischen Sprachwurzel *vaya*: Kraft und Schnelligkeit.
Wenn du krank bist, fehlt deinen Kreisläufen nur und nichts anderes als diese Lebensenergie. Sehr viel von dieser Energie. Geht sie zur Neige, stirbst du. Insofern ist jedes Gesundwerden nichts anderes als eine Zunahme der Vaya in dir. Alles, was dir Energie raubt, ist schädlich. Wenn du Vaya verlierst, spürst du es *immer* daran, daß du beginnst, dich schlechter zu fühlen. Wenn du Lebensenergie bekommst, spürst du es *immer* daran, daß du beginnst, dich besser zu fühlen. Darum ist Lachen die beste Medizin. Darum sind frisch Verliebte so gut wie immun, weil die wechselseitig fließende Vaya ihr Immunsystem stärkt und immer stärker werden läßt. Darum wirkt Schönheit gesundheitsfördernd, und darum ist z.B. Lärm (als häßliches Geräusch) so krankheitsauslösend, denn es entzieht dir Energie.

Im beruflichen Umfeld: Bei jedem Kampf, im Großen wie im Kleinen, geht es im Kern nur um den Kampf um Energie. Das ist die Wurzel allen Übels, die Quelle aller Probleme auf diesem Planeten. Und zugleich die Herausforderung der Menschheit überhaupt (was bedeutet, das es *über* unseren *Häuptern* schwebt). Dabei ist aller Kampf sinnlos, denn durch den Vaya-Fluß, der immer in Richtung deiner Aufmerksamkeit fließt, machst du immer nur deinen Gegner stärker (Wer z.B. die Arbeitslosigkeit bekämpft, trägt zu ihrem Wachstum bei). Meide also allen Kampf und jeden Krampf. Stattdessen trage dazu bei, daß es den Menschen besser geht, egal wo und wie. So erregst du die Aufmerksamkeit vieler, und damit trägst du zum Vayafluß bei, der zurück (als Glück, als Freude, als Gesundheit, als Erfolg, als Geldstrom) in deine Richtung führt.

In persönlichen Beziehungen: Wenn du anderen etwas *vorjammerst*, stiehlst du ihnen Energie. Wenn du dich *unnahbar* machst, stiehlst du ihnen Energie. Wenn du andere *mit Fragen in die Ecke drängst*, desgleichen. Wenn du andere mit Worten oder Taten *einschüchterst*, erst recht. Niemand wird dich als Vaya-Räuber mögen. Willst du Anerkennung, laß genau diese 4 Dinge sein.

Im Umgang mit dir selbst: Die Karte weist dich auf deinen Umgang mit der Lebensenergie hin. Nur du weißt, ob du derzeit zuviel Vaya verlierst oder soviel von ihr hast, daß du anderen davon abgeben solltest.

Bedeutung im Legesystem R = E² A L

Auf dem Platz der ERWARTUNG²: Du bist Energie und brauchst sie zugleich, um zu existieren. Lebensenergie ist überall vorhanden und durchdringt alles, steht dir also überall zur Verfügung. Um sie dir zufließen zu lassen, genügt es, dieses Zufließen zu erwarten. Besonders geeignete Quellen sind: dich erfreuende Pflanzen (besonders alte Bäume), schöne Dinge, schöne Umgebungen, denn dort sammelt sich das Ki, Mana, Prana, Aman oder eben – Vaya.

Auf dem Platz der AKTION: Nimm eine freundliche Haltung gegenüber deiner Energiequelle ein. Erfreue dich an der Schönheit (vgl. die 35. Vayakarte S.88), die du wahrnimmst, und sie wird zu dir zu fließen beginnen. Spüre, wie sie dich nach und nach erfüllt, indem du einfach auf dein Wohlbefinden achtest. Du fühlst dich am wohlsten, wenn dein Vayalevel am höchsten ist. Verbinde dich mit deiner Quelle und lade dich so jederzeit wieder auf.

Auf dem Platz des LOSLASSENS: Du verlierst Energie, wenn du dich Lärm und Häßlichkeit im weitesten Sinn – wozu auch Haßgefühle gehören – aussetzt (vgl. hierzu auch die 10. Vayakarte S. 38). Desgleichen an „Energievampire", die deine volle Aufmerksamkeit an sich fesseln: Einschüchterer, Vernehmensbeamte, Unnahbare und Arme Ichs (nach J. Redfield). Willst du deine Energie behalten, so meide den Umgang mit solcherlei Energieräubern. Laß sie los.

Bedeutung im Kontext der ZEIT

Vergangenheit / Darauf gründet es: Da ursächlich alles Energie ist, kannst du über die Energiegesetze buchstäblich alles verstehen. Auch die dieses Buch durchziehende Realisierungsformel R = E² A L ist natürlich ein Energiegesetz (s. Anhang) und daher wirksam. Was du tust oder läßt, was dir widerfährt oder nicht, letztlich ist alles nur ein Spiel, ist ein Hin-und-Her-Fließen von Lebensenergie (Vaya). Betrachte einmal unter dieser „Lupe" deine Angelegenheit!

Gegenwart / So ist es: Siehst du nicht klar – und das *ist* augenblicklich der Fall, sonst würdest du nicht die Vayakarten zu Rate ziehen – so erhöhe zuerst (wie nebenstehend unter AKTION beschrieben) deine Energie. Solange dein Vayalevel im unteren Bereich liegt, kannst du kaum denken und handeln. Hast du deinen Energielevel angehoben, klärt sich auch dein Blick. Ziehe anschließend eine weitere Karte zu deiner Angelegenheit, und du wirst klar sehen, was nötig ist.

Zukunft / Dahin entwickelt es sich: Gesundheit ist ein Ausdruck hoher Vaya. Wohlstand ist ein Ausdruck hoher Vaya (Geld ist fließende Energie). Liebe ist ein Ausdruck hoher Vaya. Sinkt dein Energielevel, sinken auch die daran geknüpften Werte. Krankheit ist ein Ausdruck niedriger Vaya. Armut ist ein Ausdruck niedriger Vaya. Einsamkeit ist ein Ausdruck niedriger Vaya. Senkst du deine Energie immer weiter, führt dies zur Aufhebung deiner Existenz.

49
Schönheit / Häßlichkeit

Kartenart:
Ressourcen / Engpaß-Karte

Ressource = das was du hast
 (und einsetzen solltest)
Engpaß = das was dir fehlt

Symbole:
- Blüten der Schönheit: für die Schönheit (die zugleich Nahrung ist)
- Pfau: für die Augen, um zu sehen
- Schmetterling: für Leichtigkeit und Schönheit
- Spinne: für die (von vielen so empfundene, den Spinnen aber Unrecht tuende) Häßlichkeit
- Wasserfall und Wolke: für Feng Shui („Wind Wasser")
- Regenbogen-Band: für das Denken, mit dem wir unsere Welt gestalten

Bild: Die Szene ist der vorhergehenden der 48. Vayakarte ähnlich – und doch völlig anders.
Hier begegnet uns die gestaltgewordene Schönheit als schön anzusehende Frau. Verführerisch und erhaben zugleich ist ihr einziger Sinn, zu gefallen. Ihre Sinnlichkeit ist sinnlos ohne jemanden, der die Schönheit genießen kann. Hierfür steht der Pfau, selbst ein Sinnbild von Schönheit und „Träger der Tausend Augen" in seinem Federkleid, die einerseits gesehen werden wollen und andererseits sehen sollen.
Die Frau trägt das Zeichen der Sonne (als Energiespenderin) auf ihrer Brust und verweist damit auf ihre Verwandtschaft mit der Vaya, der Lebensenergie.
Und sie ist umgeben von der Schönheit der Natur, denn sie spendet Energie durch ihr bloßes Vorhandensein.
Da ist der energiespendende Wasserfall, der sich in einen idyllischen See ergießt. Da sind die Blüten der Schönheit, bei denen ein Schmetterling vor Wonne taumelt. Da ist das „Regenbogen"-Band der Göttin *Iris*, zum Zeichen der Macht unserer Gedanken, die Welt zu gestalten. Da sind die Blätter am Boden, die Glück verheißen. Über allem lacht ein strahlend blauer Himmel mit der Sonne im Zenit. Und Friede herrscht dort, wo Schönheit und Harmonie erblühen.
Die Redensart „Böse Menschen haben keine Lieder" verweist auf das Vorhandensein von Schönheit in Gesängen und Melodien.
Beinahe leblos ist dagegen das Land der Häßlichkeit. Die Gestalt gewordene Häßlichkeit in Form des häßlichen Mannes entzieht ihrer Umgebung alle Farbe und alle Energie. Der Baum ist verdorrt, im Netz der (oft, aber zu Unrecht) als häßlich empfundenen Spinne kann sich nichts mehr fangen.

Allgemeine Bedeutung: Schönheit und Häßlichkeit sind die zwei sich gegenüberliegenden Pole des Vayaflusses. Es ist wie bei einem Gefäß: leer steht es für die Häßlichkeit, je mehr es gefüllt ist, desto mehr Schönheit ist vorhanden. Der Karte geht es thematisch darum, dich zu fragen, inwieweit und womit dein „Gefäß" gefüllt / zuwenig gefüllt ist.
Die beiden Pole wirken wie gegenläufige Strudel im Fluß.
Schönheit zieht Energie an durch ihre Beachtung (gibt sie aber sofort in *höherer* Qualität wieder ab (z.B. in Form von Glück). Häßlichkeit entzieht Energie, gibt sie aber sofort in *niederer* Qualität wieder ab (z.B. in Form von Aggression).
Wir sprechen häufig von „strahlender" Schönheit; hierin liegt ein Hinweis auf die Energiehaftigkeit des Schönen. Seit neuestem weiß die Biologie, daß nicht nur die Pflanzen, sondern auch wir Menschen teilweise Licht in Nahrung umwandeln können. Lichtmangel macht uns depressiv, genau wie Häßlichkeit. Beides führt über den Energieentzug zur Krankheit. Wer es nicht glaubt, lebe einmal ein Jahr lang in einem Betonsilo (viele tun das leider ein meist kürzeres Leben lang). Wem es gut geht, der „strahlt" ebenfalls vor Glück. Auch hier die Gleichsetzung von Energie mit Schönheit, Wohlergehen und Frieden.

Im beruflichen Umfeld: Praktische Dinge und Behausungen (z.B. Fabriken) sind selten schön. Maschinen sind häßlich, *weil* wir sie im Grunde verachten – sie sind unsere metallenen Sklaven. Wir halten es nicht für nötig, sie zu verzieren oder sie harmonisch in eine ebenso harmonische Umgebung zu stellen. Wir beten den rechten Winkel an, etwas, das es in der Natur gar nicht gibt, und übersehen dabei, wie unnatürlich wir inzwischen leben, wohnen und arbeiten. Dabei verschwenden wir unglaubliche Mengen an Energie.

Ein natürlich belassener Fluß enthält die meiste Energie. Er tritt höchst selten über die Ufer und mutet uns als schön an. Doch das *begradigte* Flußufer (wie alles Begradigte) entzieht Energie; wo Energie abnimmt, folgen Krankheit und Tod. Das Klügste, das du tun kannst, ist, an deinem Arbeitsplatz dafür zu sorgen, daß die Energie zum Wachsen bei dir bleibt. Dies ist nur durch Erhalten oder Wiederherbeiführen der Schönheit in deinem Verantwortungsbereich möglich.

In persönlichen Beziehungen: Mache es anderen schön, und es wird auch für dich schön werden. Suche und erkenne die Schönheit im anderen; auch wenn sie tief verborgen ist, sie ist in jedem vorhanden.

Im Umgang mit dir selbst: „Jeder, der sich die Fähigkeit erhält, Schönes zu erkennen, wird nie alt werden". Dieser Satz von *Franz Kafka* faßt wunderschön zusammen, was diese Karte dir mitteilen will.

*) Der goldene Schnitt ist die Teilung einer Strecke in zwei Abschnitte. Das Zahlenverhältnis ist 1:1,618 oder 3:5. Der g.S. ist *all*-gegenwärtig: Im Mikrokosmos im genetischen Kode, im Aufbau des Sonnensystems, im menschlichen Körper und seinen Proportionen, in der Mathematik (Fibonacci-Zahlen), in der Musik, Malerei, Bildhauerei, Fotografie, Architektur ... Chaosforscher sagen, der g.S. „hält auf noch unerklärliche Weise das Universum stabil". Kurz: *Schönheit* hält das Universum stabil.

Bedeutung im Legesystem R = E² A L

Auf dem Platz der ERWARTUNG[2]: Schönheit kann dir in unterschiedlichster Form begegnen; sie *wird* es vermehrt tun, wenn du nach ihr Ausschau hältst. Dies ist wiederum nur möglich, wenn du erwartest, auf sie zu treffen. Umgekehrt wird sie dir fernbleiben, wenn du die Welt für einen düsteren Ort hältst, an dem die Dinge sich täglich zum Schlechteren wenden. Damit machst du um die Hauptquelle der Lebensenergie einen Bogen.

Auf dem Platz der AKTION: Schönheit ohne ihre Betrachtung und Beachtung ist sinnlos, weil ihre *Sinn*lichkeit auf keinen *Sinn* trifft, der sie wahrnimmt. Rechtwinklige Räume und Formen wirken auf uns deswegen so sinnentleert, weil sie unsere Sinne nicht ansprechen. Daher kosten sie uns Kraft (Vaya). Sorge einerseits für mehr und höhere Energie-Qualität in deinem Umfeld, und nimm andererseits die vorhandene Schönheit wahr. Das rät dir diese Karte hier.

Auf dem Platz des LOSLASSENS: Nur weil du dich an etwas gewöhnt hast (z.B. die Einrichtung eines Raumes), heißt das nicht, daß du die alte Gewohnheit beibehalten *mußt*. Um deine Umgebung kraftvoller zu gestalten, mußt du jedoch die alten Arrangements aufgeben und sie durch schönere, ansprechendere ersetzen. Laß den rechten Winkel los, wo immer es geht. Vermeide darüber hinaus deinen Aufenthalt an langweiligen und häßlichen Orten.

Bedeutung im Kontext der ZEIT

Vergangenheit / Darauf gründet es: Schönheit ist (über den sogenannten „goldenen Schnitt") ein funktionaler Aspekt des Universums. Überall dort, wo Vaya gut fließt, nähern sich die Maße und Werte dem goldenen Schnitt an. Und dieses Zahlenverhältnis*) empfinden wir als schön. Das Universum produziert Schönheit, weil es in seinen Urfesten (s. Anmerkung oben) darauf ruht. Jede Häßlichkeit wirkt umgekehrt, also destabilisierend, zersetzend und lebensfeindlich.

Gegenwart / So ist es: Schönheit braucht Zeit, um sich an ihr zu erfreuen. Was immer auch deine Angelegenheit ist – für ihre Fortführung brauchst du Energie höherer Qualität, die dich reinigt und kräftigt; und nicht eine niederer Qualität, die dich zersetzt.
Die Karte auf diesem Platz fordert dich auf, dir diese Zeit zu nehmen und Schönheit „zu tanken". Danach wirf einen Blick auf deine Angelegenheit und prüfe, wo sie verschönert werden kann. Und das tue dann.

Zukunft / Dahin entwickelt es sich: Da Schönheit stabilisiert und Häßlichkeit destabilisiert, kommt es darauf an, inwieweit du aus der Botschaft dieser Karte Konsequenzen – im Zusammenhang mit deiner Angelegenheit – folgen läßt.
Schönheit ist die wohl am meisten unterschätzte Ressource überhaupt. Sie scheint keinen praktischen Wert zu haben. Dabei ist sie im Mikro- wie im Makrokosmos *der Stabilisierungsfaktor*. Von ihr geht alles aus.

50
Nahrung / Hunger

Kartenart:
Ressourcen / Engpaß-Karte

Ressource = das was du hast
(und einsetzen solltest)
Engpaß = das was dir fehlt

Symbole:
- Armes Haus auf leerem Feld: für den Hunger
- Grab: für den Hunger-Tod
- Bücher: für die geistige Nahrung
- Regenbogen-Band: für das Denken, mit dem wir unsere Welt gestalten
- Blüte: für die Schönheit

Bild: Ein Mann sitzt an einem reichlich gedeckten Tisch – er hat Nahrung im Überfluß. Nicht nur materielle, sondern auch geistige Nahrung, wie die Bücher zeigen.
Er weiß, dieser Überfluß kommt nicht von ungefähr – er ist das Ergebnis seiner Gedanken, mit denen er seine Welt gestaltet, wofür das „Regenbogen"-Band steht. Sein leibliches Wohl erwächst auch aus seinem Sinn für die Schönheit, wie die daneben liegende Blüte der Schönheit beweist. Hinter ihm sprießt das Korn mit dicken Ähren, über ihm trägt ein Apfelbaum reiche Ernte.
Auf dem Land daneben herrscht nackter Hunger vor. Die Schale des Hungernden ist nutzlos, denn es gibt nichts, womit er sie füllen könnte. Seine Angehörigen wühlen in der Erde des leeren Feldes, um noch irgendwo etwas Eßbares zu finden. Doch ihre Mühe ist vergeblich, wie das Grab neben dem einsamen Haus erkennen läßt. Die Bäume dort tragen keine Früchte, das Land selbst ist steinig und unfruchtbar. Der Hungernde krümmt sich zusammen; nicht nur wegen seines Nahrungsmangels, sondern auch, weil ihn die Sorge um seine Familie niederdrückt. Sein Gesichtsausdruck ist der eines Aussichtslosen, und so gibt er sich ganz seinem Schmerz hin.
Beide Männer stehen für das *Prinzip* von Vorhandensein von Nahrung und deren Nichtvorhandensein. Sie sind nicht wirkliche, lebende Nachbarn, so daß – auf dieser Karte – der sich am Überfluß Erfreuende dem Hungernden nichts von seinem Tisch abgeben kann.

Allgemeine Bedeutung: Nahrung und Hunger sind die zwei sich gegenüberliegenden Pole des *Vorhandenseins* von Energie. Es ist wie bei einem Gefäß: leer steht es für den Hunger, je mehr es gefüllt ist, desto mehr Nahrung ist vorhanden. Der Karte geht es thematisch darum, dich zu fragen, inwieweit und womit dein „Gefäß" gefüllt / zuwenig gefüllt ist. Nahrung ist alles, was wir *nah* an uns heranlassen. Auf der materiellen Ebene essen und trinken wir „geronnene Energie", wie *Albert Einstein* Materie einmal beschrieb. Wir brauchen einen steten Nachschub an dieser Form der Energie, sonst leiden wir Hunger. Leiden wir ihn lange, erkranken wir (und sterben im schlimmsten Fall). Licht brauchen wir ebenfalls, um gesund zu bleiben. Wir werden u.a. sonst depressiv. Licht höherer Qualität (Schönheit) wertet unser Leben auf und macht, daß wir uns besser fühlen. Mit anderen Worten: wir verwerten die darin gespeicherte Energie, weil wir sie *nah* an uns heranlassen. Es ist Nahrung. Gedanken (aus Büchern, aber auch aus Filmen, Erzählungen usw.) sind geistige Nahrung. Wir nehmen sie ebenso in uns auf und reagieren verwertend darauf. In diesem Sinn ist alles ein *Träger* von Energie/Nahrung, was wir nah an uns heranlassen: Sonnenlicht, Schönheit, eine liebevolle Partnerschaft, erholsamer Schlaf, die Worte eines Freundes oder guten Therapeuten, positive Gedanken sowie die Nahrungsaufnahme in Form von Lebensmitteln[*]. Das *Mittel* oder der Mitmensch stellt den Träger (den Ver*mittler*) der Energie dar, nicht jedoch die Energie selbst.
Nach all dem empfinden wir Hunger, wenn es in nicht ausreichender Menge vorhanden ist.

Im beruflichen Umfeld: Gib den Menschen, wonach sie „Hunger" verspüren, und dein Erfolg wird unaufhaltsam sein. Hunger ist – im direkten wie im übertragenen Sinn – immer ein Mangel. Darum suche nach Orten und Situationen, in denen ein Mangel herrscht, und konzentriere dich darauf, diesen Mangel zu beheben. Jede Entwicklung wird durch ihren Engpaß verhindert, jede Auflösung dieses Engpasses bringt die Entwicklung voran (und beruflich den, der dafür verantwortlich ist).

In persönlichen Beziehungen: „Liebe geht durch den Magen", heißt es. Achte täglich darauf, wonach dein(e) Partner(in) „hungert" – und dann stille diesen Hunger. Aber in *allen* Bereichen, nicht nur beim Essen.

Im Umgang mit dir selbst: Die Qualität der Nahrung ist ein Maß für die Energie, die in ihr gespeichert ist. Von minderwertiger Nahrung brauchst du mehr, um daraus dieselbe Menge an Energie zu beziehen. Und die Menge an Schlackestoffen ist in Mitteln minderer Qualität wesentlich höher. Die Folge: du nimmst um vieles mehr vom Schlechten zu dir als vom Guten. Darum kann die Qualität deiner Nahrung gar nicht hoch genug sein.

*) Lebensmittel = Vermittler von Leben. D.h.: nicht das Mittel selbst, sondern sein *Informationsgehalt* ist von Bedeutung. Je mehr wir diesen Informationsgehalt zerstören (wie dies nachweislich Mikrowellen tun), desto mehr verwandeln wir es in ein „Totes"-Mittel. Dieses Prinzip gilt auch für die Zerstörung der Qualität unserer Gedanken.

Bedeutung im Legesystem R = E² A L

Auf dem Platz der ERWARTUNG²: Es gibt in deiner Angelegenheit einen Mangel an etwas, und folglich einen „Hunger" danach. Wer hungert, kann an nichts anderes mehr denken als daran, diesen Mangel aufzulösen. Wenn du die- oder derjenige bist, der diesen Hunger *stillen kann*, so tue es – man wird dir alle Türen öffnen. Bist du es, die oder der den „Hunger" *verspürt*, so setze alles daran, diesen Engpaß vordringlich aufzulösen; alles andere ist zweitrangig.

Auf dem Platz der AKTION: Um einen Mangel aufzulösen, gibt es den idealen Weg: finde jemand, der genug von dem hat, wonach in deiner Angelegenheit „gehungert" wird. Dann finde heraus, wonach *dieser* Jemand „hungert", und stille *sein* Bedürfnis nach dieser speziellen „Nahrung". Beim Auswählen deiner *Lebensmittel* achte auf hohe Qualität. Nahrung minderer Qualität stillt nie wirklich den Hunger, sie füllt nur belastend den Magen.

Auf dem Platz des LOSLASSENS: Die Gefahr bei jeder Form von Nahrung besteht darin, sich zu „überfressen" – zuviel davon nah an sich heranzulassen. Dieses gierige Verhalten erwächst aus der Angst, daß nicht genug davon da sei, und man diese aktuelle Gelegenheit jetzt nutzen *muß*. Hier rät dir die Karte, dir der dich umgebenden Fülle wieder/neu bewußt zu werden. Vertraue dem Universum. Nichts geht jemals wirklich zur Neige, alles ist im Überfluß vorhanden, deine Angst ist irreal. Vertraue.

Bedeutung im Kontext der ZEIT

Vergangenheit / Darauf gründet es: Die gesamte Evolution des Lebens wächst in die jeweiligen Mangel-, Lücken- oder Hungersituationen hinein. Woran es jeweils gerade mangelt und ob es möglich ist, diesen Mangel aufzulösen, bestimmt immer den Verlauf der Dinge. Dem, der sich auf die bestehenden Mängel konzentriert und sie auflöst, treibt stets die Evolution (in ihrer Gesamtheit ebenso wie in einer bestimmten Angelegenheit) voran – kurz, er hat Erfolg.

Gegenwart / So ist es: Dies ist die Schwesterkarte zur 23. Vayakarte (vgl. S. 64). Du bist das, was du in dich aufnimmst. Aber die Karte ist zugleich die Schwesterkarte zur 4. Vayakarte (vgl. S. 26). Denn du bist *auch* die Person, deren Wert (und Nutzen) für die anderen darin liegt, inwieweit du ihre Mängel (ihren Hunger) aufzulösen verstehst. Bist du der erste, der einzige oder der beste, der dies tut, so wird man dich auf Händen tragen.

Zukunft / Dahin entwickelt es sich: Der Trend der Natur und damit des Universums geht immer zur energetisch reineren Lösung. Dies gilt für alle Lebensbereiche. Ob in der Qualität der Nahrung oder in der Qualität der Auflösung des Mangels. Je reiner, höherwertiger, lichtintensiver deine Nahrung ist, desto besser bekommt es dir. Je einfacher, eleganter, aufwandsreduzierter du andere Mängel (den Hunger nach etwas) und anderer Leute Mängel (deren Hunger) auflöst, desto besser bekommt es dir.

51
Licht (Wärme) / Dunkelheit (Kälte)

Kartenart:
Ressourcen / Engpaß-Karte

Ressource = das was du hast
(und einsetzen solltest)
Engpaß = das was dir fehlt

Symbole:
- Sonne und Feuer: für Licht und Wärme
- Schneemauer: für Dunkelheit und Kälte und Erstarren
- Regenbogen-Schmetterling: für das Denken, mit dem wir unsere Welt gestalten
- Vulkan: für das Feuer der Erde sowie die mütterliche Wärme (*Gea* ist die große Mutter Erde)
- (Sonnen-)Blumen: für das Lebendig-Sein

Bild: Ein Gestalt gewordener Licht- und Feuerbringer hält eine Schale, in der ihr Inhalt gefahrlos handhabbar ist. Es könnte *Prometheus* sein, der den Menschen das Feuer brachte, den die Römer *Vulcanus* nannten.
Feuer kommt von ihm als Gabe, Wärme als Geschenk.
Seine Weste ziert das Sonnensymbol, seine Hose zeigt Flammeninsignien. Doch sein Hemd wirkt kalt wie das eisige Weiß der schneebedeckten Berge. Dies weist darauf hin – wenn das Feuer erlischt, kehren Kälte und Dunkelheit nicht etwa zurück: sie sind immer da, Licht und Feuer überdecken sie nur.
Dort, wo der Licht- und Feuerbringer wandelt, ist gleichsam die Sonnenseite des Lebens. (Sonnen-)Blumen umgeben ihn: Licht läßt Pflanzen und alles Leben entstehen. Auch die Sonne selbst, die einem Heiligenschein ähnlich sein Tun (und den Ort seines Denkens) beleuchtet, ist ihm nahe. Im Hintergrund lodert ein Vulkan – als Symbol der Wärme der Erde, die zugleich im mythologischen Sinn Mutterwärme ist. Das Feuer des Berges stellt keine Bedrohung dar, denn seine Wärme und seine Nährstoffe machen das Land fruchtbar und reich. So schreitet er voran: er ist (geistig wie körperlich) beweglich, er vermag sich selbst der Kälte zuzuwenden.
Dort erstarrt eine Frau in eben dieser Kälte. Fehlende Wärme und zunehmende Dunkelheit lassen in ihr kein Leben mehr entstehen. So muß sie stellvertretend selbst die Haltung eines Fötus annehmen, doch dieser Ersatz ist erbärmlich und nur äußerlich. Innere Dunkelheit sieht das Licht im Außen nicht, weist selbst das kostbarste Geschenk zurück. Herzenskälte zwingt sie hinunter auf einen steinharten Weg, der hier sein Ende findet. Ihre Kapuze trägt das Zeichen des Frostes. So, wie in ihrem Inneren Dunkelheit vorherrscht, nimmt der Schatten um sie beständig zu. Der „Regenbogen"-Schmetterling, der eben glücklich noch in der Sonne tanzte, stürzt, über der Eiseslandschaft seiner Kräfte jäh beraubt, zu Boden. Dies meint: je kälter und dunkler es um und in uns wird, desto schwerer fällt es uns, leichte und lichte Gedanken zu denken und so unsere Welt zu einer positiven umzugestalten.

Allgemeine Bedeutung: Licht (Wärme) und Dunkelheit (Kälte) sind zwei weitere sich gegenüberliegende Pole des *Vorhandenseins* von Energie. Es ist wie bei einem Gefäß: leer steht es für die Dunkelheit (Kälte), je mehr es gefüllt ist, desto mehr Licht (Wärme) ist vorhanden. Der Karte geht es thematisch darum, dich zu fragen, inwieweit und womit dein „Gefäß" gefüllt / zuwenig gefüllt ist. So fragt sie dich, inwieweit du mehr Helligkeit und mehr Wärme verbreiten kannst.
Dies kann wörtlich bedeuten, deine Umgebung einschließlich dir selbst (durch Lampen oder durch ein Öffnen der – geistigen? – Vorhänge) zu erhellen. Oder im übertragenen Sinn, ein Leuchten in die Augen deiner Mitmenschen zu „zaubern". Es kann mehr menschliche Wärme meinen, aber auch die wohlige Wärme (z.B. durch *Reiki*), die zur Heilung nötig ist. Licht und Wärme boten noch vor wenigen hundert Jahren des Nachts über Schutz; insofern ist auch der Schutz (den du jemandem bieten könntest) ein Thema, das diese Karte mit anspricht.

Im beruflichen Umfeld: Licht und Wärme regeln

nicht nur das Weltklima, sondern auch das Klima innerhalb und außerhalb von Unternehmen. Wenn dir Licht / Wärme als Ressource fehlen, wirst du frostiges Klima ernten. Sendest du stattdessen Licht und Wärme aus – nicht nur (aber auch) in Form einer Werbebotschaft – dann änderst du das Klima deines Betriebes für alle spürbar zum Positiven.
Willst du sonniges Lachen bei deinen Kunden und Mitarbeitern? Gefühlskälte ist kein Zeichen von Stärke, sondern ein Hinweis auf die fehlende Ressource Herzenswärme. Alles in der Natur strebt zum Licht – auch der Mensch im beruflichen Umfeld.

In persönlichen Beziehungen: Heiße Romanzen erleben nur die, die füreinander entflammen. Willst du, daß man dir mit leuchtenden Augen entgegenkommt? Dann bringe täglich ein wenig mehr Licht in den trüben Alltag.

Im Umgang mit dir selbst: Brennt in dir noch die Flamme der Begeisterung? Wenn du dich für etwas begeisterst, erregst du am leichtesten die Herzen der anderen. Erregung aber ist Bewegung, die stete Begleiterin der Wärme. So bewegst du andere, und so bewegst du dich.

Bedeutung im Legesystem R = E² A L

Bedeutung im Kontext der ZEIT

Auf dem Platz der ERWARTUNG²: Da du selbst aus nichts anderem als aus Licht bestehst, ist es dir auch gegeben, Licht und Wärme zu verbreiten, beides zu *geben*. Du hast soviel davon, teile es (mit).
Hältst du Licht und Wärme dagegen in und bei dir zurück, so gibst du nicht und drückst somit einen Mangel aus: du erwartest – bewußt oder unbewußt – die Dunkelheit und die Kälte, und *deshalb* werden sie auch eintreten. Du selbst ziehst sie herbei.

Vergangenheit / Darauf gründet es: Das erste Ereignis des Universums war ein gigantisches Licht, das alles erfüllte: der sogenannte „Urknall", mit dem alles begann. Seitdem ist viel von diesem Licht geronnen und zu Stofflichkeit geworden, doch immer noch ist es das, was es war – Licht und damit Wärme. Darum bist auch du ein Wesen aus Licht und sehnst dich nach Licht. Und jeder andere ist dies ebenso und verspürt dasselbe Sehnen. Erkenne dieses Licht im anderen, und ihr beide seid (wieder) eins.

Auf dem Platz der AKTION: Jetzt bringe Licht und Wärme in deine Angelegenheit, da sonst das Pendel in Richtung Dunkelheit und Kälte schwingt. Du wirst am besten wissen, wodurch, da du weißt, was fehlt. Verwende wärmende Worte, aufhellende Gesten, warme Farben, helle Lampen, strahlende Zuversicht, sei ein leuchtendes Vorbild oder gar der wörtliche Bringer von Licht und Wärme, indem du für warme Kleidung sorgst oder für ein Feuer, zu dem andere finden und an dem sie sich wärmen können.

Gegenwart / So ist es: Licht ist das, woraus alles besteht. Licht ist das, was wir einst waren, sind und wieder sein wollen. Das wissen und spüren wir auf zellularer Ebene genau, weswegen es kein Wesen gibt, sei es Pflanze, Tier oder Mensch, das sich nicht vom Licht angezogen fühlt. Willst du also etwas bewegen, so sind Licht und Wärme, die von dir verbreitet werden, die stärksten „Magnete" überhaupt, die genau die Anziehungskraft aussenden, die du brauchst.

Auf dem Platz des LOSLASSENS: Verlasse den Ort der Schatten oder den, wo Kälte herrscht. Um deinem eigenen, inneren Streben zum Licht nachzukommen, mußt du vielleicht sogar die Gefilde aufgeben, wo du dich zur Zeit aufhältst. Dies können auch Menschen sein, die große Kälte verbreiten oder alles in düstere Schatten getaucht sehen. Laß deine zusammengekauerte Haltung los, richte dich auf und bewege dich: gehe die Schritte zurück ins Licht.

Zukunft / Dahin entwickelt es sich: Härte und Kälte gehen einträchtig nebeneinander her. Was kalt wird, wird auch hart. Im stofflichen wie im übertragenen Sinn. Ein kaltes Herz wird hartherzig handeln. Dasselbe gilt für Weichheit und Wärme. Was warm wird, wird auch weich. In beiden Fällen entscheidet die Menge an Licht darüber, was geschieht. Du entscheidest darüber, ob die Menschen in deiner Gegenwart(!) zukünftig frieren oder sich wohlfühlen werden.

52
Geld / Schulden

Kartenart:
Ressourcen / Engpaß-Karte

Ressource = das was du hast
(und einsetzen solltest)
Engpaß = das was dir fehlt

Symbole:
- Blatt und Mais (auf der Schatulle): für Wohlstand und Glück
- Geier: für finanziellen „Tod" („Pleite"-Geier)
- Regenbogen-Hutsaum: für das Denken, mit dem wir unsere Welt gestalten
- Turm: für Schulden (Schuldturm)

Bild: Wachen stehen vor einem Schuldturm. Im Fenster ist der Eingekerkerte zu sehen. Ein Geier, der Vogel des Niedergangs und des Todes, wartet auf seine Beute. Ein Mann mit einer Schatulle steht unweit des Turms. Seine Haltung ist abwartend; es ist schwer zu sagen, ob er unschlüssig darüber ist, was zu tun ist, oder ob er auf den rechten Moment wartet, um zu handeln. Seine Schatulle weist Blatt und Maisfrucht auf, beides Sinnbilder von Wohlstand und Glück. Doch sie ist geschlossen, wir wissen nicht, ob sie leer ist oder mit Geld gefüllt. Sein Gesichtsausdruck ist schwer zu deuten. Es ist Freude darin zu sehen, aber auch Verpflichtung, Angst, aber auch Zuversicht. Hat der Mann sich soeben Geld geliehen? Oder bringt er es gerade dem Gläubiger zurück, um seine Schulden zu bezahlen? Reicht die Summe aus oder nicht? Muß er vielleicht selbst in den Schuldturm, oder ist er ein verläßlicher Schuldner? Will er gar den Eingekerkerten auslösen? Oder ist er vielleicht sogar jemand, der genug Geld hat, um es seinerseits zu verleihen? Findet die Kreditübergabe gerade in diesem Moment statt, und er zeigt seinem Schuldner den drohenden Schuldturm?

Der Turm befindet sich in seinem Rücken, liegt also zeitlich hinter ihm. Dies kann auch bedeuten, er hat in der Vergangenheit seine Erfahrungen mit Schulden gemacht, aber *jetzt* versteht er die Geldgesetze und handelt nach ihnen. Dafür würde auch sein glänzendes, wohlgestelltes Äußeres sprechen, vor allem der „Regenbogen"-Saum seines Hutes, der darauf hinweist, daß es das Denken des Mannes ist, mit dem er seine Welt gestaltet. Ein Hutträger ist symbolisch sowohl ein Behüteter als auch jemand, der auf der Hut ist, einer, der sich *in Acht* nimmt, um eben nicht in den Schuldturm geworfen zu werden. Die Zahl 8 erscheint auch in der Zahl der Metallknöpfe auf seinem Wams, von denen aber nur sieben zu sehen sind und einer durch seine Hand verdeckt ist – ein Hinweis darauf, daß seine Achtsamkeit noch nicht vollständig ist und deswegen *Hand*lungen möglich sind, die ihn erst in den Schuldturm führen könnten.

Allgemeine Bedeutung: Geld und Schulden sind die zwei sich gegenüberliegenden Pole des Begriffes Eigentum. Es ist wie bei einem Gefäß: leer steht es für die Schulden, je mehr es gefüllt ist, desto mehr Geld ist vorhanden. Der Karte geht es thematisch darum, dich zu fragen, inwieweit und womit dein „Gefäß" gefüllt / zuwenig gefüllt ist.

Geld ist fließende Energie. Es fließt dorthin, wo es am besten fließen kann. Eingesperrt kann es nicht fließen, nichts bewirken. Folglich „geht es ein": es wird stündlich weniger wert, bringt keinerlei Zinsen, wird nicht investiert, sondern nur (und oft sogar ängstlich) verwahrt. Armut, heißt es, ist „arm sein an Mut". Das eingesperrte Geld gleicht dem Eingekerkerten im Turm. Verwahrtes Geld bringt keinem Nutzen; es ist so, als hättest du keins. Erst außerhalb der Schatulle stiftet es Nutzen. Schulden sind Umgebungen von Zwang. Geld meidet Zwang, weil es wie alles im Universum den Weg des geringsten Widerstandes geht. Um vom Schuldturm fortzukommen ist es *entscheidend*, sich selbst in der eigenen Vorstellung als wohlhabend anzusehen. Denn deine Vorstellungen sind es, die dein Unterbewußtsein wahr macht.

Im beruflichen Umfeld: Wer wagt, gewinnt. Wenn du nicht investierst, wirst du keinen Geldrückfluß erleben. Wenn du zu „arm an Mut" bist, um Risiken einzugehen, wirst du immer in Sichtweite der Armut leben. Mit Geld ohne Achtsamkeit umzugehen bedeutet das Geld zu verachten. Das, worauf du achtest, das wächst. Also achte nicht auf deine Furcht, sondern auf die Zunahme deines Vermögens. Am Anfang (und wenn du Schulden hast) heißt das: achte auf die *Vorstellung* von der Zunahme deines Vermögens. (Vgl. hierzu auch die 17. Vayakarte S. 52).

In persönlichen Beziehungen: Liebe kann man nicht kaufen. Doch Schulden höhlen die Liebe und die Freundschaft aus. „Sich borgen macht Sorgen," sagt der Volksmund. Aber gib gern, wenn du damit Not lindern kannst.

Im Umgang mit dir selbst: Freiwillig geben bedeutet den (Energie-)Fluß erhöhen. Darum ist Geben seliger denn Nehmen. Gib regelmäßig 1/10 deines Verdienstes an Menschen in Not *und* verteile 1/10 an die, denen du deinen Erfolg verdankst. Ein Vielfaches fließt so zu dir zurück. Wohlstand tritt ein, wenn in deinem Denken alles um dich wohl steht. Geiz ist kein Wohlstand, Geiz ist ein Gedanke des Mangels.

Bedeutung im Legesystem $R = E^2\ A\ L$

Auf dem Platz der ERWARTUNG^2: Auch hier sagt dir die Karte: „Was du erwartest, wirst du finden."
Erwartest du, daß Geld dir zusteht, so wird es zu dir stehen, sobald du nicht mehr daran denkst.
Erwartest du, übervorteilt, beraubt, ausgenutzt, zu schlecht oder überhaupt nicht bezahlt zu werden, so wird auch das geschehen, sobald du nicht mehr daran denkst.

Auf dem Platz der AKTION: Geld weckt wie kein anderes Ding den Wunsch, es haben zu wollen. Doch alles Haben-Wollen erschafft immer ein Nicht-Haben. Das liegt daran, daß du nicht zugleich *ich will haben* denken kannst, ohne nicht zugleich auch *ich habe nicht* zu empfinden. So bewirkt jedes Haben-Wollen sein genaues Gegenteil. Es ist die wahre Ursache für jede Form von Schulden. Darum laß ab, haben zu wollen, und du wirst reichlich bekommen.

Auf dem Platz des LOSLASSENS: Erst, wenn wir die Erwartungen, die wir haben, nicht mehr beachten, beginnen sie, real zu werden. Das ist der Sinn des Loslassen. Dies gilt für alle Erwartungen, wird aber im Umfeld des Geldes besonders auffällig. Geld fließt uns immer dann überreichlich zu, wenn wir es nicht (mehr) erwarten – wenn wir vergessen (losgelassen) haben, was unsere tiefste Erwartung in Bezug auf Geld ist.

Bedeutung im Kontext der ZEIT

Vergangenheit / Darauf gründet es: Alles bewegt sich, alles fließt. Das gilt auch für das Geld, das Blut im Kreislauf unserer Wirtschaft. Was du heute besitzt, ist bei dir, weil es zu dir fließen *konnte*. Was du heute nicht besitzt, ist nicht bei dir, weil es nicht zu dir fließen konnte. Darum ist die Botschaft der Karte auf diesem Platz: Schaffe die Möglichkeit des Fließens, entferne in deiner Angelegenheit Umgebungen von Zwang – direkt und im übertragenen Sinn.

Gegenwart / So ist es: Wenn du freiwillig gibst (z.B. 1/10 deines Verdienstes), so denkst du damit auf einer ganz tiefen Ebene, daß *mehr als genug* da ist für dich. Sonst würdest du nicht freiwillig geben. Du denkst Gedanken der Fülle. Und dieses Denken erzeugt wiederum eine Reaktion im dich umgebenden Universum, daß eben stets *mehr als genug* da sein wird für dich.

Zukunft / Dahin entwickelt es sich: Im Rahmen deiner Angelegenheit erscheint die Karte auf diesem Platz, um dir zu sagen: Wie immer *jetzt* deine Einstellung zu Geld ist, bestimmt dein Verhältnis zu Geld und damit dein Geldverhalten. Liebst du es und erfreust dich daran, ohne es einzuengen oder gar einzusperren, wird es dich lieben und aufsuchen. Haßt du es (z.B. indem du wohl Geld für geleistete Arbeit, aber nicht für das, was du gern getan hast, annimmst), so wird es auch dich hassen und fernbleiben.

53
Zeit / Zeitnot

Kartenart:
Ressourcen / Engpaß-Karte

Ressource = das was du hast
 (und einsetzen solltest)
Engpaß = das was dir fehlt

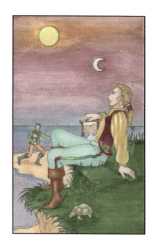

Symbole:
- Sanduhren: für Zeit bzw. Zeitnot
- Schnecke: für Langsamkeit und (ähnlich wie die Spirale) für die stete Erneuerung
- Meeresküste (Ebbe und Flut): für die Gezeiten, die „natürliche Uhr", und damit für die universellen Zyklen
- Schildkröte: für Langsamkeit
- Sonne: für den einzelnen Tag sowie für das Jahr
- Mond: für den Monat

Bild: Zwei Menschen gehen mit ihrer Zeit um. Der eine Mann hetzt über den Strand, den Blick über die Schulter gewandt, als würde er nach Verfolgern Ausschau halten. Seine Sanduhr ist beinahe abgelaufen. Er hat keine Zeit, weder für sich noch für die Schönheit der Landschaft, in der er sich gerade befindet. Die Flut (der Ereignisse in seinem Leben) ist auf dem Vormarsch und ihm auf den Fersen; der Ozean (seiner Termine, seiner vielen Verpflichtungen, seiner nicht enden wollenden Aufgaben) leckt fast an seinen Stiefeln und droht, ihn zu verschlingen.
Der andere Mann hat sichtlich Zeit. Seine Sanduhr ist nahezu gefüllt. Er ruht (körperlich wie in sich) und genießt den Ausblick. Er weiß, die kommende Flut reicht nicht bis zum ihm hinauf; er kann ihr gelassen entgegen sehen. Er trägt das Zeichen der Schnecke; sie steht nicht nur für die Langsamkeit, sondern auch (wegen der Spiralform des Gehäuses) für stete Erneuerung. Der Mann ist wie die Schildkröte: langsam, bedächtig und mit einem mächtigen Schild bewehrt ins Leben blickend. Die Sonne über der Szene steht für den einzelnen Tag und für das Jahr, der Mond für den Monat. Ebbe und Flut betonen die Zyklen, nach denen alles im Universum zeitlich geordnet ist.

Allgemeine Bedeutung: Zeit (zu haben) und Zeitnot sind die zwei sich gegenüberliegenden Pole des Erfahrens von Zufriedenheit. Es ist wie bei einem Gefäß: leer steht es für Zeitnot, je mehr es gefüllt ist, desto mehr Zeit ist vorhanden. Der Karte geht es thematisch darum, dich zu fragen, inwieweit und womit dein „Gefäß" gefüllt / zuwenig gefüllt ist.

Keine Zeit zu haben ist ein künstlicher Zustand. Er kommt in der Natur nicht vor. Er ist eine Erfindung des Menschen und in Wahrheit eine Illusion. Denn wir haben immer gleich viel Zeit: jeden Tag, jeden Monat und jedes Jahr. Was wir unterschiedlich handhaben, ist unsere fallweise Entscheidung, wieviel Zeit wir für eine Sache aufwenden oder investieren wollen.
Wenn du dich für etwas entscheidest, entscheidest du dich gleichzeitig *gegen* sehr viele andere Dinge, die du nun nicht mehr tun kannst. Und genau hier liegt das Problem der Zeitnot. Denn wir meinen, unbedingt alles haben, erledigen, irgendwie noch in unseren Tagesablauf unterkriegen zu müssen. Zeitnot ist nur vorhanden, weil wir nicht verzichten wollen. Sie ist die Folge der Gier, so viel es geht von allem (auch von zu erledigenden Aufgaben) zu bekommen. Gier aber ist ein Aspekt des Mangels, des Denkens an ein Zuwenig. Und prompt erhalten wir einen Mangel an Zeit.
Wenn du dich entschließt, eine Aufgabe zu erledigen, sagst du damit, daß diese Aufgabe für dich *wichtig* ist. Und daß die anderen Dinge weniger wichtig seien. Nimmst du die weniger wichtigen Dinge aber dennoch an, schmälerst du damit den Wert des tatsächlich *für dich* Wichtigen. Und schmälerst so gleichzeitig deinen eigenen Wert. Das ist eine Art Machtverlust. Und gehetzt werden kann nur jemand, der seine Macht verloren hat.

Im beruflichen Umfeld: Zeit zu haben heißt, selbst zu entscheiden, wofür du deine Zeit einsetzen möchtest. Lerne zu erkennen, was wichtig ist. Für *dich* wichtig. Wenn etwas *wirklich* für dich w•ich•tig ist (d.h. etwas „wirkt" sich auf dein „ich" aus), dann nimm dir die Zeit dafür, egal, was alle anderen sagen, und egal, was dafür liegenbleiben muß! Alle anderen Dinge *sind* unwichtiger, und jede dafür eingesetzte Zeit wäre schlecht investiert. Doch wenn du nicht weißt, was für dich wirklich wichtig ist, wirst du deine Zeit für alles mögliche andere einsetzen, und Zeitnot wird die Folge sein.

In persönlichen Beziehungen: Persönliche Beziehungen brauchen Zeit. Für Zweisamkeit, Austausch, gemeinsames Erleben. Wenn du mit deinem Lebenspartner täglich nur 10 Minuten redest[*)], dann wundere dich nicht, wenn er/sie eines Tages gar keine Zeit mehr für dich hat.

Im Umgang mit dir selbst: Zeit ganz allein für dich zu haben ist *lebenswichtig*. Nicht ausreichende, sondern zufriedenstellende Zeit: zum Ausruhen, zum Bewegen, zum Nachdenken, zum Meditieren/Entspannen, zum Spielen, zum Essen und Genießen der Speisen, Lernen, Energie tanken, zum Glücklichsein, zum stillen Danken und Gedenken. Oder bist du dir diesen Invest nicht wert?

*) das ist der deutsche Durchschnitt: nur rund 10 Minuten reden Lebenspartner täglich miteinander im Sinne eines Gesprächs (Absprachen über den Haushalt und Familiäres zählen nicht. Ob die hohe Scheidungsquote (bald jede zweite Ehe wird geschieden) damit ursächlich zusammenhängt?

Bedeutung im Legesystem R = E² A L

Auf dem Platz der ERWARTUNG^2: Je mehr du meinst, noch (zusätzlich) tun zu müssen, desto weniger Zeit bleibt dir dafür. Je mehr du befürchtest, nicht rechtzeitig fertig zu werden, umso sicherer wirst du fertig gemacht – von genau diesen Befürchtungen.
Nimm dir einfach die Zeit, die du brauchst. Indem du das tust, erwartest du zugleich, sie zur Verfügung zu haben. In der Ruhe liegt die Kraft.

Auf dem Platz der AKTION: Keine Zeit zu haben heißt nur, eine andere Sache ist dir wichtiger. Genieße darum die Augenblicke (auch wenn sie sich zu Stunden, Tagen oder Wochen reihen), die du mit dieser anderen Sache verbringst. Verschwende keinen Gedanken an das, was dafür nicht von dir getan wird. Erstens ist es weniger wichtig, und zweitens würde jeder Gedanke daran deinen Genuß mindern.

Auf dem Platz des LOSLASSENS: Zeitnot existiert nur, wenn du glaubst, eigentlich etwas anderes tun zu müssen. Dann sei konsequent und tu es – und laß das, was du gerade machst, los. Oder bleib konsequent bei dem, was du gerade machst, und laß den Gedanken an das andre Tun los.
Hältst du an beidem fest, wird dich deine Angelegenheit zerreißen.

Bedeutung im Kontext der ZEIT

Vergangenheit / Darauf gründet es: Jedes Ding, das du zu all dem Zeug, das du anhäufst oder mit dem du dich umgibst hinzufügst, verringert deine Zeit, die du dem einzelnen Ding widmen kannst. Jedes neue Ding ist wie ein weiteres Stück, das du aus deinem stets gleichgroß bleibenden Zeitkuchen schneidest.
Hast du Zeitnot, so hast du viel Zeug, das deine Aufmerksamkeit in Form von Zeit einfordert. Reduziere einfach dein Zeug, und du hast mehr Zeit.

Gegenwart / So ist es: Dies ist die Schwesterkarte zur 25. Vayakarte (vgl. S. 68). Auf diesem Platz meint die Karte vor dem Hintergrund deiner Angelegenheit: lerne den Augenblick, das Hier und Jetzt neu wertzuschätzen. Nicht die knappe Zeit ist kostbar (denn hier herrscht Mangeldenken vor, also eine Abwertung der Zeit), sondern die reichlich vorhandene. Dein Vermögen an Zeit ist proportional zu deinem Mögen deiner Zeit.

Zukunft / Dahin entwickelt es sich: Betrachte deine Angelegenheit einmal vor dem Hintergrund deines Todes. Wenn du wüßtest, daß du morgen stürbest – würdest du dann diese Angelegenheit noch genauso sehen? Und würdest du dich dann noch damit beschäftigen? Wäre sie noch genauso wichtig?
Falls nicht (und du es dennoch tust) und sich derlei wiederholt, wird dein Leben eine Kette von Unwichtigkeiten sein. Die Karte fragt, dich, ob du das willst.

54
Raum / Enge

Kartenart:
Ressourcen / Engpaß-Karte

Ressource = das was du hast
 (und einsetzen solltest)
Engpaß = das was dir fehlt

Symbole:
- 4 Bäume: für den Fortgang der Zeit und die Vergänglichkeit
- Regenbogen-Bach: für das Denken, mit dem wir unsere Welt gestalten
- Brücke: für die Zeit, die Zukunft, Gegenwart und Vergangenheit verbindet (von links nach rechts)
- Nebel: für rückwärts gerichtetes Leben
- Sonne: für den einzelnen Tag sowie für das Jahr
- Mond: für den Monat

Bild: Eine Brücke führt über den „Regenbogen"-Bach des Denkens, mit dem wir unsere Welt gestalten.
Dort, wo der Bach verläuft, trennt die Gegenwart Zukunft und Vergangenheit. Ein steter Wind weht als treibende Kraft aus der Vergangenheit, er treibt die Lebenden in Richtung Zukunft. Zwei Menschen befinden sich an dieser Trennstelle der Zeit. Einer steht sicher auf, der andere liegt ängstlich unterhalb der Brücke.
Der frei auf der Brücke stehende Mann wird durch nichts beengt. Er hat genug Raum, um sich körperlich wie geistig voll zu entfalten. Er steht fest auf beiden Beinen im Leben und hat die Hände zum Handeln frei.
Die Enge des Beengten unterhalb der Brücke ist nur eine Folge seiner eigenen Wahrnehmung der Dinge. Sie existiert nur in seinem Denken. Er könnte ja jederzeit zu einer der beiden Seiten heraus. Doch diese Möglichkeiten sieht er nicht. Unter ihm zieht der schmale, flache Wasserlauf dahin, der stete Strom des Lebens.
Der Beengte dieser Karte hat Angst. Er will sich diesem „Wasser" – dem Leben selbst – nicht aussetzen, will nicht fallen und naß werden. Er empfindet den Bach als eine Art untere Wand, die seinen Raum noch weiter einengt. Sein Blick ist nach hinten gerichtet, seiner linken, emotionalen Körperseite und zugleich der Vergangenheit zugewandt. Am dortigen Ufer aber wallt Nebel. Denn wer sein Leben von hinten betrachtet, *liest* ein Anagramm: anstelle von Leben – Nebel.

Allgemeine Bedeutung: Raum (zu haben) und Enge sind zwei weitere sich gegenüberliegenden Pole des Erfahrens von Zufriedenheit. Es ist wie bei einem Gefäß: leer steht es für Enge, je mehr es gefüllt ist, desto mehr Raum ist vorhanden. Der Karte geht es thematisch darum, dich zu fragen, inwieweit und womit dein „Gefäß" gefüllt / zuwenig gefüllt ist.
„Enge" und „Angst" haben dieselbe Sprachwurzel. Angst engt uns ein, schnürt uns gleichsam die Kehle zu. Räumliche Enge kann Angst auslösen, zu kleine Räume verändern nachweislich negativ die Psyche („Rattenkäfig-Effekt"). Eingeschränktes Denken ist geistige Enge. Es sind die mentalen Mauern oder Grenzen, die wir uns selber setzen, nach denen – besser: innerhalb derer – sich unser Leben entwickelt. „Der Geist kennt keine Grenzen – außer denen, die wir uns selber setzen".
Zeit und Raum gehören untrennbar zusammen, lehrt uns die Physik. Zeitprobleme sind oft im Kern räumliche Probleme (vgl. hierzu die 25. Vayakarte S. 68). Räume kanalisieren Energien und wirken auf ihre Bewohner und Besucher ein. Die Karte fordert dich auf, deine verschiedenen Räume dahin zu überprüfen, ob in ihnen Raum genug vorhanden ist.
Das sind die tatsächlichen *Räumlichkeiten*, in denen du lebst und arbeitest. Das sind die *Freiräume*, die du dir selbst (und anderen) bewilligst (oder verweigerst). Das sind die Mauern, die du um dich errichtest als *Schutzwall* nach außen, die dich aber in Wahrheit einengen und einsperren. So heißt es in Asien bei *Lao Tse*, „Mauern formen den Raum. Wo sie nicht sind, liegt ihre wahre Bedeutung. Der Lehm formt den Krug. Nur wo er nicht ist, liegt seine wahre Bedeutung" (vgl. hierzu auch die 1. Vayakarte S. 20).

Im beruflichen Umfeld: Schaffe dir genug Raum. Entferne aus deinem Raum, was du seit einem Jahr nicht mehr benutzt hast. Räume auf. Verschönere deinen Raum. Gib deinen Gedanken Raum. Verschaffe dir und anderen Freiräume. Räume mit Vorurteilen und überalterten Gewohnheiten auf.
Ein Arbeits*platz* heißt deshalb „Platz", weil du für die Arbeit Platz brauchst. Platz bedeutet „große, freie Fläche" und nicht enger, überfüllter Raum.

In persönlichen Beziehungen: Wenn du klammerst, engst du den Bewegungsraum deines Mitmenschen ein, körperlich genauso wie geistig. Läßt du genug Freiraum, kann sich der andere entfalten. Wörtlich heißt das auch, daß die *Falten* sich *ent*fernen; zu große Enge macht Angst und läßt altern, weil zuviel Reibungsenergien verloren gehen, die wiederum dem Organismus als Vaya fehlen.

Im Umgang mit dir selbst: Hast du einen Raum ganz für dich allein? Besser noch sind zwei – einer im realen Leben, um dort ganz du zu sein, und einer im *mentalen* Bereich: ein idealer Entspannungsort, den du aufsuchst, wann immer du z.B. mit deinen inneren Beratern sprechen möchtest.

Bedeutung im Legesystem R = E² A L

Auf dem Platz der ERWARTUNG²: Raum haben und Freiheit empfinden gehen nebeneinander her. Nimm dir darum die Freiheit und erwarte, stets die Räume und Plätze vorzufinden, die du brauchst.
Angst empfinden und Enge erleben gehen gleichfalls nebeneinander her. Wenn du jetzt Angst hast, keinen Platz mehr abzubekommen, wirst du den Engpaß des Platzes – zuwenig Raum – erfahren. Das gilt auch für Plätze im übertragenen Sinn (z.B. Arbeitsplätze).

Auf dem Platz der AKTION: Weite äußere Räume (das Meer, die Savanne, die Wüste) erweitern die Gedanken. Suche darum diese äußeren Räume auf, wenn du im Innern Enge verspürst.
Wenn dich äußere Enge erdrückt, so suche deine grenzenlosen inneren Räume auf. Denn um die äußeren Grenzen zu verschieben, benötigst du die Kraft, die tief in deinem Inneren ruht.

Auf dem Platz des LOSLASSENS: Raum (und Zeit) entsteht, wenn du *aufräumst*, d.h. *auf* den *Raum* Aufmerksamkeit zu richten. Doch aufräumen heißt nicht nur neu ordnen, sondern zudem sich von dem trennen, was du nicht mehr benutzt. Das gilt auch für veraltete Verhaltensweisen, die dich begrenzen.
Verspürst du Angst, engt dich etwas ein. Verlasse darum den Ort, den Menschen, die Firma, das Land oder auch „nur" die Situation dauerhaft. Und schnell.

Bedeutung im Kontext der ZEIT

Vergangenheit / Darauf gründet es: Was wir fest oder Materie nennen, ist in Wahrheit zu 99,99 % leerer Raum. Alles (auch du) bestehst im *wesentlichen* aus leerem Raum. Mit anderen Worten: was dich ausmacht, dein Wesen, ist nicht das, was deine Atome formen. Wo sie *nicht* sind, liegt deine wahre Bedeutung. Was dir fest erscheint, erscheint dir nur fest, weil dieses wenige sehr schnell hin und her schwingt infolge der Energie (Vaya), die dich erfüllt.

Gegenwart / So ist es: Da du zu 99,99 % aus leerem Raum bestehst, bist du auch nur scheinbar räumlich begrenzt. In deiner Phantasie, in deinen Vorstellungen kannst du dich überallhin begeben, kannst Raum und Zeit überwinden. In dieser Form bist du allgegenwärtig, allwissend und allmächtig. Diese Macht lockt dich leicht aus der Gegenwart heraus, kann dich festhalten in Vergangenheit oder Zukunft. Doch nur im Hier und Jetzt kannst du dich erfahren. Darum hast du diese Zeit und diesen Raum gewählt.

Zukunft / Dahin entwickelt es sich: Betrachte deine Angelegenheit einmal vor dem Hintergrund der zur Verfügung stehenden, der vergebenden und der umkämpften Plätze. Hoher Druck (vieles befindet sich auf eng(st)em Raum) entspricht hoher Spannung. Den Raum erweitern löst die Spannungen. Darum heißt es: teile und herrsche. Teile den Raum neu auf, verteile anders, und teile das mit, und die Enge verschwindet. Unterlaß es, und die Enge wird zur Angst.

55
Fließende Bewegung / Erstarrung

Kartenart:
Ressourcen / Engpaß-Karte

Ressource = das was du hast
(und einsetzen solltest)
Engpaß = das was dir fehlt

Symbole:
- Klee (am Stein): für Lebenskraft
- Regenbogen-Kragen: für das Denken, mit dem wir unsere Welt gestalten
- Wellen (Muster am Krug): für Bewegung und Lebendigkeit
- Spirale: für stete Erneuerung
- Tropfen-Anhänger: für Wasser
- Aspis (auf der Jacke des Erstarrten): im Mittelalter für Verstocktheit
- Perlen-Armband: für die Kreisläufigkeit aller Dinge
- Schwert: für den scharfen Verstand und die Logik

Bild: Fließende Bewegung – zu Kreisläufen oder Zyklen geordnet – das ist das Wesen der Natur. Fließen ist Leben und bringt wiederum Leben hervor. In einer fließenden Bewegung ergießt eine Frau Wasser aus einem Krug. Die Frau ist selbst ein Teil seines Kreislaufs (ihr Körper besteht zu 70 Prozent, ihr Gehirn gar zu 90 Prozent aus Wasser). Sie läßt das Wasser den größeren Wassern des Baches, des Flußes, des Meeres zufließen.
Sonne und Wind verdunsten es, Wolken regnen es zur Erde zurück. Dort bewässert es Pflanzen, von denen sich Insekten ernähren, die der Frosch frißt, ehe er vom Storch gejagt wird. Und der Storch wird eines Tages zu Erde vergehen, die wieder mit dem Regen Wasser empfängt.
Die Frau steht mit ihrem *rechten* Fuß im Fluß, während sich aus ihrer *linken* Hand sich das Wasser ergießt; so sorgt sie für einen gerechten Austausch, für einen steten Fluß an Informationen zwischen ihren beiden Denkweisen: ihrer rechtshirnigen Intuition und ihrem linkshirnigen Verstand.
Wenn die fließende Bewegung zum Stillstand kommt, folgt Erstarrung. Jedes Erliegen, jedes Absterben ist immer eine Folge unterbrochener Kreisläufe. Der mitten in der Bewegung Erstarrende wird gleichsam zu grauem Stein. Allein auf seinen scharfen Verstand und die Logik (das Schwert) vertrauend, hat dieser ihn hart wie Stein werden lassen und letzten Endes *im Stich* gelassen. Ein winziger Rest seiner Gefühle ist noch vor*hand*en; der wasserblaue Ärmel seiner linken Hand (die von seiner emotionalen rechten Gehirnseite gesteuert wird) läßt ahnen, daß auch er einmal ein zur emotionalen Bewegung fähiges Wesen war. Seine Jacke trägt das Zeichen des Aspis, ein schlangengleiches Wesen, das ein Ohr am Boden hat und das andere mit dem Schwanz verstopft; im Mittelalter galt der Aspis als Sinnbild der Verstocktheit. Die zerbrochene Sonne neben ihm zeigt: die Lebensenergie Vaya fließt nicht länger in ihm.

Allgemeine Bedeutung: Fließende Bewegung und Erstarrung sind die zwei sich gegenüberliegenden Pole des Funktionierens von Kreisläufen. Es ist wie bei einem Gefäß: leer steht es für Erstarrung, je mehr es gefüllt ist, desto mehr fließende Bewegung ist vorhanden. Der Karte geht es thematisch darum, dich zu fragen, inwieweit und womit dein „Gefäß" gefüllt / zuwenig gefüllt ist.
Panta rhei – „alles fließt": nichts ist so auf andauernde fließende Bewegung angewiesen wie das Leben. Wird ihm Vaya entzogen, so wirkt dies, als würde ein Kreislauf eingeengt oder unterbrochen werden: das Leben wird krank (vgl. die 66. Vayakarte S. 150, besonders die Beziehung zwischen krank und Kranz). Die Vaya verliert dann buchstäblich ihre beiden Bedeutungen: *Kraft* und *Schnelligkeit*, kurz: die Bewegung. Wenn Leben aber Fließen ist, führt jede Erstarrung (und ihr Verwandter, das Festhalten) zum Tod. Hierbei sei erwähnt, daß auch Loslassen den Fluß der Ereignisse und den des Lebens immer wieder in Gang setzt.

Im beruflichen Umfeld: Bewegungslosigkeit ist eine Art Vorstufe der ewigen Ruhe. Wer zum andauernden körperlichen Stillsitzen/-sein gezwungen ist (oder, wie in der Schule, gezwungen wird), erstarrt auf Raten. Fließende Bewegung im Denken ist Flexibilität und Toleranz und vor allem Anpassungsfähigkeit. Die Dinge ändern sich; „niemand kann zweimal in denselben Fluß steigen", sagt ein indisches Sprichwort. Wer nicht mit der Zeit geht, geht mit der Zeit. Und: Auch Geld fließt, ist fließende Energie. Es fließt von ganz allein dorthin, wo die Bedingungen für ein Fließen am günstigsten sind. Erstarrtes Denken wirkt auf den Geldfluß wie Stromsperren.

In persönlichen Beziehungen: Fließende Bewegung im Umgang mit anderen meint den Austausch ohne Zwang. Den Austausch von Informationen ebenso wie den von materiellen Gütern. Fließende Bewegung ist zugleich *anmut*ig, es mangelt nicht *an Mut*. Mal etwas neues gemeinsam tun beugt Erstarrung vor. Einfach mal hallo sagen ohne etwas zu wollen bringt die Dinge in Fluß.

Im Umgang mit dir selbst: Setze dich einfach mal für eine Stunde an das Ufer eines Flußes, dort, wo eine Biegung ist und du den Fluß auf dich zufließen sehen kannst. Sieh hin, höre ihm zwanglos zu, und deine Gedanken werden gleichfalls zu fließen beginnen. *Flow* – „Fluß" – nennen die Glücksforscher den höchsten Glückszustand.

Bedeutung im Legesystem R = E² A L

Auf dem Platz der ERWARTUNG²: Bring Bewegung *ins* Spiel, und du kannst *immer* eine in den Fluß kommende Veränderung erwarten. Nimm Bewegung *aus* dem Spiel, und du kannst förmlich auf die bald einsetzende zunehmende Erstarrung in deiner Angelegenheit warten. Das gilt für jede Situation. Dasselbe trifft auf Situationen zu, in denen du Bewegung oder deren Rückgang lediglich wahrnimmst: als Folge *wird* eine ↑ - oder ↓ -Veränderung eintreten.

Auf dem Platz der AKTION: Hier rät dir die Karte nur eins: bring die Dinge wieder in Fluß, bring Bewegung ins Spiel. Das kann sein, indem du dich selbst mehr bewegst (körperlich und/oder geistig) oder mehr Beweglichkeit (Flexibilität, Mobilität, Spontanität, Begeisterung) zeigst.

Auf dem Platz des LOSLASSENS: Eiskalte Logik führt zu Härte im Denken, Tun und Sein. Zu hohe Ordnung läßt die Dinge an ihren Platz kommen, läßt sie aber auch nicht mehr los und führt so zu Erstarrung. Absolute Ordnung ist wie absolutes Chaos lebensfeindlich.
Laß darum du für eine Weile die Logik und die Ordnung los. Laß das Leben einfach wieder fließen. Egal, was andere sagen (vgl. dazu die 33. Vayakarte S. 84).

Bedeutung im Kontext der ZEIT

Vergangenheit / Darauf gründet es: Bewegung ist das, was das Universum *sein* läßt – im Kleinsten wie im größten. Bewegung ist das größte Mysterium überhaupt – niemand weiß, was die kleinsten Bausteine der Materie dazu bringt, in ihrem jeweiligen Rhythmus und aus sich heraus zu schwingen, sich beständig hin und her zu bewegen. Wer wohl hat diese Bewegung verursacht? Bewegung ist daher etwas zutiefst göttliches. Und du tust gut daran zu denken.

Gegenwart / So ist es: Wenn sich Dinge nicht wie gewünscht bewegen, so bestehen, sagt uns die Physik, Reibungsverluste. Dasselbe gilt auch für Themen und Personen. Nehmen die Reibungsverluste überhand, kommen wir thematisch nicht weiter oder reiben uns an Personen (bis hin zur Abreibung). Am Ende stehen wir vor erstarrten Beziehungen. Darum rät dir die Karte hier: sieh hin, wo in deiner Angelegenheit Reibungsverluste auftreten und entferne sie.

Zukunft / Dahin entwickelt es sich: Was fließt (sich bewegt), lebt. Was erstarrt ist, ist tot. Am Ende wird alle Bewegung erstarren, weil nichts in diesem Universum von Dauer ist. Das heißt aber auch, daß jede Erstarrung wieder endet, weil nichts in diesem Universum von Dauer ist.Und das Ende der Erstarrung ist fließende Bewegung. So kann nichts auf ewig sein und zugleich nicht auf ewig vergehen, und der Tod ist darum nur das Tor zu neuem Leben.

56
Liebe / Haß

Kartenart:
Ressourcen / Engpaß-Karte

Ressource = das was du hast
(und einsetzen solltest)
Engpaß = das was dir fehlt

Symbole:
- Efeu (am Baumstamm): für treue, Freundschaft und Unsterblichkeit
- Regenbogen-Saum: für das Denken, mit dem wir unsere Welt gestalten
- Igel: für Zorn
- Herzen (am Kleid): für die Liebe
- Schmetterling: für Leichtigkeit und Schönheit

Bild: Ein sich liebendes Paar sitzt eng umschlungen an einem lauschigen Platz. Nichts um sie herum zählt – beide genießen ganz den gegenwärtigen Augenblick.
Efeu rankt sich um den Baumstamm als Symbol der Treue, der Freundschaft und der Unsterblichkeit. Das Blau an der Kleidung des Mannes verrät seine tiefe Sehnsucht, die Herzen und das Rot am Kleid der Frau stehen für die Liebe, die sie verbindet. Über ihnen tanzen Schmetterlinge den Tanz von Leichtigkeit und Schönheit.
Im Hintergrund steht ein vor Zorn förmlich bebender Mann. Um ihn herum ist alles Land karg und öde, und über seinem Kopf ballt sich die Wolke des Hasses zusammen, aus der schon erste Wutblitze herabschleudern. Zu seinen Füßen kauert ein Igel, der wegen seiner Stacheln gemeinhin als Symbol des Zornes gilt. Zugleich ist der Igel aber ein sehr sanfter Geselle, der nur in drohender Gefahr seine Stacheln aufrichtet. Und so ist das Land unter ihm nicht karg, sondern saftig und grün. Denn seine Seele kennt den Hass nicht, der alles um sich verdirbt.

Allgemeine Bedeutung: Liebe und Haß sind die zwei sich gegenüberliegenden Pole unserer intensivsten Gefühle. Es ist wie bei einem Gefäß: leer steht es für Haß, je mehr es gefüllt ist, desto mehr Liebe ist vorhanden. Der Karte geht es thematisch darum, dich zu fragen, inwieweit und womit dein „Gefäß" gefüllt / zuwenig gefüllt ist.
Liebe ist die gesteigertste Form des Mögens. Und jedes Vermögen kommt von Mögen. So ist es die Kraft der Liebe, die alles ermöglicht. Gemeint ist hier die bedingungslose Liebe, die nicht nur die Paaresliebe umfaßt, sondern auch die Elternliebe, die Nächstenliebe, die Liebe zu Tieren und Pflanzen, zum Leben an sich. Diese Liebe ist bejahend und absolut im Hier und Jetzt, denn nur im Hier und Jetzt ist sie erfahrbar. Wenn wir sagen, die Liebe beflügele uns, dann meinen wir damit, daß sie uns mit *Energie* erfüllt. Das liegt an ihrer absoluten Gegenwärtigkeit. Jedes (gedankliche) Abschweifen in die Vergangenheit oder in die Zukunft *verbraucht* Energie; jede Sekunde, die wir bewußt in der Gegenwart, im Hier und Jetzt verbringen, *verschafft* uns Energie.
Hassen dagegen können wir nur wegen einer Ursache, die in der Vergangenheit liegt. Jeder haßerfüllte Gedanke ist also immer ein Erinnern, ein Abschweifen in die Vergangenheit. Dies verbraucht Energie. Darum wirkt Haß so zersetzend. Darum macht er krank. Die Hitze des Zorns und der Wut, die den Haß begleitet, ist dem Fieber vergleichbar: keine Energie, die uns angenehm erfüllt, sondern eine, die uns schwächt.
Der hassende Mann auf der Karte haßt nicht die Liebenden, weil sie sich lieben, sondern er haßt es, nicht selbst geliebt zu werden. Hassen ist somit immer zugleich auch ein Gedanke des Mangels und es Nichthabens. Eigentlich logisch: Wenn Liebe erfüllt, muß Haß entleeren.

Im beruflichen Umfeld: Akzeptanz (= Mögen) ist der Schlüsselbegriff einer jeden geschäftlichen Situation. Sachliche Informationen werden überhört oder abgelehnt, wenn die zwischenmenschlichen Beziehungen nicht stimmen. Die Liebe zum Beruf, zu dem, was du tust, ist der Schlüssel für jeden geschäftlichen Erfolg. Du wirst niemals Erfolg haben, wenn du dein Tun (und die damit verbundenen Menschen) ablehnst oder gar haßt.

In persönlichen Beziehungen: Je bedingungsloser deine Liebe ist, desto mehr Liebe erhältst du. Wahre Liebe kennt kein: „Ich liebe dich nur, wenn du ..." Je mehr Bedingungen du an deine Liebe knüpfst, desto mehr schnürt dieses geknüpfte Netz die dir nahestehenden Menschen ein. Sie werden beginnen, sich aus diesem Netz zu befreien. Hinderst du sie daran, wird daraus ein Kampf. Ein Kampf bringt Verletzungen, aus Verletzungen entsteht Haß.

Im Umgang mit dir selbst: Das Universum, sagen die Physiker, wird von den ganz schwachen Kräften zusammengehalten. Warum es nicht beim Namen nennen? Das Universum wird von Liebe zusammengehalten. Auch du als Teil des Universums wirst von Liebe zusammengehalten. Liebe darum dich und dein Leben. Je mehr du dich selbst akzeptierst, je mehr du dich selbst magst, desto stärker ist dein Immunsystem, desto wirksamer sind deine Selbstheilungskräfte, desto leistungsfähiger ist dein gesamter Organismus.

Das Gegenteil tritt ein, wenn du haßt. Egal wen.

Bedeutung im Legesystem R = E² A L

Auf dem Platz der ERWARTUNG²: „Wenn du geliebt werden willst, so liebe", lautet eine alte Weisheit. „Wenn du gehaßt werden willst, so hasse", lautet die Umkehrung. Mit deinem jeweils *vorhandenen* Gefühl drückst du somit eine Erwartungshaltung aus. Und EINtreten wird, was du derart zum AUSdruck bringst. Weil jeder Ausdruck einen Eindruck hinterläßt.

Auf dem Platz der AKTION: Es gibt Liebe im Haben, Liebe im Tun und Liebe im Sein. Der Sammler liebt, was er hat, der Gärtner liebt, was er tut, doch nur der, der sich selbst liebt, liebt, was und wer er ist. Mit dieser letzten Form erst ist die erste Stufe erstiegen auf dem Weg zur bedingungslosen Liebe; einer allumfassenden Liebe, die Das-was-ist liebt so-wie-es-ist. Ohne Das-was-ist zu bewerten oder zu verurteilen. Die Das-was-ist liebt, *weil es-ist-wie-es-ist*.

Auf dem Platz des LOSLASSENS: Da Liebe ein Gedanke der Fülle und Haß ein Gedanke des Mangels ist, genügt es verstärkt Gedanken der Fülle zu denken anstatt Gedanken des Mangels. Ersetze die Gedanken des Mangels durch Gedanken der Fülle, und du hast damit die Gedanken des Mangels bereits losgelassen. Wie denkst du Gedanken der Fülle? Achte einfach auf das Was-da-ist, schätze es, *weil* es da ist, verschwende keinen Gedanken an Das-was-fehlt. Denn so verstärkst du nur den Mangel.

Bedeutung im Kontext der ZEIT

Vergangenheit / Darauf gründet es: Da wir alle Teile desgleichen Ganzen sind, gibt es in Wahrheit nur das eine verteilte Ganze. Wir alle sind eins (vgl. die 36 Vayakarte S. 90), und unsere Trennung in ein Ich und ein Du ist eine Illusion, die wir alle teilen. So kannst du im anderen nur immer dich selbst lieben, weil *nur-du-da-bist*, niemand sonst. Und du kannst im anderen nur dich selbst hassen, weil *nur-du-da-bist*, niemand sonst. Du bist alle die du sind.

Gegenwart / So ist es: Wenn du dich nicht einmal selbst lieben kannst, wie soll dann jemand anders dich lieben können? Du zeigst doch damit, wie wenig liebenswert du bist. Und du zeigst damit den anderen, wie wenig liebenswert auch sie sind, denn sie sind du und du bist sie. Also werden sie sich deinem Verhalten anpassen, weil sie ja nur Du sind und *nur-du-da-bist*. In deiner Angelegenheit mache dir das bewußt.

Zukunft / Dahin entwickelt es sich: Scheinbar getrennt treten wir ins Leben ein mit der Aufgabe, den Weg zurück zur Vereinigung zu finden. So leben wir buchstäblich ein Leben der Vereinigung (mit Liebespartnern, mit Geschäftspartnern, mit Gleichgesinnten) weil wir ununterbrochen auf der Suche nach der großen Einheit, dem Einssein mit der Schöpfung, sind. Und am Ende treten wir in dieses Einssein zurück, erfüllt oder unerfüllt, um uns wieder daraus zu lösen, falls wir im Leben unerfüllt blieben.

57
(Ver-)Mögen / (Ab-)Lehnen

Kartenart:
Ressourcen / Engpaß-Karte

Ressource = das was du hast
 (und einsetzen solltest)
Engpaß = das was dir fehlt

Symbole:
- Seepferdchen am Jackensaum: für Glück und kosmische Kräfte
- Regenbogen-Palette: für das Denken, mit dem wir unsere Welt gestalten
- Das „M" auf den Stiefeln: für das Mögen
- Farbige Gestalt: für die Farben-Frohheit
- Graue Gestalt: für das Fehlen jeglicher Frohheit
- Gold an der Kleidung: für das Vermögen, das das Mögen schafft

Bild: Ein Atelier, in dem zwei Männer tätig sind. Beide scheinen vom Beruf her Kunstmaler zu sein. Aber sind sie es auch von ihrer Berufung her?
Für den Graugekleideten gilt dies sicher nicht. Er ist vom Betrachter der Karte abgewendet, was für eine grundsätzliche Abwendung steht. Er wirft seine Arbeitsutensilien zu Boden. Sein Gesichtsausdruck zeigt: er mag sie nicht (länger). Das von ihm geschaffene Bild hinter ihm zeigt keine Farben; es ist gleichsam licht- und lieblos. Dabei wäre es ihm *möglich* gewesen: Die fallende Malpalette zeigt uns die Regenbogenfarben. Der Graue wirft damit symbolisch seine Fähigkeit von sich, mittels seines Denkens seine Welt zu kreieren. Er begreift sich als Opfer der Umstände, als Gefangener seiner Tätigkeit, die ihn weder erfüllt noch interessiert. Das Fortwerfen seiner Materialien macht nur dann Sinn, wenn er jetzt konsequent handelt und sich eine andere Aufgabe oder Tätigkeit sucht, die er mögen kann.
Der andere Mann steht in voller Farbenpracht in mehrfachem Sinn im Licht. Seine Kleidung leuchtet, er steht nahe am Fenster, und er ist umgeben von Farben. Der sich berufen fühlende Maler ist dem Betrachter zugewendet, da dieser ja zugleich auch ein Betrachter und potentieller Käufer seiner Bilder ist. Wer Zuwendung zeigt, wird Zuwendung erfahren.
Der Maler drückt seine Malutensilien liebevoll an sich. Er würde sie nie als „Arbeitsutensilien" bezeichnen, denn Arbeit ist für ihn das Malen nicht. Sein Gesichtsausdruck läßt seine Vorfreude erahnen; schon bald wird er ein neues Bild beginnen. Das „M" auf seinen Stiefeln steht für sein uneingeschränktes Mögen, die Seepferdchen auf seiner Jacke symbolisieren sein Glück und kosmische Kräfte.

Allgemeine Bedeutung: (Ver-)Mögen und (Ab-)Lehnen sind die zwei sich gegenüberliegenden Pole unserer Einstellung zu allem was wir tun. Es ist wie bei einem Gefäß: leer steht es für (Ab-)Lehnen, je mehr es gefüllt ist, desto mehr (Ver-)Mögen ist vorhanden. Der Karte geht es thematisch darum, dich zu fragen, inwieweit und womit dein „Gefäß" gefüllt / zuwenig gefüllt ist.
Jedes Vermögen (auch die Fähigkeit, Bilder zu malen) kommt von Mögen. Je mehr wir etwas Mögen und uns deswegen damit beschäftigen, desto größere Bedeutung hat das, was wir tun. Größere Bedeutung ist ein anderer Begriff für höheren Wert. Durch unser Mögen wird demnach das, was wir tun, höherwertiger. Für uns selbst, aber auch für andere.
Je höher der Wert von etwas ist, desto mehr Energie und bessere Information stecken darin. Gold ist nicht zufällig wertvoller als Blei, obwohl es beinahe genauso schwer ist. Es ist die edlere, symetrischere Information, die im Molekülgitter verborgen ist, die Gold strahlend schön und Blei dumpf und grau erscheinen läßt.
Wer mag, was er tut, schafft damit mehr als jemand, der nur etwas tut. Wer etwas ablehnt, schlägt die Stütze fort von dem zuvor Aneinandergelehnten. Das, was dann auseinanderfällt, hat weniger Wert als zuvor, besonders, wenn es dabei zu Bruch geht. Ablehnen vermindert also grundsätzlich den Wert.

Im beruflichen Umfeld: Wenn es dir darum geht, den Wert einer Sache zu erhöhen, dann sorge dafür, daß diese Sache von denen, die damit umgehen, gemocht wird („Sache" kann hier auch Leistung, Image oder auch einen einzelnen Menschen meinen).

Wenn du Erfolg haben willst, nutze die Kraft des Mögens. Trenne dich möglichst bald von den Dingen und Aufgaben, die du nicht magst.

In persönlichen Beziehungen: Wenn Mögen die mildere Form von Liebe ist, dann ist Ablehnen die mildere Form von Haß. Wer ständig Ablehnung erfährt, verliert Energie. Aber auch derjenige, der ablehnt, verliert Energie. Umgib dich daher möglichst mit Menschen, die du magst und die dich mögen.

Im Umgang mit dir selbst: Wenn du etwas nicht *mag*st, schlägt dir das auf den *Mag*en, sagt der Volksmund. Der Magen (besser: unser gesamter Verdauungstrakt) ist der Sitz des Mögens. Deshalb geht Liebe sehr wohl durch den Magen. Der Magen sitzt zugleich in der Mitte: oben sind die Ver*sorg*ungs- und unten die Ent*sorg*ungsorgane.

In der Mitte bleibt somit die *Sorge*, die einsetzt, wenn wir etwas nicht mögen, es also ablehnen. Und die in der Folge für eine ganze Reihe von Zusammenbrüchen zuständig ist (So, als hätte man die Stütze weggeschlagen von einem zuvor aneinandergelehnten Stapel oder die Lehnen eines Stuhles entfernt.).

Bedeutung im Legesystem R = E² A L

Auf dem Platz der ERWARTUNG²: Wenn du etwas magst, ziehst du es und gleichwertiges damit an. So wird aus dem Mögen ein Vermögen. Wieder drückst du mit deinem jeweils *vorhandenen* Gefühl eine Erwartungshaltung aus (wie in der vorgehenden 56. Vayakarte). Und EINtreten wird, was du so zum AUSdruck bringst. Weil jeder Ausdruck einen Eindruck hinterläßt. Darum bewirkt Ablehnen das verstärkte Eintreten dessen, was du ablehnst, weil Ablehnen ein Mögen mit einem Minuszeichen davor ist.

Auf dem Platz der AKTION: Bringe Mögen in deinen Alltag, indem du dich mit dem umgibst, was du magst. Bringe noch mehr Mögen in deinen Alltag, in dem du dich damit beschäftigst, was du magst. Bringe das meiste Mögen in deinen Alltag, indem du magst, was du bist und bist, was du magst.
Dies wird dir nicht nur dein Magen, sondern auch deine Seele danken.

Auf dem Platz des LOSLASSENS: Verwechsele Loslassen nicht mit Ablehnen. Es „lehnt" ja noch bei dir herum, ist also nach wie vor bei dir oder du bei ihm. Solange du etwas ablehnst, beschäftigst du dich ja noch damit. Du richtest Aufmerksamkeit darauf, weshalb es wachsen wird. Loslassen heißt hier, sich nicht mehr mit den Dingen zu beschäftigen, die du nicht magst.

Bedeutung im Kontext der ZEIT

Vergangenheit / Darauf gründet es: Mögen ist ein Wiedererkennen. Du erkennst dich in einer Sache, einem Ort, einem Thema, einer Person oder was auch immer wieder, als wäre es ein lang vermisster Teil von dir (was tatsächlich so ist, denn alles ist eins).
Im Ablehnen erkennst du dich ebenfalls wieder, denn du lehnst Sachen, Orte, Themen, Personen nur deshalb ab, weil sie Dinge in dir re*präsent*ieren (d.h. „dir zurück schenken"), die du AN DIR nicht magst.

Gegenwart / So ist es: Dies ist die Schwesterkarte zur 21. Vayakarte (vgl. S. 60). Mögen allein vermag den Augenblick zur Ewigkeit zu dehnen; die Glücksforscher sprechen dann vom glücklich machenden „Flow"-Effekt, wenn du über einer dich faszinierenden Sache Ort und Zeit vergißt. In deiner Angelegenheit mag es an Mögen fehlen; dann ist es das Mögen des Jetzt-Zustandes dieser Sache. Oder die Karte verrät dir (erneut), das Mögen in deiner Angelegenheit die wertvollste Ressource an sich darstellt.

Zukunft / Dahin entwickelt es sich: Mögen steigert den Wert. Ablehnen vermindert ihn.

58
Manifestation / Nebel

Kartenart:
Ressourcen / Engpaß-Karte

Ressource = das was du hast
(und einsetzen solltest)
Engpaß = das was dir fehlt

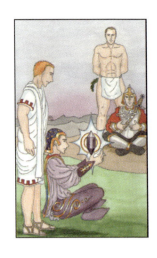

Symbole:
- Nebel: für die Nicht-Manifestation und als Anagramm für rückwärts gelebtes Leben
- Lorbeerzweig: für den (siegreichen) Athleten
- Schwert, Rüstung und Helm: für den Krieger
- Toga: für den Staatsmann
- Sternenkappe: für den Geistlichen
- Spirale: für stetige Erneuerung
- Merkur-Symbol (am Ärmel): für die Verbindung der Materie mit dem Ungreifbaren
- Regenbogen-Umhang: für das Denken, mit dem wir unsere Welt gestalten

Bild: Vier Männer haben sich zu einem seltsamen Treffen zusammengefunden. Das hintere Paar zeigt einen stehenden Athleten und einen sitzenden Krieger. Das vordere Paar besteht aus einem stehenden Senator und einem über dem Boden schwebenden Geistlichen (Geistlicher ist hier konfessionslos und religionslos gebraucht; es bezeichnet jemanden, der kraft und mithilfe seines Geistes Dinge vollbringt.)

Allgemeine Bedeutung: Manifestation und Nebel sind die zwei sich gegenüberliegenden Pole unserer Kraft, Dinge entstehen und geschehen zu lassen. Es ist wie bei einem Gefäß: leer steht es für Nebel (der mißlungenen Manifestation), je mehr es gefüllt ist, desto mehr Manifestation ist vorhanden. Der Karte geht es thematisch darum, dich zu fragen, inwieweit und womit dein „Gefäß" gefüllt / zuwenig gefüllt ist. Das Bild geht auf Wayne Dyer zurück, der in seinem Buch „Manifest your destiny" alle Menschen als einer dieser vier Gruppen zugehörig beschreibt.

Der *Athlet* (wie in allen vier Gruppen immer sowohl als Mann oder als Frau gesehen) ist in erster Linie an körperlichen Fragen interessiert. Der sportliche Wettkampf kennzeichnet ihn ebenso wie materieller Besitz und eine starke Körperbezogenheit.

Der *Krieger* repräsentiert die nächste Stufe: er ist an Sieg und Erfolg interessiert und sucht Herausforderungen. Ihm geht es um persönliche Macht, um Ansehen und Ruhm.

Der *Staatsmann* auf der nächsten Stufe sieht sich als Diener seines Landes. Er stellt seine persönlichen Interessen zurück und übernimmt eine hohe, ehrliche Verantwortung für das Allgemeinwohl.

Die höchste Stufe nimmt der *Geistliche* ein. Er hat die politische Führung abgegeben zugunsten einer geistigen und spirituellen Führung. Sein Interesse liegt im Verstehen und Anwenden der nicht sichtbaren, aber dennoch existierenden Dinge und Zusammenhänge; doch nicht für sich selbst sucht und lehrt er, sondern zum Wohle aller.

Die vier Gruppen stellen Entwicklungsstufen des Menschen dar. Die beiden unteren Stufen des Athleten und des Kriegers vermögen gemeinhin nicht, ihre Wünsche zu manifestieren; versuchen sie es, *vernebeln* ihre persönlichen Belange und Begierden das Ergebnis. Der Athlet ist noch zu sehr im Körperlichen und Materiellen verhaftet. Der Krieger ist noch zu machtbezogen. Erst auf der Stufe des Staatsmannes, der seine eigenen Begierden aufgegeben (losgelassen) hat zugunsten vieler, gelingen erste Manifestationen. Der wahre Meister (des Lebens) allerdings ist der Geistliche, von dem selbst der Staatsmann noch vieles lernen kann. Der Geistliche weiß um die Kraft der Gedanken, mit denen wir die Welt gestalten. Ihm ist es ein leichtes, etwas (wie hier die kritalene Spindel) einfach durch bildhafte Vorstellung und Wünschen Wirklichkeit werden zu lassen.

Im beruflichen Umfeld: Stellst du fest, daß du täglich um vieles kämpfen mußt, befindest du dich vermutlich (noch) auf der Stufe des Athleten oder des Kriegers. Der Kampf hört auf, wenn du als Staatsmann zum Wohle aller zu handeln beginnst. Am leichtesten wird es, wenn du deinen mentalen und spirituellen Weg gefunden hast und beginnst, ihn zu gehen.

In persönlichen Beziehungen: Die Welt ist voller Athleten und Krieger. Hilf ihnen , auch wenn sie nicht verstehen. Begegnet dir ein Staatsmann oder gar ein Geistlicher, fürchte oder verachte sie nicht, sondern lerne von ihnen.

Im Umgang mit dir selbst: Es ist jeder Seele, so sagen die Weisen, der Auftrag mitgegeben, eines Tages zur Stufe des Geistlichen zu gelangen, ob nun in diesem oder einem nächsten Leben. Manche sagen, der eigentliche Sinn des Lebens bestehe sogar darin, dieses Ziel zu erreichen. Es ist wie bei einer Schule mit vier Schulklassen: bestehst du die Prüfung am Ende deines Lebens nicht, mußt du die Klasse (in einem weiteren Leben) wiederholen.

Darum frage dich einmal ganz ernsthaft, in welcher Klasse du dich derzeit wohl befindest und was du lernen mußt, um in die höheren oder gar in die höchste Klasse zu gelangen.

Weißt du mit Energien umzugehen? Kennst du mentale Techniken (und wendest sie an)? Hat dein Leben einen Sinn jenseits der Fortpflanzung, des Haus- und Hofversorgens, des Geldverdienens und des Sammelns von Statussymbolen? Weißt du, wer du bist und wohin du gehst? Und wie lange du womöglich schon deine jetzige „Schulklasse" wiederholst?

Bedeutung im Legesystem R = E² A L

Auf dem Platz der ERWARTUNG[2]: Was dir wichtig ist, darauf achtest du. Dir ist wichtig, was auf deiner jeweiligen Entwicklungsstufe für dich zählt: Materielles/Körperliches auf der Stufe des Athleten, Kämpferisches auf der Stufe des Kriegers, Diensthaftigkeit auf der Stufe der Staatsperson und Immaterielles (Geistiges, Spirituelles) auf der Stufe des Geistlichen. Und du erwartest stets unbewußt die Begegnung mit dem, was für dich zählt. Doch damit verharrst du auf deiner Stufe. Willst du das?

Auf dem Platz der AKTION: Hier macht dich die Karte darauf aufmerksam, daß du dich in einer der vier „Schulklassen des Lebens" befindest. Und dort solange bleiben wirst, bis du in die nächsthöhere Klasse aufsteigst (oder dich auf der vierten Stufe, der des Geistlichen, vervollkommnet hast). Solange du dich nur für die Dinge deiner Stufe oder Klasse interessierst, bist du nicht reif für die „Versetzung". Wenn du versetzt werden willst, trachte nach Höherem.

Auf dem Platz des LOSLASSENS: Loslassen heißt, Begrenzungen aufgeben. Der Krieger hat die reine Körperlichkeit hinter sich gelassen; die Staatsperson die Kämpfe und den Drang, (be-)siegen zu müssen; der Geistliche hat aller Macht entsagt und damit die wahre, die höchste Macht errungen.

Und der, der zufrieden ist, weil er weiß, daß er alles manifestieren kann, immerzu und überall, der steht davor, die Welt der Inkarnationen aufzugeben.

Bedeutung im Kontext der ZEIT

Vergangenheit / Darauf gründet es: Das Leben ist die wahre Schule, in deren bewußten Abschnitt – in der wir unserer selbst bewußt sind – wir die vier „Schulklassen" durchlaufen müssen. Bestehen wir (die Prüfungen) nicht in diesem Leben, so inkarnieren wir solange, bis wir verstehen und so bestehen. Wir haben bestanden, wenn wir der Faszination der Dinge auf unserer Stufe nicht mehr erliegen.

Gegenwart / So ist es: Du bist *ein* Lernender oder *eine* Lernende in diesem Leben, im vorhergehenden oder nächsten kann es umgekehrt (gewesen) sein.

Was du hier in der Welt des Stofflichen lernen willst (du bist aus eigenem Antrieb hier), ist den Weg zurück zu deiner Allgegenwärtigkeit, deiner Allwissenheit und deiner Allmächtigkeit zu finden. Dabei hindert dich alles, worin du verhaftet bist; du haftest daran und kannst darum deine Lösung nicht finden.

Zukunft / Dahin entwickelt es sich: Alle irdischen Angelegenheiten (auch deine jetzige, wegen der du fragst) sind Spiele, die die Schüler der vier Klassen miteinander spielen. Spiele, die leidenschaftlich, wütend, verbittert, mit tödlichem Einsatz, lachend oder leidenschaftslos gespielt werden. Nichts davon ist wichtig. Das einzige, was zählt, ist die Erkenntnis, daß dies alles nicht zählt – solange es uns nicht hilft, unsere wahre EINHEITLICHKEIT zu erkennen.

59
Programm / Antigramm

Kartenart:
Ressourcen / Engpaß-Karte

Ressource = das was du hast
(und einsetzen solltest)
Engpaß = das was dir fehlt

Symbole:
- Burg: für die Burg der Gewohnheiten
- Regenbogen-Kragen: für das Denken, mit dem wir unsere Welt gestalten
- Münzen: für das Programm (in diesem Fall: die Einstellung zu Geld)
- Weggabelung: für unbewußt getroffene Entscheidungen
- Mütter (Eltern): für unsere frühen „Programmierer/-innen"
- Wolke: für den Beginn des Schattens

Bild: Zwei Mütter beobachten ihre Söhne beim Spielen. Beide Jungen spielen mit Münzen, und sie ahmen dabei Verhaltensweisen nach, die sie bei Erwachsenen beobachtet haben: sie beißen in Geldstücke, um zu prüfen, ob sie echt sind.
Die Reaktionen der anwesenden Mütter sind völlig unterschiedlich. Die eine legt ihrem Kind bestätigend die Hand auf die Schulter, als wolle sie ihm sagen: „Schon in Ordnung; mach weiter." Die andere wischt ihrem Sohn zornig den Mund sauber, und man hört sie förmlich zischen: „Igitt, nimm' bloß das schmutzige Geld aus dem Mund!"
Der Weg, auf dem die vier sitzen, scheint von der Burg der Gewohnheiten herabzuführen und gabelt sich dort, wo die Szene spielt. Dies zum Zeichen, daß wir uns auf dem Pfad der Gewohnheit befinden, der soeben für den einen Jungen eine neue Abzweigung erhält. Der Weg des gemaßregelten Jungen führt dorthin, wo sich schon Wolken und damit unter ihnen erste Schatten bilden; Vorzeichen eines neu erlernten Verhaltens, das sich als negativ oder unbrauchbar erweisen könnte. Der Weg des bestätigten Jungen führt unter klarem Himmel auf den Betrachter zu.

Allgemeine Bedeutung: Programm und Antigramm sind die zwei sich gegenüberliegenden Pole unserer Fähigkeit, Gewohnheiten anzunehmen. Es ist wie bei einem Gefäß: leer steht es für ein Antigramm (ein Programm, dessen Sinn sich gegen uns – *gr. anti = gegen* – richtet), weil es zum Beispiel schädlich ist. Je mehr es gefüllt ist, desto mehr als Programm wirkt es, also als eine Gewohnheit, die sich als nützlich für uns – *lat. pro = für* – erweist. Der Karte geht es thematisch darum, dich zu fragen, inwieweit und womit dein „Gefäß" gefüllt / zuwenig gefüllt ist.
Programme und Antigramme erfahren alle Menschen sehr früh. Zunächst durch andere (Eltern, Vorbilder), später durch uns selbst (in dem wir bestimmte Verhaltensweisen wiederholen). Alle Programme und Antigramme laufen meist unbewußt und automatisch ab.
Im Bild der Karte wird – als Beispiel für alle möglichen Gewohnheiten – die *Einstellung zum Geld* bei beiden Kindern eine andere Entwicklung nehmen.
Wer oft oder intensiv genug gesagt und gezeigt bekommt, daß Geld etwas Schmutziges ist, dessen Einstellung zu Geld wird eher negativ werden. Eine negative Einstellung zu Geld aber wird sich *gegen* den Betreffenden auswirken: als Antigramm. Wann immer der Heranwachsende mit Geld zu tun hat, wird er es wahrscheinlich abwertend betrachten und abwertend damit umgehen.
Wer in seiner Beschäftigung mit Geld dafür eine bejahende Bestätigung und Unterstützung erfahren hat, dessen Einstellung zu Geld wird eher positiv werden. Eine positive Einstellung zu Geld aber wird sich *für* den Betreffenden auswirken: als Programm. Wann immer der Heranwachsende mit Geld zu tun hat, wird er es wahrscheinlich aufwertend betrachten und aufwertend damit umgehen.
Programme sind also automatisch ablaufende Verhaltensweisen, die uns nützlich sind. Antigramme laufen ebenso automatisch ab, doch sind sie für uns hinderlich oder gar schädlich. Die Kunst besteht erstens darin, zwischen beiden zu unterscheiden, und zweitens darin, unerwünschte Antigramme durch erwünschte Programme zu ersetzen.

Im beruflichen Umfeld: Wir sind die Summe unserer guten und schlechten Gewohnheiten, heißt es in China. Alle Erfolge und Mißerfolge, also das, was erfolgt, sind die Pflanzen am Wegesrand unserer Gewohnheiten. Gefällt dir nicht, was du als Ergebnis erhältst, dann verhältst du dich gewohnheitsmäßig so, daß es dir schadet. Lösche das Antigramm durch die Annahme einer neuen, nützlicheren Gewohnheit.

In persönlichen Beziehungen: Alle Menschen, die du magst, aber auch die, die du nicht magst, magst du (oder eben nicht) aufgrund deiner Pro- und Antigramme. Sie wirken wie Filter vor deinen Augen. Sie verzerren das wahre Bild. Je mehr du dich für deine Mitmenschen interessierst, desto eher wirst du den wirklichen Menschen hinter den Filtern erkennen.

Im Umgang mit dir selbst: Pro- und Antigramme steuern uns (wie ein Autopilot), weil es die Dinge sind, die wir glauben. Was wir glauben, *ist* für uns die Wahrheit. Dies trübt oft genug deine Wahrnehmung, indem du nur die Dinge wahrnimmst, die du *für wahr* nimmst. Darum schalte den Autopilot aus, wenn er Kurse steuert, die sich *gegen* dich richten.

Bedeutung im Legesystem R = E² A L

Auf dem Platz der ERWARTUNG²: Gewohnheiten abzulegen – Antigramme zu löschen –, weil sie dich begrenzen: das gelingt nur, wenn du erwartest, daß es dir gelingt. Befürchtest du zu scheitern, scheiterst du an deiner Befürchtung.
Die Karte hier kann auch meinen, daß du *aufgrund* eines Programms (oder Antigramms) den Ausgang deiner Angelegenheit in bestimmter Form erwartest. Nicht, weil du es so willst, sondern aus Gewohnheit.

Auf dem Platz der AKTION: Die meisten deiner Handlungen vollziehst du gewohnheitsmäßig, ohne darüber nachzudenken. Darum solltet du jetzt prüfen, welche deiner Gewohnheiten für dich förderlich und welche hemmend oder gar verhindernd sind.
Dies fordert die Karte hier nicht zufällig von dir; wenn du sie an diesem Platz gezogen hast, geht es in deiner Angelegenheit nicht um eine bestimmte Tat, sondern um *eine* Gewohnheit, die du ändern solltest.

Auf dem Platz des LOSLASSENS: Gewohnheiten zu ändern heißt, die alte Gewohnheit durch eine neue zu ersetzen. Dadurch läßt du das Bisherige automatisch los. Doch nicht alles, was eine Gewohnheit darstellt, ist deswegen schlecht. Was dich unterstützt, ist ein Programm, das für dich ist. Dies behalte bei. Was dich schädigt, ist ein Antigramm, das gegen dich ist. Dies ändere.
Manche Dinge veralten, *auch* Programme; so kann das, was früher richtig und gut war, heute schädlich wirken.

Bedeutung im Kontext der ZEIT

Vergangenheit / Darauf gründet es: Ohne Gewohnheiten an sich könntest du nicht überleben, daher sind sie überlebenswichtig. Mit den falschen Gewohnheiten wird deine Lebensqualität zunehmend schlechter, mit den richtigen besser. Richtig ist, was funktioniert, falsch ist, was nicht (mehr) funktioniert.

Gegenwart / So ist es: Du *bist* jetzt die Summe deiner Gewohnheiten, die du bis heute angenommen hast. Daraus folgt, du wirst in einem Jahr die Summe deiner bis dahin angenommenen Gewohnheiten sein. Es sind die Pro- und Antigramme, die dich steuern; dein Verstand liefert nur die Argumente dafür, weshalb du sie beibehalten solltest. Deine Intuition hilft dir, zu erkennen, welche davon schädlich sind.

Zukunft / Dahin entwickelt es sich: Je mehr du dich Herausforderungen stellst, desto mehr wächst du über dich hinaus. Herausforderungen heißen so, weil sie dich aus der Burg deiner Gewohnheiten *heraus* fordern. Ein anderes Wort dafür ist *Neuland betreten*.
Je mehr du dich hineinfordern läßt (also in der Burg deiner Gewohnheiten verbleibst), desto sicherer unterbindest du jegliche Weiterentwicklung: bei dir und in deiner Angelegenheit.

60
Wandlung / Bewahrung

Kartenart:
Ressourcen / Engpaß-Karte

Ressource = das was du hast
(und einsetzen solltest)
Engpaß = das was dir fehlt

Symbole:
- In der Baumrinde: das Zeichen und Hexagramme des I Ging, des chinesischen Buches der Wandlung
- Regenbogen-Chamäleon: für das Denken, mit dem wir unsere Welt gestalten; Chamäleon selbst: für Unstetigkeit
- Samen, der im Fall zur Blüte wird: für den steten Wandel
- Fluß: für Veränderung
- Fernrohr mit zersprungener Linse: für eingetrübte Wahrnehmung
- überwucherte Pflastersteine: für die Vergänglichkeit

Bild: Alles ist im Fluß, ist im Wandel auf diesem Bild. Das Chamäleon, Symbol der Unstetigkeit, wechselt seine Farbe immer wieder. Auch der Baum, auf dessen Rinde jemand Zeichen des I Ging, des chinesischen Buches der Wandlungen, geritzt hat, wechselt immer wieder sein Aussehen.
Unter ihm sitzt ein Mann, der darüber meditiert, wie aus dem Samen durch stete Wandlung am Ende die Blüte und wiederum aus ihr der Same wird. Seine Kleider scheinen die Farbe zu wechseln. Links zeigen verwitterte Steine die Reste einer einstmals hier verlaufenden Straße, die sich die Natur schon bald zurückgeholt haben wird. Am Ufer hat ein Badender seine Kleider und ein Fernrohr abgelegt, dessen Linse zersprungen ist.
Der Badende scheint den Satz nicht zu kennen: „Du kannst nicht zweimal in denselben Fluß steigen". Denn seine Hände scheinen den Fluß anhalten zu wollen. So entpuppt er sich als Bewahrer, der Unmögliches versucht, denn am Ende allen Bewahrens wartet die Vergänglichkeit.

Allgemeine Bedeutung: Wandlung und Bewahrung sind die zwei sich gegenüberliegenden Pole unserer Notwendigkeit, auf den Fluß der Zeit zu reagieren. Es ist wie bei einem Gefäß: leer steht es für Bewahrung, je mehr es gefüllt ist, desto mehr Wandlung ist vorhanden. Der Karte geht es thematisch darum, dich zu fragen, inwieweit und womit dein „Gefäß" gefüllt / zuwenig gefüllt ist.
Auch im Wort Bewahren steckt als Kernelement das Wort „wahr". Wahr ist, was wir für wahr nehmen. Somit verändert Bewahren auch unsere Wahrnehmung in dem Sinne, das Bewahren die Sichtweise des Bewahrers verfälscht. Er schaut gleichsam durch ein Fernrohr in die Vergangenheit und vergißt über dem Bewahren die Notwendigkeit der Anpassung und Veränderung.
Es ist sicher sinnvoll und edel, das Andenken an Menschen und Kulturen und ihre Errungenschaften zu bewahren. Doch es ist wenig sinnvoll, so zu tun, als gäbe es die damaligen Verhältnisse immer noch. Dies verschleiert den Blick auf die Gegenwart, so wie die gesprungene Linse im Fernrohr auf der Karte: Wer immer durch so ein Fernrohr guckt, sieht die Risse im Glas als Teil seiner Wahrnehmung.
Wandlung um der Wandlung willen ist ebenso töricht. Wir alle brauchen eine gewisse Beständigkeit, um uns sicher fühlen zu können. Doch nichts ist von Dauer, wir selbst verändern uns, und wir können uns weder unsere Jugend bewahren noch die Zeit anhalten, obwohl wir es uns manchmal vielleicht wünschen.
Wandlung ist ein schleichender Abschied von Vertrautem, zugleich aber auch ein Willkommenheißen des Jungen und Unverbrauchten. Beharrliche Bewahrung leugnet die Vergänglichkeit und ist eine Form der Angst.

Im beruflichen Umfeld: Veränderungen sind notwendig, wenn bei dir die Not gewendet werden muß. Verändere dich oder dein Unternehmen aber nicht, nur weil es vielleicht gerade Mode ist. Das erzeugt Verwirrung und kostet Energie. Nichts wirkt so verunsichernd und demotivierend wie die immerwährende Wandlung ohne Atempause.

In persönlichen Beziehungen: Gemeinsam wachsen nennen wir die allmähliche Wandlung von uns selbst und unserer Mitmenschen.

Doch nicht immer wandeln sich alle gleich schnell. Wandeln geschieht (wie wandern) langsam, aber stetig. Wenn du beim Wandeln dahineilst, kann es sein, daß dir ein normaler (gemächlicher) Wandler als Bewahrer erscheint und du ihn ob deines (viel zu hohen) Tempos mißverstehst. Und je mehr du davoneilst, desto unsicherer wird er sich fühlen und zu bewahren suchen, was noch zu bewahren ist.

Ändere dein Tempo, und ihr werdet einander wieder verstehen.

Im Umgang mit dir selbst: Wenn sich um dich herum die Welt wandelt und du das Bisherige zu bewahren suchst, stellst du dich gegen die Evolution, die nichts anderes ist als beständige Anpassung.

So ist Anpassung, ist der Wandel hin zu den neuen Verhältnissen der Schlüssel zum Überleben. Verwandelst du dich dagegen am laufenden Band, wird man dir mit Argwohn begegnen, weil niemand mehr weiß, wer du in Wirklichkeit bist.

Die Weisheit liegt irgendwo in der Mitte. Sich wandeln heißt, sich auf die neuen Verhältnisse zuzubewegen, langsam und stetig, aber nicht im Galopp.

Bedeutung im Legesystem R = E² A L

Bedeutung im Kontext der ZEIT

Auf dem Platz der ERWARTUNG²: „Erwarte das Unerwartete" lautet ein alter Spruch. Er meint: verlasse dich nicht auf deine Erfahrungen. „Erfahrungen bedeuten gar nichts – man kann eine Sache auch 35 Jahre lang falsch machen" *(Kurt Tucholsky)*. Die stete Wandlung ist allem im Universum eigen; sie ist Kennzeichen des Lebens. Bliebe sie aus, bestünde Grund zur Sorge: die Lebensenergie Vaya würde nicht mehr fließen. Tritt sie ein, ist alles im besten Fluß.

Vergangenheit / Darauf gründet es: Dies ist die Schwesterkarte der 55. Vayakarte (vgl. S. 128). Wandlung ist die Folge der fließenden Bewegung, Erstarrung ist die Folge jeder beharrlichen Bewahrung.

Im Rahmen deiner Angelegenheit prüfe, ob in ihrem Kern das Anliegen aller Beteiligten die Wandlung oder die Bewahrung ist. Wollen die einen dies und die anderen das, ist weder das eine noch das andere, sondern der Zerfall der Angelegenheit die Folge.

Auf dem Platz der AKTION: Auch wenn du es versuchst – du kannst nichts *dauerhaft* bewahren. Wenn sich die Dinge beginnen zu wandeln, kannst du diesen Vorgang vielleicht befristet aufhalten, doch nur mit dem täglich ansteigenden Aufwand von zusätzlicher Energie. Sei eher wie der Grashalm, der sich im Wind neigt – noch besser, sei ein Teil der Wandlung. Bewahre das Andenken, aber denke nicht an nichts anderes als an Bewahrung.

Gegenwart / So ist es: „Wenn du nicht mit der Zeit gehst, gehst du mit der Zeit". Diese Weisheit trifft auf deine Angelegenheit und auch auf dich jetzt in besonderem Maße zu. Frage dich also, ob und wo du bewahren willst, was überkommen ist. Dies ist auch die Schwesterkarte der 34. Vayakarte (vgl. S. 86): Lerne darum zu akzeptieren, daß sich die Dinge, die Themen, die Moden, die Verhältnisse, die Personen wandeln. Bleib nicht allein zurück.

Auf dem Platz des LOSLASSENS: Um Teil der Wandlung zu sein, mußt du das Alte loslassen, sonst kannst du das Neue nicht umarmen. Ein jedes Ding hat seine Zeit, ein jeder Wandel hat seinen eigenen Rhythmus und seine eigene Geschwindigkeit. Künstlicher Wandel unter künstlichem Druck ist jeder harmonischen Wandlung ebenso abträglich wie beharrliche Bewahrung. Darum laß auch die Wandlung selber los und damit den Dingen ihren natürlichen Lauf.

Zukunft / Dahin entwickelt es sich: Du selbst wandelst dich ein Leben lang. Nicht nur in deinen Ansichten, sondern auch körperlich. Nicht eine Zelle deines Leibes ist noch die, mit der du diese Welt betratest, und schon in 120 Tagen wirst du nicht mehr der Mensch sein, der du jetzt bist. Würdest du diese beständige Erneuerung verhindern *können*, würdest du sterben. Und wie innen, so außen – erfreue dich an der Wandlung, und sie wird dich erfreuen.

61
Ring (Kreislauf) / Gerade (Linearität)

Kartenart:
Ressourcen / Engpaß-Karte

Ressource = das was du hast
 (und einsetzen solltest)
Engpaß = das was dir fehlt

Symbole:
- Horizont: für die einzige „Gerade" in der Natur
- Regenbogen-Schlangenring: für das Denken, mit dem wir unsere Welt gestalten
- Fuß- und Armbänder sowie Ringe auf den Kleidern: für die Kreisläufe der Natur
- Kugeln: für die Grundform des Universums im Mikro- und Makrokosmos
- Sonne: für den einzelnen Tag sowie für das Jahr, aber auch für das Umkreisen

Bild: Im Hintergrund trrägt ein Mann schwer an einer Geraden.
Fast scheint es, als trüge er den Horizont auf seinen Schultern; das ist ebenso eine optische Täuschung wie der Horizont selbst, der uns nur als eine Gerade erscheint. Er ist umgeben von kleinen Stecken, von Menschenhand geschaffene und daher künstliche Geraden, die sein Leben bestimmen.
In einem Ring aus Kugeln tanzen im Vordergrund der Karte drei Frauen einen Reigen. Sie sind zu dritt, um die drei Dimensionen zu symbolisieren, aus denen jeder Körper besteht; denn sie wissen, daß jeder scheinbare natürliche Kreis auf Erden nur der Schattenriß einer Kugel ist. Sie tanzen im Kreis unter einem Reif, der dem Bild einer Schlage nachempfunden ist, die sich in den Schwanz beißt: das uralte Symbol des sich wiederholenden Kreislaufs.

Allgemeine Bedeutung: Ring (Kreislauf) und Gerade (Linearität) sind die zwei sich gegenüberliegenden Pole unserer Art zu denken. Es ist wie bei einem Gefäß: leer steht es für die Linearität, je mehr es gefüllt ist, desto mehr Kreisläufigkeit ist vorhanden. Der Karte geht es thematisch darum, dich zu fragen, inwieweit und womit dein „Gefäß" gefüllt / zuwenig gefüllt ist.
Alle Entwicklungen verlaufen kreisförmig, verrät uns die 16. Vayakarte (vgl. S. 50). Die Existenz der Geraden in unserem Denken, in Architektur und Technologie ist ein Konstrukt unseres logischen Verstandes. Doch ist sie nirgendwo Abbild der Wirklichkeit. Wo es eine Gerade gibt, gibt es eine Trennlinie zwischen links und rechts. Oder ein Oben und ein Unten. Während alles in der Natur bogenförmig, rund oder elipsoid geformt ist, verwendet allein der Mensch die Gerade, und er verwendet sie, wo er nur kann. Das liegt an ihrer Einfachheit. Und weil sie so einfach ist, wirkt alles mittels der Geraden Gestaltete eben einfallslos, monoton und leblos. Wir empfinden die Gerade unbewußt als widernatürlich und schlecht, und so ist es kein Zufall, daß sich die Mathematiker als Symbol für die Negativität ausgerechnet (!) eine Gerade gewählt haben – das Minuszeichen. Tief im Innern spüren wir also die Zweischneidigkeit der Geraden.
Gleichwohl denken wir linear und sehen darum die Kreisläufe nicht oder unterschätzen ihre Bedeutung. Gleichwohl organisieren wir unsere Unternehmen linear, von oben nach unten, und wundern uns darüber, welche Wirkungen das hat. Gleichwohl setzen wir Grenzen fest, die mit dem Lineal gezogen sind, egal, was dadurch getrennt wird, und begradigen Flüsse, die, ihrer Rundungen beraubt, das Land überschwemmen.
Wir denken so sehr geradlinig, daß wir uns auch die Zeit nicht anders als linear ablaufend vorstellen können. Und so werden Forscher belächelt, die behaupten, unser eindimensionales Bild von der Zeit sei falsch ...

Im beruflichen Umfeld: Wege, die *gebogen* durch Verkaufsflächen führen, verkaufen mehr als *gerade*. Geschwungene Formen (nicht zuletzt z.B. die des wohlgerundeten weiblichen Körpers) verkaufen mehr als rechtwinkelige. Zudem deuten sie auf Vitalität. Gerades erzeugt Aggression, Geschwungenes erzeugt Motivation. Alles, was Menschen als schön empfinden, weißt Rundungen auf, Kantiges und Scharfes stößt sie ab. Sorge also dafür, daß dort, wo du Menschen beruflich begegnest, mehr gerundete Formen anzutreffen sind als gerade. Warum wohl sind Ballspiele die beliebtesten Spiele der Welt?

In persönlichen Beziehungen: Würdest du dein Leben absolut gradlinig leben, wärest du vorhersagbar und damit sterbenslangweilig. Niemand würde sich für dich interessieren. Je abwechselungsreicher dein Leben verläuft, desto schwungvoller wirst du sein. Schwung aber erwächst aus einer Kreisbewegung. Um neuen Schwung in deine Beziehung zu bringen, verlasse einfach den geraden Weg. Überrasche, verblüffe, mache etwas Unübliches. Und bald schon werden andere mit dir einen Reigen tanzen.

Im Umgang mit dir selbst: Bist du unzufrieden, ändere deine Kreise. Die, in denen du verkehrst, arbeitest, lebst. Nirgendwo steht geschrieben, daß du auf ewig in deinen bisherigen Kreisen verbleiben mußt. Übrigens: ein Lächeln hat – welche Weisheit liegt darin – die Form eines drittel Kreises.
Gönn' es dir (etwa 60 Sekunden lang!). Nichts wirkt schneller, um dir selbst neuen Schwung zu geben.

Bedeutung im Legesystem R = E² A L

Auf dem Platz der ERWARTUNG²: Erwarte vom Gekrümmten mehr als vom Geraden. Geht es in deiner Angelegenheit um Formen, so hat das Gebogene immer mehr Anziehungskraft als das Eckige, das Runde und Gewölbte lockt mit mehr Attraktivität als das Lineare. Weil es mehr Anziehungskraft besitzt, sehen alle Beteiligten einen Mehrwert darin. Und diesen Mehrwert kannst du für dich immer erwarten.
Das gilt auch für Formen im übertragenen Sinn.

Auf dem Platz der AKTION: Mache die Sache oder deine Angelegenheit rund(er).
Das kann auch bedeuten, die Schwingungen einer Sache – ihren Rhythmus, ihre Frequenz – höher zu bewerten, stärker zu beachten als bisher. Untersuche vor allem die zugrunde liegenden Kreisläufe, um das Wesen der Sache zu verstehen. Vergiß dabei die Kenntnis deiner eigenen Rhythmen nicht: die des Körpers, der Seele, des Geistes (die sog. Biorythmen).

Auf dem Platz des LOSLASSENS: Da Gerade immer trennen, ist das Loslassen von der Verwendung von Geraden einhergehend mit der Aufhebung von Trennung. Umgekehrt gilt das Gleiche: die Abkehr von Kreisen und Ringen, von Bögen und Kurven bewirkt Trennung.

Bedeutung im Kontext der ZEIT

Vergangenheit / Darauf gründet es: Das Universum ist, wo immer wir es genauer betrachten, gebogen oder gekrümmt. Selbst der Raum krümmt sich um feste Materie (weil dort Anziehungskraft wirkt), wie wir seit Einstein wissen. Das heißt, auf unsere Ebene bezogen *vergewaltigen* wir sogar den uns umgebenden Raum, wenn wir ihn mit Geraden, Kanten und rechten Winkeln linear gestalten. Darum stößt uns die Gerade ab, und das Runde zieht uns an.

Gegenwart / So ist es: Auch dein Leben kann nicht gerade und einfach, kann nicht linear verlaufen, sondern folgt einem Wechsel von Auf und Ab.
Dies Karte auf diesem Platz macht dich entweder auf eine Linearität in deiner Angelegenheit aufmerksam, die dem Ringförmigen zuwider läuft. Oder sie weißt dich bestätigend auf die allem zugrunde liegende Kreisläufigkeit hin und empfiehlt dir, sie weiterhin zu beachten.

Zukunft / Dahin entwickelt es sich: Dein Leben selbst ist ein Kreislauf. Aus dem Nichts bist du gekommen, aus größtenteils Nichts bestehst du, und ins Nichts gehst du wieder ein, wenn der Kreis sich schließt. Eigentlich *kreist* dein ganzes Leben nur um die Fragen: Woher komme ich, wer bin ich, wohin gehe ich? Der Fluch der Geraden, des *linearen Denkens* ist es, dieses Kreisen nahezu vollständig zuzudecken mit einer Schraffur (einem *Strich*muster) aus nicht endenwollenden Pflichten und Aufgaben.

62
Inspiration (Aufbruch) / Depression (Verharrung)

Kartenart:
Ressourcen / Engpaß-Karte

Ressource = das was du hast
             (und einsetzen solltest)
Engpaß   = das was dir fehlt

Symbole:
- Weg: für den Lebensweg
- Regenbogen-Gürtel: für das Denken, mit dem wir unsere Welt gestalten
- Sternenweste: für den Aufbruch
- Schwingensymbol an der Hose: für den Aufbruch
- Zitrone: für Säure (als *Symbol*; als Nahrungsmittel wirken Zitronen basisch)
- Sterne am Himmel: für die Inspiration
- Umgekippte Flasche: für die Neige und die Suchtgefahr

Bild: Morgendämmerung liegt über dem Land: die Zeit des Aufbruchs und der Verheißung. Drei Sterne stehen am Himmel wie ein Fanal. Sie können Wegweiser sein (wie der Stern zu Bethlehem) oder die berühmten drei Wünsche des Märchens symbolisieren. Der Weg führt in Richtung Morgenröte und dorthin, wohin die Sterne weisen.
Ein im Aufbruch befindlicher Mann scheint (gleichsam) nach den Sternen zu greifen. Seine Weste zieren Planeten, Monde und Sonnen: Zeichen des immerwährenden Bewegens und damit Symbole des Aufbruchs. Die Schwingen an der Hose des Mannes „beflügeln" seine Schritte.
Ein Stück weiter kniet am Wegesrand niedergeschlagen ein in sich zusammengesunkener Mann. Alles an ihm ist grau in grau; und die neben ihm liegende leere Flasche verweist auf die Versuchung, jeden Kummer und alle Sorgen zu ertränken. Die Zitrone ist das Symbol des Sauren. Dies soll daran erinnern, daß Depressionen auch durch eine starke *Übersäuerung* des Körpers verursacht werden können, also durch falsche Ernährung; ein Hinweis, der auf das Thema der 23. Vayakarte (vgl. S. 64) zielt. So verharrt der eine in Säuernis, während der andere sich der Süße des vor ihm liegenden Tages hingibt.

Allgemeine Bedeutung: Inspiration (Aufbruch) und Depression (Verharrung) sind die zwei sich gegenüberliegenden Pole unserer Gefühlslage. Es ist wie bei einem Gefäß: leer steht es für die Depression, je mehr es gefüllt ist, desto mehr Inspiration ist vorhanden. Der Karte geht es thematisch darum, dich zu fragen, inwieweit und womit dein „Gefäß" gefüllt / zuwenig gefüllt ist.

Inspiration heißt „Eingebung, Erleuchtung". Inspirieren wird mit „begeistern" übersetzt: Eine Form von Licht hat bei der Inspiration den Geist eines Menschen erreicht. Ein Gedanke, der ihn beflügelt, der ihn sprichwörtlich nach den Sternen greifen läßt.
Es ist kein Zufall, daß der Spiritus, der Wein*geist*, oft am anderen Ende der Skala die Bühne betritt, so als könne jener Geist den ausgebliebenen Hauch der Eingebung ersetzen (was er niemals kann).
Während sich Inspirierte bewegen, verharren Depressive dort, wo sie sind. Dies ist wörtlich und im übertragenen Sinn gemeint. Obwohl sie wissen, daß eine Veränderung ihrer Lebensverhältnisse notwendig ist, verharren depressive Menschen räumlich und gedanklich dort, wo sie zum Stillstand gekommen sind. Oft wird übersehen, daß schon die konsequente, dauerhafte Umstellung der Ernährung die Übersäuerung des Körpers rückläufig werden läßt.
Aber nicht nur Depressive verharren, sondern körperlich wie geistig Verharrende werden depressiv. Wo sich nichts mehr bewegt, fließt auch nichts mehr. Die Entgiftung (Übersäuerung) des Körpers ist vom Fließen der Kreisläufe ebenso abhängig wie die Energieversorgung vom Fließen der Energie.
„Wenn alles Fließen Leben bedeutet, so bedeutet Stillstand den Tod", lautet eine Weisheit Griechenlands.

Im beruflichen Umfeld: Inspiration ist das Geheimnis der Motivation. Auf deutsch: Begeisterung ist das Geheimnis der Bewegung. Willst du andere (zu etwas) bewegen, mußt du sie begeistern. Wie St. Execupery schrieb: *„Willst du, daß deine Männer ein Schiff bauen, so unterweise sie nicht in der Kunst des Schiffbaus, sondern lehre sie die Sehnsucht nach* *dem großen, weiten Meer"*. Bedenke, daß du immer Vorbild bist. Bist du selbst gelangweilt, gibt es nichts, womit du den Geist der anderen berühren kannst.

In persönlichen Beziehungen: Hast du mit Depressiven zu tun, gib ihnen eine Aufgabe. Diese Aufgabe sollte eine *Gabe* von dir sein, die sie *auf*richtet. Gib ihnen und ihrem Dasein einen neuen Sinn, wenn der alte verlorenging. Und wirke auf ihre Ernährung ein.

Im Umgang mit dir selbst: Bist du selbst depressiv, ändere zuerst deine Ernährung. Du bist, was du ißt.

Was dir in höchstem Maße fehlt, ist basenreiche Kost. Übersäuerung meint, dein Säure/Basen-Haushalt ist aufgrund saurer Nahrungsmittel gekippt, was unter anderem auch zu tiefen Depressionen führt. Du entstammst ursprünglich dem Meer und trägst eigentlich – so du gesund bist – einen leicht salzigen (basischen) Miniaturozean in deinen Zellen mit dir herum. Suche dir dann selbst eine sinnvolle Aufgabe, sobald es dir nach einer erfolgreichen Entsäuerung deines Körpers wieder etwas besser geht. Und du wirst sehen, dein Leben bekommt einen neuen Glanz. So, wie der Tag sich mit der Morgenröte schmückt.

Bedeutung im Legesystem R = E^2 A L

Auf dem Platz der ERWARTUNG^2: Um inspiriert zu werden, mußt du nur aufbrechen und neue Wege gehen: geistig oder im wörtlichen Sinn. Du kannst die Inspiration so sicher erwarten wie eine treue Weggefährtin, die sich alsbald zu dir gesellen wird.
Um depressiv zu werden, brauchst du nur zu verharren. Damit ist nicht die Ruhe oder das Aufhalten im Zustand der Stille gemeint, sondern die Bewegungslosigkeit des Geistes, die der des Körpes vorangeht.

Auf dem Platz der AKTION: Diese Karte ist verwandt mit allen Aufbruchskarten (2, 4, 20, 24, 26, 31, 33). So unterschiedlich die einzelnen Themen auch sind, allen ist das inspirierende des Aufbruchs gemeinsam. Darum ist das die Botschaft dieser Karte hier: inspiriere dich und andere, indem du deutliche Zeichen des Aufbruchs setzt. Da du auch bist, was du ißt (vgl. die 23. Vayakarte S. 64), brich auch bei deiner Nahrungsauswahl in neue Gebiete auf.

Auf dem Platz des LOSLASSENS: Wie bei allen Aufbruchskarten kannst du dich nur bewegen, wenn du dich löst von dem, was du gerade tust, denkst, wahrnimmst oder an dem du dich festhältst.
Inspiration ist ein innerer Aufbruch, der durch einen äußeren Aufbruch (einen Wechsel im Tun) ausgelöst wird. Dieser Wechsel im Tun kann und sollte auch mit einem Wechsel deiner Nahrung begleitet werden, indem du säurebildende Mittel zu essen unterläßt.

Bedeutung im Kontext der ZEIT

Vergangenheit / Darauf gründet es: Wann immer sich Evolution vollzieht, tritt Neues an die Stelle von Altem, zieht besser Angepasstes – Gewandeltes – zu neuen Ufern aufbrechend am (in der Einstellung) Verharrenden vorbei. Inspiration (Begeisterung) war der Beginn des Universums; von diesem Moment an war alles vom Geist des Einen durchdrungen. Im Kleinen ist das Einbringen deines Geistes in deine Angelegenheit – das Inspirieren – ein vergleichbarer Akt.

Gegenwart / So ist es: Wem von den beiden auf dem Bild der Karte gleichst du? Gehörst du zu den am Boden Kauernden, zu den Verharrenden, zu den Depressiven, dann warnt dich die Karte auf diesem Platz. Schon droht alle Farbe, alles Licht und damit Leben aus dir zu weichen. Erhebe dich und geh dem Sonnenaufgang entgegen. Dafür beglückwünscht dich die Karte: wenn du zu den Inspirierenden und Inspirierten gehörst, die mit den Sternen selbst jonglieren.

Zukunft / Dahin entwickelt es sich: Du kannst wählen, ein uninspiriertes Leben zu führen. Es wird *grau* sein, farblos, ohne Freude und am Ende mit Schmerzen. Es wird ein Ausharren sein, was heißt, solange zu harren, bis es irgendwann *aus* ist. Es ist ein Leben ohne Liebe. Ein inspiriertes Leben ist ein begeistert erwähltes und mit Geist gefülltes Leben. Begeisterung erwächst aus jedem überstrahlenden Mögen. Es gibt dem Dasein Farbe, Freude und Gesundheit.

63
Netzwerk / Isolation

Kartenart:
Ressourcen / Engpaß-Karte

Ressource = das was du hast
(und einsetzen solltest)
Engpaß = das was dir fehlt

Symbole:
- Regenbogen-Farben auf den Jacken: für das Denken, mit dem wir unsere Welt gestalten
- Netz: für die „Fäden", die uns untereinander verbinden
- Lose Fäden auf dem Gras: für die Möglichkeit, sich aus der Isolation zu befreien
- Lose Fäden am Netz: für noch nicht geknüpfte Verbindungen

Bild: Drei Männer knüpfen ein Netz. Obwohl ihre Arbeit kompliziert aussieht, wirken sie nicht angestrengt, sondern eher entspannt. Viele der Fäden sind noch lose und warten auf ihre Einbindung ins Netz.
Ein vierter Mann kniet abseits. Seine Hände bedecken die Ohren; er will nichts von den anderen hören. Auch sein Blick ist abgewandt; er will nichts von den anderen sehen. Er ist isoliert. Vielleicht glaubt er, *man* habe ihn isoliert, und doch ist es eine selbstverursachte Isolation. Dies deuten die Fäden an, die in seiner Nähe liegen. Er könnte sich jederzeit mit seinen Fäden in dieses oder ein anderes Netzwerk einbinden, wenn er es nur wollte.

Allgemeine Bedeutung: Netzwerk und Isolation sind die zwei sich gegenüberliegenden Pole unserer Einbindung in das Gemeinschaftsgefüge. Es ist wie bei einem Gefäß: leer steht es für die Isolation, je mehr es gefüllt ist, desto mehr Netzwerk ist vorhanden. Der Karte geht es thematisch darum, dich zu fragen, inwieweit und womit dein „Gefäß" gefüllt / zuwenig gefüllt ist.
Der Begriff „Netzwerk" ist in den letzten Jahren in Mode gekommen. Dahinter steht die nicht gerade neue Einsicht, daß *niemand*, wie Brecht es schreibt, *eine Insel ist*. Wir sind auf andere angewiesen. Gegenwärtig mehr denn je – es ist zum entscheidenden Faktor geworden, die richtigen Leute zu kennen und eine gute Beziehung zu ihnen aufzubauen und zu pflegen. Nimm alle Menschen, die du kennst, und wiederum alle, die diese kennen (usw. bis ins sechste Glied), dann bist du über diese Beziehungen *mit jedem* anderen Menschen auf diesem Planeten über nur sechs Köpfe oder „handshakes" hinweg verbunden*). D.h.: du „kennst" sie, weil du einen kennst, der einen zweiten kennt, der einen dritten kennt, der einen vierten kennt, der einen fünften kennt, der *genau diesen* Menschen kennt (das klingt unglaublich, ist aber zweifelsfrei bewiesen). Es trifft immer zu!
Darüber hinaus gibt es unsichtbare Bande, die *alle* Menschen miteinander (und, wie ich glaube, uns auch mit allen Tieren, Pflanzen und allem Vorhandenen) verbinden. Sei es über das Morphogenetische Feld, wie Rupert Sheldrake es nennt, sei es über den holistischen Aufbau des Universums nach David Bohm, sei es über Indras Netz gemäß der indischen Mythologie. Informationen können zeitverlustfrei und ohne Trägermedium von einem Ort zum anderen gelangen, wie Experimente der Quantenphysik zeigen. Noch können wir diese Netze nicht sehen (oder messen), doch wir wissen, sie existieren. Wenn wir allerdings auf (noch) mysteriöse Weise alle mit allen verbunden sind, kann es so etwas wie Isolation nicht wirklich geben. Die Isolation existiert somit nur als Idee im Kopf des Isolierten. *Da* diese Verbindungen bestehen, wird es nachhaltig sinnlos, andere zu belügen oder zu übervorteilen. Erstens merken sie es, und zweitens schädigen wir ein Teil des Netzes, dem wir selber angehören.
Die Schwingungen, denen dieses gigantische, universelle Netz beständig ausgesetzt ist und die es erfüllen, lassen sich mit einfachen Mitteln erspüren. Alle sogenannten Orakelsysteme wie das *I Ging*, der *Tarot*, die *Runen* und auch die *Vaya* sind solche einfachen Mittel, um in das Netz hineinzuhorchen. Und die den Schwingungen aufmodulierten Informationen lassen sich damit – zumindest grob – erfassen.

Im beruflichen Umfeld: Schaffe dir dein Netzwerk aus Menschen. Ein Teil deiner täglichen Arbeit sollte dem Aufbau und der Pflege dieses Netzes gelten. Hilf öfter anderen einfach mal so: erweise ihnen einen unvermuteten Gefallen, mache deinen Einfluß geltend, damit es ihnen besser geht und sie es leichter haben. Verlange keine Gegenleistung. Sei gewiß: sie werden deinen Namen *behalten* und darauf brennen, eines Tages *dir* behilflich sein zu können.

In persönlichen Beziehungen: Dasgleiche gilt für den privaten Bereich. Ohnehin ist in manchen Fällen die Grenze zwischen privaten und geschäftlichen Beziehungen auf der Netzwerkebene fließend.

Im Umgang mit dir selbst: Auch du bist keine Insel; wenn du den Kontakt mit anderen vielleicht nicht suchst, so brauchst du ihn dennoch eines Tages. Dann ist es besser, wenn du dich frühzeitig in ein Netz aus Bekannten und Freunden eingebunden hast. Biete deine Hilfe (deine Kenntnisse und Fähigkeiten, deine Anbindung an dein Netzwerk) freiwillig anderen an, und man wird dir deinerseits an einem anderen Tag gern behilflich sein. Und wenn nicht? Nun, manche Fäden im Netz reißen, das ist der Lauf der Dinge ... Knüpfe andere dafür. Es gibt mehr als genug.

*) die entsprechenden Untersuchungen hierzu sind sehr gut dargestellt in dem Buch „Small Worlds" von Mark Buchanan, Frankfurt, 2002, ISBN 3-593-36801-3

Bedeutung im Legesystem R = E² A L

Auf dem Platz der ERWARTUNG²: Erwarte, die richtigen Leute kennen zu lernen. Je mehr du vom Erfolg deiner Angelegenheit überzeugt bist (also die entsprechenden Impulse ins morphogenetische Feld einspeist), desto sicherer ziehst du diese richtigen Leute an wie ein Magnet (über die, die einen kennen, der einen zweiten kennt ...).

Auf dem Platz der AKTION: Knüpfe und pflege dein Netz. Biete unvermutet dir bislang fremden Menschen deine Hilfe an, laß sie ihren Nutzen aus deinem bestehenden Netzwerk ziehen.
Lege eine Netzdatenbank an und mache dir zur Aufgabe, kontinuierlich alle „Knoten" des Netzes zu kontakten. Bring dich in Erinnerung, frage nach dem Befinden, leite von dir aus Informationen an die weiter, die damit etwas anfangen können.

Auf dem Platz des LOSLASSENS: Laß vor allem deinen Unglauben los, ob es diese unsichtbaren Verbindungen überhaupt gibt. Denn sonst kannst du sie nicht sehen, geschweige denn nutzen.
Und trauere den losen Fäden in deinem Netzwerk nicht hinterher; knüpfe neue Verbindungen daran.
Bist du derzeit allein, so löse dich von der Isolation, von der „Insel", die du allein bewohnst. Dies tust in dem Moment, in dem du beginnst, Kontakte neu zu knüpfen.

Bedeutung im Kontext der ZEIT

Vergangenheit / Darauf gründet es: Schon immer haben Menschen gespürt, ob es weit entfernten anderen gut geht oder nicht. Auch du spürst es, ob jemand dich von hinten anstarrt. Wie kann das sein, wenn es diese unsichtbaren Verbindungen nicht gäbe?
Da sie existieren, bist du in sie eingewoben. Oft reichen diese Verbindungen sogar aus der Vergangenheit oder aus jenem Reich herüber bis zu dir, das die Lebenden nicht wahrnehmen können.

Gegenwart / So ist es: Auf diesem Platz rät dir die Karte, dich deines Netzwerks anzunehmen, anstatt die Lösung für deine Angelegenheit allein zu suchen.
Sage nicht, daß du keines hast; du hast es vielleicht lange Zeit nicht gepflegt oder genutzt, aber auch du besitzt ein Netzwerk. Auch die tiefste Isolation ist keine Abwesenheit eines Netzwerks, sondern die Abwehr, es zu nutzen oder die Abwehr, die herumliegenden Fäden neu zu knüpfen.

Zukunft / Dahin entwickelt es sich: Vernetzung bewirkt Schnelligkeit. Ob in deinem Gehirn die Neuronen, oder im Leben deine Beziehungen - Informationen verbreiten sich in einem Netzwerk am schnellsten. Schnelligkeit aber ist Bewegung, und Bewegung ist Vorhandensein von Vaya. Netzwerke erzeugen also Lebensenergie. Isolation ist demzufolge das bewußte sich Absch(n)eiden von Lebensenergie – es trennt dich von der im Netz enthaltenen Vaya.

64
Fügung / Unfug

Kartenart:
Ressourcen / Engpaß-Karte

Ressource = das was du hast
(und einsetzen solltest)
Engpaß = das was dir fehlt

Symbole:
- Gefüllter Kelch: für die intuitive Entscheidung
- Leerer Kelch: für die Verstandesentscheidung
- Schwert: für den scharfen Verstand
- Fugenhölzer (auf dem Tisch): für das Ungefügte
- Regenbogen-Kleider: für das Denken, mit dem wir unsere Welt gestalten
- Verfugte Balken: für die Fügungen im Leben

Bild: Ein Raum, der wie das Innere einer Schänke anmutet. Die Balken sind sauber gefugt und passen ineinander, als seien sie füreinander bestimmt. Eine Frau und ein Mann begegnen sich „zufällig" an diesem Ort, erblicken einander und sind wie erstarrt: sie erleben dies als einen ganz und gar außergewöhnlichen Augenblick, einander hier so unverhofft zu begegnen. Sie sind beide verblüfft, erstaunt, fassungslos. Sie sind sich fremd und erkennen sich doch. Würden beide in diesem Moment reden können, würden sie vielleicht von einer *Fügung* sprechen.
Der einzelne Mann am Tisch tut dies mit einer verächtlichen Handbewegung ab. „Unfug!" scheint er zu rufen. Er glaubt nicht an solcherlei Geschehen. Die beiden Hölzer vor ihm auf dem Tisch sind folglich ungefugt, gleichwohl sie Fugen aufweisen; doch er sieht oder beachtet es nicht. Der Mann trägt ein Schwert an seiner Seite, Zeichen seines scharfen Verstandes, auf den er sich allein verläßt. Die Klinge ist ein Stück weit sichtbar, zum Ur-Teilen bereit.
Das Gespräch der drei Personen am Nebentisch dreht sich um das Thema Intuition. Wir erkennen die rothaarige Frau aus der 22. Vayakarte (vgl. S. 62) wieder und den gefüllten Kelch zum Zeichen, daß sie ihrer Intuition mehr vertraut als dem Verstand.

Allgemeine Bedeutung: Fügung und Unfug sind die zwei sich gegenüberliegenden Pole unserer Einstellung zu sogenannten *Synchronizitäten*. Es ist wie bei einem Gefäß: leer steht es für den Unfug (das Ungefügte), je mehr es gefüllt ist, desto mehr Fügung erkennt jemand (an). Der Karte geht es thematisch darum, dich zu fragen, inwieweit und womit dein „Gefäß" gefüllt / zuwenig gefüllt ist.

Synchronizitäten sind das zeitliche und thematische Zusammenkommen scheinbar unabhängiger Ereignisse (ein Begriff, der auf C.G. Jung zurückgeht). Fügungen geschehen in unserem Leben sehr viel häufiger, als dies die mathematische Wahrscheinlichkeit zuließe. Und: Je mehr jemand solche Fügungen in seinem Leben anerkennt und zuläßt, desto festgefügter (im Sinne von stabiler) wird sein Leben.
Je mehr jemand Fügungen ablehnt, weil er nichts mit ihnen zu tun haben will oder ihre Existenz als solche bestreitet, desto mehr werden solche Ereignisse für ihn Unfug sein. Bis hin zu dem Punkt, da er sich selber als „ungefugt" ansieht, d.h. er begreift sich als völlig losgelöst von allen äußeren unsichtbaren Verbindungen, wie sie die vorherige Karte 63 (vgl. S. 144) beschreibt. Synchronizitäten selbst zu erleben und sie als solche anzuerkennen heißt, sich vom Glauben an den Zufall abzuwenden, wie dies die 29. Vayakarte (vgl. S. 76) anbietet.
Interessanterweise steigt unter jenen, die an den Zufall glauben, die Bereitschaft, Synchronizitäten oder Fügungen als Unfug abzutun, umso mehr an, je unheimlicher sie ihnen werden. *Heim* ist etwas, in dem wir wohnen. G*ewohn*heiten heißen so, weil wir es uns in ihnen bequem gemacht haben. Wird uns etwas un*heim*lich, reißt uns das zwangsläufig aus unseren Gewohnheiten heraus. Damit verlieren wir aber alle Sicherheit, die diese uns bislang boten.
Sich Fügungen zu öffnen und sich ihnen anzuvertrauen setzt Vertrauen in eine über den reinen Verstand hinausgehende (und außerhalb unserer selbst existierende) fügende Kraft voraus. Eine Kraft, die dem Universum selbst innewohnt und jene Effekte erzielt, die wir oft nur bestaunen, aber noch nicht

wirklich verstehen können.

Im beruflichen Umfeld: Achte auf das Ungewöhnliche. Wird dein Blick immer wieder auf einen Vorgang gelenkt, nimm dich seiner an. Jemand will dich unbedingt sprechen, obwohl du zu einem Termin mußt? Nimm dich seiner an. Dir nennt man mehr als zweimal am Tag den Namen einer dir bisher unbekannten Person oder Firma? Stelle einen Kontakt her.

In persönlichen Beziehungen: Wenn dir jemand (den du sonst nicht so häufig siehst oder den du gar nicht kennst) an einem Tag mehr als zweimal begegnet, solltest du aufmerksam werden. Möglicherweise hat dir diese Person eine für dich wichtige Botschaft zu überbringen. Sprich sie an, komme mit ihr ins Gespräch, und du wirst staunen. Blickkontakte sind nie zufällig. Nimmt jemand öfter Blickkontakt zu dir auf, ohne daß du einen Grund erkennen kannst, erlebst du eine Synchronizität. Suche das Gespräch!

Im Umgang mit dir selbst: Fügungen treten umso häufiger und in ihrer Bedeutung höherwertiger auf, je mehr du sie als solche anerkennst.

Bedeutung im Legesystem R = E² A L

Auf dem Platz der ERWARTUNG[2]: Je mehr du Fügungen annimmst – d.h. davon ausgehst, *daß* sie stattfinden *und* ihre Botschaften annimmst –, desto mehr davon erlebst du.
Da alles wächst, worauf du deine Aufmerksamkeit richtest (vgl. die 6. Vayakarte S. 30), wachsen somit auch die Zahl und die Qualität der von dir erlebten Fügungen.

Auf dem Platz der AKTION: Achte auf synchronistische Fügungen. Da es keine Zufälle gibt, ist es bedeutend, wenn du eine dir bisher unbekannte Person an einem Tag öfter wiedertriffst oder ihren Blick mehrfach auffängst. Dieser Mensch *hat* mit hoher Wahrscheinlichkeit eine für dich wichtige Botschaft, darum sprich ihn an, komme ins Gespräch, sprich dein Empfinden über diese Begegnung an und höre genau zu, was dieser Mensch dir zu sagen hat.

Auf dem Platz des LOSLASSENS: Laß vor allem deinen Unglauben los, ob es diese synchronistischen Fügungen überhaupt gibt. Der beste Weg dazu ist, dich einmal einen Tag lang nur den Fügungen anzuvertrauen. Nimm dir einen Verfügungstag, an dem du über deine Zeit frei verfügen kannst, und laß dich von der ersten Fügung zur nächsten führen. Sei offen für alle Hinweise, die du bekommst, und gehe ihnen neugierig nach. Mache diese Übung bald.

Bedeutung im Kontext der ZEIT

Vergangenheit / Darauf gründet es: Da wir alle eins sind, denn alles ist eins, ist auch alles, sind auch wir mit allem verbunden. Fügungen geben dem Leben eine höhere Qualität. Sie setzen die Entwicklung fort, die mit der Zusammenkunft der ersten Einzeller begann. Wie diese zusammenrückten und zu *einem* Wesen wurden, so ist es auch unsere Aufgabe als Menschheit, uns zu einer *aus vielen bestehenden Einheit* zusammen zu fügen. Scheinbar getrennt existierend, sind wir ein entstehendes Multiwesen.

Gegenwart / So ist es: Auf diesem Platz rät dir die Karte, dir der Fügungen in deinem Leben noch stärker bewußt zu werden. Du erlebst sie andauernd, doch du achtest ihrer größtenteils nicht, ja, du erkennst nicht einmal, daß und wie oft sie dir passieren.

Zukunft / Dahin entwickelt es sich: Fügungen sind im Großen das gleiche, was das Zusammenspiel deiner Gehirnzellen im Kleinen darstellt. Dort fügen sich scheinbar zufällige Stromstöße an bestimmten Stellen zusammen und tauschen Informationen aus, hier sind es Menschen, die scheinbar zufällig zusammentreffen und Informationen füreinander haben. Fügungen sind die logische Weiterentwicklung der Einzelnen – der Ein*zell*nen – auf dem Weg zu einer höheren Form der globalen Existenz.

65
Verantwortung / Ohnmacht

Kartenart:
Ressourcen / Engpaß-Karte

Ressource = das was du hast
(und einsetzen solltest)
Engpaß = das was dir fehlt

Symbole:
- Steuerrad (auf dem Buch): für die Verantwortung
- Muster am Hosensaum: Ameisen (engl. „ant" wie VerANTwortung)
- Band, mit dem die Hände gebunden sind: für die Macht, zu binden, aber auch zu lösen
- 12-stufige Leiter (bei der die höchste Ebene mitgezählt wird): für die zwölf Stufen einer jeden Entwicklung
- Regenbogen-Rand: für das Denken, mit dem wir unsere Welt gestalten
- Berg: für den Berg der Erkenntnis
- Buch: für das „Buch des Lebens"

Bild: Ein Hof oder eine Grube, in der zwei Gefangene mit ihrem Schicksal umgehen.
Beide besitzen jeweils ein Buch, an dem der Schlüssel zu ihrer Kette hängt. Dem einen sind noch die Hände gebunden, der andere hat diese Bänder schon abgestreift.
Der auf dem Buch Sitzende kann das Steuerrad auf dem Buch nicht erkennen, das Symbol für Verantwortung. Gleichwohl er gebunden ist, könnte er sich leicht befreien. Er müßte es nur tun und seine Bänder lösen. Doch er brütet nur dumpf vor sich hin.
Sein Schicksalsgenosse hat diesen ersten Schritt schon getan. Er hat das Buch und damit die Verantwortung für sein weiteres Ergehen an sich genommen und damit angenommen. Sein Blick geht nach oben, wo das Licht und der Berg der Erkenntnis seiner warten. Mit dem Schlüssel kann er sowohl seine Fesseln lösen als auch die beiden im Käfig befreien. Denn Verantwortung übernehmen heißt nicht nur, sie für sich selbst zu übernehmen, sondern auch für andere, z.B. für eine Familie.
Auf der Hose des Stehenden sind Ameisen eingestickt; ein Tier, das auf englisch *Ant* heißt. Bücher symbolisieren durch ihr Wissen auch Macht. In jedem Buch stehen Worte. „Ant" und „Wort" ergeben *Antwort*, der Kernbegriff der Verantwortung.
Zwölf Speichen hat das Steuerrad, und zwölf Stufen hat der Weg, der über die Leiter aus der Grube emporführt. Die Zahl Zwölf steht für den natürlichen Ablauf aller Prozesse.
Die Grube wird durch ein Band aus Regenbogenfarben eingerahmt: zum Zeichen, daß unsere Denkweise den Rahmen bildet, innerhalb dessen wir uns entwickeln können. Mit unserem Denken kreieren wir die Welt, in der wir leben.

Allgemeine Bedeutung: Verantwortung und Ohnmacht sind die zwei sich gegenüberliegenden Pole unserer Einstellung zu unserem Schicksal. Es ist wie bei einem Gefäß: leer steht es für die Ohnmacht; je mehr es gefüllt ist, desto mehr Verantwortung wird übernommen und gelebt. Der Karte geht es thematisch darum, dich zu fragen, inwieweit und womit dein „Gefäß" gefüllt / zuwenig gefüllt ist.
Das Wort Verantwortung enthält keineswegs zufällig das Wort *Antwort*. Damit ist die Antwort auf alle Lebensfragen schlechthin gemeint. Dies ist die tiefere Botschaft der 29. Vayakarte (vgl. S. 78): Wenn wir in einem Universum leben, in dem es keinen Zufall gibt, dann bedeutet das die totale Verantwortung jedes einzelnen für sich selbst.
Ohnmächtig zu sein bedeutet, ohne Macht zu sein. Geben wir Verantwortung an andere oder an die Umstände ab, geben wir immer auch Macht ab, bis zur Neige, bis zur Ohnmacht. Daraus folgt, daß wir, indem wir Verantwortung übernehmen, zugleich auch immer mehr Macht erhalten oder, genauer gesagt, uns selber geben können.
Sicher, wir können zwar behaupten, uns seien die Hände gebunden, doch wissen wir nur zu gut, wie häufig dies nur eine elegante Ausrede dafür ist, sich um etwas nicht kümmern zu müssen.

Im beruflichen Umfeld: Je mehr (oder weniger) du anderen oder den waltenden Umständen die Schuld gibst, desto (ohn)mächtiger wirst du. Wenn dir etwas als unmöglich erscheint, dann deshalb, weil du den Weg oder die Lösung noch nicht gefunden hast (vgl. die 5. Vayakarte auf S. 28). Oft liegt der Schlüssel in oder neben uns, doch wir nehmen ihn nicht auf. Das hat der Römer Seneca gemeint, als er sagte: *„Nicht weil die Dinge schwer sind, wagen wir sie nicht, sondern weil wir sie nicht wagen, sind sie schwer".*

In persönlichen Beziehungen: Genaugenommen kannst du Verantwortung gar nicht übernehmen – du hast sie. Punkt. Ob du dich nun zu ihr bekennst oder nicht. Das gilt für alles, was dich umgibt: Haus, Hof, Stall, Garten, Familie, Freunde, Nachbarn, Staat, Menschheit. Die Frage ist, ob und wie du ihr nachkommst. Erfolg zu haben ohne Verantwortung wahrzunehmen funktioniert nicht. Dies gilt auch und gerade für erfolgreich verlaufende persönliche Beziehungen. Nie hat nur der andere Schuld. Aber immer tragen beide ihren Anteil an der Verantwortung.

Im Umgang mit dir selbst: Du bist das Wichtigste, das du hast. Du bist zugleich das, was du über dich denkst. Und *nur* du bist dafür verantwortlich, was du über dich denkst. Im Denken sind alle Hände frei. Auch deine.

Bedeutung im Legesystem R = E² A L

Auf dem Platz der ERWARTUNG²: Wenn du die Verantwortung in deiner Angelegenheit übernimmst, erwartest du gleichzeitig, die *Antwort* für die Lösung aller dabei anstehenden Fragen zu finden.
Lehnst du die Verantwortung ab, erwartest du, entweder keine Antworten zu finden oder daß es gar keine Antworten gibt (die du finden kannst).
Dabei genügt es, *um* die Antworten zu finden, freiwillig die Verantwortung zu übernehmen.

Auf dem Platz der AKTION: Da Verantwortung abgeben gleichbedeutend ist mit Macht abgeben, ist Verantwortung übernehmen gleichbedeutend mit einem Zuwachs an Macht. Deshalb *kannst* du jetzt sagen, wo es lang geht. Verlasse dich dabei nie allein auf deinen Verstand, denn er – genauer: dein Ego – wird von der Angst getrieben; höre darum mindestens ebenso stark auf deine Intuition, die dir immer sagt, was jetzt gerade richtig ist. Wenn du zuhörst.

Auf dem Platz des LOSLASSENS: Wenn du denkst, du könntest versagen, richtest du deine Aufmerksamkeit auf dieses Versagen; deshalb wird dein Versagenspotential wachsen. Darum laß alle Gedanken an ein Versagen los, indem du sie durch Gedanken des Gelingens ersetzt. Mach es dir zum Reflex, sogleich einen Gedanken des Gelingens zu denken, sobald dein Verstand dir Zweifel an deiner Berechtigung sendet, verantwortlich zu handeln. Wenn nicht du, wer dann?

Bedeutung im Kontext der ZEIT

Vergangenheit / Darauf gründet es: Hinter diesem Karten-Thema steht das Prinzip des freien Willens, das höchste göttliche oder universale Geschenk. Dem Prinzip des freien Willens ist eine Bedienungsanleitung beigelegt, die mit dem Wort Verantwortung überschrieben ist. Ob du die Verantwortung nun lebst oder nicht, sie ist dir mitgegeben worden. Du *bist* so mächtig, daß du sogar die Macht hast, deine Macht bis hin zur Ohnmacht an andere abzugeben. Es ist immer dein Wille. Dein Wille geschehe.

Gegenwart / So ist es: Dies ist die Schwesterkarte zur 24. Vayakarte (vgl. S. 66). Wenn du spürst, daß die Dinge schlecht laufen, frage dich, ob du wirklich die volle Verantwortung übernommen hast. Gibst du die Schuld (oder Teilschuld) anderen Menschen, oder den Umständen, der Zeit, in der du lebst, deiner Herkunft, deiner Erziehung, deinem Können, deinem Körper oder was auch immer – so gibst du zugleich zu, daß du die volle Verantwortung *nicht* übernommen hast. Nur darum läuft es schlecht!

Zukunft / Dahin entwickelt es sich: Entschuldigungen funktionieren nicht. Wer hat die Verantwortung für dein Leben? Du kannst dich nicht durch eine Ent•Schuld•igung von deiner Verantwortung für dein Leben trennen. Was geschieht, geschieht durch dich. Und auch, was nicht durch dich geschieht, geschieht durch dich. Denn selbst jedes Lassen ist ein Tun.
Am Ende wirst du deine Ohnmacht ebenso verantworten müssen wie die Macht, die du gebrauchtest.

66
Gesundheit / Krankheit

Kartenart:
Ressourcen / Engpaß-Karte

Ressource = das was du hast
　　　　　　(und einsetzen solltest)
Engpaß = das was dir fehlt

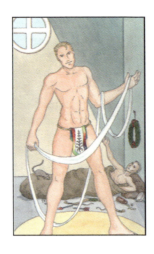

Symbole:
- Kranz: für den nicht mehr funktionierenden Kreislauf
- Regenbogen-Lendenschurz: für das Denken, mit dem wir unsere Welt gestalten
- Symbol auf dem Lendenschurz: für das Leben (ägyptischer Lebensbaum)
- Verband: für den funktionierenden Kreislauf
- Lichtkreis (des Fensters): für den Fluß der Energie
- zerrissener Bogen und gebrochene Pfeile: für den Verlust eigener Ziele
- Pestratte: für die Krankheit

Bild: Zwei Männer teilen einen Raum. Die ausgestreckte Hand des auf seinem Lager liegenden Kranken scheint zu flehen: „Helft mir!" Ein Kranz, der an einen Friedhofskranz erinnert, hängt über seinem Haupt. Auf dem Kranken kauert wie wartend eine Ratte. Der Kranke selbst liegt im Dunkeln.
Neben der Bettstatt erkennen wir den Bogen und die Pfeile des Schreibenden der 18. Vayakarte (vgl. S. 54). Doch sie sind zerbrochen. Sobald wir keine Wünsche und Ziele mehr haben, für die wir leben wollen, wird unser Dasein sinnlos. Deshalb ist der Bogen und sind die Pfeile des Kranken zerrissen und geborsten zum Zeichen, daß er keine Ziele mehr verfolgt. Weil er sie nicht mehr (ge)braucht. Seine Medizin ist verschüttet – wenn es denn Medizin war, die sich in der Flasche befand; denn die gleiche Flasche findet sich auch auf der Karte 62 (vgl. S. 142). Der Gesunde wirft seinen Verband ab, der in Wahrheit eine kreisförmige Binde ist: Sein Kreislauf ist geschlossen und damit funktionstüchtig. Er steht in einem Kreis aus Licht, das aus einem Fenster hereinströmt. Die vier Segmente des Fenster stehen für die vier Ur-Elemente Feuer, Wasser, Erde und Luft, die nach mythischer Lesart zusammen genommen erst Leben hervorbringen und ermöglichen.

Allgemeine Bedeutung: Gesundheit und Krankheit sind die zwei sich gegenüberliegenden Pole unserer Lebendigkeit. Es ist wie bei einem Gefäß: leer steht es für die Krankheit in ihrem Extrem, den Tod; je mehr es gefüllt ist, desto mehr Gesundheit ist vorhanden. Der Karte geht es thematisch darum, dich zu fragen, inwieweit und womit dein „Gefäß" gefüllt / zuwenig gefüllt ist.

Da das Gegenteil von Gesundheit Krankheit ist, müßte das Gegenteil von Krankheit*en* Gesundheit*en* lauten. Doch wir kennen nur *die* Gesundheit, woraus die alternative Medizin den Schluß zieht, es existiere auch nur *die* Krankheit. Energetisch betrachtet ist Krankheit ein extremer Mangel an Energie, während Gesundheit eine Fülle an Energie bedeutet. Krank werden wir immer dann, wenn *Kreisläufe* stocken oder unterbrochen werden. Genauer: wenn deren Energie- und Informationsfluß gestört ist. Die Worte Kreis, Krank und Kranz sind eng verwandt. [Krank wurde früher auch *kranc* geschrieben und regional als „kran*k*" oder als „kran*z*" ausgesprochen (wie das C in Caesar)]. Unbewußt wissen wir das. Denn was legen wir zum Zeichen des Zusammenbruchs aller Kreisläufe auf viele Gräber? Kreisförmige Kränze!
Ge*sund* als Wort ist eng verwandt mit *Sünde*, und das wiederum kommt von ab*sond*ern (daher die Vertreibung aus dem Paradies in der Bibel). Bin ich gesund, habe ich keine Absonderung, an der ich leide (wörtlich in Form von Ausfluß und Sekreten). Im übertragenen Sinn bin ich gesund, wenn ich nicht abgesondert von meiner Gruppe lebe – früher wurden Kranke einfach zurückgelassen. Und im spirituellen Sinn bin ich gesund, wenn ich mich als verbunden mit dem Universum verstehe.
Wer keine Ziele mehr verfolgt, keine Wünsche mehr hegt, wem nichts mehr wichtig ist, der verleugnet sein ureigenstes Sein. Denn Leben heißt, sich nach vorne zu entwickeln. Je mehr jemand sich, und das, was er ist, verleugnet, desto mehr sondert er sich damit gewissermaßen von sich selber ab. Nimmt die Absonderung von unserem ureigensten Sein (z.B. unserer Lebensaufgabe) immer weiter zu, geht auch die Ge-

sundheit zurück – wir werden krank und kränker.

Im beruflichen Umfeld: Eine Arbeit, die dich gesund erhält, ist eine Arbeit, die deinem Wesen (und deiner Lebensaufgabe) entspricht und durch die du deinem Sein einen Sinn gibst. Eine Arbeit, die weit davon entfernt ist (dich zu erfüllen), macht dich krank.

In persönlichen Beziehungen: Wenn du Menschen, denen du nahestehst, darin unterstützt, ihrem Wesen gemäß zu leben, gewinnst du Freunde fürs Leben. Wenn du Menschen, denen du nahestehst, daran hinderst, ihrem Wesen gemäß zu leben, lädst du Unzufriedenheit, Unlust, Demotivation, Krankheit und sogar den Tod ein, unter deinem Dach zu wohnen.

Im Umgang mit dir selbst: Wenn du krank bist, wirkt auch deine Medizin nur, wenn du selbst gesund werden willst. Und glauben kannst, daß du gesund wirst. Je mehr du dich verbunden fühlst mit dir, deinem Wesen und dem Universum, desto rascher wirst du gesunden. Setze dir Ziele, die dich wortwörtlich *elektrisieren*. Schöpfe Energie aus dem Schönen.
Und lache viel, denn jetzt hast du Zeit dazu.

Bedeutung im Legesystem R = E² A L

Auf dem Platz der ERWARTUNG[2]: Wenn du erwartest, gesund zu *sein*, erweckst du damit deine Selbstheilungskräfte zum Leben, ohne die Gesunderhaltung und Heilung – das wissen alle Ärzte – nicht möglich ist.
Wenn du hoffst, gesund zu *werden*, denkst du damit gleichzeitig „jetzt bin ich krank". Da immer das eintritt, was du denkst, das du bist, verminderst du so die Wirksamkeit deiner Selbstheilungskräfte.

Auf dem Platz der AKTION: Du bist gesund, wenn du dich nicht absonderst. Verleugnest du dich und deine Wünsche, sonderst du dich von dir selber ab. Der Körper drückt nur aus, was du in dir unterdrückst. Gesundheit ist die Folge, die Verantwortung für sich selbst – für deinen Körper, deinen Geist und deine Seele – zu übernehmen. Du bleibst gesund, wenn du diese Verantwortung (vgl. dazu die vorherige 65. Vayakarte S. 148) lebst.

Auf dem Platz des LOSLASSENS: Hier rät dir die Karte fast simpel: laß los, was dich krank macht. Das kann bedeuten, bestimmte Menschen, Orte, Bedingungen, Maschinen, Materialien, Methoden, Überzeugungen, Antigramme (vgl. hierzu die 59. Vayakarte S. 136), Nahrungs- und Arzneimittel und/oder das, was andere dir erzählen (vgl. hierzu die 10. Vayakarte S. 38) *loszulassen*.
Und das nicht nur kurzfristig, sondern dauerhaft.

Bedeutung im Kontext der ZEIT

Vergangenheit / Darauf gründet es: So wie Dunkelheit die Abwesenheit von Licht ist, stellt Krankheit die Abwesenheit von Gesundheit dar. Beides ist im Grunde eins: Licht ist vorhandene Energie, und Gesundheit entspricht auch (dem Vorhandensein von genug) Energie. Dunkelheit und Krankheit entsprechen beide dem Fehlen von Energie. Also frage dich, wenn deine Gesundheit schwindet, wo, wodurch und wobei du Energie verlierst, und du findest die wahre Ursache deiner Krankheit.

Gegenwart / So ist es: Was immer dir wehtut oder dich beeinträchtigt, also an welchen Symptomen du auch immer leiden magst, denke daran, daß es nur *die Krankheit* gibt (wie es auch nur *die Gesundheit* gibt). Jede Krankheit enthält eine Botschaft, lehrt die alternative Medizin; und die Krankheit schwindet, sobald die Botschaft vom Kranken verstanden worden ist. Frage dich also: was will mir die Weisheit meines Körpers über den Kommunikationsweg Gesundheit/Krankheit mitteilen? Was soll ich ändern?

Zukunft / Dahin entwickelt es sich: Wenn etwas dir stetig Energie entzieht, fühlst du dich erst erschöpft, dann ermattet (so daß du dich auf eine *Matte* legen mußt), später krank. Am Ende wirst du einen Kranz bekommen. Willst du eine Zunahme deiner Energie erwirken, so mußt du zuerst dafür sorgen, daß dir nicht weiterhin Energie entzogen werden kann – es gilt, das „Leck" zu stopfen. Erst dann kannst du *genesen* (was „glücklich heimkehren" bedeutet).

67
Anziehungskraft / Langeweile

Kartenart:
Ressourcen / Engpaß-Karte

Ressource = das was du hast
(und einsetzen solltest)
Engpaß = das was dir fehlt

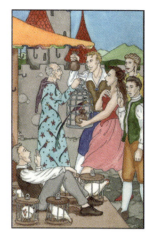

Symbole:
- Marktplatz: für Angebot und Nachfrage
- Regenbogen-Rand des Baldachins: für das Denken, mit dem wir unsere Welt gestalten
- Leere Haken: zum Zeichen, daß der alte Händler schon etliche Vögel verkauft hat, d.h. sein Angebot und er attraktiv sind
- Gesten des Abwinkens und Gähnens: für Langeweile
- Burg: für die Burg der Gewohnheiten, dem Sitz unserer Bequemlichkeit

Bild: Ein Marktplatz vor den Toren der Burg der Gewohnheit.
Ein alter Händler verkauft soeben seinen letzten Paradiesvogel. Die Anziehungskraft seiner Ware scheint außergewöhnlich zu sein. Ein junger Mann bietet einen ganzen Sack voll Geld; eine ihrerseits die Blicke anziehende junge Frau verlockt den Alten nicht nur mit Geld, sondern setzt sogar noch die Reize ihres Körpers ein, damit er bloß *ihr* den Vogel überläßt. Andere warten dahinter, vielleicht doch auch noch einen Paradiesvogel zu ergattern.
Alle Kaufwilligen erliegen der Anziehungskraft des Besonderen, die so hoch ist, daß sie sich sogar auf den (alles andere als körperlich attraktiven) alten Händler überträgt. Wegen dieser großen Anziehungskraft, die der Paradiesvogelhändler auf sie ausübt, haben sie sogar freiwillig die Burg ihrer Gewohnheiten (= ihre Komfortzone) verlassen.
Der Blick eines der Wartenden fällt auf den jungen Händler, vor dessen unauffälligen Hühnerstand niemand wartet. So, wie sich der Hühnerhändler (mangels Kundschaft) selbst langweilt, langweilt auch sein Angebot: es ist gewöhnlich, fast überall erhältlich und damit wenig (Kundschaft) anziehend.
Der alte Händler hätte es gar nicht nötig, seinen Stand zu schmücken, und doch hat er es getan: mit dem „Regenbogen"-Band seines Baldachin zeigt er an, daß er um die Macht des Denkens weiß, mit dem wir unsere Welt gestalten.

Allgemeine Bedeutung: Anziehungskraft und Langeweile sind die zwei sich gegenüberliegenden Pole unserer Motivation. Es ist wie bei einem Gefäß: leer steht es für die Langeweile; je mehr es gefüllt ist, desto mehr Anziehungskraft ist vorhanden. Der Karte geht es thematisch darum, dich zu fragen, inwieweit und womit dein „Gefäß" gefüllt / zuwenig gefüllt ist.
Anziehungskraft ist mit Magnetismus vergleichbar. So wie ein Magnet die Kraftlinien auf sich zu bündelt, bündelt menschliche oder dingliche Anziehungskraft die Kraftlinien unserer Aufmerksamkeit.
Dabei gilt: je anziehender etwas ist, desto außergewöhnlicher ist es. Je gewöhnlicher etwas ist, desto geringer ist die Anziehungskraft.
Menschliche Anziehungskraft, Attraktivität genannt, erwächst ebenfalls aus dieser Außergewöhnlichkeit. Deshalb ist Attraktivität niemals mit Schönheit gleichsetzbar: wenn alle gleich schön sind, ist jemand mit einem Makel um vieles interessanter und übt damit mehr Anziehungskraft aus.
Im wirtschaftlichen Sinn ist Anziehungskraft die Nachfrage nach einer Ware. Wobei nie die Ware selbst, sondern ihr erhoffter Nutzen die Energie (die Stärke) der Anziehungskraft bildet. Besteht ein besonderer Bedarf an einem solchen Nutzen, spielen Preis und Konjunkturlage keine entscheidende Rolle mehr.

Im beruflichen Umfeld: Wenn deine Leistung auch durch andere erbracht werden kann, bist du beliebig (ersetzbar). Wenn deine Leistung das Problem von anderen löst, übst du eine gewisse Anziehung aus. Löst du es besser als jeder andere, kann deine Anziehungskraft ins Unermessliche steigen. Bietest du als erster eine Lösung für das derzeit brenzligste Problem von anderen an, öffnen sich dir alle Tore. Suche darum nach Problemen und finde eine Lösung.

Gehe nie in der Masse „unter": es ist besser, im Dorf der erste (oder einzige) zu sein als in der Stadt der zweite. Im Kreis von wenigen fällt deine Außergewöhnlichkeit mehr auf als in der Menge von vielen.

In persönlichen Beziehungen: Willst du deine eigene Attraktivität steigern, verlasse deine Burg der Gewohnheit und werde außergewöhnlich. Nicht in allem, aber in wenigstens einem Themenumfeld. Wenn alle schwarz tragen, kleide dich in weiß, könnte dein Motto lauten. Doch verleugne dich nicht, indem du eine Rolle spielst: je mehr du Du selbst bist, desto einzigartiger wirst du in den Augen der anderen sein.

Im Umgang mit dir selbst: „Wenn du merkst, daß du zur Mehrheit gehörst, wird es an der Zeit, deine Meinung zu revidieren", riet Mark Twain. Langeweile ist, das immer Gleiche zu erleben.
Eine Sache so zu tun wie alle anderen ist zweifellos sicher, falls du kein Lemming bist: du kannst dich in der Menge verstecken. Es aber auf deine eigene Art zu tun (zu leben, zu sehen) erhöht dein Selbstwertgefühl. Ein höheres Selbstwertgefühl wirkt zudem auf andere attraktiv; und du selbst fühlst dich gut.

Bedeutung im Legesystem R = E² A L

Auf dem Platz der ERWARTUNG[2]: Die Wirkung der Anziehungskraft – eben daß sie Gelegenheiten, Menschen, Geld, Lösungen, Erfolg *zu dir hin zieht* – kannst du mit verläßlicher Sicherheit erwarten, sobald du in irgendeiner Weise deine Angelegenheit (oder dich) *außergewöhnlich* werden läßt.

Auf dem Platz der AKTION: Hier rät dir die Karte, deine Angelegenheit (oder dich) auf ihre (deine) Besonderheit hin zu überprüfen. Je besonderer etwas ist, desto wertvoller erscheint es den Menschen. Füge jetzt den außergewöhnlichen Aspekt hinzu; stelle dich jetzt oder deine Angelegenheit außerhalb des Normalen; zeige jetzt deine (oder in deiner Angelegenheit liegende) Einmaligkeit.

Auf dem Platz des LOSLASSENS: Hier rät dir die Karte, das Gewöhnliche, Normale, Unauffällige, an das bisherige Angepaßte loszulassen.
Schau dir an, was die anderen tun, und wie sie sich dabei geben, kleiden, reden – und dann mache es anders. Schau dir an, was die anderen tun, und welche Mittel, Materialien, Methoden, Maschinen, Menschen, Orte und Zeiten sie dabei einsetzen – und dann mache es anders.

Bedeutung im Kontext der ZEIT

Vergangenheit / Darauf gründet es: Du bist dann *auffällig*, wenn der Blick der anderen *auf* dich *fällt*. So erhältst du deren Aufmerksamkeit, und das heißt, du bist es, der wachsen wird (vgl. dazu die 6. Vayakarte S. 30). Denn Aufmerksamkeit ist Energieübertragung. Außergewöhnlichkeit ist zudem das Überlebensprinzip der Evolution. Evolutionäre Anpassung ist dir nur dann möglich, wenn du dich unangepaßt an das alte verhältst, um dich so überhaupt an die neuen Gegebenheiten anpassen zu können.

Gegenwart / So ist es: Die Karte auf diesem Platz sagt dir, daß hier und jetzt – für dich und deine Angelegenheit – das Thema Anziehungskraft die alles entscheidende Rolle spielt. Dabei kann die Anziehungskraft von dir ausgehen oder von den Dingen, die du machst. Die Karte kann aber auch bedeuten, dich darauf hinzuweisen, daß andere das Prinzip der Anziehungskraft mit größerer Aufmerksamkeit beachten und du deswegen ins Hintertreffen zu geraten drohst wie der Hühnerhändler im Bild der Karte.

Zukunft / Dahin entwickelt es sich: Das Nichtbeachten des Themas Anziehungskraft hätte für dich und deine Angelegenheit das Erfahren von Langeweile in all ihren Schattierungen zur Folge: als Kundenrückgang, als nachlassende körperlich/geistige Attraktivität, als versiegende Begeisterung, als Lustlosigkeit oder gar Stumpfsinnigkeit, die in Aggression oder Krankheit bzw. Sucht umschlagen kann. Das Beachten der Anziehungskraft verschafft dir den steten Zustrom all dessen, was du brauchst.

68
Sexualität / Druck

Kartenart:
Ressourcen / Engpaß-Karte

Ressource = das was du hast
(und einsetzen solltest)
Engpaß = das was dir fehlt

Symbole:
- Eiche mit Eicheln: für Kraft und Männlichkeit
- „Turtel"-Tauben: für die Verliebtheit
- Lasten (auf der Schulter): für das, was uns bedrückt
- Rote Blumen: für Wachstum und Schönheit; rot: für die Liebe

Bild: Die Sexualität in Freude genießen und die Freude an der Sexualität genießen – diesen beiden Forderungen gibt sich das nackte Paar auf dieser Karte sichtlich hin. Das Anerkennen der eigenen Sexualität und das Begehren des Nächsten sind ein Teil der natürlichen Ordnung; dies deuten die beiden Tauben im Geäst der Eiche an, die sich in ihrem Balzspiel aneinander verlieren.

Nicht gelebte Sexualität erzeugt einen hohen inneren Druck. Der Grund für das Nicht-Ausleben der eigenen körperlichen Bedürfnisse mag unterschiedlich sein: Einsamkeit, religiöse Vorschriften, Krankheit, unerwidertes Begehren – die immer einsetzende Folge ist jener Druck, der aus der nicht erfüllten Sehnsucht erwächst.

Der Mann im Hintergrund der Karte ist der Lastenträger, den wir schon von der 26. Vayakarte her kennen (vgl. S. 70). Seine Last, sein innerer Druck, bedrückt ihn wortwörtlich. Er drückt mit seiner Stirn – dem Zentrum seines Denkens –, gegen den Stamm einer Eiche, die ein Symbol für Kraft und Männlichkeit darstellt. Man könnte auch sagen, er unterdrückt mit seinem Kopf die Bedürfnisse seines Körpers.

Und wie jeder Druck erzeugt auch er einen gleich großen Gegendruck (Physiker sagen: Die Eiche drückt mit der gleichen Kraft zurück, mit der der Mann die Eiche drückt). Somit erzeugt die unterdrückte Sexualität einen Gegendruck, der sich auf die Klarheit der Gedanken des Mannes auswirkt.

Allgemeine Bedeutung: Erfüllte Sexualität und Druck sind die zwei sich gegenüberliegenden Pole unseres Sexualtriebes. Es ist wie bei einem Gefäß: leer steht es für den Druck; je mehr es gefüllt ist, desto mehr erfüllte Sexualität wird erlebt. Der Karte geht es thematisch darum, dich zu fragen, inwieweit und womit dein „Gefäß" gefüllt / zuwenig gefüllt ist. Erfüllte Sexualität verschafft Befriedigung; ein Wort, in dessen Kern der Begriff *Frieden* verborgen liegt. Sind wir unbefriedigt, ist es oft auch schnell mit dem (inneren oder äußeren) Frieden aus – wir werden zu unbefriedeten, zu aggressiven Wesen. Die sexuelle Befriedigung ist ein Austausch. Von Körperflüssigkeiten, wie der Biologe es nennt. Von Aufmerksamkeit und damit von Energie, wie der spirituell Eingestellte es sieht. Der sexuelle Akt ist ein Höchstmaß an Aufmerksamkeit, die wir unserem Partner zollen. Aufmerksamkeit aber ist Energietransfer. Zufuhr von Energie ist wohltuend bis zur Erfüllung – bis wir bis obenhin angefüllt sind mit Lebensenergie.

Ein nicht erfülltes Sexualleben ist demzufolge ein Mangel an Energiezufuhr von außen. Und zugleich, in Form des Drucks, ein Zuviel an eigener Energie, die nicht ausgetauscht werden kann. Diese „gedrückte Energie" wirkt wie abgestandene Luft in einem unbelüfteten Zimmer: obwohl sie unverbraucht ist, läßt sie sich kaum atmen. Ihr fehlt der Austausch.

Im beruflichen Umfeld: Gerätst du beruflich unter Druck, ist davon immer auch dein Sexualverhalten betroffen. Entweder bahnt es sich einen Weg in wilden Eruptionen und Ausschweifungen, die nur scheinbar befriedigen, es aber nicht wirklich tun. Oder es schwindet die Lust, je größer der äußere Druck anwächst, bis hin zum Einschlafen des Sexualtriebes. Umgekehrt kann unerfüllte Sexualität ein hartes Verhalten anderen gegenüber erzeugen, die dann stellvertretend den Druck aushalten müssen. Druck aber erzeugt Gegendruck und ist Energieverschwendung. Ein erfülltes Sexualleben ist ein Energielieferant und zugleich ausgleichender Faktor, der für Erfolge im Berufsleben sehr wohl eine hohe Bedeutung hat.

In persönlichen Beziehungen: Alle persönlichen Beziehungen, die auch zu sexuellen Beziehungen geworden sind, scheitern, sobald es „im Bett nicht mehr stimmt". Unterliegt einer der Partner einem Druck (von außen oder von innen), so wirkt sich dies auch auf das Sexualerleben beider aus. Erfüllte Sexualität ist das Gegenteil von Druck; darum kann ein Sexualverhalten, das gegen den Willen eines der Partner ausgeübt wird, niemals zum erfüllten Sexualleben werden.

Im Umgang mit dir selbst: Ein positives Annehmen deines eigenen Körpers ist eine Voraussetzung für ein erfülltes partnerschaftliches Sexualleben. Selbsterkundung im Kindes- und Selbstbefriedigung in jedem Lebensalter sind Formen dieses positiven Annehmens. Erst wenn es die häufigste Form des sexuellen Erlebens ist, findet kein Energietaustausch mehr statt; und der Druck wird bedrückend werden.

*) political correctness = der von einer Gesellschaft als „richtiges" Verhalten, als *moralisch einwandfrei* definierte Umgang der Geschlechter mit- und untereinander. So kann es z.B. in den USA juristische Folgen haben, wenn ein Mann eine Frau im Bus oder im Aufzug fasziniert betrachtet. Obwohl er vielleicht nur der Attraktivität der Frau erliegt, kann für ihn schnell daraus der Vorwurf der sexuellen Belästigung erwachsen, gleichwohl dies in keinster Weise seine Absicht war. Dies ist eine subtile Form der Unterdrückung, die der Denunzierung Vorschub leistet. Hier ist ein zunehmender gesellschaftlicher Druck zu verspüren, die Freiheit des Umgangs ist eingeschränkt.

Bedeutung im Legesystem R = E² A L

Auf dem Platz der ERWARTUNG²: Gelebte Sexualität ist bewegte Lebensenergie; nicht zufällig entsteht das Leben dort, im Fluß zweier wechselwirkender Energiefelder. Darum wirkt Sex(-ualität) so belebend und bewegend. Diese belebende und bewegende Wirkung wird dir und deiner Angelegenheit zugute kommen, wenn du dem Aspekt der Sexualität mehr Beachtung schenkst.

Auf dem Platz der AKTION: Hier rät dir die Karte, für einen entspannenden „Druckausgleich" zu sorgen und mehr Sexualität zuzulassen: im Denken, im Umgang miteinander, in der Anerkennung von Sexualität als starke, treibende Kraft im Leben der Menschen. Deine Angelegenheit driftet dem Einfluß von Prüderie und sexualfeindlichen Moral- und Verhaltensvorstellungen entgegen. Wo sexuelles Verhalten negiert, wo *political correctness**)* zur Pflicht wird, ist Unfreiheit nicht fern.

Auf dem Platz des LOSLASSENS: Je freier Menschen sexuell miteinander und untereinander umgehen können, desto weniger Konflikte bestehen. Wo Nacktheit verpönt ist, wo Sexualität als schmutzig angesehen wird, wo Schamheit großgeschrieben wird, da herrscht im Prinzip Lebensfeindlichkeit (im Kopf von einzelnen oder im Denken von Gruppen) vor. Darum befreie dich: von Prüderie, von moralisierenden Gedanken, von Scham, von Tabus und nicht zuletzt von deinen Kleidern, wenn dir danach ist.

Bedeutung im Kontext der ZEIT

Vergangenheit / Darauf gründet es: Die körperliche Anziehungskraft ist als erlebte Sexualität die biologische Form einer der vier Urkräfte: der Gravitation. Wo sie herrscht, kommen Dinge (oder Wesen) zusammen. Sie zu verpönen heißt, die Natürlichkeit an sich zu brandmarken. Die, die den Sex als „Teufelswerk" verdammen, verrichten damit überhaupt erst das Werk der Verdammnis. Eine erfüllte Sexualität ist ein Gottesgeschenk; eine unterdrückte ist der Ausdruck von Angst vor dem Leben in Polarität.

Gegenwart / So ist es: Die Karte auf diesem Platz sagt dir, daß hier und jetzt – für dich und deine Angelegenheit – das Thema *körperliche* Anziehungskraft eine entscheidende Rolle spielt. Dabei kann die Anziehungskraft – das Prikkeln, der Gänsehauteffekt – von dir *ausgehen* (oder von den Dingen, die du machst); sie mag aber auch von dir *empfunden* werden. Die Karte kann zudem auch bedeuten, dich auf ein Zuwenig in deinem Sexualleben hinzuweisen und auf die Gefahr, so unter Druck zu geraten.

Zukunft / Dahin entwickelt es sich: Kennst du noch den alten Satz der Friedensbewegung: make love, not war? Wie zutreffend. Erfüllte Sexualität, also Befriedigung, kommt von *Frieden*. Unbefriedigtheit führt überall zu Aggression, bei einzelnen Menschen wie bei Nationen. Es sind oft gerade *die* Staaten mit anderen verfeindet, die die Sexualität ihrer Bürger unterdrücken. Darum befriedige: dich und andere. Es ist lebenserhaltend. Oder hast du vor lauter Tun gar keine Zeit mehr für ein erfülltes Sexualleben?

69
Materie / Trennung

Kartenart:
Ressourcen / Engpaß-Karte

Ressource = das was du hast
(und einsetzen solltest)
Engpaß = das was dir fehlt

Symbole:
- Riß: für die Trennbarkeit von Materie (das Ur-Element Erde steht für Materie)
- Blick ins Universum: für den kosmischen Hintergrund
- das goldene Licht der Kugel: für den Aspekt, das Materie geronnene Energie ist
- Soldaten: für die Trennung auf der gedanklichen Ebene (zwischen Staaten und Kulturen)
- Regenbogen-Band: für das Denken, mit dem wir unsere Welt gestalten
- Zeichen auf dem Rücken der Kleider: für Sel (Salz), das alchimistische Zeichen für das Greifbare, die Materie

Bild: Durch die Erde verläuft ein Riß – das Symbol der Trennung.
Zwei Soldaten, die die gleiche Uniform tragen, finden sich jäh auf verschiedenen Seiten wieder: dies entspricht der Situation während eines Bürgerkrieges, in dem vorher durch ein Staatenband verbundene Menschen getrennte Ansichten entwickeln.
Materie ist laut Einstein „geronnene Energie"; dies bringt die Kugel zum Ausdruck. Sie ist einerseits von einem inneren Leuchten erfüllt, dem Zeichen der Energie; andererseits hat sie die Kugelform, nach der sich alle Materie im Universum auf der Mikro- (z. B. Atome) und auf der Makroebene (Planeten und Sonnensysteme) in natürlichen Prozessen organisiert.
Die Materie-Kugel wird von zwei Frauen gehalten, die einander auffallend ähneln. Diese Ähnlichkeit drückt ihre innige Verbundenheit aus. Wir alle spüren eine größere Nähe zu Menschen, die uns weitgehend gleichen, als zu denen, die sich äußerlich stark von uns unterscheiden. Das Band, das die beiden Frauen verbindet, ist das „Regenbogen"-Band, also unser Denken, mit dem wir die Welt gestalten.
Materie ist ein kosmisches Phänomen; darum sehen wir die Szene vor dem Hintergrund des Universums.

Allgemeine Bedeutung: Materie und Trennung sind die zwei sich gegenüberliegenden Pole von allem Festen. Es ist wie bei einem Gefäß: leer steht es für die Trennung, die vollständige Auflösung, dessen, was wir Materie nennen; je mehr es gefüllt ist, desto mehr Verbundenheit, also gestaltgewordene Materie existiert. Der Karte geht es thematisch darum, dich zu fragen, inwieweit und womit dein „Gefäß" gefüllt / zuwenig gefüllt ist.

Materie ist der Aspekt, der thematisch eng mit der Manifestation verbunden ist (vgl. die 58. Vayakarte S. 134). Menschen, die dem Typus des *Athleten* angehören, können nicht manifestieren. Gleichwohl sind sie allem Materiellen besonders zugetan. Jene, die dem Typus des *Geistlichen* angehören, vermögen zu manifestieren. Gleichwohl haben sie der Verlockung alles Materiellen weitestgehend entsagt.
Alle Materie entsteht durch kosmische Manifestation im Vakuum – gewissermaßen aus dem Nichts, in Wahrheit aus Energie, die im Vakuum „gerinnt".
In die Materie sind die vier Urkräfte des Universums eingewoben: Gravitation (Anziehungskraft, vgl. die 67. Vayakarte S. 152), Elektromagnetismus, die schwache und die starke Kernbindungskraft. Mittels dieser vier Kräfte vermag Materie sich zu binden und soweit zu trennen, bis sie als solche nicht mehr existent ist.
Wir Menschen als aus Erde entstandene Wesen setzen auf unserer Ebene das kosmische Spiel der Materie fort: wir verbinden uns und trennen uns in einem ewigen Reigen. Die Trennung, der Riß durch die Erde, kann auch durch unsere Köpfe und Herzen führen: dann vergessen wir die Bande, mit denen wir alle mit allem verbunden sind, und glauben, „die da" seien anders als wir. Doch die Idee der Trennung ist in jedem Fall immer nur eine Illusion. Wir bleiben einander verbunden, ob wir nun wollen oder nicht; denn welche Erscheinungsform Materie (auch in ihrer Form als Mensch) auch immer annehmen mag – sie bleibt doch, was sie ist: reine, allgegenwärtige Energie.

Im beruflichen Umfeld: Da alles fließt, sind Trennungen ebenso wie neue Verbindungen natürlich. Keine Tätigkeit wärt ewig, und auch die lebenslange Stellung ist die Ausnahme. Sei für Veränderungen offen, damit sich neue Bindungen ergeben können. Teams mit hoher Bindungskraft untereinander leisten mehr als lose Arbeitsgruppen. Darum mache dich auf die Suche nach den Gemeinsamkeiten (den Ähnlichkeiten), wenn du mit Teams zu arbeiten gedenkst.

In persönlichen Beziehungen: Auch wenn alles Leben aus Materie erschaffen wurde, ist Leben mehr. Reduzierst du in deiner Betrachtung einen Menschen (oder ein Tier) auf „ein Stück Fleisch", also ein seelen- und geist-, besitz- und würdeloses Etwas, hast du die Trennung bereits eingeleitet. Die Verbindung mit und zu dir wird sich lösen, ohne daß du die Macht hättest, die Trennung aufzuhalten. Mensch und Tier werden dich verlassen.
Willst du Verbindungen herstellen, achte den Geist in der Materie. Bei Mensch, Tier, Pflanze und Stein.

Im Umgang mit dir selbst: Je verbundener du mit dir selbst bist (= akzeptierst, was und wie du bist), desto weniger löst sich dein Körper auf (wird krank).

Bedeutung im Legesystem R = E² A L

Auf dem Platz der ERWARTUNG²: Hier erwartest du entweder die Zunahme, das Zusammenkommen und Verbinden von dinglichen Teilen; oder das Gegenteil: die Trennung, also das Auseinandergehen von dinglichen Teilen. Die Karte ruft dir (erneut) ins Bewußtsein, wie sehr du durch deine innerste Erwartungshaltung den Lauf der äußeren Dinge selbst beeinflußt. Verläuft durch dein Denken ein Riß, zeigt er sich auch alsbald in den Dingen selbst.

Auf dem Platz der AKTION: Das, mit dem du geistig verbunden bist, bleibt stark. Das, von dem du geistig getrennt bist, löst sich auf. Bist du zum Beispiel nur noch vertraglich gebunden, hast dich aber innerlich von den Vertragspartnern getrennt, wird bald der Vertrag selbst zerrissen sein. Darum rät dir die Karte hier, dir deiner inneren Bindungen bewußt zu sein. Deine Angelegenheit kann nur überleben, wenn du in deinem Innersten an „die Sache" glaubst.

Auf dem Platz des LOSLASSENS: Trennungen sind die materielle Form des Loslassens. Dinge müssen sich voneinander lösen, um neu zusammen kommen zu können. Sie künstlich aneinander zu binden, obgleich der Riß sie schon trennt, bleibt Flickwerk, ihr Wert bleibt fraglich. Reisende soll man nicht aufhalten, heißt es; Dinge, die sich auflösen, folgen damit ihrer Bestimmung, sei es durch Alter, Ermüdung, Entfremdung. Sie aufzuhalten hieße, sich ihrer Natur zu widersetzen.

Bedeutung im Kontext der ZEIT

Vergangenheit / Darauf gründet es: Was sich zueinander hingezogen fühlt, bindet sich freiwillig. Dies sind die stärksten Bindungen im Universum, bei den Stoffen wie bei den Menschen. Was sich gezwungenermaßen bindet, eine Einheit herstellen muß, die keine innere ist, strebt auseinander: Druck erzeugt Gegendruck.
In deiner Angelegenheit prüfe, ob freiwillige oder zwangsweise eingegangene Bindungen bestehen.

Gegenwart / So ist es: Es ist jetzt der Zeitpunkt, wo du dich binden oder trennen sollst. Frage dich, ob du diese neue geschäftliche/berufliche/private Verbindung freiwillig eingehen willst. Wird sie von dir verlangt, ist der Riß schon vorhanden – dieser Spalt kann nie geschlossen, sondern höchstens überdeckt werden. Gehst du mit Dingen um, so frage dich, ob die geplante Verbindung der Dinge untereinander einträchtig ist; ist sie es nicht, stossen sie sich ab.

Zukunft / Dahin entwickelt es sich: *Es wächst zusammen, was zusammen gehört* – diese alte Weisheit besagt aber auch, daß sich trennen wird, was nicht zusammen gehört.
Es ist für deine Angelegenheit zukunftsbestimmend, ob die dort vorhandenen Bindungen innerlich gewollt oder nur aus materiellen Gründen eingegangen worden sind. Die ersten werden bestehen, die letzten werden mittelfristig auseinanderfallen.

70
Ruhe / Opfer

Kartenart:
Ressourcen / Engpaß-Karte

Ressource = das was du hast
 (und einsetzen solltest)
Engpaß = das was dir fehlt

Symbole:
- Distel: für Schmerz und Leid
- Kirschen (am Baum): für Selbstfindung, aber auch für Selbstopfer
- Nest: für Geborgenheit und Ruhe
- Schale: für Wärme, aber auch für Opfer
- Meditationshaltung: für Ruhe und Selbstfindung
- Lotosblüten: für die Gesamtheit der noch nicht entwickelten Möglichkeiten, für unser Potential

Bild: Ein Mann gibt sich unter einem Kirschbaum der Ruhe hin. Seine meditative Haltung läßt ihn die Ruhe finden und den Alltag in den Hintergrund treten. Neben ihm brennt eine Feuerschale, die Licht und Wärme spendet. Sie steht in der Mitte zwischen dem (in sich) Ruhenden und einem weiteren Mann, der am Stamm des Kirschbaums lehnt.
Die schwermütige Haltung dieses zweiten Mannes zeigt, daß er sich als Opfer fühlt. Für ihn spendet die Schale keine Wärme und auch kein Licht, sondern es ist die Schale, in der er etwas opfert oder in der er gleichsam selbst geopfert wird.
Was immer es ist, das dort verbrennt, er opfert zugleich damit auch seine Ruhe.
Neben ihm wachsen Disteln, die als Symbol für Schmerz und Leid angesehen werden.
Der Ruhende dagegen sitzt in einem Blütenteppich aus Lotosblüten, die symbolhaft auf die Gesamtheit der noch nicht entwickelten Möglichkeiten, auf das Potential, das in jedem verborgen liegt, verweisen.

Allgemeine Bedeutung: Ruhe und Opfer sind die zwei sich gegenüberliegenden Pole unseres Lebenstempos und damit unseres Zeitgebarens. Es ist wie bei einem Gefäß: leer steht es für das Opfer; je mehr es gefüllt ist, desto mehr Ruhe ist vorhanden. Der Karte geht es thematisch darum, dich zu fragen, inwieweit und womit dein „Gefäß" gefüllt / zuwenig gefüllt ist.
Wer keine Zeit zur Ruhe findet, weil andere Dinge wichtiger sind, der hat Macht abgegeben an äußere Gegebenheiten. Wer seine Ruhe aufgeben muß, opfert sie den Umständen. Zugleich aber ist er selbst ein Opfer der Gegebenheiten. Opfer ist hier mit Machtverlust gleichgesetzt; denn ein Opfer hat nicht (mehr) die Macht, seiner Opferung zu widersprechen. Wer sich die Ruhe gönnen kann, die er braucht, hat im umgekehrten Sinn die Macht, sie sich zu gönnen. Deshalb lehnt das Opfer auf dieser Karte an dem Baum; er kann sich nicht allein aufrecht halten, er braucht die Stütze eines der Ruhe teilhaftigen.
Wenn du ruhst, lebst du länger. Wenn du zur Ruhe findest, verlangsamen sich deine Atemfrequenz, deine Gehirnfrequenz und dein Herzschlag. Da deine Lebenszeit wie bei allen Lebewesen in Zyklen gemessen wird und diese Zyklen eine bestimmte Anzahl von Wiederholungen nicht überschreiten, wirkt eine jede Verlangsamung deines Atems, deines Herzschlags, deiner Darmkontraktionen, deines Lebenstempos grundsätzlich lebensverlängernd. [Nach neuesten Forschungen stehen jedem Menschen im Schnitt 200 Mill. Atemzüge zur Verfügung (dto. 1 Mrd. Herzschläge usw.)]. Umgekehrt wirkt jede Beschleunigung deiner Zyklen lebenszeitvermindernd.
Findest du dagegen keine Ruhe, wirst du getrieben (bist also ein Opfer). Wobei es keine Rolle spielt, ob andere dich antreiben oder du dich selber treibst. Im Wort „treiben" steckt der Begriff *reiben*; wie du weißt, erzeugt Reibung Wärme und damit einen Energieverlust. Je mehr du dich antreiben läßt oder selber antreibst, desto mehr Energie vergeudest du durch diesen Reibungsverlust – Lebensenergie, die dir am Ende fehlt.

Im beruflichen Umfeld: Ein „Leben auf der Überholspur" bekommst du nicht umsonst; es erfordert einen hohen Preis, und der wird in verlorener Ruhe bezahlt. Hektik, ein Kennzeichen unserer Zeit, bedeutete früher *Schwindsucht*; wer hektisch lebt, sucht danach, zu (ver)schwinden. Alles, was wertvoll ist, verlangt zu seiner Herstellung Ruhe und genügend Zeit. Wie wertvoll mag wohl das Fast Food sein, daß viele (zudem noch hastig) essen, weil ihr Beruf ihnen keine Zeit mehr für Pausen läßt? Du kannst dir die Ruhe im Alltag nicht leisten? Kannst du dir es leisten, sie dir nicht zu leisten?

In persönlichen Beziehungen: Jede persönliche Beziehung braucht Momente der Ruhe. Ein Abend am Kamin, ein Spaziergang abseits der belebten Straßen. Gemeinsam schweigen, einander zuhören, in der Ruhe des anderen entspannen. Aufatmen meint: aufhören, so schnell zu atmen.

Im Umgang mit dir selbst: In der Ruhe liegt die Kraft, sagt ein altes Sprichwort. Entspannung meint, daß die *Spannung* zu Ende ist. Spannung ist Energie; in diesem Fall die Energie, die durch die Reibung des Angetrieben-Fühlens verlorengeht. Darum schaffe dir zeitliche Inseln der Ruhe und einen passenden Ort dazu, an dem du einfach nichts tust. Und, so paradox es klingt, *mehr* kannst du für dich nicht tun.

Bedeutung im Legesystem R = E² A L

Auf dem Platz der ERWARTUNG²: Erwarte die Ruhe, und sie wird sich dir beigesellen. Halte die Hektik – das Getriebensein – für unausweichlich, und du wirst ihr Opfer sein. Ruhe kann dir niemand geben; du kannst sie nur selbst finden, was voraussetzt, daß du sie suchst. Unterläßt du es, sie zu suchen, bleibt sie fern. Und es treten alle Formen von Unruhe – Anspannung, Schlaflosigkeit, Hektik, Lärm, Angst – an ihre Stelle.

Auf dem Platz der AKTION: Hier rät dir die Karte, die Stille in dich aufzunehmen. Stille ist die Abwesenheit von Lärm; und aller Lärm ist akustische Umweltverschmutzung. So suche zuerst Orte der Stille auf: im Wald, auf dem Berg, am Meer, in einer Höhle. Die Laute, die du dort hörst, sind kein Lärm, sondern natürliche Umrahmungen der Stille. Um die Stille in dich aufnehmen zu können, mußt du sodann selbst still werden: im Äußeren und im Inneren. Atme langsam, sei nur da, und höre der Stille zu.

Auf dem Platz des LOSLASSENS: Alle Ruhe, alle Stille bedingen ein Loslassen. Ein Loslassen der äußeren Bedingungen für Hektik und Lärm. Und ein inneres Loslassen der aufgewühlten und getriebenen Gedanken. Komm zur Ruhe meint: denke und grübele nicht mehr, sondern beobachte alle Gedanken nur, wie sie kommen und gehen. Gut Ding will Weile haben; also gib deinen aufgewühlten Gedankenwogen Zeit, sich zu glätten und zu beruhigen.

Bedeutung im Kontext der ZEIT

Vergangenheit / Darauf gründet es: Ruhe ist das Ziel und der Anfang jeder Bewegung. So liegt in der Ruhe deshalb die Kraft, weil in ihr die potenzielle Bewegung enthalten ist. Ruhe ist somit gesammelte Bewegung; und es ist kein Zufall, wenn wir von innerer Sammlung sprechen, die in Phasen der Ruhe eintritt. Die höchste Erfahrung der Ruhe ist der Zustand der Stille; nur in ihm vermag der Mensch in höhere Sphären vorzudringen und das, was dahinter (hinter dem Sein selbst) liegt, zu schauen.

Gegenwart / So ist es: Du hast *immer* Zeit für die Ruhe. Keine Zeit zu haben bedeutet nur, etwas anderes ist dir wichtiger. Nimmst du sie dir nicht regelmäßig, wird dir dein Körper die Ruhe zwangsweise verordnen (indem er dich auf's Krankenlager schickt). Daher erinnert dich die Karte nun daran – jetzt ist die Zeit gekommen, dich abermals der Ruhe hinzugeben. Nimm ein paar Tage frei, verlasse den hektischen Alltag, gönne dir eine Zeit der Stille und atme auf. Es geht nicht? Wenn *du* willst, geht es.

Zukunft / Dahin entwickelt es sich: Der Klang der Trompeten von Jericho (einfach ungeheuerlicher Lärm) konnte Mauern zum Einsturz bringen, heißt es in der Bibel. Der Stress, die Hektik und der Lärm, die dich umgeben, können die Mauern des *Tempels deiner Seele* – deinen Körper – zum Einsturz bringen. Lebe langsam und mit regelmäßigen Phasen, in denen du dich der Stille hingibst, und du lebst gesünder und länger.

71
Vertrauen / Angst

Kartenart:

Ressourcen / Engpaß-Karte

Ressource = das was du hast
(und einsetzen solltest)
Engpaß = das was dir fehlt

Symbole:
- Anker (an der Jacke): für Beständigkeit und Treue
- Regenbogen-Saum des Kleides: für das Denken, mit dem wir unsere Welt gestalten
- Steine über dem Kauernden: bilden Hasenohren als Symbol für Feigheit
- Efeu (am Kleid): für Freundschaft und Treue

Bild: Eine Frau wagt einen entscheidenden Schritt. Schon im nächsten Augenblick wird sie den Boden unter ihren Füßen verlieren und ins Nichts hinaustreten. Der Boden, das ist für sie wortwörtlich sicheres Terrain: hier kennt sie sich aus, hier ist alles vertraut, vor allem weiß sie, daß er sie sicher trägt.

Ihr nächster Schritt versetzt sie in eine Welt, in der gar nichts mehr sicher ist, über die sie nichts weiß und demzufolge über keinerlei Erfahrungen verfügt. Sie muß sich einzig und allein auf das verlassen, was der über dem Abgrund schwebende Mann ihr gesagt hat. Und sie muß sich darauf verlassen, daß sich das Beispiel, das er gibt, nicht als Trugbild herausstellt. Vor allem aber muß sie ihre Angst vergessen.

Alles dies wird ihr ermöglicht durch das Vertrauen, das sie in die Worte des Schwebenden und sein Vorbild legt. Der am Boden kauernde Mann vermag der Szene dagegen nicht länger zuzusehen. So sehr hat ihn das Entsetzen und die damit einhergehende Angst gepackt. Die Steine über seinem Kopf scheinen ihm Hasenohren aufzusetzen wie zum Zeichen, daß er sich voller Feigheit krümmt. Er kann dem Bild des schwebenen Mannes nicht trauen und befürchtet den drohenden Absturz.

Der frei Schwebende verlangt in der Tat etwas scheinbar Unmögliches: „Komm' auf mich zu, obwohl es so aussieht, als ginge das nicht." Obwohl er selbst dort sichtbar schwebt, liegt es nicht in seiner Macht, Vertrauen oder Angst zu nehmen oder zu geben.

Allgemeine Bedeutung: Vertrauen und Angst sind die zwei sich gegenüberliegenden Pole unseres Gefahren-Vermeidungs-Verhaltens. Es ist wie bei einem Gefäß: leer steht es für die Angst; je mehr es gefüllt ist, desto mehr Vertrauen ist vorhanden. Der Karte geht es thematisch darum, dich zu fragen, inwieweit und womit dein „Gefäß" gefüllt / zuwenig gefüllt ist. Vertrauen ist die Kraft, die unsere Gesellschaft zusammenhält. Ohne Vertrauen in deine Fähigkeiten bekommst du keinen Job. Ohne Vertrauen in dein Unternehmen kauft niemand bei dir, und ohne Vertrauen in andere Unternehmen kaufst du dort nicht ein. Ohne Vertrauen in die Aussagen von anderen erstickt jede Kommunikation.

Wenn du dich etwas traust, dann deshalb, weil du genug Vertrauen in deine Begabung entwickelst, auch mit einem eventuellen Scheitern umgehen zu können. Oder weil du einem guten Schicksal vertraust. Oder den Aussagen von anderen.

Wenn du dich nicht traust, dann wegen deiner Angst, mit dem Scheitern etwas (oder alles) zu verlieren. Angst als Wort ist mit *Enge* verwandt, weshalb wir oft sagen, die Angst schnüre unsere Kehle zu.

Mißtrauen ist die Angst, daß dein Vertrauen mißbraucht wird. So entstehen Kontroll-Rituale, die im Kern immer besagen: ich glaube dir nicht, darum muß ich dich prüfen. Der Satz: „Vertrauen ist gut, aber Kontrolle ist besser" besagt nur, daß hier eben nicht vertraut wird (sonst ist die Kontrolle überflüssig).

Im beruflichen Umfeld: Manche Unternehmen wenden hohe Beträge auf, um mit Werbeaussagen das Vertrauen ihrer Kundschaft zu gewinnen. Und hegen zugleich im inneren Betrieb eine Kultur des Mißtrauens, sichtbar an der Zahl ausgeübter Kontrollen und eingesetzter Kontrollinstrumente. Da aber Mitarbeiter die Kunden immer so behandeln, wie sie selbst vom Unternehmen behandelt werden, reagieren die Kunden auf die tatsächliche Behandlung und nicht auf noch so goldene Worte – sie bleiben mißtrauisch. Darum, wenn du Mitarbeiter hast: vertraue ihnen oder entlasse sie. Alles andere ist gelebtes Mißtrauen. Einmal verlorengegangenes Vertrauen wandelt sich immer in Angst. Menschen, die in der Angst arbeiten, bei Kontrollen „erwischt" zu werden, werden Wege zu suchen beginnen, den Kontrollen zu entwischen. Erst jetzt begeben sie sich auf Schattenwege. Vertrauen muß sich niemand erst verdienen – es kann nur von dir (immer wieder neu) verschenkt werden.

In persönlichen Beziehungen: Hast du Angst, deinen Partner zu verlieren, vertraust du ihm nicht. Doch er wird auf dein Mißtrauen reagieren und selbst mißtrauisch werden. Auch hinsichtlich der Frage, ob du überhaupt der richtige Partner bist. Fehlendes Vertrauen erzeugt Zweifel (vgl. die 38. Vayakarte S. 94).

Im Umgang mit dir selbst: Selbstvertrauen ist die Wurzel des Mutes (vgl. die 37. Vayakarte S. 94). Wenn du dir nicht selbst vertraust, wem dann? Jede Angst entsteht aus dem Mangel an Liebe. Lerne, dich selbst zu lieben, und dein Vertrauen wird wachsen.

Bedeutung im Legesystem R = E^2 A L

Auf dem Platz der ERWARTUNG^2: Wenn du vertraust, erwartest du damit einen günstigen Ausgang. Wenn du nicht zu vertrauen vermagst, erwartest du damit einen ungünstigen Ausgang. Die Karte hier sagt dir, du *kannst* in deiner Angelegenheit vertrauen: den Beteiligten, den Umständen, den Dingen. Erwarte einen günstigen Ausgang, der Schritt ins Unsichere hinein erscheint nur so – die Dinge stehen gut, auch wenn dir die Informationen dazu noch fehlen.

Auf dem Platz der AKTION: Angst entsteht immer aus Nicht-Wissen. Weißt du nicht, was du tun mußt, um eine Krise zu bewältigen, entsteht aus diesem Mangel die Angst. Sorge für Vertrauen, indem du deshalb frei über deine Angelegenheit informierst. Um selbst zu vertrauen, verschaffe dir soviel Wissen über den Gegenstand deines Vertrauens wie möglich. Je mehr du weißt, desto kleiner wird der Bereich, über den du nichts weißt. Und mit ihm die Angst.

Auf dem Platz des LOSLASSENS: Da du nie alle Informationen haben wirst, gibt es einen Punkt, wo du den sicheren Boden der Tatsachen verlassen mußt, um zu vertrauen. Befrage dein Herz: Bist du beherzt (mutig) genug, den Schritt zu wagen? Oder gibt es etwas in deinem Herzen, das dir sagt, ja, du kannst beruhigt gehen? Jetzt ist es plötzlich die Frage, ob du dir selbst vertraust, wenn diese innere Stimme zu dir spricht. Hier rät dir die Karte: Höre auf dein Herz.

Bedeutung im Kontext der ZEIT

Vergangenheit / Darauf gründet es: Vertrauen beruht auf Kennen, es baut auf vergangenem auf. Deshalb fällt uns Unbekanntem zu vertrauen so schwer. Weil es uns beunruhigt. Je mehr wir kennenlernen, desto leichter vertrauen wir. Blindes Vertrauen vertraut in das bekannt Erscheinende am Unbekannten *und* in das Gefühl, das dieses Unbekannte in dir auslöst. Seine höchste Kür erfährt es, wenn vorher nichts war – wenn du *zum ersten Mal* Vertrauen schenkst.

Gegenwart / So ist es: Vertrauen ist ein Gefühl jenseits des Wissens des Verstandes. Da der Verstand stets nach Sicherheit schreit, verlangt er nach Informationen. Fehlen ihm die, löst er Ängste aus. In deiner Angelegenheit sind jetzt deine Gefühle entscheidend; ein Zustand, den dein Verstand haßt. Er kann nicht verstehen, woher diese Gefühle kommen, darum zweifelt er ihre Berechtigung an: er verlangt Kontrollen. Trau dich dennoch – und schenke Vertrauen.

Zukunft / Dahin entwickelt es sich: Bist du vertrauensvoll? Dann wird man auch dir vertrauen.
Wenn du selbst nicht vertraust, warum sollten dann andere dir Vertrauen schenken?
Es gibt den Satz, wonach es das größte Risiko sei, niemals ein Risiko einzugehen. Vertrauen schenken ist so ein Risiko. Es niemals zu verschenken macht also die Sicherheit, um die es dir eigentlich geht (denn sonst würdest du ja vertrauen) an sich unmöglich.

72
Intuition / Verstand

Kartenart:
Ressourcen / Engpaß-Karte

Ressource = das was du hast
 (und einsetzen solltest)
Engpaß = das was dir fehlt

Symbole:
- zerlegter Kelch: für das durch den Verstand auseinander Genommene und Zerlegte – die Analyse
- leere Kelche: für die verargumentierte Wahl
- gefüllter Kelch: für die intuitive Wahl
- Weg: für die Wahlmöglichkeit
- Regenbogen und Regenbogen-Tuch: für das Denken, mit dem wir unsere Welt gestalten
- Wegweiser: er *verweist* er auf die nun beginnenden 12 Wegekarten
- Inschrift des Wegweisers (*explicatus, glacio, obtrecto*): für Auseinandernehmen, Eis(-kaltes) Kalkulieren, Dagegenankämpfen – die Mittel des Verstandes

Bild: Das Paar der 22. Vayakarte hat die schützende Burg verlassen. Doch wohin nun?
Der Mann symbolisiert das Ego in uns: darauf verweisen die Verzierungen seines Kragens, die das Wort *Ego* bilden. Er trägt das scharfe Schwert des Verstandes an seiner Seite. Ihm zu Füßen liegen zwei vollständige und ein zerlegter Kelch.
Kelche stehen für das Gefühl, das mit den Mitteln des Verstandes nicht erklärbar ist. Dem richtigen Gefühl bei einer Wahl oder Entscheidung zu folgen – das ist das Vertrauen in die Stimme Intuition.
Die Frau vermag nicht nur den richtigen, gefüllten Kelch mit verbundenen Augen zu wählen, sie erkennt auch ohne zu sehen, wohin der bisherige Weg ihres Begleiters führen wird. Es ist der Weg der Ordnung, der in den eisigen Gletscher der Erstarrung mündet. Sie wählt einen neuen, bisher unbegangenen Weg. Sie muß nicht einmal in ihre Richtung weisen; sie weiß ja, daß sie richtig gewählt hat. Der Mann (als Träger des Verstandes auf dieser Karte) muß dagegen einen Beweis bieten, indem er weist.
Die Worte auf dem Wegweiser bilden mit ihren Anfangsbuchstaben ebenfalls das Wort EGO; die drei (W)Orte, deren Richtung er angibt, lauten übersetzt *Auseinandernehmen*, *Eis* und *Dagegenankämpfen*. Denn der Verstand nimmt mit der Schärfe seines Schwertes auseinander, vertraut nur der eiskalten Logik und kämpft gegen alles an, was unerklärlich bleibt: in diesem Fall die Intuition. Diese Karte weist den Weg auf die nun beginnenden Wegekarten.

Allgemeine Bedeutung: Intuition und Verstand sind die zwei sich gegenüberliegenden Pole unseres Entscheidungs-Verhaltens. Es ist wie bei einem Gefäß: leer steht es für den Verstand; je mehr es gefüllt ist, desto mehr Intuition ist vorhanden. Der Karte geht es thematisch darum, dich zu fragen, inwieweit und womit dein „Gefäß" gefüllt / zuwenig gefüllt ist.
Mancher ist auf seinen schnellen und scharfen Verstand so stolz wie ein Ritter auf sein Schwert; doch bleibt alle Logik kalt wie Stahl ohne das wärmende Gefühl für die richtige Wahl, auch wenn es für sie (oft) keine Argumente gibt.
Der Verstand ist eng an das Ego gekoppelt, und manche sagen, beide seien identisch. Viele Menschen denken, sie seien das, was da in ihnen mit Worten denkt: ihr Verstand; und sie vergessen darüber, daß sie zwar einen *haben*, aber nicht der Verstand selber *sind*. Die Intuition ist die Stimme des Unterbewußtseins, das einerseits um so vieles größer ist als der Verstand oder das Ego; und andererseits ist das Unterbewußtsein mit dem kollektiven Ganzen, ja mit dem Universum selbst verbunden und bezieht aus dieser Verbindung seine Informationen. Sich nur auf den Verstand zu verlassen gleicht dem Versuch, Wein aus einem leeren Kelch zu trinken.
Der Verstand baut seine Argumente aufeinander auf wie der Maurer aus Ziegelsteinen seine Wände. Nur heißt es: „Die Mauern formen den Raum. Doch wo sie nicht sind, liegt ihre wahre Bedeutung". So ist es auch bei den Argumenten – dort, wo sie *nicht* sind, liegt ihre *wahre* Bedeutung.

Im beruflichen Umfeld: Gerade im westlichen Management rangieren Verstandesentscheidungen an erster Stelle. Und wie jeden Tag zu erleben ist, führen diese Entscheidungen teils in die Irre, teils in Katastrophen.

Japanische Manager gelten als erfolgreich. Doch nur wenige (im Westen) wissen, daß etliche unter ihnen regelmäßig das *I Ging* zu Rate ziehen: ein Instrument (wie der *Tarot* oder die *Vaya*) der Intuition. Adam Smith, der Erfinder der modernen Arbeitsteilung, riet gleichzeitig dazu, daß Manager ihre *invisible hands* (unsichtbaren Hände) benutzen: eine Umschreibung für das intuitive Gefühl für das Richtige. Wieviel Intuition fließt in deine Entscheidungen ein?

In persönlichen Beziehungen: Die besten Beziehungen entstehen, wenn du deiner Intuition vertraust. Reine Verstandesbeziehungen sind kalte Beziehungen. Sie arten oft in Wettkämpfe aus, wessen Verstand der schärfere ist und wessen Ego obsiegt. Dem Verstand geht es immer um das Rechthaben. Der Intuition darum, das Richtige zu tun. Worum geht es dir?

Im Umgang mit dir selbst: Dein Gefühl ist dein bester „Fühler". Wenn alle Argumente bestechend (!) sein sollten, dein ungutes Gefühl dich aber warnt, frage dich: warum hast du das ungute Gefühl? Es gibt keine Zufälle. Jedes Gefühl hat eine Ursache.

Bedeutung im Legesystem R = E² A L

Auf dem Platz der ERWARTUNG²: Erwarte von deiner Intuition die Hilfe, die du brauchst, und sie wird dir zuteil werden.
Denn dadurch, daß du Hilfe von deiner Intuition erwartest, stärkst du sowohl dein intuitives Vermögen und erkennst zugleich das Vorhandensein und die Daseinsberechtigung deiner Intuition an. Da du stets wahrnimmst, was du *für wahr* nimmst, eröffnet sich dir so deine inneres Wahrnehmen.

Auf dem Platz der AKTION: Jetzt geht es darum, im Umkreis deiner Angelegenheit intuitiv vorzugehen. Es ist wichtig, der Intuition aller Beteiligten (einschließlich dir selbst) mehr Raum zu geben. Es gilt, die Intuition als Ressource ernst und wichtig zu nehmen, ernster und wichtiger als den Verstand. Doch die Intuition ernst und wichtig zu nehmen ist nur der erste Schritt; dann auch noch auf sie zu hören, ihrem Rat zu folgen ist der ausschlaggebende zweite.

Auf dem Platz des LOSLASSENS: Hier heißt Loslassen, den ausgeschilderten (erprobten) Weg zu verlassen und dorthin zu gehen, wohin dich der Regenbogen weist. Er ist das Symbol des *wahren Selbst:* Das, was du im Innersten deines Wesen bist, weiß genauer als dein Verstand, was ist; und vor allem, es spricht immer *wahr* zu dir *selbst*, was für dich in dieser Stunde richtig ist. Da alles eins ist, ist die Stimme des *wahren Selbst* eben die Stimme dieser Einheit, die du dann vernimmst.

Bedeutung im Kontext der ZEIT

Vergangenheit / Darauf gründet es: Dein Gefühl ist dein innerer Fühler. Deine IN•TU•ition verrät dir INnen, was du TUn solltest. Du verfügst nicht nur über deine Verstandes-Intelligenz (IQ), sondern auch über deine Emotionale Intelligenz (EQ). Beide im (ge-)rechten Maß zu mischen entspricht dem natürlichen Zustand; doch in den vergangenen Jahrhunderten des Verstandes hat eben der Verstand die Intuition unterjocht. Befreie du sie: in dir und anderen.

Gegenwart / So ist es: Da keine Zufälle existieren, hast du auch ein gutes oder ungutes Gefühl nicht zufällig, egal, was dein Verstand dazu sagt. Du *hast* das Gefühl, *weil* es da etwas zu fühlen gibt. Wo etwas zu fühlen ist, muß etwas sein. Also sind alle Argumente, mit denen dein Verstand dieses Etwas wegdiskutieren will, hinfällig.
Das gilt auch für die Gefühle anderer, die du erfragen und ernst nehmen solltest.

Zukunft / Dahin entwickelt es sich: Allein dem Verstand zu folgen bedeutet zu analysieren (auseinander zu nehmen) statt zu synthetisieren (zusammen zu fügen). Es bedeutet in Eiseskälte zu erstarren und am Ende gegen alles anzukämpfen, das nicht Logik ist. Der Intuition – jenseits des Verstandes – zu folgen bedeutet, sich der Verbundenheit mit dem Universum anzuvertrauen und aus dem größeren Ganzen die wesentlich höhere Weisheit zu beziehen.

73
Der Weg der äußeren Energie

Kartenart:
Wegekarte = der Weg, auf dem du dich zur Zeit befindest

Symbole:
- Regenbogen: für das Denken, mit dem wir unsere Welt gestalten
- Blitze: für die Energie
- einwärts gebogenes Gras: für die äußere Energie
- Weg: für den Weg der äußeren Energie
- Schnecke/Spirale an Schuhen und Jackenärmel: für die stetige Erneuerung
- Regenbogen-Tempel: für den Ort in uns, an dem sich die Dinge unserem Denken gemäß verändern

Bild: Viele Wege führen hin zum Regenbogen-Tempel, jenem Ort, an dem unsere Gedanken Wirklichkeit werden. Der Regenbogen steht bei allen Vayakarten für das Denken, mit dem wir unsere Welt gestalten. Der Tempel ist der Ort (in uns), an dem sich die Dinge unserem Denken gemäß verändern.
Dies ist der Weg der äußeren Energie.
Ein Mann kommt diesen Weg entlang. Er ist von äußerer Energie förmlich beflügelt, fast wirkt es, als tanze er den Weg entlang. Seine Kleidung zieren Blitze, die Schuhe und auch die Jackenärmel haben die Gestalt von Schnecken und damit Spiralen, dem Symbol für die stetige Erneuerung.
Seine Energie kommt nicht aus ihm selbst. Er hat sie von außen erhalten, doch versteht er es, sie zu verinnerlichen. Das Gras beiderseits des Weges biegt sich nach innen – der Wind, auch eine äußere Energie, drängt von außen nach innen zum Tempel hin und gibt dem Mann zusätzlichen Schwung.
So wird der Mann fast getragen und fliegt leichtfüßig und beinahe wie von selbst dem Tempel des Regenbogens entgegen.
Die Regenwolken, ein Symbol für widrige Tage, sind ebenso wie die Sonnenstrahlen nötig, den Regenbogen entstehen zu lassen. Ohne das Dunkle könnten wir das Helle nicht erkennen; doch es liegt an uns, diesen Unterschied zu sehen.

Allgemeine Bedeutung: Energie aus dem Äußeren zu schöpfen heißt, dem Weg der äußeren Energie zu folgen.
Äußere Energie gelangt zunächst über die *Nahrung* zu uns, wobei die Weisheit der 23. Vayakarte gilt: Du bist, was du ißt. Das betrifft auch geistige Nahrung, also alles, was du *nahe* an dich heranläßt (Bücher, Filme, Nachrichten, Zeitungsmeldungen).
Eine weitere Quelle ist die *Bewegung deines Körpers*, wie es die 32. Vayakarte verlangt.
Die dritte Quelle äußerer Energie ist die *Atmung*. Langsame und tiefe Atmung vertreibt die Angst und erfüllt dich mit Lebensfreude.
Die vierte Quelle ist die *Konzentration auf die Schönheit*. Wo immer du Schönheit erblickst, da ist sie, denn Schönheit liegt im Auge des Betrachters. Genauer: je intensiver du nach der Schönheit Ausschau hältst, desto eher und häufiger wirst du ihrer ansichtig.
Die fünfte Quelle äußerer Energie stellen *Worte* dar, die dich erreichen. Doch können dir auch Worte Energie wieder entziehen. Deshalb ist es wichtig für dich, jederzeit immer wieder zu entscheiden, welche Worte und Botschaften du an dich heranlassen möchtest. Dies offenbart dir die 10. Vayakarte.
Die sechste Quelle äußerer Energie stellen *Berührungen* dar. Ob es sich nun um Handauflegen oder Streicheleinheiten handelt – solange du dich gut fühlst dabei, erhältst du äußere Energie.
Doch laß ab von der siebenten, der dunklen Quelle der äußeren Energie: laß ab vom *Diebstahl der Energie von anderen!*
Indem du die Kontrolle über andere erzwingst mit den Mitteln des Mitleids, der Unnahbarkeit, der vernehmenden Befragung und der Einschüchterung (der Androhung von Gewalt). So gelangst du zwar immer an die Aufmerksamkeit der anderen (und genau das *ist* Energieübertragung, wie dies dir die 6. Vayakarte offenbart). Aber durch einen solchen Raub eröffnest du einen *Kampf um Energie*. Jeder so Angegriffene wird dir nun seinerseits deine Energien rau-

ben. So entstehen Kriege, im Kleinen wie im Großen.

Im beruflichen Umfeld: Überall auf diesem Planeten tobt der Kampf, nein, der Krieg um äußere Energien.
Alle Probleme entstehen, weil sich die Menschen – gerade im Beruf – der dunklen, siebenten Quelle bedienen. Sie stehlen sich die Energie bei anderen durch deren Einschüchterung, ihrer Vernehmung, praktizierter Unnahbarkeit und/oder eingefordertem Mitleid. Laß ab davon und bediene dich der übrigen sechs. Sie reichen vollständig aus.

In persönlichen Beziehungen: Auch in persönlichen Beziehungen bediene dich nur der ersten sechs Quellen! Stiehlst du Energie von anderen, erhöhst du dich auf ihre Kosten. Und sie werden sich von dir abwenden und dir schaden zum Ausgleich für den erlittenen Schaden.

Im Umgang mit dir selbst: Der sicherste Weg, Energie von anderen *freiwillig* zu bekommen, ist, höchst freigiebig mit deiner Aufmerksamkeit zu sein. Gib Energie, wenn du Energie bekommen möchtest. Und entdecke und nutze die sechs erlaubten Quellen.

Bedeutung im Legesystem R = E² A L

Auf dem Platz der ERWARTUNG²: Du „mußt" nur dann zur dunklen 7. Quelle der Energiebeschaffung greifen, wenn du annimmst, daß die übrigen sechs dir keine oder nicht genug Energie liefern. Erwartest du wiederum, bei den sechs erlaubten aus dem Vollen schöpfen zu können, bedarf es deinerseits keiner weiteren Energiezufuhr und damit keines Energiediebstahls mehr.

Auf dem Platz der AKTION: Nutze die Sechs jetzt aktiv: 1. Iß so wertvolle Nahrung wie möglich, und du wirst mit viel weniger Essen satt (und damit schlank); laß nur gutes (Gedankengut) an dich nah heran. 2. Bewege dich. 3. Atme tiefer und langsamer. 4. Suche und achte auf die Schönheit. 5. Wähle die Worte, die du sprichst, mit Bedacht, und wähle aus, was dir gesagt werden darf. 6. Berührungen berühren nicht nur den Körper, sondern auch die Seele.

Auf dem Platz des LOSLASSENS: Erstens: du jammerst, klagst, suchst nach Mitleid. Oder zweitens: du ziehst dich beleidigt oder ängstlich zurück, machst dich für andere unnahbar. Oder drittens: du setzt durch Befragung, Vernehmung oder Verhör die anderen ins Unrecht. Oder viertens: du schüchterst andere ein, mit Worten oder mit körperlicher Gewalt. Diese vier Dinge erzwingen immer einen Energietransfer und leiten jedesmal den Kampf um Energie ein. Darum lasse sie los!

Bedeutung im Kontext der ZEIT

Vergangenheit / Darauf gründet es: Alles, was wir tun, dient allein dem Zweck, uns die Energie zu beschaffen, die wir benötigen. Denn alles Leben braucht äußere Energie. Wie wir sie uns beschaffen, in dem Maße, in ihrer Qualität und in der Art – nur damit zeigen wir unsere wahre ethische Reife.

Gegenwart / So ist es: In deiner Angelegenheit geht es in ihrem tiefsten Kern immer nur um Energie. Wer hat sie, wer will sie, wer kriegt sie auf welche Weise. Darum betrachte dir die energetischen Aspekte hierbei genauer. Da jeder Streit, jeder Krieg, jede Konfrontation im Kern „nur" ein Ringen um die Energie darstellt, kannst du dieses energetische Problem auch nur auf der energetischen Ebene lösen. Sorge für den energetischen Ausgleich, und du erntest Harmonie.

Zukunft / Dahin entwickelt es sich: Die 6 Quellen reichen vollständig aus; doch kannst du sie auch mißbrauchen, in dem du dich zuviel aus ihnen bedienst. Dann wird aus Fülle Völlerei, und aus der Suche wird Sucht. Das rechte Maß ist darum wichtig: höre auf, wenn es am schönsten ist. Die 7. Quelle in allen vier Erscheinungen erzeugt alle Probleme, die es auf dieser Welt gibt. Nutzt du sie (weiter), trägst du deinen Teil dazu bei, das so erzeugte Elend zu vergrößern.

74
Der Weg der inneren Energie

Kartenart:
Wegekarte = der Weg, auf dem du dich zur Zeit befindest

Symbole:
- Regenbogen: für das Denken, mit dem wir unsere Welt gestalten
- Kristall: für Geist und Klarheit
- auswärts gebogenes Gras: für die innere Energie
- Weg: für den Weg der inneren Energie
- Regenbogen-Tempel: für den Ort in uns, an dem sich die Dinge unserem Denken gemäß verändern

Bild: Viele Wege führen hin zum Regenbogen-Tempel, jenem Ort, an dem unsere Gedanken Wirklichkeit werden. Der Regenbogen steht bei allen Vayakarten für das Denken, mit dem wir unsere Welt gestalten. Der Tempel ist der Ort (in uns), an dem sich die Dinge unserem Denken gemäß verändern.
Dies ist der Weg der inneren Energie.
Eine Frau kommt diesen Weg entlang. Ihre Schritte sind langsam und ruhig; sie wird durch nichts Äußeres getrieben. Ihr Kleid, das an die Tracht von Mönchen oder Priestern erinnert, zeigt einen Kristall: dieser steht für Geist und Klarheit. Ihre Hände sind leer; doch zugleich sind sie wie zwei Parabolspiegel auf sie selbst gerichtet, so als würden sie die Kraft, die aus ihr selbst erwächst, auffangen und verstärkt reflektieren.
Das Gras beugt sich vom Tempel her ihr entgegen: es ist vom Tempelstandort her von innen nach außen gerichtet zum Zeichen der aus dem Inneren herrührenden Kraft.
Der Himmel glüht wie aus sich selbst heraus. Die Regenwolken, ein Symbol für widrige Tage, sind ebenso wie die Sonnenstrahlen nötig, den Regenbogen entstehen zu lassen. Ohne das Dunkle könnten wir das Helle nicht erkennen; doch es liegt an uns, diesen Unterschied zu sehen.

Allgemeine Bedeutung: Energie aus dem Inneren zu schöpfen heißt, dem Weg der Inneren Energie zu folgen.
Innere Energie ist dem Wesen nach der äußeren Energie verwandt, so wie die Energie des Erdinneren der von außen zu uns kommenden Energie der Sonne verwandt ist. Doch sind beide nicht identisch.
Wir erleben diese innere Energie meist nur oberflächlich über unsere Motivation, in der wiederum unsere Emotionen Eingang finden.
Wer dem Weg der inneren Energie folgt, setzt sich immer selbst in Bewegung, ohne daß äußere Ereignisse sie oder ihn dazu veranlassen.
Die Kraft dazu entsteht aus den eigenen Gedanken und Vorstellungen, zu denen sich die Gefühle gesellen, aus denen dann im Tun die Schritte auf dem Weg der inneren Energie erfolgen.
Wer sich *mentaler Techniken* bedient, weiß, daß in uns selbst Energiequellen ruhen, die wir über die Bildersprache des Unterbewußtseins erschließen und so jederzeit anzapfen können.
Wer sich der Meditation hingibt, Yoga, Qi Gong oder auch Tai Chi Chuan betreibt, weiß und spürt, daß diese Quellen in uns uns ihrerseits direkt mit dem ewigen Energiefluß des Universums verbinden.
In östlichen Vorstellungen heißt es, diese Quellen seien die Chakren, über die der Ki-, Chi-, Mana-, Prana-, Licht- oder Vayafluß uns erreicht und so in uns als jene innere Energie entsteht. Allerdings ist dies ein *direkter* Kontakt mit dem unerschöpflichen, freien Energievorrat des Universums. So unterscheidet sich genau dadurch die innere von der äußeren Energie der 73. Vayakarte (vgl. S. 164), bei der die Energie von anderen oder anderem, aber nicht als freie Energie aus dem Universum selbst bezogen wird.

Im beruflichen Umfeld: Innere Energie führt zur Ruhe und zum Ausgleich. So wie der einzelne sich seiner inneren Energiequellen bedienen kann, so besitzen auch übergeordnete „Organismen" wie Organisationen ihnen innewohnende innere Quellen. Sie repräsentieren die inneren Werte einer Organisation, die nichts mit dem tatsächlichen Anlagevermögen zu tun haben müssen. Sie bewirken das Image des Unternehmens, seinen von der Bilanz unabhängigen Verkaufswert und das Maß an Vertrauen, das ihm entgegengebracht wird. Die Karte fordert dich auf, dich dieser inneren Werte (wieder) zu besinnen und sie durch deine Konzentration darauf zu stärken.

In persönlichen Beziehungen: Je mehr du deine inneren Quellen nutzt, desto weniger wirst du versucht sein, dich aus der dunklen siebenten Quelle der äußeren Energie zu bedienen. Da das Anzapfen der siebenten immer Streit, Ärger und Krieg zur Folge hätte, verbesserst du deine persönlichen Beziehungen in dem Maß, wie du dich – mittels Meditation oder anderen Techniken – der Kraft in deinem Inneren zuwendest.

Im Umgang mit dir selbst: Das größte Geheimnis des Universums, heißt es, hätten die Götter in uns selbst verborgen, weil wir dort zuletzt danach suchen würden. Darum mache dich auf den Weg nach Innen, und entdecke deine inneren Energiequellen.

Bedeutung im Legesystem R = E² A L

Auf dem Platz der ERWARTUNG²: Jede wahre Reise, heißt, führt nach innen. Das, was ist, wird dir in deinem Innersten offenbar. Alles, was du brauchst, trägst du längst in dir. Somit ist jedes Lernen, jede Entwicklung ein Schritt, das Innerste aufzudecken. Du kannst diesen Punkt absoluter Ruhe (in dem die absolute Kraft liegt) in dir finden, wenn du erwartest, daß es ihn auch in dir zu finden gibt. Und wenn du erwartest, daß *du* ihn zu finden vermagst.

Auf dem Platz der AKTION: In Augenblicken größter Lebensgefahr öffnet sich dir die Quelle innerer Energie. Dies geschieht auch in Momenten der echten Ruhe, in denen du ganz bei dir bist und zugleich bei allem, was ist. Es ist eine von unten aufsteigende Energie, die du spürst, indem du dich erdest: sei dir der Erde zu deinen Füßen so bewußt, als wäre sie eine Fortsetzung – als größerer Körper – deines Körpers. Stelle dich mit dem Rücken an einen Baum und umarme ihn; so lernst du, die Quelle zu spüren.

Auf dem Platz des LOSLASSENS: Der Weg der inneren Energie ist ein Weg des Akzeptierens. Solange du gegen etwas bist, kannst du nicht annehmen, auch nicht das, was in dir ist.
Vermagst du dich, die Welt und alles, was darin ist, anzunehmen, so wie es ist, so beginnst du dich der inneren Quelle zu öffnen.

Bedeutung im Kontext der ZEIT

Vergangenheit / Darauf gründet es: Über dein Unterbewußtsein und die Chakren bist du *informatorisch* und *energetisch* mit dem Universum verbunden. Nach Ansicht der Quantenphysik besteht das Universum nur aus verschiedenen Formen von Information und Energie; daher ist es kein Zufall, daß es gerade diese zwei Kanäle in dir gibt, die dir genau diese beiden „Dinge" liefern. Es ist ein (eingebauter) Hinweis darauf, was du wirklich bist.

Gegenwart / So ist es: Diese Karte erscheint immer dann, wenn dir der Weg der inneren Energie als bedeutsam für deine Angelegenheit dargestellt werden soll. Entweder, weil du ihn bisher ignorierst, oder weil du auf diese Weise bestätigt bekommst, daß er jetzt und hier der für dich richtige, weil gangbare Weg ist.

Zukunft / Dahin entwickelt es sich: Würden sich mehr Menschen – viele Personen (etwa 10 Prozent aller Menschen) – gleichzeitig auf den inneren Weg begeben, würde ihre kritische Masse ausreichen, die Welt positiv zu verändern. (So haben Versuche gezeigt, daß die Kriminalität in Orten zu sinken beginnt, wenn zeitlich etwa 10 % der Bevölkerung meditieren, sich versenken oder beten). Dazu trügest du bei, wenn du der Empfehlung dieser Karte folgst.

75
Der Weg der Verbundenheit

Kartenart:
Wegekarte = der Weg, auf dem du dich zur Zeit befindest

Symbole:
- Regenbogen: für das Denken, mit dem wir unsere Welt gestalten
- Band: für die unsichtbaren Verbindungen, die alles mit allem verbinden
- Weg: für den Weg der Verbundenheit
- Regenbogen-Tempel: für den Ort in uns, an dem sich die Dinge unserem Denken gemäß verändern

Bild: Viele Wege führen hin zum Regenbogen-Tempel, jenem Ort, an dem unsere Gedanken Wirklichkeit werden. Der Regenbogen steht bei allen Vayakarten für das Denken, mit dem wir unsere Welt gestalten. Der Tempel ist der Ort (in uns), an dem sich die Dinge unserem Denken gemäß verändern.
Dies ist der Weg der Verbundenheit.
Eine Frau kommt diesen Weg entlang. Ein Band führt sie zweifelsfrei zu ihrem Ziel. Sie kann es nicht sehen, sondern nur fühlen, d.h. es ist weniger mit dem Verstand als mehr mit dem Herzen zu erspüren. Darum hat es die Farbe des Blutes. Ihr Schritt ist schnell und sicher, aber nicht hastig, denn sie weiß, auf die Zeit kommt es nicht an. Sie wird an ihrem Ziel sein, wenn sie dort ist: nicht eher, nicht später, und damit genau zur richtigen Zeit.
Alles ist mit allem verbunden, sagt diese Karte, obwohl wir es mit unseren begrenzten Sinnen nicht wahrzunehmen vermögen. So wie sich die Wurzeln der Bäume im Erdreich weithin erstrecken und Verbindungen mit allem möglichen haben, das wir nicht sehen können, so haben alle Dinge in uns unsichtbare „Verästelungen" im Sein, über die sie teilhaben am Großen Ganzen in Raum und Zeit.
Die Regenwolken, ein Symbol für widrige Tage, sind ebenso wie die Sonnenstrahlen nötig, den Regenbogen entstehen zu lassen. Ohne das Dunkle könnten wir das Helle nicht erkennen; doch es liegt an uns, diesen Unterschied zu sehen.

Allgemeine Bedeutung: Der Weg der Verbundenheit erinnert dich daran, daß es keine Trennung gibt außerhalb unserer Vorstellungen. Die Idee der Trennung ist eine des Verstandes; denn in Wahrheit kann nichts getrennt werden, da alles mit allem für immer untrennbar verbunden ist.
Alle Trennung erwächst aus dem trennenden Blickwinkel des Verstandes, der nicht anerkennen kann, was er nicht versteht oder sich seinem Blick entzieht. So fühlen wir uns getrennt, sobald wir den Weg der Verbundenheit verlassen haben. Getrennt von frühzeitig Verstorbenen, von Menschen, die uns verlassen haben, von Mitteln, über die andere verfügen, von Möglichkeiten, die anderen gegeben sind und so fort.
Die Karte des Weges der Verbundenheit fordert auf, sich dieser immerfort bestehenden Verbundenheit wieder zu erinnern.
Jeder Mangelgedanke (Arbeitslosigkeit, Krankheit, Eifersucht, Neid, Armut) ist im Grunde ein Gedanke des Getrenntseins. Getrennt von Arbeit, getrennt von Gesundheit, getrennt von Liebe, getrennt von Besitz, getrennt von Wohlstand und Fülle. Solange du glaubst, getrennt zu sein, solange erliegst du der Illusion der Trennung. Erst wenn du auf den Weg der Verbundenheit zurückfindest, fällt diese Illusion von dir ab.
So wie Zwillinge ihre Verbundenheit spüren können, auch wenn sie weit entfernt voneinander leben, so existiert eine vergleichbare grundsätzliche Verbundenheit zwischen allen Menschen. Dein Haß wird über dieses Netzwerk ebenso weitergeleitet wie deine Liebe. Dein Wunsch (und der Glaube daran), Arbeit (Gesundheit, Geld, Erfolg) zu erhalten wird ebenso „gehört" werden wie deine Überzeugung, arbeitslos (krank, arm, erfolglos) zu bleiben.

Im beruflichen Umfeld: Wenn du deine Kunden

verachtest, werden dich deine Kunden mißachten. Du kannst deine tiefsten Gdanken und Überzeugungen nicht geheim halten.

Der Weg der Verbundenheit ruft dir ins Gedächtnis, dich nicht als getrennt von den anderen zu betrachten.

So ist jeder Schaden, den du anderen zufügst, ein Schaden, den andere (scheinbar völlig Unbeteiligte) wiederum dir zufügen werden. Jeder Nutzen, den du anderen zufügst, ist ein Nutzen, den andere (ebenfalls scheinbar völlig Unbeteiligte) wiederum dir zufügen werden. Der Karte der Verbundenheit ist der Einzelne unwichtig, da nur das Ganze zählt.

In persönlichen Beziehungen: Sich im Schmerz zu trennen heißt, im Schmerz verbunden zu bleiben. Denn es gibt keine Trennung, auch wenn wir das oft meinen. Dein Umgang mit anderen sollte sich der Verbundenheit immer bewußt sein.

Im Umgang mit dir selbst: Wenn du dir des Weges der Verbundenheit bewußt bist, folgst du ihm bereits. Richte deine Handlungen danach aus; dir werden so Verbindungen offenbar, die du aktiv nutzen kannst.

Bedeutung im Legesystem R = E² A L

Auf dem Platz der ERWARTUNG²: Wenn du annimmst, mit allem Übrigen verbunden zu sein, so wird dir diese empfundene Verbundenheit in Momenten der Konfrontation einen kühleren und klareren Kopf schenken. Du weißt ja, daß der andere in diesem Augenblick die Verbundenheit lediglich vergessen hat und *deswegen* unglücklich ist und darum zürnt. Wenn du selbst zürnst (über ihn oder die Umstände), vergißt auch du und fühlst dich erneut getrennt.

Auf dem Platz der AKTION: Nutze die Verbundenheit, indem du um Hilfe bittest. Es reicht, dies in Gedanken zu tun, und es spielt keine Rolle, ob du das nun Gebet nennst, Meditation oder Einspeisung ins morphogenetische Feld. Über deine Verbundenheit wird dein Anliegen in Bezug auf deine Angelegenheit weitergeleitet. Dann sei einfach offen für die Resonanz; eine Antwort wird, oft aus völlig unerwarteter Richtung, kommen: meist binnen 72 Stunden.

Auf dem Platz des LOSLASSENS: Wenn du der Verbundenheit nachspüren möchtest, ist es höchst hinderlich, zugleich der Idee der Trennung, der Idee des Getrenntseins nachzuhängen. Darum lasse diese Vorstellungen los. Ersetze sie durch deine Vorstellungen, wie diese *allumfassende* Verbundenheit beschaffen sein kann.
Solange du an ein Getrenntsein glaubst, kannst du die Verbundenheit nicht selbst erfahren.

Bedeutung im Kontext der ZEIT

Vergangenheit / Darauf gründet es: Alles, was wir sehen, ist Täuschung, heißt es (u.a. in Indien). Alles liegt für unsere Sinne unter einer Art Schleier verborgen, einem Schein, der über dem Wahren Sein liegt und den wir materielle Erfahrung nennen. So können wir die Verbundenheit nicht sehen, wir können sie nur erahnen, annehmen und erleben, wenn wir uns auf sie *einlassen*. Wir gehen den Weg der Verbundenheit gleichsam mit verbundenen Augen.

Gegenwart / So ist es: Du bist nicht getrennt, du glaubst es nur zu sein und unterliegst daher der Illusion der Trennung. In Wahrheit bist du ein Knoten von vielen im Netz; und wenn ein Knoten sich bewegt, schwingt das gesamte Netz nach, d.h. die Information *Bewegung* breitet sich über das ganze Netz aus. Bewegung leitet sich als Wort von Vaya ab; und die Verbundenheit ist der Grund, warum *die Vaya* als Teil dieses Netzes Auskunft zu geben vermag.

Zukunft / Dahin entwickelt es sich: Je mehr die Idee der Verbundenheit als gangbarer Weg angenommen wird, desto mehr Menschen fühlen sich verbunden: mit anderen Menschen, mit der Tier- und Pflanzenwelt, dem Wasser, der Umwelt und dem Kosmos. Verbundenheit verbindet; und so wird die wechselseitige und wahrgenommene Verantwortung die Antwort sein, die uns auf diesem Weg immer und immer wieder begegnen wird.

76
Der Weg der Einfachheit

Kartenart:
Wegekarte = der Weg, auf dem du dich zur Zeit befindest

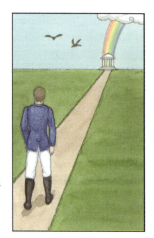

Symbole:
- Regenbogen: für das Denken, mit dem wir unsere Welt gestalten
- Vögel: für die Leichtigkeit
- Weg: für den Weg der Einfachheit
- Regenbogen-Tempel: für den Ort in uns, an dem sich die Dinge unserem Denken gemäß verändern

Bild: Viele Wege führen hin zum Regenbogen-Tempel, jenem Ort, an dem unsere Gedanken Wirklichkeit werden. Der Regenbogen steht bei allen Vayakarten für das Denken, mit dem wir unsere Welt gestalten. Der Tempel ist der Ort (in uns), an dem sich die Dinge unserem Denken gemäß verändern.
Dies ist der Weg der Einfachheit.
Ein Mann kommt diesen Weg entlang. Der Weg ist in mehrfacher Hinsicht ein einfacher Weg. Er ist ungepflastert; denn das Verlegen von Pflastersteinen hätte sein Entstehen verkompliziert. Er weist aber auch keine Schlaglöcher, Pfützen oder Steine auf; so ist er einfach zu gehen und unverfehlbar. Das Land, durch das er führt, ist eben und gut überschaubar. Es gibt weder Hügel noch andere Hindernisse. Das Ziel liegt deutlich erkennbar am Horizont.
Die Vögel am Himmel zeigen, wie leicht und einfach das Fliegen im Grunde ist.
Die Regenwolken, ein Symbol für widrige Tage, sind ebenso wie die Sonnenstrahlen nötig, den Regenbogen entstehen zu lassen. Ohne das Dunkle könnten wir das Helle nicht erkennen; doch es liegt an uns, diesen Unterschied zu sehen.

Allgemeine Bedeutung: Der Weg der Einfachheit steht für die Einfachheit und die Leichtigkeit sowie für Klarheit, Eindeutigkeit und Unmißverständlichkeit.
Er verkörpert das Grundprinzip, das hinter der 15. Vayakarte steht: Alles Geniale ist einfach.
Die 76. Vayakarte weist dir den Weg zu(-rück zu) dieser umfassenden Einfachheit. Kehre ab von allem Komplizierten, mache das Unüberschaubare überschaubar, sagt sie dir.

Einfach bedeutet auch *ein Fach* (in das wir unsere Gedanken, Pläne oder Vorhaben einsortieren), nicht mehrere Fächer.
Wenn alle genialen Dinge einfach sind, dann deswegen, weil sie den geringsten Energieaufwand benötigen, um zu funktionieren. Jede Verkomplizierung ist zugleich auch immer mit einem höheren Energieaufwand verbunden. Da die Natur (oder das Universum) immer den Weg des geringsten Aufwandes geht, gibt die Natur auch immer das beste Beispiel ab.
Der gerade Weg auf dem Bild der Karte stellt symbolisch die denkbar einfachste Wegeform dar, dennoch ist es *kein* Hinweis darauf, alles gerade werden zu lassen. Ganz im Gegenteil: die Natur verschmäht die Gerade so sehr, daß es keine natürliche Gerade gibt (vgl. hierzu die 16. Vayakarte S. 50 und die 61. Vayakarte S. 140).
Die Karte deutet auch an, grundsätzlich dein Leben zu vereinfachen. Denn alles, was dich materiell umgibt, bindet auch einen Teil deiner Aufmerksamkeit. Löse dich von überkommenem Ballast (und vom Gerümpel das Alltags), reduziere die Anzahl von Gleichem. Wieviele Autos, Fernseher, Zimmer, Pullover, Schuhpaare brauchst du tatsächlich? Was liegt seit Jahren ungenutzt in deinen Schränken herum?
In diesem Sinn verkörpert der Weg der Einfachheit auch das Prinzip hinter der 25. Vayakarte (vgl. S. 68). Platzt dein Terminkalender aus allen Nähten, so verläuft dein Leben zu kompliziert, weil der Raum, der dich umgibt, zu vollgestopft ist mit allem Möglichen. Die Karte erinnert dich somit daran, daß der Sinn des Lebens einfach in einem sinnvollen Leben besteht – und nicht in einem immer komplizierter werdenden Dasein, daß dich immer mehr Energie ko-

stet, bis du verbrannt bist lange vor deiner Zeit.

Im beruflichen Umfeld: Mache die Dinge einfacher. Besser heißt leichter damit umgehen können, nicht noch mehr Wahlmöglichkeiten haben (so daß es immer schwieriger wird, eine Entscheidung zu treffen). Mache die Dinge verständlicher. Am verständlichsten sind sie, wenn sie intuitiv begreifbar sind und ohne umständliche Erklärung verstanden werden.

In persönlichen Beziehungen: Es sind die einfachen Dinge, die uns besonders in Erinnerung bleiben (und damit einen hohen Wert repräsentieren): Ein Händedruck, eine freundliche Berührung, ein gemeinsam erlebter stiller Augenblick, eine Geste des Verstehens. Ein Wort der Anerkennung zählt mehr als ein teures Geschenk.

Im Umgang mit dir selbst: Vereinfache dein Leben. In allen Bereichen. Lebe dein Leben und nicht das deiner Eltern. Trenne dich dauerhaft von dem, was du (längere Zeit) nicht benutzt (hast). Entrümpele die Orte, an denen du lebst und arbeitest. Entferne die Spinnweben, sie schlucken das Licht.

Bedeutung im Legesystem R = E² A L

Auf dem Platz der ERWARTUNG²: „Nicht weil die Dinge schwer sind, wagen wir sie nicht, sondern weil wir sie nicht wagen, sind sie schwer" (Seneca). Darum ist deine Erwartungshaltung entscheidend für den Ausgang deiner Angelegenheit. Die Dinge werden leicht, wenn wir sie leicht nehmen, und einfach, wenn wir einfach an sie herangehen (im doppelten Wortsinn: es einfach *tun* – just do it - und es *einfach* tun – sich den Dingen nähern wie ein Kind).

Auf dem Platz der AKTION: Suche das Einfache in deiner Angelegenheit. Vereinfache die Angelegenheit an sich. Nutze die KISS-Methode: <u>k</u>eep <u>i</u>t <u>s</u>mily and <u>s</u>imple – halte es einfach und zum sich daran erfreuen. Sei auch du selbst einfach: in deinen Ansprüchen; und in deinen Aussprüchen (deine Rede sei so, daß sie auch von allen 13jährigen verstanden werden kann).
Halte es mit Albert Einstein: Vereinfache jedes Vorgehen soweit wie möglich. Aber nicht weiter.

Auf dem Platz des LOSLASSENS: Um Einfaches zu tun, mußt du das Komplizierte loslassen. Leichtigkeit ist ein Aspekt des Weges der Einfachheit. „Leichtigkeit ist der rechte Weg," heißt es im Daoismus. Und weiter: „Der rechte Weg der Lcichtigkeit liegt im Vergessen des rechten Weges und im Vergessen der Leichtigkeit" (Zhuangzi).
Mache dir also keinen Kopf darum, ob und wie du diesem Weg folgst. Gehe ihn einfach.

Bedeutung im Kontext der ZEIT

Vergangenheit / Darauf gründet es: Das Universum, die Natur – sie verfolgen immer den einfachsten Weg, den Weg des geringsten Energieaufwandes. Es ist bedeutsam, daß die Worte *leicht* und *Licht* derselbe Wurzel haben (im englischen existiert sogar nur ein Wort dafür: *light*). Es erinnert uns daran, daß Leichtigkeit und Einfachheit Energien am ungehindertsten strömen lassen. Reibungsverluste deuten stets an, daß deine Angelegenheit zu kompliziert ist.

Gegenwart / So ist es: Es ist einfach, einfach zu handeln. Du mußt nur einfach denken.
Je komplexer etwas wird, desto mehr Komplexe hat es. Komplexe aber – das wissen wir aus der Psychologie – verhindern, sie fördern nicht.
Nur weil du einen einfacheren Weg zum Ziel (noch) nicht kennst, heißt das ja nicht, daß ein solcher einfacherer Weg nicht existiert. Wie Aristoteles sagte: „Was wir suchen, werden wir finden".

Zukunft / Dahin entwickelt es sich: Je komplexer und damit komplizierter Dinge werden, desto anfälliger für Störungen jeder Art werden sie. Einfache Dinge gehen selten kaputt, und wenn, lassen sie sich leicht reparieren. Der Weg der Einfachheit *endet* nicht immer bei der Genialität, aber die Genialität wohnt irgendwo entlang dieses Weges. Sie ist an sich leicht zu erreichen – aber ebenso leicht zu übersehen.

77
Der Weg der Gewißheit

Kartenart:
Wegekarte = der Weg, auf dem du dich zur Zeit befindest

Symbole:
- Regenbogen: für das Denken, mit dem wir unsere Welt gestalten
- Schildkrötenbuckel: für die Gewißheit
- Neun: für das Eintreten aller Ereignisse
- Weg: für den Weg der Gewißheit
- Regenbogen-Tempel: für den Ort in uns, an dem sich die Dinge unserem Denken gemäß verändern

Bild: Viele Wege führen hin zum Regenbogen-Tempel, jenem Ort, an dem unsere Gedanken Wirklichkeit werden. Der Regenbogen steht bei allen Vayakarten für das Denken, mit dem wir unsere Welt gestalten. Der Tempel ist der Ort (in uns), an dem sich die Dinge unserem Denken gemäß verändern.
Dies ist der Weg der Gewißheit.
Eine Frau kommt diesen „Weg" entlang, der im ersten Augenschein kein wirklicher Weg ist: es gibt keine Landverbindung, keinen festen Boden hinüber zur Insel, auf der der Tempel des Regenbogens steht. Der Weg wird der Frau nur durch die aufgetauchten Buckel von Schildkrötenpanzern ermöglicht.
Jeden Augenblick könnte eine der Schildkröten abtauchen; damit wäre der Weg unpassierbar geworden, das Ziel bliebe unerreicht.
Es ist für den Nichtwissenden eine trügerische Sicherheit, sich diesem „Weg" anzuvertrauen. Doch die Frau ist sich dessen gewiß – dieser Weg ist verläßlich.
Wir wissen nicht, woher diese Gewißheit rührt. Vielleicht sind die Schildkrötenpanzer aus Stein, sind die ehemaligen Pfeilerköpfe einer längst überschwemmten Brücke; vielleicht hat sie die Tiere gezähmt; vielleicht sind es nicht mal Schildkrötenpanzer, die wir erblicken, sondern einfach Erhebungen des Meeresbodens, die von Zeit zu Zeit trockenfallen?
Doch es kommt nicht darauf an, was wir wissen – es kommt darauf an, daß diese Frau *genau* weiß, was sie tut. Sie geht den Weg der Gewißheit.
Es sind neun Buckel, über die der Weg führt. Die Zahl neun symbolisiert die neun Ziffern, aus denen alle Zahlen bestehen (mit der großen Null in Form der Insel), aber auch das Eintreten aller Ereignisse.

Die Regenwolken, ein Symbol für widrige Tage, sind ebenso wie die Sonnenstrahlen nötig, den Regenbogen entstehen zu lassen. Ohne das Dunkle könnten wir das Helle nicht erkennen; doch es liegt an uns, diesen Unterschied zu sehen.

Allgemeine Bedeutung: Wer etwas weiß, braucht den Beweis nicht mehr. Dennoch ist Wissen trügerisch, stellt es doch immer nur die Summe des derzeitigen Irrtums dar. Die Worte *wissen* und *weise* stammen wie *sehen* von einem Wort ab, daß „erblicken" bedeutete. So hieß wissen früher (wie lat. *visum*) „gesehen haben".
Dieses „Sehen" kann auf vielfache Weise erfolgen: durch tatsächliches Erblicken, durch Ahnungen, durch prophetische Träume, durch Meditation, durch Intuition, durch Erleuchtungserlebnisse sowie durch Orakelsysteme wie das *I Ging*, den *Tarot* oder die *Vaya*, sprich durch Teilhaben an der Holistik oder dem morphogenetischen Feld.
In allen Fällen löst es eine tiefe innere Gewißheit aus, die nur der verstehen kann, der das Objekt seiner Gewißheit auf die eine oder andere Weise erblickt hat. Auf andere wirkt das daraus resultierende Verhalten oft verrückt, was im Wortsinne richtig ist – der Blickwinkel des Wissenden ist im Vergleich zur Mehrheit verrückt.
Gewißheit kennt keinen Zweifel mehr. Darum ist der Weg der Gewißheit mit Entschlossenheit gepflastert (vgl. die 38. Vayakarte S. 94). Die Themen der 22., 64. und 72. Vayakarte (vgl. S. 62, S. 146. u. S. 162) wachsen gleichsam an seinem Wegesrand.

Im beruflichen Umfeld: Wenn du dem Weg der

Gewißheit folgst, werden andere, die dein Wissen nicht haben, dir abraten. Dennoch bleibe bei deinem Vorhaben und laß dich nicht beirren. Wichtig ist allein deine Gewißheit.

Auch wenn andere erst Beweise sehen müssen: solange du um deine Gewißheit weißt, ist dein Weg sicher, auch wenn er noch so trügerisch erscheint.

In persönlichen Beziehungen: Kannst du je wissen, ob dein(e) Partner(in) dich liebt? Mit dem Wissen des Verstandes – nein. Mit dem Wissen des Herzens – ja. Hörst du darum mehr auf deinen Verstand, wenn es um deine persönlichen Beziehungen geht, hörst du auf einen Ratgeber, der nicht weiß, wovon er redet.

Im Umgang mit dir selbst: Wie oft hast du dir schon nach einem Mißerfolg *hinterher* gesagt: „Das habe ich doch vorher gewußt?"
Warum bist du dann diesem Wissen *nicht* gefolgt und hast den Weg der Gewißheit verlassen? Da nichts zufällig ist, sind auch deine Ahnungen nicht zufällig. Weshalb, glaubst du, hast du sie? Mit welchen Sinnen du etwas erblickst, ist zweitrangig.

Bedeutung im Legesystem R = E² A L

Auf dem Platz der ERWARTUNG²: Wenn Gewißheit und Erwartung zusammenfallen, ist höchstes Gelingen die Folge. Auf den Gegenstand deiner Angelegenheit bezogen heißt das, du bist auf dem richtigen Weg.

Auf dem Platz der AKTION: Wenn du weißt, so ist es unwichtig, was andere dazu meinen. Und es ist unwichtig, wie du zu deiner Gewißheit gekommen bist. Solange *du* weißt, was du tust oder tun mußt, solange weiß es die eine Person, auf die es ankommt.
Wenn dich andere für verrückt zu halten beginnen, ist dies nur ein Hinweis darauf, daß du tatsächlich einen anderen Blickwinkel als die anderen eingenommen hast. Es ist das erste Zeichen deines Fortschritts.

Auf dem Platz des LOSLASSENS: „Wer etwas zerbricht, um herauszufinden, was es ist, hat den Pfad der Weisheit verlassen" (Tolkien). Diese Mahnung Gandalfs aus dem „Herrn der Ringe" rät dir, die Analyse nicht zu weit zu treiben. Oft ist es nicht wichtig, zu wissen, wie etwas funktioniert – es reicht zu wissen, *daß* es funktioniert.

Bedeutung im Kontext der ZEIT

Vergangenheit / Darauf gründet es: Gewißheit berührt einen der beiden „Eckpfeiler" des Universums, das nur aus Energie einerseits und Information andererseits besteht. Gewißheit ist wahre Information. Die Karte auf diesem Platz sagt dir, daß es nichts in deiner Angelegenheit gibt, das nicht dieser Gewißheit unterliegt. Nirgendwo besteht Grund zum Zweifel.

Gegenwart / So ist es: Jetzt ist der Moment der Gewißheit gekommen. Sie dir jetzt zu verschaffen ist das Gebot der Stunde. Dabei ist deine Vorgehensweise zweitrangig: wie dein „Sehen" erfolgt ist völlig gleichgültig. Nutze eine der unter Allgemeine Bedeutung angeführten Weis(-ung-)en.
Was du jetzt dabei „erblickst", ist das was ist.

Zukunft / Dahin entwickelt es sich: Wissen ist die Summe des derzeitigen Irrtums; morgen weiß jemand mehr und verschiebt damit die Grenze des Wissens. Wissen allein ist trügerisch. Gewißheit baut daher nicht allein auf Wissen auf, sondern auch auf Weisheit, die sich mit Entschlossenheit paart. Die höchste Form des Wissens ist zu wissen, daß man nichts weiß; dennoch führt dich der Weg der Gewißheit ans Ziel, weil die Welt immer das ist, was du über sie denkst.

78
Der Weg der Aufhebung (der Grenzen)

Kartenart:
Wegekarte = der Weg, auf dem du dich zur Zeit befindest

Symbole:
- Regenbogen: für das Denken, mit dem wir unsere Welt gestalten
- Mauer, Zaun und Schranke: für die Grenzen
- Weg: für den Weg der Aufhebung (der Grenzen)
- Regenbogen-Tempel: für den Ort in uns, an dem sich die Dinge unserem Denken gemäß verändern
- (Staub-)Wolken: für abziehende Heere

Bild: Viele Wege führen hin zum Regenbogen-Tempel, jenem Ort, an dem unsere Gedanken Wirklichkeit werden. Der Regenbogen steht bei allen Vayakarten für das Denken, mit dem wir unsere Welt gestalten. Der Tempel ist der Ort (in uns), an dem sich die Dinge unserem Denken gemäß verändern.
Dies ist der Weg der Aufhebung (der Grenzen).
Ein Mann kommt diesen Weg entlang. Doch er geht diesen Weg nicht nur entlang. Er ist aktiv dabei, jede Grenze, auf die er trifft, aufzuheben. Zumindest so, daß sie durchläßig werden.
Am Horizont künden gewaltige Staubwolken davon, daß sich dort etliche Reiter entfernen. Es mögen zwei feindliche Heere gewesen sein, die sich zur Umkehr entschlossen haben – der Kampf findet nicht statt, die (geistigen) Grenzen existieren nicht mehr, sind aufgehoben.
So steht der Weg der Aufhebung nicht nur für Landesgrenzen und deren Aufhebung, sondern auch für die Grenzen, die in unseren Köpfen existieren.

Allgemeine Bedeutung: Wo immer Grenzen existieren, trennen sie. Dabei sind die Grenzen des Denkens mindestens so leidvoll wie die Grenzen auf unseren Landkarten.
Der Weg der Aufhebung verläuft nahe des Weges der Verbundenheit (vg. die 75. Vayakarte S. 168).
Oft genug setzen wir uns selber Grenzen, hinter denen wir uns verschanzen. Doch damit berauben wir uns immer auch unserer Chancen, so daß das Ver*schanzen* einem Ver*chancen* gleichkommt.
Der Weg der Aufhebung windet sich um die Themen der nachgenannten Vayakarten: 37 (Feigheit), 40 (Streit), 41 (Stillstand), 45 (Befürchtung), 56 (Hass), 57 (Ablehnen), 59 (Antigramm), 60 (Bewahrung), 63 (Isolation), 69 (Trennung) sowie 71 (Angst).
Die Karte des Weges der Aufhebung sagt dir, daß dein grundsätzliches Handeln dem Aufheben von Grenzen dienen soll.
Beginne, von innen nach außen zu denken. Welche Grenzen setzt du dir selbst? Welche Grenzen setzen dir deine Gewohnheiten? Welche Grenzen bestehen zwischen dir und anderen Personen und deren Meinungen, welche zwischen dir und anderen Kulturen?

Im beruflichen Umfeld: Jede Grenze erfordert beträchtlichen Aufwand, um sie zu setzen und noch mehr, um sie zu sichern. Im beruflichen Umfeld kosten Grenzen Geld und schmälern so den Gewinn. Ob nun Grenzlinien im Team, zwischen Führungskraft und Mitarbeiter, zwischen Chefetage und Betriebsrat bestehen – sie alle erfordern Aufmerksamkeit und das macht sie beständig größer und größer. Wenn das Denken (und freie Meinungsäußern) verpönt ist, nur weil der Gedanke (z.B. ein Verbesserungsvorschlag) von einem Arbeiter am Band und nicht vom Abteilungsleiter kommt, ziehen sich Grenzen durch das Unternehmen. Grenzen erschweren die Kommunikation, machen oftmals sprachlos und isolieren. Sie erzeugen Angst und rauben damit Energie.
An jeder Grenze kommt es früher oder später zu Grenzstreitigkeiten. Dann herrscht dort Kampf, was bedeutet, noch mehr Energie (= Geld) geht verloren. Merke: Dort, wo keine Grenzen mehr bestehen, kann es auch nicht mehr zu Grenzstreitigkeiten kommen.

In persönlichen Beziehungen: Jedes *Mein* und *Dein*

zieht in persönlichen Beziehungen Grenzen. Tiefe persönliche Beziehungen kennen daher weder Dein noch Mein, sondern einfach ein *Wir*. Wer nicht teilen will (besonders bei der Wahrnehmung von Rechten und Pflichten), grenzt sich ab und verläßt damit den Weg der Aufhebung.

Die Grenzen des anderen zu respektieren ist edel. Doch die eigenen Grenzen für den anderen durchlässiger werden zu lassen oder sie gar aufzuheben ist edler. Es ist ein Akt des Vertrauens. Vertrauen braucht keine Grenzen. Vertrauen hebt zugleich jede Grenze auf.

Im Umgang mit dir selbst: Dein Geist kennt keine Grenzen, außer denen, die du dir selber setzt. Was du für möglich hältst, *ist* dir auch möglich.

Die Mauern deiner Gewohnheiten schützen dich ebenso wie sie dich einschließen (und dir ein bequemes Leben ermöglichen). Alle Ziele, die du erreichen möchtest, liegen immer außerhalb dieser Mauern. *Um* sie zu erreichen, *mußt* du diese innere Grenze aufheben und dem Weg, der sich so öffnet, folgen.

Erinnere dich an Seneca: „Nicht weil die Dinge schwer sind, wagen wir sie nicht, sondern weil wir sie nicht wagen, sind sie schwer".

Bedeutung im Legesystem R = E² A L

Auf dem Platz der ERWARTUNG²: Erwartest du, an geschlossene Grenzen zu stoßen, so werden sie dich begrenzen.

Erwarte daher stets die Machbarkeit, die Passierbarkeit, die Offenheit und die Durchlässigkeit – im direkten (z.B. offene Türen, erlaubte Wege) wie im übertragenen Sinn (offene Ohren, Verständnis, Tranzendenz) im Zusammenhang mit deiner Angelegenheit.

Auf dem Platz der AKTION: Der Weg der Aufhebung (der Grenzen) ist ein Weg des aktiven Aufhebens. Trage also du den Hauptteil dazu bei, die bestehenden Grenzen innerhalb (der Geist kennt keine Grenzen, außer denen, dir wir uns selber setzen) wie außerhalb deiner Angelegenheit aufzuheben.

Dazu ist es nötig, das Vereinende zu betonen und das Trennende großmütig und großzügig zu überbrücken.

Auf dem Platz des LOSLASSENS: Solange an Grenzen festgehalten wird, bleiben sie existent. So ist es das Betonen des Trennenden, daß du loslassen sollst; dies rät dir hier diese Karte. Denn solange das Trennende, das Unterschiedliche betont wird, solange findet es Personen, die mit diesem (Miß-)Ton in Resonanz geraten (*per sonare* = durchtönen). Ist dein Ton des Vereinenden, der des Vereinigenden, findest du gleichfalls Personen, die resonant dafür sind.

Bedeutung im Kontext der ZEIT

Vergangenheit / Darauf gründet es: Alles im Universum ist in steter Bewegung; das führt dazu, daß sich die Dinge teilen, um sich neu zu vereinen – nicht um dauerhaft getrennt zu sein. Alle Grenzen sind willkürlich; die Natur selbst ist durchdringend.

In deiner Angelegenheit öffne nicht nur die Grenzen, sondern hebe sie auf. Ihre bisherige Existenz hat deine Angelegenheit nicht weiter gebracht als bis dort, wo sie jetzt steht.

Gegenwart / So ist es: Das Wort „heben" ist eng verwandt mit dem englischen *heaven*, dem Himmel: ein Ort, zu dem wir empor-, also hinaufgehoben werden. „Himmlisch" ist auch der Zustand, wenn eine Grenze aufgehoben worden ist (und ihre Einengung uns nicht länger be- oder erdrückt). Wenn du jetzt und hier dazu beiträgst, an bestehenden Grenzen für ihre Aufhebung zu sorgen, so bewirkst du damit immer auch ein Stückchen „Himmel auf Erden".

Zukunft / Dahin entwickelt es sich: Grenzen werden aus Angst errichtet. Das, was dahinter liegt, sei so glauben die Menschen, bedrohlich. Angst entwickelt sich immer aus Unwissenheit; und solange Grenzen da sind, können Informationen nur spärlich oder gar nicht fließen. Das genau zementiert die Grenze.

Die Aufhebung jeder Grenze braucht den Mut, dem vermeintlich Bedrohlichen offenen Geistes zu begegnen. Gelingt dir das, *zerfällt* als Folge die Grenze.

79
Der Weg der Prophezeiung

Kartenart:
Wegekarte = der Weg, auf dem du dich zur Zeit befindest

Symbole:
- Regenbogen: für das Denken, mit dem wir unsere Welt gestalten
- grünes Gewand: für den freien Zugang (analog unserer Ampeln); für Wachstum und für die Lösung
- Regenbogen-Tempel: für den Ort in uns, an dem sich die Dinge unserem Denken gemäß verändern
- Weg: für den Weg der Prophezeiung

Bild: Viele Wege führen hin zum Regenbogen-Tempel, jenem Ort, an dem unsere Gedanken Wirklichkeit werden. Der Regenbogen steht bei allen Vayakarten für das Denken, mit dem wir unsere Welt gestalten. Der Tempel ist der Ort (in uns), an dem sich die Dinge unserem Denken gemäß verändern.
Dies ist der Weg der Prophezeiung.
Eine Frau kommt diesen Weg entlang. Sie trägt ein grünes Gewand, das für den offenen, freien Zugang steht. Grün ist zugleich die Farbe des Wachstums; der Weg der Prophezeiung führt in mehrfacher Hinsicht „nach oben".
Der Weg selbst schimmert in violett: dies ist die Farbe des Außergewöhnlichen, des Geheimnisvollen.

Allgemeine Bedeutung: Jede Prophezeiung wirkt zunächst unwirklich und reißt uns aus dem vertrauten Alltag heraus. Manche Prophezeiung klingt zudem bedrohlich, weil wir sie zunächst nicht verstehen. Sich auf den Weg der Prophezeiung zu begeben verlangt, sich auf diese Unwirklichkeit einzulassen und die eventuelle Bedrohung als eigene Unwissenheit zunächst solange anzunehmen, bis sich eine tatsächliche Bedrohung zeigt.
Manche Worte, die wir leichthin sprechen, erweisen sich erst im nachhinein als Prophezeiung, und so bemerken wir in solchen Fällen gar nicht, daß wir uns auf dem Weg der Prophezeiung befinden.
Oft begeben wir uns auf den Weg der sich *selbst erfüllenden Prophezeiung*. Hier entpuppt sich dieser Weg als der Grund, auf dem die 19. Vayakarte beruht, wenn sie sagt: „Das, was du erwartest, tritt ein" (vgl. S. 56). Unsere Erwartungen sind ein so starker Sog, den wir auf das Universum ausüben, daß der Ausgang von Experimenten (speziell in der Quantenphysik) von der Erwartungshaltung der daran Beteiligten abhängt. Dies führte zu der Erkenntnis, daß wir in einem reagierenden Universum leben, das auf unsere tiefsten Erwartungshaltungen reagiert.
Seltener werden Prophezeiungen anderer an uns herangetragen. Etwas prophezeien bedeutet etwas *voraussagen*. Glauben wir den Worten, wandeln wir die fremde Prophezeiung um in eine sich selbsterfüllende, d.h. wir tragen am Ende selbst zu ihrer Erfüllung bei. Eine negative Form einer solchen fremden Prophezeiung ist der Fluch.
Für die Griechen war ein *prophetes* ein Verkünder und Deuter der Orakelsprüche (z.B. in Delphi). In diesem Sinn ist ein jeder, der sich eines Orakelsystems (wie das *I Ging*, den *Tarot* oder die *Vaya*) bedient, ein Mensch, der sich – wenn auch nur kurzfristig – auf den Weg der Prophezeiung begibt.
Da alles mit allem verbunden ist, ist der Weg der Prophezeiung genauso verläßlich wie jeder andere. Daß ihn etliche nicht sehen (und anerkennen) wollen, macht ihn nicht weniger existent.

Im beruflichen Umfeld: Trendforschung und damit einhergehende Prognosen sind moderne Formen des Weges der Prophezeiung. Moden sind sich erfüllende Prophezeiungen der Modenschöpfer (nicht nur im Bereich der Bekleidung). Gerade im beruflichen Umfeld werden Menschen hochbezahlt, deren „Riecher" für sich abzeichnende Trends und Entwicklungen bekannt ist. Im asiatischen Raum wird – besonders im japanischen Management – bei vielen Entscheidungen auf das *I Ging* vertraut.
Die Karte des Weges der Prophezeiungen erscheint

dann, wenn die Vaya deine Aufmerksamkeit auf die besondere Bedeutung dieses Weges in deiner aktuellen Angelegenheit lenken will.

In persönlichen Beziehungen: Erscheint diese Karte im Zusammenhang mit deinen persönlichen Beziehungen, so weist sie dich auf die besondere Bedeutung dieser Beziehung hin. Diese Person (oder Personengruppe) stellt für dich einen Lebensmeilenstein dar, ohne den du dein Lebensziel nicht erreichen würdest. Dies gilt auch für von dir als negativ bezeichnete Menschen: sie wirken hier als Lehrer für dich, und was du aus ihrem (abschreckenden Beispiel-)Verhalten im positiven Sinne lernen kannst, ist deine damit verbundene Aufgabe.

Im Umgang mit dir selbst: Diese Karte lädt dich ein, dem Weg der Prophezeiung vertrauensvoll zu folgen. Was immer du dir (oder andere dir) prophezeien, es geschieht nicht zufällig, da Zufälle nicht existieren. Was du erwartest, tritt ein. Woran du glaubst, das ist wahr. Erscheint diese Karte, kündet sie dir von der überaus hohen Bedeutung gerade dieser Angelegenheit für dich.

Bedeutung im Legesystem R = E² A L

Auf dem Platz der ERWARTUNG²: Jede deiner Erwartungen ist im Grunde eine sich selbst erfüllende Prophezeiung. Eine solche Prophezeiung (die du vielleicht niemals so nennen würdest) erfüllt sich, *weil* du annimmst, daß sie sich erfüllen wird. Somit ist deine Annahme – deine Erwartung – die Ursache, die Erfüllung ist die erfolgende Wirkung.
Hier sagt dir die Karte, daß du es selbst bist, der diese Form der Prophezeiung zur Realisierung geleitet.

Auf dem Platz der AKTION: Aktiv beschreitest du den Weg der Prophezeiung, indem du für deine Angelegenheit zum Verkünder und Deuter – zum *prophetes* – eines Orakelsystems wirst. Es ist exakt das, was du gerade tust, während du die hier und jetzt die Vaya befragst. Mit dieser Karte hier sagt dir die Vaya, daß es auch genau das ist, was du in deiner Angelegenheit jetzt tun solltest. Du befindest dich also auf dem rechten Weg. Die weiteren Karten beachte wohl.

Auf dem Platz des LOSLASSENS: Das Wesen einer jeden Prophezeiung ist es, daß wir sie erst zur Gänze verstehen, wenn sie sich erfüllt hat. Da dies so ist, macht es wenig Sinn, sich an einer erhaltenen Prophezeiung festzuklammern und ihrem dir noch verborgen gebliebenem, vollständigen Sinn nächtelang nachzugrübeln. Sei dankbar für das, was du verstanden hast, und handele nach deinen Möglichkeiten. Um einer Prophezeiung zu *folgen*, mußt du den sicheren Boden der Tatsachen immer verlassen.

Bedeutung im Kontext der ZEIT

Vergangenheit / Darauf gründet es: Alles ist mit allem verbunden, und ein jedes weiß um das Sein des übrigen. Daher „wissen" auch die Karten (und andere Systeme wie die Stäbchen oder Münzen des *I Ging* oder die Steine der *Runen*) um deine Angelegenheit. Das ist das holistische Prinzip. Auch du weißt längst, und in tiefster Stille hättest du Zugang zu diesem Wissen. Du bräuchtest keine Hilfsmittel. Mittels Karten oder anderem umgehst du nur die Stille.

Gegenwart / So ist es: Da es keinen Zufall gibt, greifst du niemals zufällig und einfach so in einen Kartenstapel (oder in einen Haufen aus Runensteinen). Auch jetzt nicht, und vor dem Hintergrund deiner Angelegenheit kündet dir diese Karte auf diesem Platz davon, dich deiner Angelegenheit auf dem Weg der Prophezeiung noch weiter zu nähern.
Stelle jetzt vertiefende Fragen, denn es ist die geeignete Stunde dafür.

Zukunft / Dahin entwickelt es sich: Was aber wäre, wenn die Zeit nur in unserem Kopf existierte und alles gleichzeitig und gleichortig geschähe (ohne daß es uns bewußt wäre, ohne daß wir je verstehen würden, wie so etwas möglich ist)? Dann wäre ein Wissen um Künftiges ebenso naheliegend wie das um weit Entferntes.
Wenn du einen „Riecher" hast, vage spürst, was sein wird oder Hinweise bekommst, die dich verblüffen – folge dem Weg der Prophezeiung, er ist der kürzeste und schnellste.

80
Der Weg der Gewohnheit

Kartenart:
Wegekarte = der Weg, auf dem du dich zur Zeit befindest

Symbole:
- Fußabdrücke: für den wiederholten Gang
- Regenbogen-Tempel: für den Ort in uns, an dem sich die Dinge unserem Denken gemäß verändern
- Weg: für den Weg der Gewohnheit
- Skelett: für das so unerreichbare Ziel

Bild: Viele Wege führen hin zum Regenbogen-Tempel, jenem Ort, an dem unsere Gedanken Wirklichkeit werden. Der Regenbogen steht bei allen Vayakarten für das Denken, mit dem wir unsere Welt gestalten. Der Tempel ist der Ort (in uns), an dem sich die Dinge unserem Denken gemäß verändern.
Dies ist der Weg der Gewohnheit.
Ein Mann kommt diesen Weg entlang. Fußabdrücke auf dem Weg deuten darauf hin, wie *oft* dieser Weg (von ihm und anderen) wiederholt begangen wird. Der Weg selbst windet sich durch eine aus vielen Hügeln bestehende Landschaft, doch erreicht er den Tempel tatsächlich nie – er führt um ihn herum und mündet wie ein endloses Band immer nur in sich selbst. Im Gegensatz zum Weg der Einfacheit (vgl. die 76. Vayakarte S. 170) ist dieser Weg nur scheinbar abwechslungsreich, sondern in Wahrheit beschwerlich.
Der Mann geht gemütlich, er hat keine Eile. Die Hände in seinen Taschen bedeuten Tatenlosigkeit: er macht, er unternimmt nichts außer dem Weg der Gewohnheit zu folgen. Seine Hosen und Schuhe sind braun; es ist die Farbe der Mittelmäßigkeit, der Angepasstheit, der Gleichgültigkeit und Langeweile.
Am Wegesrand liegt ein Skelett; es ist ein Symbol für die Unerreichbarkeit (von Zielen), die im Weg der Gewohnheit liegt. Am Ende kommen wir nirgendwo an, und wir sterben dort, von wo wir uns niemals fortbewegt haben.
Der Weg der Gewohnheit bildet einen geschlossenen Kreis. Das Skelett liegt knapp außerhalb dieses Kreises, weil der Tod letzten Endes allein aus diesem Gewohnheitskreis herausführt. Der Mann geht im Uhrzeigersinn rechts herum, um anzudeuten, daß hier die Zeit verrinnt, ohne daß etwas neues geschieht. Die Regenwolken, ein Symbol für widrige Tage, sind ebenso wie die Sonnenstrahlen nötig, den Regenbogen entstehen zu lassen. Doch diese Karte ist trübe, die Sonne ist verhangen, und so leuchtet der Regenbogen auf dieser (der einzigen) Wegekarte *nicht*.

Allgemeine Bedeutung: Gewohnheit als Wort kommt von *wohnen*. Wo wir wohnen, richten wir es uns bequem ein – und so ist die Bequemlichkeit der oftmalige Hinderungsgrund, unsere Gewohnheiten nicht aufzugeben.
Dort, wo wir wohnen, ist im allgemeinen auch ein *sicherer* Platz. Und so ist Sicherheitsdenken ein weiterer Hinderungsgrund, um nicht aktiv zu werden.
Dort, wo wir wohnen, ist uns zudem alles *vertraut* – und so ist Mißtrauen der dritte Hinderungsgrund, der uns veranlaßt, auf dem Weg der Gewohnheiten zu verbleiben.
Nun sind nicht alle Gewohnheiten schlecht, doch nicht alle sind für alle Zeiten gut und richtig.
Wenn diese Karte erscheint, macht sie dich auf zwei mögliche Fälle aufmerksam.
Entweder zeigt sie dir dein Verharren (vgl. die 62. Vayakarte S. 142) und/oder dein Bewahren auf (vgl. die 60. Vayakarte S. 138) in Form einer Mahnung, nicht in diese Gewohnheit zu verfallen.
Oder sie bedeutet dir, diese Gewohnheit (noch) beizubehalten, weil es zum gegenwärtigen Zeitpunkt für dich sinnvoll ist.
Geht der jeweils gemeinte Aspekt nicht aus dem Kontext deiner Frage hervor, so ziehe eine weitere Karte außer der Reihe mit der Zusatzfrage: „Was ist mit *dem Weg der Gewohnheit* gemeint?"

Im beruflichen Umfeld: Gewohnheiten fördern gleichbleibende Abläufe und dienen damit dem Festschreiben einer Qualität. Gewohnheiten schläfern aber auch die Wachsamkeit ein und verhindern durch ihr Beharrungsvermögen Innovationen. Der Satz „Das haben wir schon immer so gemacht!" ist das Lied auf den Lippen des Wanderers längs des Weges der Gewohnheit. Wenn diese Karte im beruflichen Umfeld erscheint, ist sie meist ein Hinweis auf beginnende Stagnation.

In persönlichen Beziehungen: Gewohnheiten erleichtern das Zusammenleben und höhlen es zugleich durch die damit verbundene Langeweile aus. Erscheint diese Karte in diesem Themenumfeld, warnt sie in der Regel vor der partnerschaftszerstörenden Gleichgültigkeit (Beziehungstrott). Auch Beziehungen brauchen neue Impulse, brauchen Aufregung, Spannung (= Energie) und frischen Wind.

Im Umgang mit dir selbst: Hier ruft dich die Karte in der Regel aus dem Alltagstrott heraus. Oder sie warnt dich vor dem Annehmen einer für dich schädlichen Gewohnheit (z.B. Abhängigkeit).

Bedeutung im Legesystem $R = E^2 \ A \ L$

Auf dem Platz der ERWARTUNG²: Du erwartest, daß alles beim alten bleibt. Auch wenn die neuen Dinge, Verhaltensweisen, Methoden oder was auch immer schön klingen – das bisherige ist dir näher. Dir wäre es sogar recht, wenn es so bliebe, wie es ist. Denn dann brauchst auch du dich nicht zu verändern, und das, was dir vertraut ist, bliebe dir vertraut. Prüfe genau, ob du aus Bequemlichkeit so denkst oder ob das Beibehalten tatsächlich für dich besser ist.

Auf dem Platz der AKTION: Gewohnheiten können nützlich sein oder schädlich, fördernd oder hemmend. In deiner Angelegenheit ist es das Thema Gewohnheit, mit dem du dich jetzt – so oder so – beschäftigen mußt. Meist drückt diese Karte aus, daß es für dich und die an deiner Angelegenheit Beteiligten Zeit wird, aus dem Trott des Gewohnten heraus zu finden. Die Karte wird dir aber auch zufallen, wenn du eine bestimmte Gewohnheit beibehalten solltest.

Auf dem Platz des LOSLASSENS: Du kannst eine überkommene, nicht mehr zeitgemäße oder gar schädliche Gewohnheit nur dadurch wirklich loslassen, indem du eine andere, neue, nützlichere Gewohnheit an ihre Stelle rückst. Kurz: anstelle des alten machst du konsequent das neue. Dadurch wirkst du auf alle anderen – zunächst – natürlich ein wenig ver-rückt. Bei der Umsetzung wird dir besonders das 21-Tage-Phänomen helfen (vgl. die 3. Vayakarte S. 24).

Bedeutung im Kontext der ZEIT

Vergangenheit / Darauf gründet es: Du bist die Summe deiner Gewohnheiten. Damit steht und fällt dein Lebenserfolg damit, welche Gewohnheiten du als nützlich und welche als schädlich erkennst. Und über das Erkennen hinaus die nützlichen beibehältst und die schädlichen ablegst.
Die Karte hier zeigt dir auf, daß alle übrigen Veränderungen und Maßnahmen nichts bringen werden, solange du nicht bei deinen Gewohnheiten beginnst.

Gegenwart / So ist es: Schau dir an, was du tust, ohne groß darüber nachzudenken, und du hast 80 Prozent dessen erfaßt, was dich als Person kennzeichnet. Die Karte trägt als Zahl die 80: sowohl die 8 wie die 0 sind in sich geschlossene Linien, die du endlos nachzeichnen kannst. Es sind aber auch die Symbole für die Unendlichkeit und die Kreisförmigkeit, und damit Kennzeichen des Universums selbst. Gewohnheiten bestimmen das Sein – darum sorge dafür, daß es für dich die richtigen sind.

Zukunft / Dahin entwickelt es sich: Du wirst immer neu in Gewohnheiten verfallen, und das ist gut so. Ohne sie wärest du nicht überlebensfähig. Andererseits: die mit den falschen Gewohnheiten sterben aus, die mit der Fähigkeit, sich in ihren Gewohnheiten den sich verändernden Gegebenheiten anzupassen, überleben – in der Natur wie im Dschungel unserer Städte. Den Weg weg vom Weg der Gewohnheit zeigt dir die 33. Vayakarte (S. 84). Beachte: die zwei 3en der 33 sind eine in der Mitte aufgelöste 8.

81
Der Weg des Lösens

Kartenart:
Wegekarte = der Weg, auf dem du dich zur Zeit befindest

Symbole:
- Dornenstrauch: für das, was uns festhält oder das, an dem wir uns festhalten
- Regenbogen-Tempel: für den Ort in uns, an dem sich die Dinge unserem Denken gemäß verändern
- Weg: für den Weg des Lösens
- Sitzbank: für die Falle des Unterwegs-Hängenbleibens
- Abfallbottich: für das Loslassen und Sich-davon-trennen von Altem und Überkommenem
- Blau: die Farbe der Sehnsucht

Bild: Viele Wege führen hin zum Regenbogen-Tempel, jenem Ort, an dem unsere Gedanken Wirklichkeit werden. Der Regenbogen steht bei allen Vayakarten für das Denken, mit dem wir unsere Welt gestalten. Der Tempel ist der Ort (in uns), an dem sich die Dinge unserem Denken gemäß verändern.
Dies ist der Weg des Lösens.
Eine Frau kommt diesen Weg entlang. Ihr Kleid hat sich in einem Dornenstrauch verfangen, der sie festhält. Zugleich klammert sich ihre *rechte* Hand (die von der linken Gehirnhälfte gesteuert wird, dem Sitz unserer Logik) an jenem Strauch fest zum Zeichen, daß das, was uns festhält, oft das ist, an dem wir (uns) festhalten.
Ihr Kleid ist blau und trägt so die Farbe der Sehnsucht; und sehnsüchtig streckt sie ihre *linke* Hand (die von der rechten Gehirnhälfte gesteuert wird, dem Sitz unserer Gefühle) dorthin aus, wo der Weg des Lösens weiterführt.
Fast hat sie sich schon von dem Strauch gelöst. Als nächstes wird sie einen Abfallbottich erreichen: wir müssen uns oft im Leben von Altem und nicht mehr der Zeit oder Situation entsprechenden Dingen trennen, sonst erschweren uns diese Dinge als unnötiger Ballast die Reise.
Eine Sitzbank, die zum bequemen Ausruhen einlädt, stellt eine Falle dar. Je länger wir auf ihr verweilen, desto mehr „hält" sie uns fest, und es fällt uns immer schwerer, uns aus der Bequemlichkeit zu lösen. Sie ist gleichsam das Tor zum Weg der Gewohnheit, vor dem die 80. Vayakarte (vgl. S. 178) warnt.
Die Regenwolken, ein Symbol für widrige Tage, sind ebenso wie die Sonnenstrahlen nötig, den Regenbogen entstehen zu lassen. War er auf der vorhergehenden Karte noch nicht zu sehen, so entsteht er auf dieser Karte gerade. So wie sich die Frau zu lösen vermag, wenn sie dem Weg des Lösens folgt, so lösen sich die Wolken zunehmend auf.

Allgemeine Bedeutung: Der Weg des Lösens ist das der 5., der 20., der 24., der 30., der 34., der 38., der 41., der 55. und der 60. Vayakarte zugrunde liegende Prinzip.
Es scheint eine der schwierigsten Handlungen für uns Menschen zu sein, einmal Erhaltenes zu einem späteren Zeitpunkt wieder loszulassen. Es ist, als besäßen wir einen Greifreflex, der uns zum fortwährenden Festhalten „zwingt".
Wenn Festhalten Bewegungslosigkeit nach sich zieht, so bedeutet jedes Lösen die Wiederaufnahme der Bewegung. Bewegung aber ist für jede Entwicklung notwendig. Der Name *Vaya* selbst hat im Spanischen die Bedeutung „Gehe", z.B. (*vaya con dios* – gehe mit Gott).
Bewegung ist verbunden mit Fließen, weshalb die Griechen ihr *panta rhei* – alles fließt – kannten. Wenn wir festhalten, halten wir den Fluß auf, was zum Kollaps der Kreisläufe führt.
Gedankliches Festhalten an Menschen, Mitteln, Methoden, Maschinen, an Orten oder an Umgebungen ist die Ursache *aller* zum Erliegen gekommenen Entwicklungen. Jedes Loslassen beginnt mit einem *Akzeptieren* der Situation, in der du dich befindest.
Die Frau kann sich von dem Strauch nur lösen, wenn sie seine Existenz bejaht.

Im beruflichen Umfeld: Erscheint diese Karte, prüfe, woran du dich klammerst. Jede Lösung erfordert ein Loslassen von Bisherigem. Jedes Problem enthält im Kern seine Lösung, die darin besteht, das Problem an sich zu *bejahen*, anstatt es zu bekämpfen. Jeder Kampf würde das Problem verstärken. Es zu bejahen meint, es als Entwicklungschance anzunehmen und es freudig zu begrüßen, anstatt es zu bejammern oder zu verteufeln.

In persönlichen Beziehungen: Erscheint diese Karte vor dem Hintergrund deiner persönlichen Beziehungen, rät sie dir, eine oder mehrere davon zu lösen. Beziehungen können wie Geflechte sein, die dich hindern, dich fortzuentwickeln. Veränderst du dich, passen vielleicht einige Personen oder Gruppen (genauer: deren Anschauungen) nicht mehr zu dir. Bliebest du bei ihnen, würden sie dich klein halten.
Die Karte kann aber auch erscheinen, wenn es gilt, dich von gewissen Erwartungen, die du an andere stellst, zu lösen.

Im Umgang mit dir selbst: Hier meint die Karte das Gestrüpp deiner eigenen Gedanken. Löse dich von deinen Anschauungen, wenn sie veraltet sind, löse dich von Werten, die nicht mehr zu dir passen.

Bedeutung im Legesystem R = E² A L

Auf dem Platz der ERWARTUNG²: Du schaffst es nur, dich von etwas zu lösen, wenn du davon ausgehst, daß es dir gelingt. Das, was dich zur Zeit festhält, umklammert dich umso stärker, wenn du selbst erwartest, darin oder davon festgehalten zu bleiben.
Erwarte, wieder in – geistige und körperliche – Bewegung zu kommen, und allein dadurch bewegst du dich schon aus der bisherigen Situation heraus.

Auf dem Platz der AKTION: Jedes Lösen bestimmt dein Los (ein anderes Wort für Schicksal). Die Karte hier fordert dich auf, dich jetzt von etwas oder jemandem innerhalb deiner Angelegenheit zu lösen. Oder eine Lösung für ein Problem zu finden. Oder ein Thema fallenzulassen, um ein anderes dafür aufnehmen zu können. Oder ganz einfach nur in den Zustand der Gelöstheit zu gelangen. In diesem Zustand bejahst du rundum: du akzeptierst das, was ist.

Auf dem Platz des LOSLASSENS: Dies ist der angestammte Platz dieser Karte; ihre Bedeutung zählt für dich darum doppelt.
Denke immer daran: nicht nur der Strauch hält dich fest, sondern du hältst (mit deinen Händen und/oder deinem Geist) auch den Strauch fest. Die Welt ist der Spiegel deines Innern. Darum halte inne bei dem, was du gerade tust, und löse dich davon. Und im selben Moment wird auch der Strauch dich freigeben.

Bedeutung im Kontext der ZEIT

Vergangenheit / Darauf gründet es: In den Dingen und Verhaltensweisen, in denen du *verhaftet* bist, zeigt sich dein Gefängnis, der reale oder virtuelle „Ort" deiner Haft. Das heißt, alles, von dem du glaubst, dich nicht lösen zu können, macht dich in irgendeiner Weise *unfrei* in deinen Entscheidungen. Die Karte auf diesem Platz rät dir, über dieses Maß deiner Unfreiheit nachzudenken – fühlst du dich wohl dabei, dann ist es zur Zeit gut. Wenn nicht, dann solltest du etwas tun. Was, glaubst du, ist die Lösung?

Gegenwart / So ist es: Fügst du der 80 (der Zahl des Weges der Gewohnheit, vgl. S. 178) eine 1 hinzu – die Zahl der *Individualität*, so ergibt sich die Zahl dieser Karte: 81. Das meint: Füge dem Gewohnten (d)eine *Einzigartigkeit* hinzu, und du befindest dich auf dem Weg des Lösens. Mit anderen Worten: jede Lösung enthält immer eine besondere, einzigartige Komponente. Diese zu finden (die eventuell auch in dir verborgen liegt) ist nun die Aufgabe der Stunde.

Zukunft / Dahin entwickelt es sich: Jede Entwicklung bedarf des Lösens des Wickels. Wer festhält, kommt nicht voran. Wer vorankommt, hat irgendetwas losgelassen, hat etwas oder sich von etwas gelöst. Vielleicht weißt du nicht einmal, was du losgelassen hast, aber etwas *ist* geschehen.
Auf diesem Platz bestätigt dir die Karte, daß du dich auf dem Weg des Lösens befindest. Es geht voran, auch wenn du es vielleicht noch nicht siehst.

82
Der Weg des Glaubens

Kartenart:
Wegekarte = der Weg, auf dem du dich zur Zeit befindest

Symbole:
- Regenbogen-Tempel: für den Ort in uns, an dem sich die Dinge unserem Denken gemäß verändern
- kein sichtbarer Weg: für den Weg des Glaubens
- Wasser: für das „Unmögliche"

Bild: Viele Wege führen hin zum Regenbogen-Tempel, jenem Ort, an dem unsere Gedanken Wirklichkeit werden. Der Regenbogen steht bei allen Vayakarten für das Denken, mit dem wir unsere Welt gestalten. Der Tempel ist der Ort (in uns), an dem sich die Dinge unserem Denken gemäß verändern.
Dies ist der Weg des Glaubens.
Ein Mann kommt diesen „Weg" entlang. War der Weg auf der 77. Vayakarte (vgl. S. 172) noch durch die Schildkrötenbuckel in Form von Trittpunkten vorhanden, und war er in der 79. Vayakarte (vgl. S. 176) wenigstens noch schemenhaft zu erkennen, so fehlt hier *überhaupt* jeder Hinweis auf einen Weg.
Man könnte auch sagen, der Weg liegt gleichsam *über dem Haupt* (also oberhalb unseres Denkens), in einer Sphäre, die den Verstandesmechanismen unzugänglich ist.
Der an sein Vorankommen glaubende Mann geht augenscheinlich über das Wasser. Schon in der Bibel ist dies die zentrale Metapher für den Akt des Glaubens. Der Mann stützt sich auf nichts außer seinem Glauben, daß da ein Weg ist und er ihn gehen *kann*.

Allgemeine Bedeutung: Der Weg des Glaubens hat *nichts* mit irgendeiner Form von Religion zu tun. Es geht vielmehr um die (von vielen Menschen vergessene und daher unglaubliche) Kraft des Glaubens.
Glauben ist darum mehr als nur Gewißheit. Gewißheit baut noch auf Argumenten auf; an eine Sache glauben heißt, ohne dieses Fundament seinem Weg zu folgen.
Der Weg des Glaubens ist das die 19., der 22., der 28., der 29., der 36., der 38., der 45., der 56., der 58. der 59., der 71. und der 72. Vayakarte unterstützende Prinzip. Allein aus den vielen Nennungen kannst du ersehen, wie wichtig der Glaube an eine Sache in sehr vielen Facetten unseres Daseins ist.
Jede *Erwartung* beinhaltet einen Glauben an das Eintreffen des Erwarteten.
Jede *intuitive* Entscheidung erfordert das Element des Glaubens an seine Richtigkeit.
Jedes *Vertrauen* ist ohne den Glauben an die Redlichkeit und Verantwortlichkeit des anderen unmöglich.
Liebe glaubt an sich selbst und könnte ohne diesen Glauben nicht existieren.
Zufälle als dir zufallende Ereignisse zu betrachten erfordert den Glauben an ein höheres Ganzes.

Im beruflichen Umfeld: Hier heißt glauben in der Regel *vertrauen*. Erscheint dir diese Karte vor dem Hintergrund beruflichen Handelns, so können alle Bereiche betroffen sein, in denen Vertrauen das auslösende Element des Handelns darstellt.
Jeder Verkauf verlangt das Vertrauen des Kunden in das Produkt und die Leistung, in den Verkäufer, in den Ruf des Unternehmens. Jede Personalführung verlangt das Vertrauen der Mitarbeiter in die Redlichkeit der Führungskräfte.
Aussagen des Unternehmens müssen innen (bei den Mitarbeitern) wie außen (im Markt und in der Öffentlichkeit) nicht nur glaubhaft wirken, sondern tatsächlich geglaubt werden, sonst wird das Unternehmen handlungsunfähig.
Somit fordert dich die Karte des Weges des Glaubens auf, zu prüfen, ob du – und dein Unternehmen – den Weg des Glaubens beschreitest oder verlassen hast.

In persönlichen Beziehungen: Erscheint diese Karte vor dem Hintergrund deiner persönlichen Beziehungen, rät sie dir, deine grundsätzliche Einstellung zu dem oder den anderen zu überprüfen. Glaubst du ihr, ihm oder ihnen? Bist du selbst bei der Wahrheit? Glaubt man dir? Um auf den Weg des Glaubens zurückzufinden, bedarf es nicht der Augen, der Ohren oder des Tastsinns. Es bedarf auch keiner Argumente. Es bedarf einzig und allein der Wahrheit und des freiwillig geschenkten Vertrauens.

Im Umgang mit dir selbst: Auf dich selbst bezogen meint die Karte jedes Ablegen von Zweifel. Diese Karte folgt dem Weg des Lösens nach, denn nur mit der Kraft des Lösens bist du in der Lage, deine Zweifel auch wirklich abzulegen.

Der Glaube versetzt Berge, heißt es. Der Glaube, *daß dir* etwas möglich ist, entscheidet über Erfolg und Mißerfolg. Solange du an dich und an deine Fähigkeiten glaubst, ist jedes Argument von anderen bedeutungslos. Erst, wenn du auf die Zweifel der anderen hörst und sie dir zu eigen machst, hast du den Weg des Glaubens verlassen. Jetzt meinst du dafür, tiefe Wasser zu sehen, wo eben noch ein Weg war.

Bedeutung im Legesystem R = E² A L

Auf dem Platz der ERWARTUNG²: An etwas glauben versetzt Berge. Durch den Glauben, der mehr ist als bloßes Wissen, wird jedes Erwartungsfeld um ein vielfaches verstärkt. Treffen beide zusammen wie hier auf diesem Platz, ist das Eintreten des Erwarteten eine gleichsam „beschlossene Sache": das Universum kann gar nicht anders, als deinem Glauben in Bezug auf deine Angelegenheit entsprechend zu reagieren. Das gilt auch für die Dinge, (an) die du nicht glaubst.

Auf dem Platz der AKTION: Hier meint die Karte, stelle dir ernsthaft die Frage: „Was und woran glaube ich?" Liste auf, was und woran du glaubst (die Liste sollte mindestens 10 Punkte umfassen, besser sogar mehr) und mache die Gegenprobe: „Glaube ich das wirklich?" Prüfe dann, ob du dich deinem Glauben gemäß verhältst und handelst. Ist das der Fall, gehst du den Weg des Glaubens; ist es nicht der Fall, glaubst du in Wahrheit was anderes. Alles was *du* für (un-)möglich hältst ist (un-)möglich!

Auf dem Platz des LOSLASSENS: An etwas – oder jemanden – zu glauben heißt, die sichere Ebene des Wissens zu verlassen. Dein Verstand kann nicht verstehen, wieso du an etwas glaubst, für das es keine wissenschaftlichen Beweise gibt. Dein Herz versteht nicht, weshalb dein Verstand und damit dein Ego so etwas brauchen. Der Weg des Glaubens ist der Weg des Herzens. Ihn zu gehen verlangt, die Forderungen des Verstandes und des Egos zu akzeptieren und sie dennoch loszulassen.

Bedeutung im Kontext der ZEIT

Vergangenheit / Darauf gründet es: Es ist eine der ältesten Botschaften *aller* Kulturen: Nach eurem Glauben wird euch geschehen! Wer sagt: „Das kann ich nicht glauben!" redet nicht vom Glauben, sondern von fehlenden Beweisen. Vertrauen und Glauben bedingen und durchdringen einander; jedes sich trauen erfordert Mut. Fehlt an der Kartenzahl 82 der Mut (Kartenzahl 37), so ergibt sich aus 82 – 37 = 45, die Zahl der 45. Vayakarte (Erwartung/*Befürchtung*). Wie ist es um deinen Mut bestellt zu glauben?

Gegenwart / So ist es: Auf diesem Platz sagt dir die Karte: „Glaube an das, was du tust, und tue das, woran du glaubst." Im Grunde verlangt sie damit von dir Authentizität. Damit aber sind die Fragen berührt: „Wer, glaubst du, bist du?" Und: „Was, glaubst du, kannst du?"

Sie fordert dich aber ebenfalls auf, deine Glaubwürdigkeit zu überprüfen. Spürst du, daß man dir mißtraut? Dann hat für deine Angelegenheit die Wiederherstellung dieser Glaubwürdigkeit die oberste Priorität. Sonst scheiterst du.

Zukunft / Dahin entwickelt es sich: Nach deinem Glauben wird dir geschehen. Nicht deshalb, weil das, was und woran du glaubst, gut ist oder schlecht. Sondern allein deswegen, *weil* du daran glaubst.

Das betrifft jeden Aspekt deines Seins: deine Angelegenheiten, dein Tun, dich selbst. Glaubst du an dich, glauben auch andere an dich. Zweifelst du, zweifeln auch sie. Warum konnten die Menschen früherer Jahrhunderte nicht fliegen? Weil sie daran *glaubten*, daß Fliegen unmöglich sei.

83
Der Weg der Wachheit

Kartenart:
Wegekarte = der Weg, auf dem du dich zur Zeit befindest

Symbole:
- Regenbogen-Tempel: für den Ort in uns, an dem sich die Dinge unserem Denken gemäß verändern
- Weg: für den Weg der Wachheit
- Mantel: für Schutz
- Augen im Mantelsaum: für Weitsicht und Wachsamkeit
- Hund: für die Treue und Verantwortung sich selbst gegenüber

Bild: Viele Wege führen hin zum Regenbogen-Tempel, jenem Ort, an dem unsere Gedanken Wirklichkeit werden. Der Regenbogen steht bei allen Vayakarten für das Denken, mit dem wir unsere Welt gestalten. Der Tempel ist der Ort (in uns), an dem sich die Dinge unserem Denken gemäß verändern.
Dies ist der Weg der Wachheit.
Ein Mann kommt diesen Weg entlang. Er ist der Wächter, der auf der 13. und 14. Vayakarte auf der Turmzinne zu sehen ist (vgl. S. 44 und 46). Inzwichen hat er seinen Turm verlassen, er braucht dessen Schutz nicht mehr; da er dem Weg der Wachheit folgt, ist seine Wachsamkeit stärker denn je.
Der Weg der Wachheit kennt Geduld, doch keine Eile. So nimmt sich der Mann die Zeit, seinem Hund das Ziel zu zeigen. Das bedeutet, er ist in seiner Wachsamkeit nicht nachlassend und hält zudem andere in seiner Umgebung zur Aufmerksamkeit an. Der Hund ist – nachdem beide den Weg der Wachheit bis hierher gefolgt sind – nicht länger angeleint, sondern läuft frei: beide sind inzwischen ge-WACH-sen und brauchen dieses Instrument der Disziplin nicht mehr.
Die Regenwolken, ein Symbol für widrige Tage, sind ebenso wie die Sonnenstrahlen nötig, den Regenbogen entstehen zu lassen. Ohne das Dunkle könnten wir das Helle nicht erkennen; doch es liegt an uns, diesen Unterschied zu sehen.
Der Wind auf dem Bild dieser Karte vertreibt nicht nur die Regenwolken, sondern er läßt auch den Mantel des Wächters flattern zum Zeichen, im Hier und Jetzt ist die einzige Bewegung, jetzt und hier geschieht alles, was zählt.

Allgemeine Bedeutung: Der Weg der Wachheit entspricht dem Prinzip hinter den Vayakarten 6, 9, 10, 13, 14, 23, 33, 35, 43, 44, 56, 65, 66 und 70. Er vereint die Wachsamkeit und die Aufmerksamkeit, das Erwachsensein, das Wachsen und die Achtsamkeit in sich.
Wach sein meint in diesem Fall, mit seinen Gedanken und Empfindungen ganz im Hier und Jetzt zu sein. Jedes Abschweifen der Gedanken und Gefühle in die Vergangenheit (z.B.: „früher war alles besser und schöner") gleicht daher einem Träumen. Wir hängen einem längst vergangenen Traum nach, wenn wir diesen Gedanken folgen, und sind damit nicht mehr wach. Auch jeder Gedanke an die Zukunft ist ein Träumen, daß nicht zwangsläufig schädlich ist; doch unterbricht es unsere Wachheit im Hier und Jetzt. Und nur in diesem Augenblick, den du als *Jetzt* empfindest, und nur an diesem Ort, den du *Hier* nennst, kannst du leben, entscheiden, handeln.
Das ist es auch, was Liebe und Hass unterscheidet: Lieben kannst du nur im gegenwärtigen Augenblick; dein Hassen aber ist immer rückwärts gerichtet, es ist an den Zeitpunkt gebunden, an dem deine Kränkung begann.

Im beruflichen Umfeld: Erscheint diese Karte vor deinem beruflichen Hintergrund, bestätigt sie dir deine Wachsamkeit oder fordert dich auf, wachsamer zu sein, auf den Weg der Wachheit zurückzukehren. Wann gilt es, wach zu sein? In den Augenblicken, in denen du oder dein Unternehmen Kontakt hat mit seinen Kunden. In diesem Momenten entscheidet es sich, ob du oder dein Unternehmen als Ganzes die Prüfung bestehen – immer wieder, bei jedem dieser Kontakte, ganz gleich auf welcher Ebene sie auch erfolgen. Diese Augenblicke sind die für das Bestehen des Unternehmens wichtigsten *Momente der Wahrheit*, und wenn du genau dann nicht wach bist – wann dann? Achte also auf *alle* diese Kontakte, und stelle sicher, daß jedesmal *alles* für die getan wird, die in diesen Augenblicken aus Kunden zu Freunden oder Feinden werden können.

In persönlichen Beziehungen: Wenn Beziehungen einschlafen, kann von Wachheit keine Rede mehr sein. Wenn Verletzungen an der Tagesordnung sind, dann meist deswegen, um sich für früher erlittene Kränkungen zu rächen. Auch das ist (Alb-)träumerei und kein Wachsein im Hier und Jetzt. Dem Weg der Wachheit im Bereich der persönlichen Beziehungen zu folgen meint, wach, offen und aufnahmebereit zu sein für die jetzt vorliegenden Bedürfnisse des anderen.

Im Umgang mit dir selbst: Auf dich selbst bezogen meint die Karte, dich nicht in deinen Träumen zu verlieren. Auch alle Zeitvertreibe lenken dich vom Wachsein ab. Wachheit heißt vor allem, ganz bewußt das, was um dich ist, wahrzunehmen und zu verstehen.

---

*) die Abstände sind: zwischen 6 und 9 = 3, zwischen 9 und 10 = 1 usw. Die Addition lautet demnach: 3+1+3+1+9+10+0+2+8+1+12+9+1+4 = 64. Die 64. Vayakarte aber ist die Karte der **Fügung** (vgl. S. 164). So ist die Fügung in diesem Beispiel verborgen und dennoch – in diesem Fall wörtlich – vorhanden. Wer wach ist, sieht es.

Bedeutung im Legesystem R = E² A L

Auf dem Platz der ERWARTUNG²: Nur der träumt sich von der Gegenwart fort und in Zukünftiges oder Vergangenes hinein, der sich vom Hier und Jetzt (noch) nichts (oder nichts mehr) erwartet. Wachsein heißt, an dem was ist zu wachsen; es heißt, das eigene Wachsen durch die Wachheit zu erwarten. In deiner Angelegenheit ist jetzt das Erwarten dieses persönlichen Wachsens der Punkt, um den es geht. Und der Weg der Wachheit das Mittel, es zu erreichen.

Auf dem Platz der AKTION: Der Weg der Wachheit ist ein Erkenntnisweg. Du kannst nur erkennen, wenn du mit allen deinen Sinnen und Gedanken dabei bist: bei dem, was du erlebst und tust. Dabeisein heißt wörtlich *inter esse*, es heißt Interesse zeigen. Höre wirklich zu. Siehe dein Gegenüber wirklich an. Sei mit deiner Aufmerksamkeit ganz bei dem, was du tust. Nimm deine Umwelt wirklich wahr: taste, fühle, koste, rieche und spüre. Lebe jetzt mit allen Sinnen. Interesse haben heißt, es spannend zu finden.

Auf dem Platz des LOSLASSENS: Wach zu sein und wach zu bleiben führt zum wahren Er•WACH•sensein. Wer wach ist, hat die Welt der Träume, hat Vergangenheit und Zukunft losgelassen.
Die Karte hier verweist dich auf Zustände, in denen du im Rahmen deiner Angelegenheit noch nicht wach genug bist; sie ermahnt dich, den Weg der Wachheit (wieder) aufzusuchen. Blick nach vorn, um zu erkennen, was jetzt ist; dazu mußt du deinen Blick lösen von dem, an dem er haftet.

Bedeutung im Kontext der ZEIT

Vergangenheit / Darauf gründet es: Die Entwicklung der Menschheit ist ein einziges großes, allmähliches Erwachen. Noch längst nicht abgeschlossen, geht es für den Einzelnen darum, sich auf diesem Weg seiner selbst bewußt zu werden. Für die Menschheit geht es darum, sich als Einheit ihrer selbst bewußt zu werden. Auf diesem Platz meint die Karte, deine Angelegenheit ist als Teil dieses individuellen und gemeinschaftlichen Erwachens wichtig und verdient deine Wachheit besonders jetzt.

Gegenwart / So ist es: Der Weg der Wachheit ist ein reifer Weg. Er verlangt den scharfen Blick dessen, der hinter die Fassade und durch die Oberfläche hindurch zu blicken vermag. Der das Besondere im alltäglichen zu erkennen vermag. Wie zum Beispiel Fügungen, wenn sie sich ereignen; denn ohne Wachheit übersiehst du sie. Du bist wach, sagst du? Dann hast du auch erkannt, daß die *Zahlen* der links genannten Vayakarten seltsam sind. Addiere ihre Abstände voneinander, und du erhältst als Summe 64*).

Zukunft / Dahin entwickelt es sich: Das Wesentliche ist nicht immer auf den ersten Blick offenbar. Gleichwohl wirkt sich das Wesentliche auf deine Angelegenheit immer stärker aus als alles übrige. Gehst du den Weg der Wachheit, wird das Wesentliche dir nicht entgehen. Mit den geschärften Sinnen deiner Wachheit kannst du es deutlich erkennen und die sich daraus ergebenden entsprechenden Schritte gehen. Träumst du hingegen, zerrinnt deine Angelegenheit dir unter deinen Händen wie die Zeit.

84
Der Weg der Freude

Kartenart:
Wegekarte = der Weg, auf dem du dich zur Zeit befindest

Symbole:
- Regenbogen-Tempel: für den Ort in uns, an dem sich die Dinge unserem Denken gemäß verändern
- Weg: für den Weg der Freude
- bunte Blumen am Wegesrand: für die Freude während des Weges
- Herzen am Kleid: für die gelebte Selbstverantwortung („fasse dir ein Herz"); sowie für Liebe

Bild: Viele Wege führen hin zum Regenbogen-Tempel, jenem Ort, an dem unsere Gedanken Wirklichkeit werden. Der Regenbogen steht bei allen Vayakarten für das Denken, mit dem wir unsere Welt gestalten. Der Tempel ist der Ort (in uns), an dem sich die Dinge unserem Denken gemäß verändern.
Dies ist der Weg der Freude.
Eine Frau kommt diesen Weg entlang. Sie wirft die Arme freudig empor, ihr Mund ist geöffnet, als würde sie ein von Herzen kommendes „Juchuuh!" auf den Lippen tragen; ihr Blick ist leicht nach oben gerichtet: dies sind die körpersprachlichen Signale tief empfundener Freude.
Der Kragen ihres Kleides ist mit Herzen geschmückt. Herzen stehen für die Liebe – der stärksten Form des Mögens – und für die gelebte Selbstverantwortung: so „fassen wir uns ein Herz", wenn wir die Verantwortung für uns selbst ergreifen.
Der Weg ist mit bunten Blumen gesäumt zum Zeichen, daß die Freude (an sich) längs dieses Weges „erblüht".
Zudem verläuft er geschwungen – *mit Schwung* bedeutet, er gibt uns Energie. Zum Vergleich: auch der Weg der Gewohnheit der 80. Vayakarte (s. S. 178) ist geschwungen; doch ist die darin angedeutete Energie in sich selbst geschlossen und hält mit ihren Kräften fest, anstatt Schwung zu verleihen.
Der Weg führt sanft hinauf – nicht als ein Hindernis, sondern um anzuzeigen, daß uns Freude auch im übertragenen Sinn nach oben trägt.
Die Regenwolken, ein Symbol für widrige Tage, sind ebenso wie die Sonnenstrahlen nötig, den Regenbogen entstehen zu lassen. Ohne das Dunkle könnten wir das Helle nicht erkennen; doch es liegt an uns, diesen Unterschied zu sehen.
Auch auf dem Bild dieser Karte vertreibt der Wind nicht nur die Regenwolken, sondern er läßt auch das Kleid der Frau sich wie beim Tanz bauschen zum Zeichen, im Hier und Jetzt ist die einzige Bewegung, jetzt und hier geschieht alles, was zählt.

Allgemeine Bedeutung: Der Weg der Freude verkörpert das Prinzip, auf dem die Vayakarten 8, 9, 10, 12, 17, 18, 21, 24, 26, 33, 34, 35, 47, 56, 57 und 65 beruhen. Er vereint das Mögen (aus dem jedes Vermögen erwächst), zusammen mit Lust und mit der Liebe, in der reinen Freude am Leben.
Was ist *Glück?* Es ist die Freude, die wir empfinden, wenn die Dinge, die uns zufallen, uns gefallen. Was ist *glücklich sein?* Dem Weg der Freude möglichst lange zu folgen.
Die Karte des Weges der Freude erscheint, wenn es an der Zeit ist, auf diesen Weg zurückzukehren (oder auf ihm zu verbleiben). Jetzt ist Freude alles, was zählt. Vielleicht müssen wir ein wenig danach suchen, um die Freude, wie eine zuvor nicht beachtete Blume am Wegesrand, neu zu entdecken.
Wann hast du zum letztenmal *herzhaft* gelacht? Dich darüber gefreut, daß du lebst?
Die Welt ist voller Möglichkeiten – das meint, sie ist voll an Dingen, die wir mögen können. Doch es ist immer unsere Entscheidung, worauf wir uns konzentrieren, ob wir nur das Dunkle sehen oder das Licht dahinter, auf das auch jeder Schatten ursächlich zurückgeht.
Wir sind also immer selbst verantwortlich für den Blickwinkel, den wir einnehmen. Das ist die Bedeutung der Herzen im Bild dieser Karte.

Im beruflichen Umfeld: Beinahe ein Drittel deines Lebens – und doch sind es durchschnittlich nur rund 8.800 Tage oder 70.400 Stunden (mehr nicht!) – verbringst du mit und in deinem Beruf. Ist da nicht jede Stunde verloren, in der du dich nicht freuen kannst? Und, Hand aufs Herz: wieviele Stunden oder Tage ärgerst du dich über wirklich wichtige Sachen? Und um wieviel mehr über absolut bedeutungslose Bagatellen?

Erscheint dir diese Karte, erinnert sie dich freundlich daran, daß du alles, aber auch *wirklich alles* im Leben nur tust, um *Freude* an dem zu empfinden, was du getan und erreicht hast. Warum freust du dich nicht einfach jetzt? Für dich allein, oder schöner noch, mit anderen?

In persönlichen Beziehungen: Das Leben findet *jetzt* statt. Warte nicht bis zum Urlaub, um es auszukosten. Freue dich jetzt an denen, die es mit dir teilen.

Im Umgang mit dir selbst: Da *du* deine Gedanken denkst, kannst du dich immer und an jedem Ort freuen. Wer hindert dich (wenn nicht du), es jetzt zu tun?

---

*) die Abstände sind: zwischen 8 und 9 = 1, zwischen 9 und 10 = 1 usw. Die Addition lautet demnach: 1+1+2+5+1+3+3+2+7+1+1+12+9+1+8 = 57. Die 57. Vayakarte aber ist die Karte des (Ver-)**Mögens** (vgl. S. 132). So ist es das Mögen, das diese Karten unterschwellig vereint. Und Mögen ist beginnende Freude. Du kannst auch von der Gesamtzahl der 84 Karten das Mögen in Form der 57 abziehen: 84 – 57 = 27. Die 27. Vayakarte besagt: Du kannst kein Ziel erreichen, wenn du es erreichen mußt. Müssen, also Gezwungensein, ist aber immer die Abwesenheit von Freude ...

Bedeutung im Legesystem R = E² A L

Auf dem Platz der ERWARTUNG²: Hier entspricht die Karte der Erfahrung der Vorfreude. Es ist merkwürdig (= des Merkens würdig): indem wir uns *auf* etwas freuen, erfreuen wir uns bereits an der Freude selbst. Das entspricht der 28. Vayakarte (vgl. S.74): du bist schon dort, bevor es losgeht. So lädt die Karte dich ein, dich der tiefen Vorfreude in Bezug auf deine Angelegenheit hinzugeben; denn damit erwartest du ein erfreuliches Ergebnis – und zeigst den universellen Kräften gleichzeitig, daß du es erwartest.

Auf dem Platz der AKTION: Die Botschaft hier ist klar – freue dich. Gemeint ist die tiefe innige Freude am Dasein selbst. Lebenslust, wie sie auch in der 47. Vayakarte (vgl. S. 112) zum Ausdruck kommt. Es ist jetzt der Zeitpunkt gekommen, um zu feiern. Nicht um *etwas* zu feiern, sondern um die Freude selbst zu erleben. Tanze, singe, springe, lache – gib dich ganz der Lebensfreude hin. Und wenn dir der Grund fehlt, um dich zu freuen? Dann erfreue dich umso mehr an deiner grundlosen Freude.

Auf dem Platz des LOSLASSENS: Freude bleibt übrig, wenn du Gedanken an Krankheit, Alter, Tod, Angst, Sorgen, Kummer und Leid losläßt. Du läßt sie los, wenn du akzeptierst, daß es sie gibt. Jedes Nichtakzeptieren wäre ein Dagegenankämpfen; folglich ist das Akzeptieren ein Friedenschließen und damit ein Grund zur Freude. „Der beste Weg, sich eine Freude zu bereiten ist: einem anderen eine Freude zu bereiten" *(Mark Twain).* Damit läßt du etwas von dir los, und wieder ist das Ergebnis Freude.

Bedeutung im Kontext der ZEIT

Vergangenheit / Darauf gründet es: „Freude ist die Gesundheit der Seele" *(Aristoteles).* Auf das vom Schöpfergeist und von der Schöpferseele erfüllten Universum bezogen – das in sich gesund/perfekt ist – bedeutet dies, die *absolute Freude* ist an allen Orten und zu allen Zeiten präsent. Wer ganz still ist, heißt es in Birma, hört das Universum leise lachen. Dem Weg der Freude zu folgen ist also, worum es eigentlich geht: alles, was wir sind, tun und haben, sollten wir sein, tun, haben, um Freude zu empfinden.

Gegenwart / So ist es: Der Weg der Freude ist der reifste aller Wege, den du wieder gehst wie ein Kind. Wer wieder wird wie ein Kind, soll ins Himmelreich eingehen – sprich: selig sein. *Ananda,* Seligkeit, heißt im Sanskrit die absolute Freude. Die Karte vereint das Prinzip vieler Vayakarten (s. linke Seite). Und sie zeigt dir mit einem Scherz, was immer und auch jetzt wirklich wesentlich ist, was die genannten Karten darum innerlich *vereint.* Addiere ihre Abstände voneinander, und du erhältst als Summe 57*).

Zukunft / Dahin entwickelt es sich: Dem Weg der Freude zu folgen ist dir angeboren. Jedes Kind folgt ihm solange, bis die Erwachsenenwelt es ihm abtrainiert. Es kann sich grundlos freuen, weil es noch keinen Grund zur Freude braucht. Darum lerne, zu dieser grundlosen Freude zurückzufinden, denn sie ist die Essenz des Universums. Es hat dich geschickt, damit du mit deinen Augen die Schöpfung betrachten und dich an ihr erfreuen kannst, *weil* sie existiert. Ohne dich hätte diese Existenz keinen Sinn.

Weitere Legesysteme

Die Brücke
Das Geheimnis des Regenbogentempels
Die einzelne Karte

Weitere Legesysteme

Vielleicht wird dir manchmal weder das Legesystem der *Realisierungsformel* noch das *Im Kontext der Zeit* als passend erscheinen. Für diesen Fall biete ich dir alternativ noch zwei Legesysteme an, die du gern ausprobieren kannst.

Bei den Kartendeutungen schlägst dann nur unter den Hauptbeschreibungen der jeweiligen Karte nach. Die speziellen Deutungen unter der *Realisierungsformel* bzw. *Im Kontext der Zeit* gelten dann nicht.

2. Das willst du überwinden
Hier verbirgt sich das, was du unbewußt ablehnst, auch das, was du befürchtest.

3. Daher kommst du
Dies repräsentiert deine Vergangenheit, dein bisheriges Verhalten, das dich in die jetzige Situation gebracht hat.

4. Dahin gehst du
Das ist die augenblickliche Richtung, in die deine Entwicklung verläuft. Beachte: Das muß nicht zwingend die Richtung sein, die du gerne hättest.

Deine Vorgehensweise ist bei jedem Legesystem stets gleich.

1. Stelle dir deine Frage.

2. Mische alle Karten.

3. Lege sie nebeneinander verdeckt vor dich hin. Dann drehst du sie um und beginnst mit der Deutung. Dabei schlägst du die Bedeutungen nach und bringst das Kartenthema in einen Abgleich mit deiner Angelegenheit oder Frage.

Die Brücke

Dieses Legesystem basiert auf der 54. Vayakarte Raum/Enge. Die vier Karten, die du dafür ziehst, bilden die Hauptelemente des Kartenbildes nach.

Die Legeform sieht dann so aus:

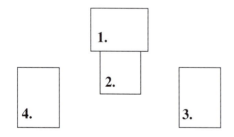

Dabei bedeuten die Plätze:

1. Darauf stehst / baust du
Das könnte dein Programm sein, deine Gewohnheit, deine Überzeugung oder dein Glaube in dieser Angelegenheit.

Das Geheimnis des Regenbogentempels

Dieses Legesystem ahmt die Form des auf den 12 Wegekarten abgebildeten Regenbogentmpels nach.

Dabei bedeuten die Plätze:

1. Das ist das im Erdreich ruhende (was du hinter dir gelassen oder „beerdigt" hast; zugleich das Fundament, auf dem deine Veränderung oder der Wunsch nach einer Veränderung beruhen)

Hier liegen die „Gründe" des Handelns, des Denkens und Fühlens, die dich früher (im Extrem bis gerade eben) kennzeichneten.

2. **Die rechte Säule** (das sagt dir dein Gefühl in der aktuellen Angelegenheit)
Hier spricht deine Intuition.

3. **Die mittlere Säule** (das, worauf du dich jetzt stützen kannst)
Eine gerade eintretende verläßliche Größe, ein neuer Grund, der die unter 1. liegenden Gründe ablöst.

4. **Die linke Säule** (das sagt dir dein Verstand in der aktuellen Angelegenheit)
Hier spricht dein Ego; diese Säule ist zusammengestzt aus Argumenten.

5. **Das Kuppeldach** (das sich Ergebende)
Dies tritt ein dadurch, daß du so denkst wie du jetzt denkst.

6. **Das Geheimnis** (ein Aspekt, den du bisher noch nicht beachtet hast)
Hier offenbart dir die Vaya einen zusätzlichen Aspekt, der gewissermaßen hinter oder über allen anderen existiert und das wahre Wesen deiner Angelegenheit enthüllt. Das Thema dieser Karte zeigt an, worum es in Wirklichkeit geht.

Die Legeform sieht so aus:

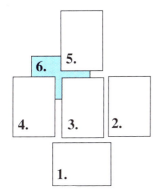

Deine Vorgehensweise ist bei diesem Legesystem ist wie bei allen anderen stets gleich (mit einer Ausnahme, s. Punkt 4):

1. Stelle dir deine Frage.

2. Mische alle Karten.

3. Lege sie nebeneinander verdeckt vor dich hin. Dann drehst du sie um und beginnst mit der Deutung. Dabei schlägst du die Bedeutungen nach und bringst das Kartenthema in einen Abgleich mit deiner Angelegenheit oder Frage.

4. Die *Geheimniskarte* solltest du erst umdrehen, nachdem du alle anderen Karten umgedreht und gedeutet hast.

Die einzelne Karte

Eigentlich kein Legesystem, gibt die einzelne Karte doch Tagestendenzen an oder den Hauptaspekt einer Angelegenheit wieder.
Gerade als Ungeübte(r) bringt dir die einzelne Karte schnellen Lernerfolg, wenn du morgens oder am Vorabend eines Tages eine Karte ziehst und dann erkennst, welche Bedeutung sie im Laufe des folgenden Tages für dich hat.
Bei anstehenden Entscheidungen hilft dir die einzelne Karte, indem sie dir den deinen Zweifeln zugrunde liegenden Aspekt enthüllt.
Vergleiche hierzu auch das unter *An die Vaya herantasten* Gesagte auf S. 13.

Wenn du dich nicht für ein Legesystem entscheiden kannst oder willst, nimm immer **die einzelne Karte** als aussagekräftige Variante.

Anhang

Die detaillierte Deutung der 25. Vayakarte
Die Herleitung der Realisierungsformel $R = E^2 \, A \, L$
Die Reise durch die Karten
Über die Schöpfer der Vayakarten
Kontaktadresse
Weitere Bücher von Michael H. Buchholz

Die detaillierte Deutung der 25. Vayakarte (S. 68)

Jedes Regal hat seine Bedeutung und steht für einen der Teilbereiche unseres Lebens, in denen wir Unordnung und damit Disharmonie erzeugen können. Mit dem immer gleichen Ergebnis, zu wenig Zeit zu haben.

Das oberste **erste Regal** verweist auf unser gegenständliches Chaos. Von links nach rechts sehen wir:
Papier und Tinte: für unsere sich oft in Unordnung befindlichen Unterlagen, die mit Papieren überhäuften Schreibtische.
Handschuhe: für die handwerklichen Arbeitsstätten, den Werkstätten des Berufs, aber auch die Hobbywerkbänke in Kellern und Garagen, die in Unordnung geraten sind.
Kerzen: für die oft schlechte Beleuchtung, die wir uns gönnen.
Schere und Pinsel: für den Kleinkram, der sich in vielen Ecken ansammelt.
Mörser: für den Staub, der sich in anderen, selten aufgesuchteren Ecken ansammelt.
Küchengeschirr: für den Lebensraum, in dem wir immerhin unsere Lebensmittel lagern und zubereiten. Je verwahrloster eine Küche ist, desto weniger Energie kann sie uns spenden. Sie entzieht sie uns sogar durch den bloßen Anblick von Abfall, nicht gespültem Geschirr, Schmutz und klebrigen Flecken.

Das **zweite Regal** bezieht sich auf unsere Umgebung, in der wir leben.
Tücher: für die Stoffe, mit denen wir unser Heim dekorieren und allgemein wohnlich machen. Sind sie schäbig (z.B. als Gardinen oder als Sofabezug), wirkt ihr bloßer Anblick deprimierend und damit energieentziehend.
Grünpflanzen: für die Natur, die wir so in unser Heim einladen. Welke Pflanzen zersetzen die Atmosspähre eines Hauses. Blühende geben ihm Leben.
Vasen, Bilder und Kugeln: für die Schönheit, mit der wir uns umgeben.
Ein magisches Quadrat: dieses auch als Bagua bekannte Quadrat ist im Feng Shui und in der Nummerologie sehr wichtig. Es steht für die Orte, wo wir etwas platzieren und für die Energien, die so frei fließen können oder auch nicht. Und es steht für die Namen, die wir einander geben. Die Reihenfolge der Ziffern ergibt waagerecht wie senkrecht und diagonal immer die Zahl 15, deren Quersumme die 6 ist,

die heilige Zahl der Sumerer. Drei mal 15 ist 45; addiert man alle Ziffern des Quadrats, ergibt sich ebenfalls 45, deren Quersumme die 9 ist, die heilige Zahl der Ernte, also dessen, was wir erhalten.
Laute: für die Worte und die Töne (die Musik), die wir hören. Sprache und Musik sind Schwingungen (und damit Energieträger), die sehr intensiv auf das Wasser in unseren Zellen einwirken.
Da unser Körper und unsere Nahrung zu 70 % und unser Gehirn sogar zu 90 % aus Wasser bestehen, kann harte, aggressive Musik die Kristallstruktur unseres Wassers sogar zerstören. Das gleiche gilt für heftige, aggressive Worte. Ein Streit gerade beim Essen ist Gift für unseren Körper, da das Wasser der Nahrung in seiner Kristallstruktur gestört wird und damit das Wasser unbekömmlicher wird.
Blüten: für die Schönheit.

Das **dritte Regal** enthält jede Menge Puppen – sie symbolisieren unsere persönlichen Beziehungen.
Menschenpuppen: für unseren Umgang mit den Menschen, mit denen wir zusammentreffen.
Tierpuppen: für die Tiere, zu denen wir Beziehungen unterhalten.

Und das unterste – **das Buchregal** – steht für unseren inneren Raum, für unsere Gedanken.
Das zweite von links: es zeigt auf seinem Buchrücken das Oval der beiden Schlangen, die sich in den Schwanz beißen; es ist das Buch, das der Mann auf der 23. Vayakarte gerade liest („Die unendliche Geschichte").
Das oberste der liegenden Bücher: es ist das Buch, das den Vayakarten zugrunde liegt („Alles was du willst").

Die **Formel** besagt, daß unser Zeitempfinden abhänig ist von der Raumharmonie. Je kleiner diese ist, desto kleiner ist der Bruch, und damit wird die Zeit, die wir zur Verfügung zu haben glauben, ebenfalls immer kleiner. Kurzum: wir fühlen uns gehetzt.

Deshalb hängt die **Uhr** an zentraler Stelle. Die gezeigte Uhrzeit ist sieben Uhr: die „7" ist die Symbolzahl der Zeit, aber auch die Zahl des Aufbruchs und des Einsatzes aller Dinge, die uns umgeben und auf die wir als Ressourcen zugreifen können.

Die Herleitung der Realisierungsformel

(zitiert aus: Alles was du willst)

Wir bestehen, wenn wir uns unsere atomaren und subatomaren Bausteine ansehen, aus Energie in einer bestimmten Schwingungsform und zwischen den schwingenden Energieteilchen aus ganz viel leerem Raum.

Du wirkst nur deswegen fest und massiv, weil deine Energieteilchen so schnell hin und her schwingen. Dennoch: du bestehst aus Leere (Raum) und Energie. Aus deiner Schulzeit kennst du gewiß noch das Gesetz, genauer aus der Elektrizitätslehre, das die energetischen Zustände in einem geschlossenen System, genannt Stromkreis, beschreibt: das Ohm'sche Gesetz.

$$\text{Es lautet } I = \frac{U}{R}$$

In Wahrheit aber ist es viel mehr als die Beschreibung des Stromkreises. Denn dieses Gesetz läßt sich auch auf den Menschen übertragen; schließlich bestehen wir alle aus Energie und stellen eine Summe aus vielen geschlossenen, energetischen Kreisläufen dar. Die Buchstaben stehen für Stromstärke (I), Spannung (U) und Widerstand (R). Wenn wir die Gesetzmäßigkeiten auf uns übertragen, ist es leichter, alternative Begriffe zu verwenden.

Anstelle von Stromstärke können wir auch *Lebensstrom* oder *Vitalstrom* sagen. Als Kürzel benutzen wir V (für Vitalstrom bzw. *Vaya*). Anstelle von Spannung können wir auch *Erwartung* sagen. Als Kürzel benutzen wir E (für Erwartung). Anstelle von Widerstand können wir ebenso *Widerstand*, aber auch *Konflikt* sagen. Als Kürzel benutzen wir W (für Widerstand).

Jetzt lautet die Formel:

$$\text{Vitalstrom} = \frac{\text{Erwartung}}{\text{Widerstand}} = V = \frac{E}{W}$$

Sie bedeutet: je stärker meine Erwartung, desto mehr Vitalstrom fließt in mir. Je größer mein Konflikt, desto weniger Vitalstrom fließt in mir. [Anmerkung: wird die Erwartung zur Befürchtung, erhält der Bruch logischerweise ein Minusvorzeichen; der Vitalstrom fließt dann gewissermaßen entgegengesetzt, gegen die Lebenskraft gerichtet. Je mehr und je stärker ich Befürchtungen und Ängste habe, desto kränker werde ich.]

Nach W aufgelöst lautet die Formel:

$$\text{Vitalstrom} = \frac{\text{Erwartung}}{\text{Widerstand}}$$

In Kurzform: $W = \dfrac{E}{V}$

Das bedeutet: je stärker meine Erwartung, desto mehr Widerstand erfahre ich. Je stärker mein Vitalstrom, desto weniger Widerstand erfahre ich.

Nach E aufgelöst heißt die Formel:

$$\text{Erwartung} = \text{Widerstand} \times \text{Vitalstrom}$$

In Kurzform: $E = W \times V$

Das bedeutet: habe ich keinen Vitalstrom (Wert = 0), habe ich auch keine Erwartung. Der Grund: ich bin tot. Und: habe ich keinen Widerstand (Wert = 0), habe ich auch keine Erwartung. Der Grund: ich bin nicht vorhanden. Da ich aber vorhanden bin, bin ich auch immer im Konflikt mit mir; folglich gibt es einen Widerstand.

In der Elektrizitätslehre gibt es die Leistung P. Sie ist definiert als $P = U \times I$. Auf unser System übertragen ist Leistung *der Grad an Realisierung* (= R), den unsere Erwartungen erfahren. Wir können also mit Recht sagen, indem wior U und I wieder wie oben durch Erwartung und Vitalstrom ersetzen:

$$\text{Realisierung} = \text{Erwartung} \times \text{Vitalstrom}$$

oder verkürzt: $R = E \times V$

Für den Vitalstrom V haben wir bereits eine Formel, nämlich:

$$\text{Vitalstrom} = \frac{\text{Erwartung}}{\text{Widerstand}} = V = \frac{E}{W}$$

Diesen Bruch setzen wir jetzt in die Formel für die

Leistung (unsere Realisation) ein, und dieser nimmt dann folgende Form an:

$$\text{Realisierung} = \text{Erwartung} \times \frac{\text{Erwartung}}{\text{Widerstand}}$$

oder

$$\text{Realisierung} = \times \frac{\text{Erwartung} \times \text{Erwartung}}{\text{Widerstand}}$$

oder verkürzt $R = \dfrac{\text{Erwartung}^2}{\text{Widerstand}} = \dfrac{E^2}{W}$

Das bedeutet nichts anderes als: *Unser Grad an Realisierung steigt im Quadrat mit der Stärke unserer Erwartungen.*

Für Widerstand oder Konflikt können wir auch den Kehrwertausdruck 1 / Loslassen verwenden:

$$\text{Widerstand} = W = \frac{1}{\text{Loslassen}}$$

Denke einmal kurz darüber nach: Je mehr du deinen Konfliktgegenstand losläßt, desto weniger Konflikt hast du. Je mehr du festhältst (Loslassen wird immer kleiner), desto mehr Konflikt hast du zwangsläufig.

Ersetzen wir also den Widerstand durch seinen Kehrwert, so erhalten wir

$$\text{Realisierung} = \frac{\text{Erwartung}^2}{\dfrac{1}{\text{Loslassen}}} = R = \frac{E^2}{\dfrac{1}{L}}$$

Nach der mathematischen Umformung (man teilt durch einen Bruch, indem man mit dem Kehrwert multipliziert) heißt unsere Formel nun:

$$\text{Realisierung} = \text{Erwartung}^2 \times \text{Loslassen}$$
$$= R = E^2 \times L$$

Nach der 17. Vayakarte: (Aktion ist immer gleich Reaktion) wissen wir, daß eine *Aktion* zur Realisierung stets dazugehört. Wir fügen also A (= Aktion) der Formel vollständigkeitshalber hinzu. Da A aber gleich Reaktion (unserer Realisierung R) ist, hat es den Wert 1, verändert also den Wert der Formel nicht.

Wir erhalten jetzt den Ausdruck

$R = E^2 \, A \, L$

Und das heißt nichts anderes als: *Alles, was du erreichen, also erwerben willst im Leben, hängt nur und ausschließlich von deiner* **Fähigkeit des Loslassens** *deiner Konflikte und hoch zwei (!) von der* **Stärke deiner Erwartungen** *ab.*

Das ist die wahre Bedeutung des Wortes real. Es ist die Formel, alles zu erreichen, was du willst!

Die Reise durch die Vayakarten

Alle 84 Karten der Vaya begegnen uns in Zwölfergruppen, so daß es sieben Gruppen (die Zahl 7 bezeichnet den Aufbruch) zu zwölf Karten (die Zahl 12 bezeichnet die Vollendung) gibt.

Die ersten 12: DER AUFBRUCH

Es gibt viele Formen des Aufbruchs, Stadien, die aufeinander aufbauen und sich zugleich durchdringen.

Am Anfang ist alles statisch – auf der 1. Vayakarte ist alles noch unbewegt, besteht alles nur als bloße Möglichkeit. Noch ist nichts geschehen. Aber *alles ist möglich*. Es herrscht die Fülle der Möglichkeiten.

Mit der 2. Karte beginnt der *innere Aufbruch*, der jedem äußeren Aufbruch vorangeht. Das erste Hindernis – bevor der physische Aufbruch beginnt – ist die Überwindung der eigenen *Komfortzone*.

So zeigt uns die 3. Karte die 21 Schalen, die es hierbei zu durchdringen gilt - wir müssen mindestens 21 Tage lang durchhalten, ehe wir – als Belohnung – eine Chance der Weiterentwicklung erhalten.

Mit der 4. Karte geraten die Dinge dann ins Rollen. *Erste Pläne* werden erdacht, und *Pläne, Erster zu werden*, werden gemacht. Je mehr wir uns dabei auf unsere Einmaligkeit oder unseren Status als Erster in einer Sache besinnen, für desto verrückter halten uns die anderen. Damit halten sie uns zurück und stürzen uns zugleich in einen inneren Konflikt.

Die 5. Karte weist uns den Weg zur *Lösung*. Und sie leitet uns hin zu dem Instrument, mittels dessen wir Lösungen kreieren können.

Die 6. Karte zeigt uns, wie wir unsere *Aufmerksamkeit* als Instrument einsetzen und sie zur Treibkraft unseres Wachstums werden lassen können.

Wachsen ist ein Teil der natürlichen Ordnung, und die Funktion der Aufmerksamkeit, die Wachstum auslöst, ist ebenso natürlich wie Teil der Natur und vor allem *universell gültig*. Darin unterweist uns die 7. Karte.

Die 8. Karte zeigt uns den ersten Weg in der Reihe der Karten und zugleich das, was uns im Kern unseres Selbst bewegt. Kurz: sie liefert uns den Grund, *weshalb wir aufbrechen*.

Die 9. Karte gibt uns die *richtige Form des Umgangs mit anderen* auf den Weg.

Die 10. Karte warnt uns, daß dieser Weg grundsätzlich in zwei Richtungen, *von uns fort und auf uns zu*, begangen werden kann.

Die 11. Karte ist – vertreten durch die 11 – die erste *große Zahl*. Sie ist eine gedoppelte Eins. Die 11 ist zudem die erste Zahl überhaupt, die wir abstrakt, jenseits unserer zehn Finger, berechnen müssen, um sie zu begreifen. In gewisser Wiese liegt sie daher zunächst außerhalb unserer Reichweite.

Die 12. Karte ist der Abschluß der ersten zwölf Schritte. Sie verlangt nach einem Moment der Ruhe (wie dies auch „der Hängende" im Tarot verlangt) und bedeutet uns zugleich, welche *grundsätzlichen 12 Aufgaben* nun vor uns liegen.

Die zweiten 12: DIE AUFGABEN

Auch wenn sie hier gezählt werden – keine der Aufgaben ist wichtiger oder geringer, alle sind gleichwertig.

Die 13. Karte – die erste Aufgabe – zeigt uns die allgegenwärtigen Mauern der Burg unserer Gewohnheiten, deren Tor unseren Geist verriegeln kann, wenn wir nicht auf *Offenheit* achten.

Das Erlernen der *Wachsamkeit* – die zweite Aufgabe – nennt uns die 14. Karte.

Die Dinge nicht zu verkomplizieren, sondern sie *zu vereinfachen* ist die dritte Aufgabe – vertreten durch die 15. Karte.

Die 16. Karte erinnert uns an die Kreisförmigkeit und an die Zyklen, die bei allen Entwicklungen die zentrale Rolle spielen; ohne die *Kreisförmigkeit zu erkennen* verstehen wir viele Zusammenhänge nicht. Dies ist die vierte Aufgabe.

Die 17. Karte führt uns die Gleichheit von Aktion und Reaktion vor Augen und vermittelt das *Resonanzprinzip*, das zu kennen die fünfte Aufgabe darstellt.

Das *Aufschreiben unserer Ziele* – die sechste Aufgabe – ist das Thema der 18. Karte.

Mit der 19. Karte erfahren wir von der *Dynamik der Erwartung* – sie zu verstehen ist unsere siebente Aufgabe.

Die achte Aufgabe besteht darin, Schicksal nicht als gegeben, sondern als etwas selbst gemachtes zu begreifen. Das ist das Thema der 20. Karte.

Die 21. Karte eröffnet uns für die Weisheit des Satzes *Jedes Vermögen kommt von Mögen*. Dieses Prinzip zu verinnerlichen stellt unsere neunte Aufgabe dar.

Die 22. Karte – die zehnte Aufgabe – ist dem Thema vom *Verständnis und des Akzeptierens unserer Intuition* gewidmet.

Die 23. Karte verlangt von uns als elfter Aufgabe, uns des Wertes alldessen, was wir nah an uns heranlassen – unserer *materiellen wie immateriellen Nahrung* –, bewußt zu sein.

Die 24. Karte beschließt die zweite der zwölf Gruppen mit der zwölften, der höchsten der Aufgaben, die darin besteht, *zu tun, was du willst* (und das zu Wohle aller).

Die dritten 12: DIE HÜRDEN
Wenn du zu tun beschließt, was du willst, erwarten dich Hürden auf deinem Weg. Die folgenden Karten verraten dir, wie du sie bewältigen kannst.

Die 25. Karte benennt dir die erste Hürde, die in deiner *subjektiven Zeitwahrnehmung* besteht.

Die zweite Hürde – vertreten durch die 26. Karte - ist die Hürde der *Niedergedrücktheit*.

Die 27. Karte enthüllt dir die u*nsichtbaren Gegenkräfte* und verrät, wie du sie umgehen kannst.

Die 28. Karte zeigt dir als vierte Hürde das *Wesen der Zielerreichung* auf und wie ein falsches Verständnis sich gegen dich wenden kann.

Mit der 29. Karte kommt als Hürde der *falsch verstandenen Zufälle* zu dir.

Die 30. Karte offenbart dir das Geheimnis jeden Erfolges. Es liegt in der *Realisierungsformel* begründet und kann dir als Hürde begegnen, wenn du es nicht kennst oder falsch verstehst.

Die 31. Karte zeigt dir den Weg, mit der *Hürde des Aufschiebens* umzugehen.

Bewegungsmangel ist die achte Hürde, die dir die 32. Karte nennt.

Die neunte Hürde kannst *du selbst* sein – sagt die 33. Karte – wenn du nicht du selbst bist.

Die 34. Karte zeigt, wie schwer – und wie wichtig - ein *grundsätzliches Akzeptieren* ist. Dies ist die zehnte Hürde.

Die elfte Hürde ist das *Nichtbeachten der Schönheit* als immersprudelnde Quelle der Energie. Sie zu kennen und zu benutzen rät dir die 35. Karte.

Die 36. Karte beschießt die dritte Zwölfergruppe wiederum mit einem Moment der Ruhe und des Nachdenkens. Die hier behandelte Hürde ist die *Illusion der Trennung*, der die meisten Menschen unterliegen und deren Leben darum stetes Leiden ist.

Damit sind die **Regelkarten** durchwandert, und die Vaya wendet sich nun den *Ressourcen* zu, über die wir verfügen oder auch nicht, so daß es sich dann um *Engpässe* handelt.

Die vierten 12: DIE KRÄFTE
Hier treten die Kräfte an, derer du dich bedienen kannst.

Die 37. Karte bringt dir *Mut oder Feigheit?* Ohne Mut gelingt dir nichts. Jedes Setzen deines Fußes erfordert Mut. Wie willst du Entscheidungen treffen ohne den Mut, dich für das eine oder andere zu entschließen? So erwächst aus dem einen die Kraft des zweiten.

Die 38. Karte bringt dir daher das Thema *Entschlossenheit oder Zweifel?* nahe. Sobald du entschlossen bist, ist deine Eröffnung vollzogen. Erst dies ermöglicht dir Gespräche. Zu jedem Gespräch mußt du dich öffen, du mußt dich entschließen, dich dem anderen zuzuwenden.

So folgt nun die 39. Karte *Gespräch oder Schweigen?* nach. Ein gutes Gespräch führt zu einer vereinten Sichtweise, zu einer Sicht.

Darum fragt dich die 40. Karte nach dem Vorhandensein von *Einsicht oder Streit?* Bei Einsicht entwickeln die Dinge sich, bei Streit verwickeln sie sich.

Die 41. Karte läßt *Entwicklung oder Stillstand?* hervortreten. Kommt es zur Entwicklung, atmen alle Beteiligten auf. Anderfalls halten sie den Atem an ...

Daher bringt die 42. Karte das Thema *Atmung oder Ersticken?* ins Spiel. Jede Konzentration geht mit der richtigen Atmung einher, setzt sie voraus als basierende Kraft.

So fragt dich die 43. Karte nach *Konzentration oder Verpuffung?* Wahre Konzentration ist die höchste Kunst; im Alltag erleben wir sie als umsichtige Achtsamkeit.

Ist dir die Kraft der 44. Karte *Achtsamkeit oder Träumerei?* gegeben, entdeckt sich dir in ihrer Folge die Kraft der Erwartung.

Die 45. Karte fragt darum nach dem Vorhandensein von *Erwartung oder Befürchtung?* Die Welt ist, was wir von ihr denken, und so sind es die Gedanken, die du denkst, die dein Leben bestimmen.

Die 46. Karte *Gedanke oder Auflösung?* zeigt dir die darin liegende Kraft. Aus deinen Gedanken wiederum erwachsen deine Gefühle, die sich als Lebenslust oder Lebensschmerz zeigen.

Mit der 47. Karte *Lebenslust oder Lebensschmerz?* begegnest du beiden, und nach ihrem Verhältnis zueinander fließt dir die Lebensenergie Vaya zu.

Die 48. Karte *Energie (Vaya) oder Nichtexistenz?* zeigt dir auf, wann und wie dich diese Kraft erfüllt. Die Karte beschließt die Gruppe der vierten 12, indem sie die Frage nach unserer Energieaufnahmefähigkeit stellt.

Die fünften 12: DIE FLÜSSE
Hier wallen die Flüße heran, die dich berühren, erfassen, durchströmen können.

Die 49. Karte *Schönheit oder Hässlichkeit?* zeigt dir, wie du Vaya in dir sammeln und auch, wodurch du sie verlieren kannst. Weit grobstofflicher, aber von verwandter Art, ist das, was du nah an dich heranläßt.

Die 50. Karte wendet sich darum dem Thema *Nahrung oder Hunger?* zu. Wir dürfen nie vergessen, was uns nährt in aller Nahrung und wonach wir hungern, ist nicht die Nahrung selbst, sondern das Licht, das in ihr gespeichert ist.

Darum ist die 51. Karte *Licht oder Dunkelheit?* die nächstfolgende. Materie ist nichts anderes geronnenes Licht. Und so können wir uns auch und müssen uns sogar (wenn auch begrenzt) von Licht ernähren.

Und das Ding, womit wir alle Materie, die wir begehren, uns gegenseitig verrechnen und das selbst fließende Materie ist, zeigt uns die 52. Karte *Geld oder Schulden?* mitsamt seiner Konsequenz.

Die nachfolgende 53. Karte *Zeit oder Zeitnot?* ist mit dem Geld eng verknüpft, weshalb wir oft „Zeit ist Geld" sagen und unsere Zeit als Arbeit verkaufen. Zeit ist zugleich unser kostbarstes Gut, weil sie, einmal verbraucht, unwiderbringlich dahin ist.

Doch Zeit und Raum bedingen physikalisch einander. Daher ist der Raum das Thema der nächsten 54. Karte *Raum oder Enge?* und zeigt uns seine Bedeutung auf.

Raum selbst fließt nicht, doch er ist die Bedingung des Fließens. In engen Räumen verändert sich der Fluß (aller Dinge), weshalb uns die 55. Karte *Fließende Bewegung oder Erstarrung?* eben auf das Thema der Flüsse an sich verweist.

In ihrer emotionalen Entsprechung sind dies die Gefühle von Liebe und Hass, so daß uns nun die 56. Karte *Liebe oder Hass?* als nächstes entgegentritt. Liebe erscheint auf der dinglichen Ebene als Mögen, Haß als Ablehung.

Die 57. Karte *(Ver-)Mögen oder (Ab-)Lehnen?* ist daher diesem Thema gewidmet. Was wir mögen und ablehnen, hängt mit der Entwicklungsstufe zusammen, auf der wir uns befinden. Dieser Fluß trägt uns über vier Seinsstufen hinauf.

So folgt dieses Thema mit der 58. Karte *Manifestation oder Nebel?* Kommen wir von unserer derzeitigen Entwicklungsstufe (nicht) frei, so sind es unsere Programme und Antigramme, die uns fördern oder verhindern.

Die 59. Karte *Programm oder Antigramm?* zeigt uns darum deren Wichtigkeit auf. Diese sind dafür verantwortlich, ob und inwieweit wir uns wandeln können. Ob wir uns im Fluß des Wandels befinden.

Sie wird deshalb gefolgt von der 60. Karte *Wandlung oder Bewahrung?* Die Karte beschließt die Gruppe der fünften 12, indem sie die Frage nach unserer Anpassungsfähigkeit stellt.

Die sechsten 12: DIE HELFER
Hier treten die Helfer oder helfenden Umstände an, die dich unterstützen.

Die 61. Karte *Ring oder Gerade?* zeigt, wie die Natur „gebaut" ist. Verhalten wir uns naturkonform, weckt dies unsere Inspiration. Verschachteln wir uns hinter lauter Geraden, macht uns das depressiv. Interessanterweise geschieht dies mit uns auch, wenn wir uns dem Licht entziehen.

So kommt mit der 62. Karte *Inspiration oder Depression?* dieses Thema ins Spiel. Können wir andere begeistern (inspirieren), so beschleunigen wir deren und unsere Entwicklung.

Wir bilden ein Netz aus, was uns die 63. Karte *Netz oder Isolation?* zeigt. Um das Netz zu erweitern und vor allem um Informationen aus dem Metanetz der Menschheit zu erhalten, bedarf es des richtigen Umgangs mit Fügungen.

Daher folgt jetzt die 64. Karte *Fügung oder Unfug?* Der Umgang mit Fügungen geht einher mit dem Maß an Verantwortung, die wir wahrnehmen bei dem, was wir wahrnehmen.

Die nachfolgende 65. Karte *Verantwortung oder Ohnmacht?* hat daher dieses Thema. Im Umgang mit der Verantwortung liegt auch die Verantwortung für uns selbst.

So werden wir vorbereitet auf die 66. Karte *Gesundheit oder Krankheit?*, weil Verantwortung uns selbst gegenüber der Schlüssel zur Gesundheit ist. Ein aus der Gesundheit erwachsender Aspekt ist unsere Anziehungskraft – sowohl unsere eigene körperliche als auch diejenige, die wir ausüben können auf Ereignisse.

Die 67. Karte *Anziehungskraft oder Langeweile?* tritt uns deshalb jetzt entgegen.

Anziehungskraft wiederum ist der Schlüssel für gelebte Sexualität, Mit der 68. Karte *Sexualität oder Druck?* geht die Vaya diesem Thema nach. Anziehungskraft in Form von Gravitation ist aber auch ein Aspekt der Materie.

Darum schließt sich die 69. Karte *Materie oder Trennung?* hieran an. Folgen Massen der Anziehungskraft, kommen sie früher oder später zur Ruhe.

Darum ist die Ruhe mit ihren Aspekten das Thema der 70. Karte *Ruhe oder Opfer?* Empfinden wir Menschen Ruhe, so haben wir Vertrauen in das, was ist und uns umgibt.

Die 71. Karte *Vertrauen oder Angst?* schließt sich daher an. Da Angst immer einhergeht mit einem Mangel an Informationen, ist es unser Verstand, der diesen Mangel bemerkt und so mit Angst reagiert. Intuition löst diesen Mangel mit Informationen anderer Art wieder auf, sofern ihr der Verstand nicht widerspricht.

Die 72. Karte *Intuition oder Verstand?* beschließt damit folgerichtig die Gruppe der sechsten 12; ist es doch die Intuition, die, wenn wir ihr Glauben schenken, im höchsten Maß unser Vertrauen in uns selbst ausdrückt und in unsere Fähigkeiten, jenseits unserer Sinne zu erkennen.

Die 72. Karte stellt zugleich auch den Übergang zu den 12 Wegekarten dar. Sie selbst ist fast schon eine Wegekarte. Auf ihr wird der *Weg der Ordnung* sichtbar, doch ist dies kein wahrer Weg; jede zu große Ordnung reglementiert nur noch und tötet die Natürlichkeit und Menschlichkeit ab.

Aus konsequenter Ordnung erheben sich rasch Institutionen, die diese Ordnung herstellen und ihre strikte Einhaltung überwachen. Es erwachsen schnell *Zucht und Ordnung*, und wir alle wissen, wohin dies führen kann. Oder alles ist so wohl geordnet, daß nichts sich mehr bewegen kann. Alle Kraft und Schnelligkeit erlöschen in diesem Moment, und alle Bewegung (Vaya) und damit alles Leben erstarrt. Darum ist der Weg der Ordnung keiner der 12, sondern gleicht der 13. Fee aus dem Märchen, die Gutes will, aber Tötliches schafft.

Damit sind die **Ressourcen/Engpaß-Karten** durchwandert, und die Vaya wendet sich nun den *Wegekarten* zu, die den grundsätzlichen Weg beschreiben, auf dem wir uns derzeit befinden.

Die siebenten 12: DIE WEGE

So, „wie alle Wege nach Rom führen", führen alle Wege (bis auf eine Ausnahme) hin zum Tempel des Regenbogens: jenem mythischen Ort, an dem unsere Gedanken Wirklichkeit werden. Wir gehen dabei mal diesen, mal jenen Weg, folgen bald einem oder allen nacheinander.

Die 73. Karte zeigt uns den **Weg der Äußeren Energie**. Wie außen, so innen, darum gibt es zu diesem Weg die innere Entsprechung.

Die 74. Karte zeigt uns den **Weg der Inneren Energie**. Über unser Innerstes sind wir mit allem anderen verbunden.

Die 75. Karte zeigt uns darum den **Weg der Verbundenheit**. Was verbunden ist, ist eine Einheit. Und ein Aspekt der Einheit ist die Einfachheit.

Die 76. Karte zeigt uns daher jetzt den **Weg der Einfachheit**. Einfachheit ist angewandte Leichtigkeit, ist ein Wissen um die wahre Essenz des Seins.

Die 77. Karte zeigt uns somit den **Weg der Gewißheit**. Wenn wir wissen, woher wir kommen, wer wir sind und wohin wir gehen, sind alle Grenzen sinnlos geworden.

Die 78. Karte zeigt uns daher jetzt den **Weg der Aufhebung (der Grenzen)**. Können wir unsere geistigen Grenzen erweitern, werden wir empfänglich für Prophezeiungen, sowohl für die uns gemachten als auch unserer selbst erschauten.

Die 79. Karte zeigt uns somit nun den **Weg der Prophezeiung**. Hören wir nicht auf die Prophezeiungen, mißachten wir die Stimme unserer Intuition, so entwickeln wir uns nicht weiter: wir richten uns wohnlich ein in dem, was ist. Wir werden bequem.

Die 80. Karte zeigt uns darum den **Weg der Gewohnheit**. Dieser Weg führt nur im Kreis herum, er führt nirgendwohin. Es sei denn, wir vermögen uns von ihm wieder zu lösen.

Die 81. Karte zeigt uns deshalb den **Weg des Lösens**. Haben wir die Lösung vollzogen, können wir endlich die Prophezeiungen glauben, denn wir haben ihre Wahrheit gerade erlebt.

Die 82. Karte zeigt uns daher den **Weg des Glaubens**. Dieser Weg ist nur gangbar, wenn wir den Glauben in uns wachhalten.

Die 83. Karte zeigt uns darum den **Weg der Wachheit**. Bleiben wir wach und halten so den Glauben wach, so können wir wachsen. Über uns selbst hinaus wachsen, aber auch zusammenwachsen.

Ist uns dies gelungen, umfängt, durchdringt und leitet uns das, was der alte indische Begriff *Ananda* meint, die göttliche Glückseligkeit, in der das ganze Universum ruht, die Urfreude, die in allem Sein enthalten (und zu entdecken) ist. Die 84. Karte zeigt uns daher abschließend den **Weg der Freude**.

Damit sind die sieben Zwölfer-Kreise der Vaya einmal durchlaufen.

Am Ende des Weges der Freude wartet gleichsam die *Fülle der Möglichkeiten*, wie sie uns die 1. Vayakarte zeigt, und ein neuer Zyklus nimmt wieder seinen Anfang.

Über die Schöpfer der Vayakarten

Die Illustratorin

Petra Kufner entdeckte die Freude am Zeichnen und Malen schon in frühester Kindheit. Ihre große Liebe zum Phantastischen prägte dabei seit jeher die Wahl ihrer Motive. Im Zentrum ihrer phantasievollen Bilder stehen jedoch stets die Personen, deren Geschichte erzählt wird, ohne daß Worte nötig wären.

Als Künstlerin war Petra Kufner stets Autodidakt. Als es darum ging sich zwischen Ihren beiden Leidenschaften, der Kunst und der Technik, zu entscheiden, entschloß sie sich, Ihr Berufsleben der Technik und Ihre Freizeit der Kunst zu widmen. So ist sie ist heute als Entwicklungsingenieurin in der Luftfahrtbranche tätig und lebt und schafft in der Nähe von München.

Michael H. Buchholz begegnete sie bereits vor vielen Jahren über seine Autorentätigkeit. Sie illustrierte einige seiner Romane im semiprofessionellen Bereich und war schließlich von der Idee ein Kartendeck zu dem Buch „Alles was du willst" zu kreieren sofort fasziniert.

Die Illustrationen der Vayakarten entstanden an vielen kreativen Wochenenden. Inspiriert von „Alles was Du willst" und den sprühenden Ideen des Autors setzte die Künstlerin nach und nach abstrakte und konkrete Themen sowie alle 36 universelle Erwerbsregeln in lebendige Bilder um.

Der Autor

Michael H. Buchholz begann ähnlich früh: schon als 10jähriger schrieb er seinen ersten Roman (den glücklicherweise *niemand* je zu sehen bekam). Worte faszinierten ihn, und so las er alles, was greifbar war, und schrieb daraufhin manches, was maßgebliche andere (Eltern, Altersgenossen) schier unbegreiflich fanden – Science Fiction! Da dieses Genre Raum- und Zeitlosigkeit vereint und nicht nur in der Zukunft, sondern auch in der Vergangenheit spielen kann, entwickelte sich in ihm aus der Beschäftigung heraus eine wachsende Faszination für alte Kulturen und das von ihnen überlieferte Gedankengut. Sein besonderes Interesse gilt daher seit langem der Wiederentdeckung verborgenen oder unangewandten Wissens.

Petra Kufner illustrierte einige dieser SF-Romane, und so begegneten sich beide schon vor vielen Jahren, ohne zu ahnen, daß daraus einmal eine zweijährige, intensive Zusammenarbeit erwachsen würde. Zufälle, die keine sind ...

In seinem Beruf als Bildungsreferent der Wirtschaft ist er heute Inhaber des mindFrame© Mentaltraining Institut für Persönlichkeits- und Unternehmensentwicklung in Hannover. Dort wohnt er auch mit seiner Familie (unter der liebsamen Duldung seiner beiden Katzen). Seit 1993 leitet er als gefragter Persönlichkeitstrainer Seminare mit vielen tausend begeisterten Teilnehmer/-innen.

Mit seinem ersten LifeCompetence-Buch „Alles was du willst" entstand ein Werk, das von vielen Leser/-innen als *das* Buch ihres Lebens angesehen wird. Das darin entwickelte Gedankengebäude bildet die Grundlage für die faszinierende Bilderwelt der Vaya.

Kontaktadresse:

Falls Sie weitere Fragen zum vorliegenden Buch, den Karten oder zu den verschiedenen Legesystemen haben, oder wenn Sie mehr über mentales Training erfahren wollen, wenden Sie sich gern direkt an das

mindFrame© Mentaltraining
Institut für Persönlichkeits- und
Unternehmensentwicklung
Michael H. Buchholz
Am Alten Gehäge 46
30657 Hannover
Fon: 0511 - 77 12 24
Fax: 0511 - 60 680 60
info@mindframe.de
www.mindframe.de

An alle Trainerkolleg/-innen, Berater/-innen, Coaches und Therapeut/-innen:

Wenn Sie die Vaya in Ihren Seminaren und Beratungen als Instrument zur Steigerung der **Kommunikationsfähigkeit**, zur Förderung der **emotionalen Intelligenz** oder zum **Intuitionstraining** einsetzen möchten, fragen Sie nach unseren Erfahrungen. Spezielle Anwenderhinweise für Weiterbildner und für den Therapieeinsatz geben wir gern weiter.

Seminare von und mit Michael H. Buchholz:

Zur Entwicklung Ihrer Persönlichkeit – die LifeCompetence-Seminare:
Themen, Termine, Orte und Preise können Sie unserer Internetseite: www.mindframe.de entnehmen. Gern beantworten wir auch Ihre telefonischen Anfragen.

Zur Entwicklung Ihres Unternehmens – die BusinessCompetence-Seminare:
Kommunikation, Zeitmanagement, Strategie und **Vertrauen** ... wenn Sie diese Bereiche im Unternehmen verbessern möchten, sollten wir miteinander sprechen.

ANIRIS

Vom Autor des vorliegenden Buches

Michael H. Buchholz
Alles was du willst
Die Universellen Erwerbsregeln
für ein erfülltes Leben

6. erw. Auflage mit Vorwort von Vera F. Birkenbihl

Omega Verlag, Aachen

240 S., gebunden · Euro 15,30 [D] · SFr 27,70
ISBN 3-930243-19-9

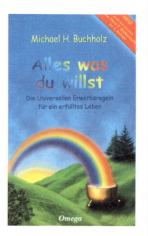

Alles was du willst ist bereits vorhanden, behauptet der Persönlichkeitstrainer Michael H. Buchholz. Du mußt es dir nur erwerben.

Dabei geht es um so viel mehr als nur um Geld – nämlich um Gesundheit, Wohlstand, Glück und Erfolg – kurz: um (d)ein erfülltes Leben.

Ein erfülltes Leben aber ist immer auch ein Leben in Fülle. Und wie du diese Fülle, den Schatz am Ende des Regenbogens, erwerben kannst, zeigen die „Universellen Erwerbsregeln".

Diese „Universellen Erwerbsregeln" gelten immer: sie prägen stets deine augenblickliche Situation und formen deine Realität. Folgst du ihnen, so bringen sie dich deiner wahren Lebensaufgabe näher und offenbaren dir zugleich die immense Kraft, die in deinen eigenen Erwartungen verborgen ist. Denn: „Was wir erwarten, werden wir finden", wußte schon Aristoteles.

Zu beziehen in jeder guten Buchhandlung oder schnell und bequem bei uns:

ANIRIS

Verlag und Vertrieb	Vor dem Berge 18	Fon 05138 - 605 706
Wilbert Kronisch	D-31 319 Sehnde	Fax 05138 - 605 707
und Partner GbR	www.aniris.com	info@aniris.com

ANIRIS

Vom Autor des vorliegenden Buches

Michael H. Buchholz
Tu was du willst
Die Universellen Einsichten
für ein erfülltes Leben

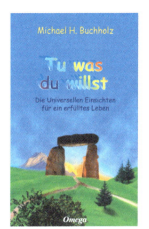

Omega Verlag, Aachen

260 S., gebunden • Euro 15,30 [D] • SFr 27,70
ISBN 3-930243-27-X

Nach dem erfolgreichen ersten Buch *Alles was du willst* ist *Tu was du willst* der nächste Schritt auf dem Weg zu einem erfüllten Leben.

Dabei handelt es sich um ein Lebensprinzip, das dem Leser hilft, seine Persönliche Lebensaufgabe (Kurz Perle) zu finden und zu erfüllen – zum Wohle aller und mit Respekt gegenüber allen Lebewesen.

Vermittelt wird dieses Prinzip in 24 Universellen Einsichten.

Die Quintessenz daraus lautet: „Das, was du am meisten magst, ist das, was du am besten vermagst. Kurz: Jedes Vermögen (ein künstlerisches, ein Intellektuelles, ein Handwerkliches, auch ein finanzielles Vermögen) kommt von deinem Mögen. Und was unserem Wesen entspricht, mögen wir am meisten. *Tu was du willst* meint daher: Tu, was dir wesensgemäß ist. Darauf wartet das Universum. Denn nur darum bist du hier."

Zu beziehen in jeder guten Buchhandlung oder schnell und bequem bei uns:

Verlag und Vertrieb	Vor dem Berge 18	Fon 05138 - 605 706
Wilbert Kronisch	D-31 319 Sehnde	Fax 05138 - 605 707
und Partner GbR	www.aniris.com	info@aniris.com

ANIRIS

Vom Autor des vorliegenden Buches

Michael H. Buchholz
Wie du das Beste aus dir herausholst
Der Schlüssel zum Seminarerfolg

ANIRIS Verlag, Sehnde

80 S., gebunden · Euro 6,95 [D] · SFr 11,95
ISBN 3-937281-00-2

Der Schlüssel zum Seminarerfolg ...

Dies verrät Ihnen einer, der es wissen muß.

Bestseller-Autor **Michael H. Buchholz** ist seit über 12 Jahren erfolgreich als Seminarleiter und Persönlichkeitstrainer tätig. Seine Life-Competence-Bücher „Alles was du willst" und „Tu was du willst" werden von begeisterten Leser/-innen als wichtige Lebens-Ratgeber hochgeschätzt.

Nutzen Sie jetzt die wertvollen Insider-Tips dieses neuen Handbuchs zu Ihrem eigenen, größtmöglichen Seminarerfolg. **Machen Sie es zu Ihrem persönlichen Seminarbegleiter.**

Alle Tips dieses Handbuchs sind praxisnah und leicht umsetzbar. Sie sind allgemein gültig und machen ab heute jedes Seminar zu Ihrer besten Investition in Ihren wertvollsten Besitz – in SIE SELBST.

Zu beziehen in jeder guten Buchhandlung oder schnell und bequem bei uns:

Verlag und Vertrieb	Vor dem Berge 18	Fon 05138 - 605 706
Wilbert Kronisch	D-31 319 Sehnde	Fax 05138 - 605 707
und Partner GbR	www.aniris.com	info@aniris.com